全国中医药行业高等教育"十四五"规划教材
全国高等中医药院校规划教材（第十一版）

管理学基础

（新世纪第三版）

（供公共事业管理类等专业用）

主 编 徐爱军

中国中医药出版社
·北 京·

图书在版编目（CIP）数据

管理学基础 / 徐爱军主编 . —3 版 . —北京：
中国中医药出版社，2023.8
全国中医药行业高等教育"十四五"规划教材
ISBN 978-7-5132-8254-3

Ⅰ . ①管… Ⅱ . ①徐… Ⅲ . ①管理学—中医学院—教材
Ⅳ . ① C93

中国国家版本馆 CIP 数据核字（2023）第 112603 号

融合出版数字化资源服务说明

全国中医药行业高等教育"十四五"规划教材为融合教材，各教材相关数字化资源（电子教材、PPT 课件、视频、复习思考题等）在全国中医药行业教育云平台"医开讲"发布。

资源访问说明

扫描右方二维码下载"医开讲 APP"或到"医开讲网站"（网址：www.e-lesson.cn）注册登录，输入封底"序列号"进行账号绑定后即可访问相关数字化资源（注意：序列号只可绑定一个账号，为避免不必要的损失，请您刮开序列号立即进行账号绑定激活）。

资源下载说明

本书有配套 PPT 课件，供教师下载使用，请到"医开讲网站"（网址：www.e-lesson.cn）认证教师身份后，搜索书名进入具体图书页面实现下载。

中国中医药出版社出版

北京经济技术开发区科创十三街 31 号院二区 8 号楼
邮政编码　100176
传真　010-64405721
河北省武强县画业有限责任公司印刷
各地新华书店经销

开本 889×1194　1/16　印张 20.75　字数 548 千字
2023 年 8 月第 3 版　2023 年 8 月第 1 次印刷
书号　ISBN 978-7-5132-8254-3

定价　77.00 元
网址　www.cptcm.com

服 务 热 线　010-64405510　　微信服务号　zgzyycbs
购 书 热 线　010-89535836　　微商城网址　https://kdt.im/LIdUGr
维 权 打 假　010-64405753　　天猫旗舰店网址　https://zgzyycbs.tmall.com

如有印装质量问题请与本社出版部联系（010-64405510）

全国中医药行业高等教育"十四五"规划教材
全国高等中医药院校规划教材（第十一版）

《管理学基础》
编 委 会

主 编

徐爱军（南京中医药大学）

副主编

王素珍（江西中医药大学）　　　　　许星莹（广州中医药大学）

张丽宏（黑龙江中医药大学）　　　　张丽莉（辽宁中医药大学）

李学博（山东中医药大学）　　　　　罗中华（甘肃中医药大学）

雷晓盛（湖北中医药大学）

编 委（以姓氏笔画为序）

王 安（南京中医药大学）　　　　　王晶晶（安徽中医药大学）

宁 南（黑龙江中医药大学）　　　　李秀芹（陕西中医药大学）

宋正刚（天津中医药大学）　　　　　张 谧（湖南中医药大学）

林昕皓（浙江中医药大学）　　　　　袁 苏（山西中医药大学）

程开艳（河南中医药大学）　　　　　魏继平（成都中医药大学）

学术秘书

申瑜洁（南京中医药大学）

全国中医药行业高等教育"十四五"规划教材
全国高等中医药院校规划教材(第十一版)

专家指导委员会

名誉主任委员

余艳红(国家卫生健康委员会党组成员,国家中医药管理局党组书记、局长)

主任委员

张伯礼(天津中医药大学教授、中国工程院院士、国医大师)

秦怀金(国家中医药管理局党组成员、副局长)

副主任委员

王永炎(中国中医科学院名誉院长、中国工程院院士)

陈可冀(中国中医科学院研究员、中国科学院院士、国医大师)

严世芸(上海中医药大学教授、国医大师)

黄璐琦(中国中医科学院院长、中国工程院院士)

陆建伟(国家中医药管理局人事教育司司长)

委　员(以姓氏笔画为序)

丁中涛(云南中医药大学校长)

王　伟(广州中医药大学校长)

王　琦(北京中医药大学教授、中国工程院院士、国医大师)

王耀献(河南中医药大学校长)

石学敏(天津中医药大学教授、中国工程院院士)

田金洲(北京中医药大学教授、中国工程院院士)

仝小林(中国中医科学院教授、中国科学院院士)

匡海学(教育部高等学校中药学类专业教学指导委员会主任委员、黑龙江中医药大学教授)

吕晓东(辽宁中医药大学党委书记)

朱卫丰(江西中医药大学校长)

刘松林(湖北中医药大学校长)

孙振霖(陕西中医药大学校长)

李可建(山东中医药大学校长)

李灿东（福建中医药大学校长）

杨　柱（贵州中医药大学党委书记）

余曙光（成都中医药大学校长）

谷晓红（教育部高等学校中医学类专业教学指导委员会主任委员、北京中医药大学教授）

冷向阳（长春中医药大学校长）

宋春生（中国中医药出版社有限公司董事长）

陈　忠（浙江中医药大学校长）

季　光（上海中医药大学校长）

赵继荣（甘肃中医药大学校长）

郝慧琴（山西中医药大学党委书记）

胡　刚（南京中医药大学校长）

姚　春（广西中医药大学校长）

徐安龙（教育部高等学校中西医结合类专业教学指导委员会主任委员、北京中医药大学校长）

高秀梅（天津中医药大学校长）

高维娟（河北中医药大学校长）

郭宏伟（黑龙江中医药大学校长）

彭代银（安徽中医药大学校长）

戴爱国（湖南中医药大学党委书记）

秘书长（兼）

陆建伟（国家中医药管理局人事教育司司长）

宋春生（中国中医药出版社有限公司董事长）

办公室主任

张欣霞（国家中医药管理局人事教育司副司长）

张峘宇（中国中医药出版社有限公司副总经理）

办公室成员

陈令轩（国家中医药管理局人事教育司综合协调处副处长）

李秀明（中国中医药出版社有限公司总编辑）

李占永（中国中医药出版社有限公司副总编辑）

芮立新（中国中医药出版社有限公司副总编辑）

沈承玲（中国中医药出版社有限公司教材中心主任）

前　言

　　为全面贯彻《中共中央 国务院关于促进中医药传承创新发展的意见》和全国中医药大会精神，落实《国务院办公厅关于加快医学教育创新发展的指导意见》《教育部 国家卫生健康委 国家中医药管理局关于深化医教协同进一步推动中医药教育改革与高质量发展的实施意见》，紧密对接新医科建设对中医药教育改革的新要求和中医药传承创新发展对人才培养的新需求，国家中医药管理局教材办公室（以下简称"教材办"）、中国中医药出版社在国家中医药管理局领导下，在教育部高等学校中医学类、中药学类、中西医结合类专业教学指导委员会及全国中医药行业高等教育规划教材专家指导委员会指导下，对全国中医药行业高等教育"十三五"规划教材进行综合评价，研究制定《全国中医药行业高等教育"十四五"规划教材建设方案》，并全面组织实施。鉴于全国中医药行业主管部门主持编写的全国高等中医药院校规划教材目前已出版十版，为体现其系统性和传承性，本套教材称为第十一版。

　　本套教材建设，坚持问题导向、目标导向、需求导向，结合"十三五"规划教材综合评价中发现的问题和收集的意见建议，对教材建设知识体系、结构安排等进行系统整体优化，进一步加强顶层设计和组织管理，坚持立德树人根本任务，力求构建适应中医药教育教学改革需求的教材体系，更好地服务院校人才培养和学科专业建设，促进中医药教育创新发展。

　　本套教材建设过程中，教材办聘请中医学、中药学、针灸推拿学三个专业的权威专家组成编审专家组，参与主编确定，提出指导意见，审查编写质量。特别是对核心示范教材建设加强了组织管理，成立了专门评价专家组，全程指导教材建设，确保教材质量。

　　本套教材具有以下特点：

1.坚持立德树人，融入课程思政内容

　　将党的二十大精神进教材，把立德树人贯穿教材建设全过程、各方面，体现课程思政建设新要求，发挥中医药文化育人优势，促进中医药人文教育与专业教育有机融合，指导学生树立正确世界观、人生观、价值观，帮助学生立大志、明大德、成大才、担大任，坚定信念信心，努力成为堪当民族复兴重任的时代新人。

2.优化知识结构，强化中医思维培养

　　在"十三五"规划教材知识架构基础上，进一步整合优化学科知识结构体系，减少不同学科教材间相同知识内容交叉重复，增强教材知识结构的系统性、完整性。强化中医思维培养，突出中医思维在教材编写中的主导作用，注重中医经典内容编写，在《内经》《伤寒论》等经典课程中更加突出重点，同时更加强化经典与临床的融合，增强中医经典的临床运用，帮助学生筑牢中医经典基础，逐步形成中医思维。

3.突出"三基五性"，注重内容严谨准确

坚持"以本为本"，更加突出教材的"三基五性"，即基本知识、基本理论、基本技能，思想性、科学性、先进性、启发性、适用性。注重名词术语统一，概念准确，表述科学严谨，知识点结合完备，内容精炼完整。教材编写综合考虑学科的分化、交叉，既充分体现不同学科自身特点，又注意各学科之间的有机衔接；注重理论与临床实践结合，与医师规范化培训、医师资格考试接轨。

4.强化精品意识，建设行业示范教材

遴选行业权威专家，吸纳一线优秀教师，组建经验丰富、专业精湛、治学严谨、作风扎实的高水平编写团队，将精品意识和质量意识贯穿教材建设始终，严格编审把关，确保教材编写质量。特别是对 32 门核心示范教材建设，更加强调知识体系架构建设，紧密结合国家精品课程、一流学科、一流专业建设，提高编写标准和要求，着力推出一批高质量的核心示范教材。

5.加强数字化建设，丰富拓展教材内容

为适应新型出版业态，充分借助现代信息技术，在纸质教材基础上，强化数字化教材开发建设，对全国中医药行业教育云平台"医开讲"进行了升级改造，融入了更多更实用的数字化教学素材，如精品视频、复习思考题、AR/VR 等，对纸质教材内容进行拓展和延伸，更好地服务教师线上教学和学生线下自主学习，满足中医药教育教学需要。

本套教材的建设，凝聚了全国中医药行业高等教育工作者的集体智慧，体现了中医药行业齐心协力、求真务实、精益求精的工作作风，谨此向有关单位和个人致以衷心的感谢！

尽管所有组织者与编写者竭尽心智，精益求精，本套教材仍有进一步提升空间，敬请广大师生提出宝贵意见和建议，以便不断修订完善。

国家中医药管理局教材办公室

中国中医药出版社有限公司

2023 年 6 月

编写说明

自20世纪90年代始，我国中医药院校纷纷开设经济类、管理类等医药相关专业。30多年来，我们一直在探索如何编写体现中医药院校特色的经管类教材，《管理学基础》就是其中之一。

管理是人类的基本活动，管理学是一门研究管理活动基本规律、一般方法及发展趋势的科学。现代管理理论认为，管理也是生产力。党的二十大报告指出，"推进健康中国建设……深化医药卫生体制改革，促进医保、医疗、医药协同发展和治理。促进优质医疗资源扩容和区域均衡布局，坚持预防为主，加强重大慢性病健康管理，提高基层防病治病和健康管理能力"。新时代中国特色社会主义背景下的健康中国建设，给医药管理人才的培养提出了新的时代要求。

新时代医药管理人才不仅要具备扎实的医药学知识，还需要掌握经济学、管理学的基本规律。《管理学基础》是"全国中医药行业高等教育'十四五'规划教材"，是根据新时期对高等中医药院校经济管理专业人才培养与《管理学基础》教学大纲的要求，由全国17所中医药院校从事管理学教学、科研一线的专家共同编写而成。

《管理学基础》作为经济学、管理学等相关专业的核心专业基础教材，编写主线沿袭该类教材的经典思路——依据管理的职能开展来写。全书共15章，分为总论、计划、组织、领导、控制5篇，系统介绍了管理学的基本原理和基本方法。穿插"用数字说话""媒体掠影""小故事""实训项目"课程思政、数字化等内容，激发学生的阅读兴趣，增加老师和学生的互动。因为考虑到教材定位，教材中涉及的相关案例较多采用与医药行业相关的典型案例，以便帮助学生更形象化地了解管理知识在实际工作中的运用。

《管理学基础》第一章由徐爱军、王安编写，第二章由李学博、王晶晶编写，第三章由张谧编写，第四章由罗中华编写，第五章由雷晓盛编写，第六章由魏继平编写，第七章由王素珍编写，第八章由张丽莉编写，第九章由袁苏编写，第十章由程开艳编写，第十一章由宁南编写，第十二章由宋正刚编写，第十三章由林昕皓编写，第十四章由张丽宏编写，第十五章由许星莹、李秀芹编写。

本教材可供公共事业管理类专业本科生学习使用，同时也可以作为各级各类医药管理人员自学和培训的参考教材。

尽管《管理学基础》的内容体系相对成熟，但由于编委们希冀突出教材的趣味性和行业特色，也由于我们知识水平所限，尚存在不尽如人意之处，希望广大读者提出宝贵意见，以便再版时修订提高。

《管理学基础》编委会

2023年5月

目 录

第一篇

总 论

第一章

管理概述

扫一扫，查阅本章数字资源，含PPT、音视频、图片等

学习目标

1. 掌握：管理、管理者与组织概念的含义；管理的人本原则、系统原则、责任原则和效益原则；掌握管理的经济方法、教育方法、行政方法和法律方法。

2. 熟悉：管理实践性、科学性和艺术性的特征；学习管理的方法，包括认真学习管理理论、勤于实践管理活动和着力培养管理思维。

3. 了解：管理的对象有人力资源管理、物力资源管理、财力资源管理和信息资源管理；了解管理是所有组织和每个人的事情。

案例导读

同仁堂：三百年中药老字号的成功之道

同仁堂品牌始创于 1669 年（清康熙八年）。自 1723 年（清雍正元年）为清宫提供御药，历经八代皇帝，长达 188 年。1992 年中国北京同仁堂集团公司组建，并于 2001 年改制为国有独资公司，现代企业制度在同仁堂集团逐步建立完善。

1997 年旗下同仁堂股份在上海上交所上市，2000 年同仁堂科技在香港联交所上市，2013 年同仁堂国药在香港联交所上市，同仁堂集团整体实力跃上了新台阶。

同仁堂集团坚持以中医中药为主攻方向，目前在经营格局上形成了以制药工业为核心，以健康养生、医疗养老、商业零售、国际药业为支撑的 5 大板块，构建了集种植（养殖）、制造、销售、医疗、康养、研发于一体的大健康产业链条。以同仁堂国药集团在香港建立生产基地为标志，实现了从"北京的同仁堂""中国的同仁堂"向"世界的同仁堂"的跨越，目前已经在五大洲 28 个国家和地区设立经营服务终端，加快了中医药国际化的步伐。

同仁堂的金字招牌长盛不衰的主要原因是长期坚持"三观"：

1. 质量观

三百多年来，同仁堂为了保证药品质量，坚持严把选料关。创始人乐显扬的三子乐凤鸣子承父业，1702 年在同仁堂药室的基础上开设了同仁堂药店，他不惜五易寒暑之功，苦钻医术，刻意精求丸散膏丹及各类型配方，分门汇集成书。乐凤鸣在该书的序言中提出"遵肘后，辨地产，炮制虽繁，必不敢省人工；品味虽贵，必不敢减物力"，为同仁堂制作药品建立起严格的选方、用药、配比及工艺规范，代代相传，培育了同仁堂良好的商誉。

历代同仁堂人坚持"配方独特、选料上乘、工艺严格、疗效显著"四大制药特色，生产出了众多疗效显著的中成药。1989 年，国家工商局将全国第一个"中国驰名商标"称号授予了同仁

堂，使同仁堂成为迄今为止在全国中医药行业第一个取得"中国驰名商标"称号的企业。

2. 信誉观

"同修仁德，济世养生"概括了同仁堂的企业精神，同仁堂的创业者尊崇"可以养生，可以济世者，惟医药为最"，把行医卖药作为一种济世养生、效力于社会的高尚事业来做。

历代继业者，始终以"养生""济世"为已任，对求医购药的八方来客，无论是达官显贵，还是平民百姓，一律以诚相待，始终坚持童叟无欺，一视同仁。在市场经济的竞争环境中，同仁堂始终认为"诚实守信"是对一个企业最基本的职业道德要求，讲信誉是商业行为最根本的准则。

同仁堂历经沧桑，金字招牌长盛不衰，在于同仁堂人注重把崇高的精神、把中华民族的传统文化和美德，熔铸于企业的经营管理之中，并化为员工的言行，形成了具有中药行业特色的企业文化系统。

3. 形象观

同仁堂历代传人都十分重视宣传，树立同仁堂形象，如利用朝廷会考机会免费赠送"平安药"，冬办粥厂夏施暑药，办"消防水会"等。如今的同仁堂不仅继承了原有的优良传统，而且又为她赋予了符合新时代特征的新内容，进入 21 世纪的同仁堂主要抓了以下 5 方面工作：第一，利用各种媒体进行同仁堂整体形象的宣传，提高企业的知名度和美誉度；第二，以《同仁堂》报为载体进行企业内部宣传，提高企业的凝聚力和向心力；第三，发挥同仁堂文化力的作用，用同仁堂精神鼓舞教育员工，激发员工的积极性、主动性和创造性；第四，抓同仁堂企业识别系统的设计工作，树立同仁堂面向 21 世纪的新形象；第五，积极参与社会公益事业，向社会无私奉献爱心，提高企业的社会责任感。

同仁堂坚持正确和良好的质量观、信誉观和形象观，成为世界驰名的金字招牌。作为一个生产中药产品的中华老字号，同仁堂将海外开店、中医药史展示、中医坐诊与售药相结合，通过给消费者直接了解中药的环境，增强其对中药的信任和用药习惯。它带给消费者的不只是一种产品，而是一种文化——重义、爱人、厚生的文化。

资料来源：https://www.tongrentang.com/article/70.html，https://baike.baidu.com/item/ 同仁堂 /444060?fr=aladdin

第一节　管理与管理者

在人类发展的历史上，自从人类开始了有组织的活动，就有了管理。管理是人类社会最重要、最基本的活动之一，不论是个人、家庭、村落、学校、医院、企业，还是政党、军队、政府、国家、跨国组织、全球社会，都必须进行有效的管理才能成功地进行各项活动，取得预期的目标。

一、什么是管理

（一）管理的定义

当今，人们把管理和科学技术比喻成推动现代社会经济发展的"两个轮子"，认为管理是促进社会经济发展最基本的关键因素。掌握现代管理的基本知识与技能几乎成为现代人们生活好、工作好的前提和基础，管理已经是现代人们生活和工作的重要组成部分。正如路易斯·戈麦斯 -梅西亚（Luis Gomez-Mejia）等人所说："管理是每个人的事情。"什么是管理呢？每个人会根据自己的经历来定义管理，正如"一千个读者就有一千个哈姆雷特"一样，不同的研究者从不同的视角给出了不同的阐释。

科学管理之父泰罗（Frederick W. Taylor）认为，管理就是"确切知道你要别人去干什么，并使他们用最好的方法去干"。泰罗基于如何提高工人劳动效率的视角，强调用最好的方法去有效率地实现目标。

现代管理理论创始人亨利·法约尔（Henry Fayol）认为，管理就是"以计划、组织、指挥、协调及控制等职能为要素组成的活动过程"。他是从企业经营管理职能的视角出发，界定了什么是管理，突出了管理过程和职能，对管理实践活动具有现实指导意义，也成为现代管理理论的基础。

诺贝尔经济学奖获得者赫伯特·西蒙（Herburt Simon）认为，"管理就是决策"。他从管理者通过做出各种决策来解决问题的视角出发，认为管理就是管理者不断地做出决策和执行决策来使组织不断地运行下去，实现满意的目标。

美国管理学大师彼得·德鲁克（Peter F. Drucker）认为，管理是"一种实践，其本质不在于'知'而在于'行'，其验证不在于逻辑，而在于成果，其唯一权威就是成就"。他从生产系统投入产出的视角出发，认为管理是一种以绩效为基础的专业职能。

斯蒂芬·罗宾斯（Stephen P. Robbins）和玛丽·库尔特（Mary Coulter）认为，管理是"协调和监督他人的工作活动，以使他们有效率、有效果地完成工作"。这一定义从管理的过程特征出发，认为管理者是在一定活动目标指引下，采用一定的方式和手段来协同和监督他人工作，并使得他人有效率有效果地实现共同目标。

哈罗德·孔茨（Harold Koontz）和海因茨·韦里克（Heinz Weihrich）认为，管理是"设计并保持一种良好环境，使人在群体里高效率地完成既定目标的过程"。这一定义拓展了观察视角，将设计并保持良好环境纳入管理活动领域，体现了管理对人的起码尊重和关怀。

国外学者对管理的定义还有很多，比如玛丽·福莱特（Mary P. Follett）认为，"管理就是通过他人完成工作"；詹姆斯·穆尼（James D. Mooney）认为，"管理就是领导"。我国的管理理论研究起步较晚，但因为是系统地引进国外相关管理理论，国内学者"站在巨人的肩膀上"开展研究，更多的是综合国外学者的定义。

周三多认为，管理是"管理者为了有效地实现组织目标、个人发展和社会责任，运用管理职能进行协调的过程"。

徐国华认为，管理是"通过计划、组织、控制、激励和领导等环节来协调物力和财力资源，以期更好地达成组织目标的过程"。

芮明杰认为，管理是"对组织的资源进行有效整合以达成组织既定目标与责任的动态创造性活动"。

马工程《管理学》编写组认为管理就是"为了有效地实现组织目标，由管理者利用相关知识、技术和方法对组织活动进行决策、组织、领导、控制并不断创新的过程"。

从国内外学者给出的管理定义来看，他们从各个角度描绘了对管理面貌的认识，正如盲人摸象一样，从各自的观察角度揭示了管理的不同特征。将不同视角观察到的特征汇聚起来，我们就能更加全面和深刻地认识"管理"这一概念。

综合不同的管理定义，我们认为，管理是指在特定的环境下，组织的管理者通过计划、组织、领导、控制等职能来整合资源，使他人有效率和有效果地实现组织既定目标的过程。

（二）管理的对象

从管理的定义可以看出，管理是组织的管理者通过计划、组织、领导和控制等职能来整合资源从而实现组织既定目标的过程。这里提及的各种资源便是管理的对象，具体地讲，主要有人力资源、物力资源、财力资源和信息资源。

1. 人力资源　人是管理的核心因素，所有资源和活动都以人为中心，所以说，对人的管理是管理最重要的内容。人力资源管理，是指运用现代科学方法，协调人力与物力的关系，并对人力进行有效开发、合理配置，充分发挥人的潜能，使人尽其才，事得其人，人事相宜，使人力与物力经常保持最佳比例，以实现组织目标的过程。

2. 物力资源　物力资源是管理活动的物质基础和前提，没有物力资源做基础，管理活动就无法开展。物力资源管理根据管理对象不同可分为物资管理和设备管理两大类。物力资源管理可以对各种物力资源进行合理配置，充分发挥其最大价值，提高生产效率和效果。

3. 财力资源　财力资源指企业拥有的或者控制的能以货币计算的经济资源，包括各种财产、债权和其他经济权力。在市场经济中，其他资源的运动和配置都要依靠货币价值运动来引导，因此，为了提高其他资源的配置效率，必须合理、高效地运用财力资源，故而需要对财力资源进行有效管理，以发挥财力资源的最大价值，使财力资源能够保值和增值。

4. 信息资源管理　在社会组织中，信息资源是指与组织相关的各种消息、情报、资料、图表和数据等信息的总称。信息资源管理就是对组织内外部信息资源进行有效的收集、整理、分析、储存和传递，最大限度地提高组织信息资源的质量和价值，并使组织各部分可以共享这些信息资源。信息资源管理的目的就是发挥信息的价值和功能，为组织的各项管理活动提供决策依据，提高组织的管理效率和效果。

（三）管理的特征

作为人类实践活动的管理，不仅要遵循一定的科学规律，还要创造性地分析与解决管理问题，其具有实践性、科学性和艺术性等特征。

1. 实践性　管理是人类社会实践活动的产物，是适应人类社会活动的客观需要产生的。人类社会的一切生产实践活动都是以协作的形式出现的，无论是早期的原始狩猎活动，还是现代化机器大生产活动都包含不同程度的协作。这些协作中就包含着计划、组织、领导和控制等各项管理实践活动。可以说，管理是在实践中产生又在实践中发展。

2. 科学性　管理是人类社会的实践活动，有着科学规律可循。人类在长期的社会实践活动中，不断总结管理实践活动失败的教训和成功的经验，逐步将零散的管理思想总结提炼和发展成为能够反映管理客观规律的管理理论知识体系，使得管理活动能够成为在科学理论指导下的规范化理性行为。

3. 艺术性　管理虽然遵循一定的客观规律，但由于管理实践活动的变化多端、复杂多样，使得对每一管理对象的管理都不一样，需要因时、因地、因人、因事制宜，针对不同的时空环境、不同的管理对象灵活多变地运用管理理论和方法进行管理，而不是"按图索骥"地照章办事，也不可能有一成不变的管理模式和方法。要想获得有效的管理，管理者必须根据具体的环境和管理对象，灵活多变而具创造性地分析和解决问题。

二、谁是管理者

管理者，简单地讲，就是从事管理活动的人。传统的观点认为，管理者就是组织中那些告诉别人该做什么以及怎样去做的成员。以前，人们很容易分辨出谁是管理者，谁是非管理者。进入信息化时代，情形发生了变化。组织更加分散，组织部门间的壁垒被打破，管理者与非管理者之间的界限模糊了。由于工作场所日益扁平化和团队化，传统意义上的管理责任正在逐渐向整个组织分散。组织中的每个成员在定义工作、设定工作目标、确定工作任务、分配工作时间以及监督自己工作上都拥有了更大的自主性，越来越需要自我管理，管理已经成为组织中每个人的事情。可以说，在某种意义上，每个人都是管理者。

用数字说话

员工与管理者

8：8% 的求职者说，当他们考虑一位新雇主时，与上司良好、融洽的关系是最重要的。

42：18 ～ 34 岁年龄段的人中，有 42% 的人说他们并不想成为一名管理者。

#1：求职者的人际技能被认为是最有价值的技能。

28：如果可以选择的话，28% 的人将解雇他们的老板。

51：51% 的员工说他们的管理者不合格。

52：52% 的员工说他们的老板还不错。

3：如果管理者被解雇，就会有 3 倍数量的员工被解雇。

35：35% 的辞职者说，他们辞职的原因是对管理者不满。

30：30% 的白领员工认为，老板不称职的原因是能力不足。

资料来源：罗宾斯 . 管理学 .［M］. 11 版 . 北京：人民大学出版社，2012.

每个人都是管理者，但管理者在组织中所处的层次是不一样的，因此就有了高层管理者、中层管理者和基层管理者之分（图 1-1）。

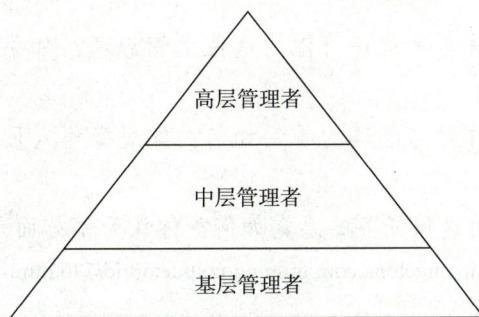

图 1-1　管理的层次

高层管理者处于组织顶层，对组织成败负有全面责任。他们通过为整个组织制定战略、决策、计划和目标，影响整个组织。例如，公司的总裁、副总裁、首席执行官、首席运营官、执行董事等。

中层管理者处于组织高层和基层之间，负责执行高层管理者的指示，在组织中发挥承上启下的作用是组织中"顶天立地"的管理者。例如，地区经理、项目经理、部门经理、财务总管等。

基层管理者处于组织底层，负责日常监督。例如，领班、班组长等。

管理者不论处于什么层次上，都应该努力成为有效管理者。美国组织行为学家弗雷德·鲁森斯（Fred Luthans）在其《组织行为学》一书中提出，有效管理者就是指拥有优秀和忠实的下属以及高绩效团队的管理者。他指出，有效管理者需要满足两个标准，一是使工作在量和质上都达到很高的绩效标准；二是使其下属有满意感和奉献精神。

彼得·德鲁克在《卓有成效的管理者》一书中细致分析了有效管理者应该进行的五项修炼。一是管理时间，应该知道如何善用时间；二是重视对外贡献，作为一名知识工作者，管理者要知道自己所能做出的贡献；三是发挥他人长处，善于发现和利用自己、上司、下属、同事的长处甚至是有利的形势，扬长避短，不做自己做不了的事情；四是要事优先，能够分辨出事情的主次以及轻重缓急，一次只做一件事情，并只做最重要的事情；第五是有效决策，能够按照适当的顺序采用正确的步骤进行决策。

小游戏

他的授权方式

形式：8人一组为最佳。时间：30分钟。材料：眼罩4个，20米长的绳子1条。

活动目的：让学生体会和学习作为一位主管在分派任务时通常犯的错误，以及改进的方法。

游戏操作程序：

1. 教师选出1位总经理、1位总经理秘书、1位部门经理、1位部门经理秘书和4位操作人员。

2. 教师把总经理和总经理秘书带到一个其他人看不见的地方给他们说明游戏规则：总经理要让秘书给部门经理传达一项任务。该任务是操作人员在戴眼罩的情况下，把1根20米长的绳子做成一个正方形，绳子要用尽。

3. 全过程不得直接指挥，必须通过秘书将指令传给部门经理，由部门经理指挥操作人员完成任务。部门经理有不明白的地方可以通过自己的秘书请示总经理，部门经理在指挥的过程中要与操作人员保持5米以上的距离。

问题讨论：

1. 作为操作人员，你会怎样评价你的这位主管经理？如果是你，你会怎样分派任务？

2. 作为部门经理，你对总经理的看法如何？你对操作人员在执行过程中的看法如何？

3. 作为总经理，你对这项任务的感觉如何？你认为哪方面是可以改进的。

资料来源：http://hr.shippingchina.com/training/tzxl/detail/id/770.html

---

有效管理者管理工作的具体内容各不相同，但大多数管理工作的关键要素则是一致的。不同的学者，从不同的角度描述了管理者进行管理工作所必须具备的要素，其中，从职能、角色和技能角度进行的描述广为人们接受和认可。

从职能角度出发，人们关注管理者做什么，或者准确地讲是关注管理者应该做什么。早在20世纪初期，亨利·法约尔首次提出了管理者的五种管理职能：计划、组织、指挥、协调和控制。发展到今天，人们普遍认为不论是管理者、个人还是团队，管理都应该包括计划、组织、领导和控制四个基本职能，但不同层次的管理者在进行管理时的侧重点不同。管理的四个基本职能相互关联，必须有协调作用才能有效实现组织目标（图1-2）。计划、组织、领导和控制之间存在着逻辑关联，计划往往是管理过程的逻辑起点，有了计划便明确了组织追求的目标。接着，要精心安排人员实现组织目标，即组织。然后通过沟通、激励等手段影响员工积极工作，这就是领导。最后对管理活动进行监督、测评和纠偏，即控制。我们必须明白，这种逻辑关联只是为了便于理解管理过程而进行的简化，实际的管理过程要比这复杂得多，计划、组织、领导和控制并不是独立分开的，而是相互关联、密不可分的整体。很多时候，管理的四个基本职能是交织在一起的，并没有先后之分，需要管理者根据具体情境灵活使用这些职能，这也使得管理活动异常精彩。

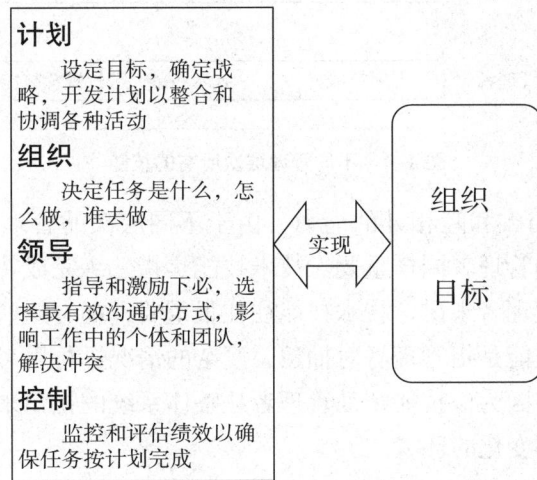

计划
　设定目标，确定战略，开发计划以整合和协调各种活动
组织
　决定任务是什么，怎么做，谁去做
领导
　指导和激励下必，选择最有效沟通的方式，影响工作中的个体和团队，解决冲突
控制
　监控和评估绩效以确保任务按计划完成

实现　⟷　**组织目标**

图 1-2　管理职能

要想进行有效管理，管理者必须明白自己在管理活动中要扮演什么样的角色，以及怎样扮演好这些角色。角色是由人们预期处于某个特定位置的人应该有的特定行为构成的，根据管理者一系列的特定角色可以分析出管理者每天在做什么。著名管理学家亨利·明茨伯格（Henry Mintzberg）通过实证研究将管理者的角色分为三大类，即人际关系角色、信息传递角色和决策制定角色（图1-3）。

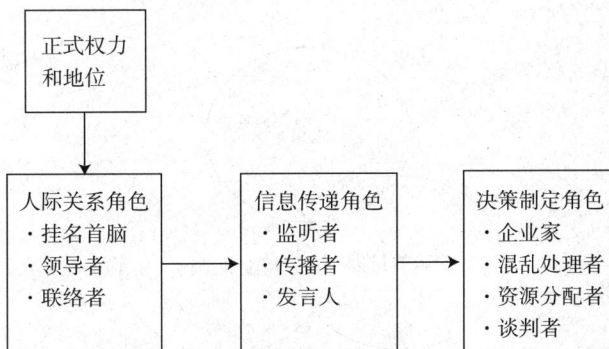

正式权力和地位

人际关系角色
·挂名首脑
·领导者
·联络者

信息传递角色
·监听者
·传播者
·发言人

决策制定角色
·企业家
·混乱处理者
·资源分配者
·谈判者

图 1-3　管理者的角色

资料来源：Henry Mintzberg.The Nature of Managerial Work，1st Edition，1980，93-94.

人际关系角色主要涉及人与人的关系，以及其他礼仪性和象征性的职责。信息传递角色主要涉及收集、接受和传播信息。决策角色需要做出决策和选择。这三大类角色又可细分为十种相互关联但又有区别的角色，其中人际关系角色分为挂名首脑角色、领导者角色和联络者角色，信息传递角色分为监听者角色、传播者角色和发言人角色，决策角色分为企业家角色、混乱处理者角色、资源分配者角色和谈判者角色。

从管理技能角度出发，人们关注管理者在管理活动中应该拥有什么样的技能。罗伯特·卡茨（Robert L. Katz）通过研究认为，管理者需要具备三种基本的技能，即人际技能、技术技能和概念技能（图1-4）。

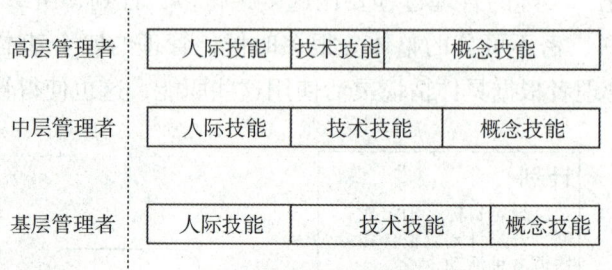

高层管理者	人际技能	技术技能	概念技能
中层管理者	人际技能	技术技能	概念技能
基层管理者	人际技能	技术技能	概念技能

图1-4　不同管理层次所需的技能

人际技能是指管理者与人和睦相处的能力。由于不同层次的管理者都需要与人打交道，因此，人际技能对所有层级的管理者同样重要。技术技能是指熟练完成特定工作所需要的特定领域的知识和技术。对于基层管理者来讲，技术技能往往很重要，拥有这些技能可以更好地管理一线生产或服务的员工。概念技能是指管理者对抽象、复杂的情况进行思考和概念化的技能。这种技能对高层管理者特别重要，因为该技能帮助管理者从整体系统的视角来理解组织各部分之间的关系并思考组织如何适应外部变化的环境。

不论是从管理职能角度抑或是管理角色角度，还是从管理技能角度出发来描述管理者的管理活动，都能够帮助我们从不同的视角理解管理者，进而明白如何将自己逐步培养为一名有效管理者。

三、在组织中进行管理

管理者在哪里进行管理？显而易见，管理者在组织中进行管理。组织是指为实现特定目标而对人员的精心安排。家庭、学校、医院、社区、政党、军队是组织，慈善机构、超市、网络社区、虚拟团队等也是组织。不论什么样的组织都具有三种共同的特征，即明确的目标、人员、精细的结构（图1-5）。

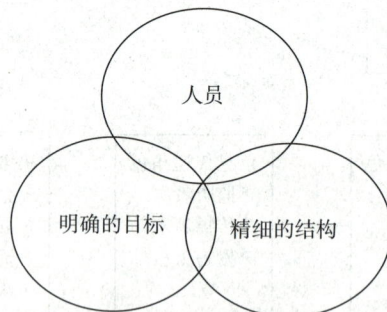

图1-5　组织的特征

每个组织都有明确的目标，组织的形成就是为了实现希望达到的目标。要实现组织目标必须靠人员。没有人员，组织目标的实现就无从谈起，组织结构也无法形成。每个组织都需要有一种精细的结构对人员进行安排，从而使得人员能够从事适合自己的工作，以实现组织的目标。

第二节 管理的原则与方法

人类的管理实践活动虽然错综复杂、变化万千，但是确实存在某些基本的规律。如何在遵循规律的前提下有效地进行管理，就需要学习掌握管理的原则和方法。

一、管理的原则

（一）人本管理原则

人是管理活动的核心和出发点，是管理诸要素的第一要素。现代管理其实就是人的管理和对人的管理。可以说，人的问题就是管理的根本问题。社会越发展，越需要强调以人为本，彰显人的价值。

人本管理就是以人为本的管理，要求人们在管理活动中坚持一切以人为主体和目的，重视人的作用，尊重人的价值，充分调动人的积极性、主动性和创造性，促进人的全面、自由发展。

进入 21 世纪，人本管理主要包括以下观点：员工是企业的主体；员工参与是有效管理的关键；使人性得到最完美的发展是现代管理的核心；服务于人是现代管理的根本目的。

（二）系统管理原则

任何社会组织都是在一定环境中具有特定功能的相对独立的系统，是由若干相互关联、相互作用的部分组成的有机整体，都与外部环境进行着物质、能量和信息的交换。可以说，对组织的管理就是对系统的管理。

系统管理原则认为，管理要根据系统具有的集合性、层次性和相关性等特点开展活动，要遵循系统的整体性原理、动态性原理、开放性原理、环境适应性原理和综合性原理。简单地讲，系统管理原则主要包括两个方面，一是根据组织环境对组织进行管理，以保持与环境的动态平衡；二是在管理过程中要对组织进行系统分析，以全面的、联系的、发展的视角观察和处理问题。

（三）责任管理原则

管理效率和效益的实现需要发挥每个人的潜能，需要在合理分工的基础上明确规定组织部门和个人须完成的工作任务和要承担的相应责任。

责任管理原则就是在分工的基础上，通过恰当的方式明确每个人的职责。具体地讲，主要包括三个方面的内容。

1. 明确每个人的职责 职责界限要清楚；职责中要包括横向联系的内容；职责一定要落实到每个人，做到事事有人负责。

2. 职位设计和权限委授要合理 要想人们对所从事的工作做到完全负责，就需要正确处理职责和权限、利益与能力之间的关系，职责、权限和利益应该相当，能力可以略小于职责，但也不可以过小于职责，这样既能使工作具有挑战性又能避免出现因能力过小而无法担起职责的后果。

3. 奖罚要分明、公正而及时 要对每个人进行公正及时的奖惩，且要以准确的考核为前提。因此，要建立、健全组织的奖惩制度，确立绩效考核标准，通过规范化、制度化的奖惩工作实现奖惩的公正和及时。

（四）效益管理原则

效益是管理活动永恒的主题，直接影响组织的生存和发展，它与效果和效率是互相联系又相互区别的概念。效益是指有效产出与投入之间的一种比例关系，包括经济效益和社会效益两个方面，管理需要将经济效益和社会效益有机统一起来。

管理的效益原则要求管理者树立正确的效益观，坚持以效益为中心的管理理念，把效益当作管理的根本目的去追求。管理者追求效益时需要正确处理效益、效率和效果的关系，处理好局部效益和全局效益的关系，处理好长期效益和短期效益的关系，处理好经济效益和社会效益的关系，处理好经济效益和生态效益的关系。

二、管理的方法

（一）经济方法

经济方法是指根据客观经济规律，运用各种经济手段，调节各种不同经济主体之间的关系，以获得较高的经济效益和社会效益的管理方法。这里的经济手段主要包括价格、税收、工资、信贷、奖金、利润、罚款以及经济合同、经济责任制等。这些经济手段可以在不同的领域里发挥不同的作用。

经济方法是市场经济条件下运用较为广泛的方法，具有利益性、有偿性、关联性、灵活性和平等性等特点。运用经济方法需要根据其特点，灵活使用各种经济手段，不能简单划一，更不能不加分析盲目搬用。要想充分发挥经济方法的作用，需要注意以下三点。

1. 统筹兼顾国家、集体和个人三者利益　从一定意义上讲，经济方法就是运用各种经济手段调整各方利益，将国家、集体和个人的利益有机结合起来，实现三方利益共赢。

2. 将经济方法和行政、教育等方法结合使用　经济方法有其优势但也有局限，不可能解决所有管理问题，必须结合其他管理方法，方能取得较好效果。

3. 要综合运用和不断完善各种经济手段　每一种经济手段都有各自的作用，单独使用可能难以发挥作用，因此，在使用经济方法时需要考虑各种经济手段的整体协调配合，综合使用，才能取得预期效果。

（二）教育方法

教育方法是指按照一定的目的和要求，以传授、启发、情景模拟等方式对受教育者实施影响以提升思想品德素质、文化知识素质、专业水平素质的管理方法。教育方法是管理的有效方法之一，能够从根本上改变人的思想品德、思维水平、知识结构、文明程度和劳动态度，从而使受教育者的行为符合管理的要求。

教育方法通过教育来提高人的素质、调动人的积极性和创造性，是其他管理方法的前提，具有启发性、示范性、群体性、个体性、自主性和针对性等特点。常用的教育方式主要有专业式教育、互动式教育、情景式教育、启发式教育等。在运用教育方法的时候需要注意以下几点。

1. 教育方式要灵活多样　教育要从实际出发，根据不同的教育内容和教育对象，有针对性地采用不同的方式。

2. 精神激励和物质激励相结合　人的需求不仅有物质需求也有精神需求，仅靠精神激励有可能使教育流于形式而无法解决实际问题，光靠物质激励又容易形成唯利是图的倾向，因此，在使用教育方法时要兼顾物质激励和精神激励。

3. 教育方法需与其他方法结合使用　与经济方法一样，教育方法有其自身的局限性，不能够代替其他方法，需要与其他方法配合使用，才能取得理想效果。

（三）行政方法

行政方法指依靠行政组织的权威，运用命令、规定、指示、条例等行政手段，按照行政系统和层次，以权威和服从为前提，直接指挥下属工作的管理方法。行政方法强调的不是个人的能力和特权，而是职责、职权和职位，所以上级指挥下级依靠的是职位和职权，下级服从上级不是服从上级个人而是服从上级拥有的管理职位和职权。

行政方法实质就是行使政治权威，具有权威性、强制性、垂直性、具体性和无偿性等特点。行政方法是实现管理功能的一项重要手段，管理者在运用行政方法时要正确认识其优劣势，扬长避短，如此方能发挥其应有的作用。

1. 管理者必须充分认识服务是行政管理的根本目的　行政管理以服务为目的可以避免官僚主义、以权谋私、玩忽职守等行为。

2. 需要建立健全的信息管理系统　行政方法具有垂直层次性的特点，信息在传递过程中容易发生损耗和扭曲，容易造成决策和计划的失误，因此，建立健全的信息管理系统有助于管理者收集准确、完整的组织信息。

3. 需要在民主集中制的基础上运用行政方法　行政方法的运用依靠职位的权力，容易滋生官僚主义，不利于调动各方面的积极性。民主集中制有利于克服管理者集权的缺点。

4. 行政方法需要与其他方法结合使用　单一使用行政方法无法避免其短处，综合运用经济方法、行政方法、教育方法则可以相互协调，取长补短，充分发挥作用。

小故事

子贱放权

孔子的学生子贱有一次奉命担任某地方的官吏。他到任后，不管政事，却时常弹琴自娱。然而他所管辖的地方却治理得井井有条，民兴业旺。这使那位卸任的官吏百思不得其解，因为他每天即使起早摸黑，从早忙到晚，也没有把地方治理好。

于是他请教子贱："为什么你能治理得这么好？"子贱回答说："你只靠自己的力量进行治理，所以十分辛苦，而我却借助他人的力量来完成任务。"

现代企业中的一些领导人，喜欢把一切事揽在身上，事必躬亲，管这管那，不放心把一件事交给手下人去做。这使得他整天忙忙碌碌不说，还会被公司的大小事务搞得焦头烂额。其实，一个聪明的领导应该是子贱二世，能够正确利用下属的力量，发挥团队协作精神，这样不仅能使团队很快成熟起来，还能减轻管理者的负担。在公司管理方面，要相信少就是多的道理：你抓得少些，反而收获的会多。

资料来源：http://www.315online.com/zhijian/manage/161760.html

（四）法律方法

法律方法是运用法律实施管理的一种方法，是指国家根据广大人民群众的根本利益，通过各种法律、法令、条例和司法、仲裁工作，调整社会经济的总体活动和各企业、单位在微观活动中所发生的各种关系，以保证和促进社会经济发展的管理方法。

法律方法的实质是实现全体人民的意志，并维护他们的根本利益，代表他们对社会经济、政治、文化活动实行强制性的、统一的管理。其特点是权威性、严肃性、强制性和规范性。法律方法缺乏灵活性和弹性，容易导致僵化而不利于因时、因地、因人制宜进行管理，在运用法律方法进行管理时需要注意以下三点。

1. 立法要符合客观规律 法律方法本质上是利用上层建筑的力量影响和改变社会活动的方法，如果立法符合客观规律就可以促进社会、经济的发展。反之，则会严重阻碍社会、经济的发展。

2. 树立和维护法律权威 法律是由国家制定或认可的，体现统治阶级意志，以国家强制力保证实施的行为规则的总和，具有高度的权威性。因此，在管理过程中必须树立法制观念，维护法律权威，实现"有法可依，有法必依，执法必严，违法必究"，使法律成为提高管理水平的有力武器。

3. 综合运用各种法律法规 由于管理活动中的各种组织关系是复杂的、多方面的，所以利用法律方法进行管理时需要综合运用各种法律法规来保证必要的管理秩序，有效地调节各种管理因素间的关系，达到有效的管理目标。

第三节 学习管理学的意义和方法

一、学习管理学的意义

为什么要学习管理学？为什么不同专业的学生都要学习管理课程？学习管理学对我的职业生涯有帮助吗？学习管理学能够帮助我成为一个有效的管理者吗？如果我没有想当管理者的愿望，还有必要学习管理学吗？

（一）管理是所有组织的事情

不管在什么样的组织中，管理都是不可或缺的。可以这样说，任何组织都是处处有管理、时时有管理。处处有管理意味着不论什么类型和规模的组织，也不论组织的任何领域和层次，管理者都必须进行计划、组织、领导和控制的工作；时时有管理意味着在组织的任何发展时期和阶段，管理者必须开展计划、组织、领导和控制等工作。在拜耳、辉瑞、强生、先声、同仁堂、修正、扬子江等药业企业中，公司首席执行官和研发部门主管具体负责的工作会不一样。在西医院、中医院、中西医结合医院或各类专科医院中，院长和科室主任从事的具体工作也会不同，但这些不同只是管理方式的不同，而不是管理职能的不同。也就是说，他们做什么和如何做可能会不同，但都要发挥计划、组织、领导和控制等管理职能。

媒体掠影

我国医疗卫生人才队伍建设取得长足发展

国家卫生健康委发布的数据显示，近 10 年，我国医疗卫生人才队伍建设取得长足发展。截至 2021 年底，我国卫生人员总量达到了 1398.3 万人，其中执业（助理）医师 428.7 万人，较 2012 年增长 176 万多人。每千人口执业医师数从 2013 年的 2.06 人发展到 2021 年的 3.04 人。

我国医师队伍支撑起世界上最大的医疗卫生服务体系，成为"全球医疗服务可及性和质量指数"排名进步幅度最大的国家之一。国家卫生健康委表示，"十四五"时期，我国将继续着力解决人才反映强烈的实际问题，加快推进卫生健康人才服务能力不断提高，人才结构分布持续优化，推动医师队伍建设取得显著成就。

资料来源：news.cctv.com/2022/08/19/ARTI9BUPxyckYaRINhZTzyGY220819.shtml

---

所有组织都需要管理，但并不是所有的组织都有良好的管理。现实生活中，当我们看见患者为了挂个号花上数小时的时候，当我们发现生产出的药品有质量瑕疵的时候，当我们感到忠诚的顾客逐渐离开我们的时候，当我们意识到企业业绩在缓慢下滑的时候，当我们察觉到员工存在普遍的职业倦怠的时候……并非所有人都能够明白这些是由于管理不善导致的。通过学习管理，我们就可以发现不良的管理，并改进组织的管理方式。我们会思考为什么会出现这些状况？用什么样的方法可以改变这种状况？从管理良好的组织可以借鉴哪些？可以说，任何组织都需要通过运用管理理论和方法来实现组织良好的管理，实现组织持续健康发展。

（二）管理是所有个人的事情

当今的现实表明，管理已经成为每一个人的事情。不论我们愿意不愿意，我们都必须跟管理打交道。不论我们承认不承认，管理已经成为我们生活的基本内容。也许你会说，就算生活中离不开管理，可我并不想成为一个管理者，还有学习管理的必要吗？答案是肯定的。

在社会生活中，人们不是管理者就是被管理者。对于渴望成为管理者的人来说，学习管理的必要性和重要性是不言而喻的。通过学习管理，可以掌握管理的基本理论和方法，这些基本理论和方法是前人在管理实践中总结出来的智慧结晶，用其指导实际管理工作，就能将间接经验与直接经验结合起来，提升管理能力。对于不想成为管理者的人来说，只要在社会中生活，就必然要进入各种组织，接受相关管理人员的管理。求学要接受学校的管理，工作要接受单位的管理，看病要接受医院的管理，驾车要接受交管部门的管理……学习管理，就能更好地了解这些组织的运转过程，以及管理者的管理方式和行为方式，有助于更好地与各种组织及其管理者打交道，增强社会生存与竞争能力。

总之，管理是社会生活的基本内容之一，是每个人的事情。不论是管理者还是被管理者，为了适应社会发展需要，为了更好地生存和发展，都应该学习并掌握一点管理学知识。

二、学习管理学的方法

"工欲善其事，必先利其器"。要想学好管理学，必须针对管理学的特点，掌握好的学习方法。管理学是一门不断发展的应用性较强的综合性学科，学习管理学的基本前提是从实践出发，理论联系实践。把握这一前提，再选用恰当的学习方法，就能取得事半功倍的效果。

（一）认真学习管理理论

管理理论是对客观管理现象和活动的本质和规律的概括性陈述，能够确定性地解答客观管理现象和活动"是什么""怎么样"和"为什么"。理论的作用在于指导实践，所以从管理实践中概况、总结和提升出来的管理理论和方法能够指导具体的管理实践活动。

管理学是一个综合性的学科，它融合了心理学、社会学、经济学、政治学、组织行为学、数学、信息学、统计学、计算机科学等其他学科的知识，因此，我们在学习管理学的时候，不仅要学习管理学学科的理论知识，还要学习其他学科的理论知识。这就要求我们必须博览群书，不仅要阅读管理学领域内的各种经典书籍，还要阅读其他学科领域的相关书籍，使自己具有较宽厚的知识基础和较广阔的理论视野，这样才能在不同理论的指导下灵活自如地解决各种管理难题。

（二）勤于实践管理活动

管理者要提高管理能力，关键在于把直接经验与间接经验结合起来。如果说，学习管理理论知识能够帮助我们拥有间接经验，进行管理实践活动则能获取直接经验。管理学是一门实践性很强的应用科学，它以人类管理领域的社会实践活动作为研究对象，研究的重点是在研究"是什么"和"为什么"的基础上探寻"如何操作"，进而创新能够直接运用在实践中的管理理论和方法。

管理学科的实践性决定了仅靠学习管理理论是无法培养出优秀管理者的。要成为优秀管理者，不仅要认真学习管理理论知识，更要勤于实践，在管理实践活动中不断磨炼，以积累管理经验，在做学结合、知行统一中体悟管理的精髓与魅力。

（三）着力培养管理思维

学习管理不仅要认真学习管理理论和勤于管理实践，更要培养管理思维。管理思维是管理者在履行管理职能过程中的思考活动，管理者管理思维水平的高低直接决定了其管理能力和水平。

培养管理思维，需要在"做"中"想"，在实践中勤于思考，不仅要思考实际管理问题的解决办法，更要思考如何通过归纳、演绎、试验、调查、案例、比较分析等基本方法提升管理能力和水平，真正做到"学而思则不罔、思而学则不殆"。

【案例分析】

但铭：好学务实的医药企业管理者

华素制药办公室墙上贴有 WELL SO 的标志，而引领华素制药走向 SO WELL 的人物之一便是华素制药总经理但铭。

但铭曾在清华攻读过 MBA。他认为，读 MBA 最大的收获是养成了好学的习惯。他感叹道："毕业这么多年了，我仍然觉得好学精神十分重要。知识的更新是'长江后浪推前浪'，如果不持续学习、不与时俱进，是会被淘汰的。"

但铭经历了从投资领域通才到医药行业专才的转变。中关村科技发展股份有限公司是一家集信息化服务、生物医药、建安施工和金融投资四大领域为一体的高科技产业集团。1999 年但铭来到该公司，先后担任财务部经理、投资管理总监。2006 年，但铭进入子公司华素制药，开始涉足并全心投入医药行业。"从研发、生产到销售的各个环节都需要学习，并且要深入细节，停留在皮毛上肯定是不够的。"他认真钻研并掌握了医学、药学、营销学等领域专业知识，使他能够顺利地与各部门沟通，决策时也游刃有余了。

为了拓展销售业务，他还分管处方药事业部的工作。但铭刚接触医药行业销售时，觉得处方药的销售既专业又复杂，从开发目标市场，到医院拜访、市场推广、学术会议，环节重重。面对复杂的头绪，他说："如果医药企业的管理层不去了解这些，就不可能在管理决策中位于主动，拿出的措施也只能是隔靴搔痒。"他一直坚持实地调查，对药品研发管理、生产管理、市场营销和现金流管理有了全面、系统的了解，同时他也坦言，当你看到的领域越宽广时，越发感到自己的知识储备欠缺，越需要学习。

"从事医药行业所需要的知识结构和管理能力与之前做投资太不一样了。"他说："做投资管理需要有广博的知识、快速的反应、缜密的分析能力，做完一宗投资就马上换到下一宗。而在华素制药，年复一年面临同样的工作，更多的是需要深入一线，掌握重要环节，及时、有效决策与持续创新。"

通过几年的探索实践，但铭对医药行业的认识加深了，并渐渐喜欢上了这个复杂的行业。当适应了行业监管规则，逐渐得心应手后，他发现规则不是羁绊而是保护。

但铭一直强调要"做好药，造福民生"。他重视产品质量，坚信有好药才有好口碑。竞争对手们都觉得华素"像一个外企"：使用最好的生产线、最好的原辅料甚至包材，绝不会为了降低几分钱的成本而忽视药品质量；销售中十年如一日地坚持学术推广。

回顾职业生涯，但铭总结自己是一个乐于学习并讲求实效的人，每一次成长经历的背后都是日积月累学习的积淀，每一个阶段的成就与领悟都是踏实努力工作的点滴汇聚。

资料来源 http://www.sihuan.com.cn/gongsixinwen/66.html

案例讨论题：

1. 根据案例描述，你认为医药企业管理者应该具有什么样的知识结构和管理技能？
2. 在你看来，华素制药的"做好药，造福民生"的理念是如何影响管理者的？
3. 对于但铭这样的管理者，什么管理技能最重要，为什么？
4. 根据案例描述，谈谈如何把自己培养成一名有效的管理者。

【思考题】

1. 管理的含义是什么？
2. 组织的特征是什么？
3. 管理的特征是什么？
4. 管理的对象是什么？
5. 管理的原则有哪些？
6. 为什么要学习管理？

学习目标

1. 掌握：古典管理理论的主要内容与评价，主要包括泰罗科学管理理论的主要内容；法约尔一般管理理论的主要内容；霍桑实验的主要内容与结论。

2. 熟悉：管理理论丛林产生的原因；11 个管理学派各自的主张与观点。

3. 了解：西方管理理论的发展历史；孔子和孙子各自的管理思想或主张。

案例导读

精益管理在医院行业

因电影《儿女一箩筐》而被众人所知的弗兰克·吉尔布雷斯（Frank B. Gilbreth）和莉莲·吉尔布雷斯（Lilian M. Gilbreth）是 19 世纪末 20 世纪初的两位原始效率专家，他们的很多理论都影响到了后来精益学的发展。在本职工作之外，吉尔布雷斯夫妇出版了很多涉足医药领域的研究成果，他们是最早提出"工业工程理论"可被应用于医院的人之一。吉尔布雷斯夫妇的研究中有一项创新便是在手术中安排一名护士听候调遣，为外科医生传递医疗器械，这样外科医生就不用再浪费时间去做这些事了。这是一种更好的方式，今天人们已经认为这是理所当然的事了。

亨利·福特曾致力于将自己的生产方式应用于密歇根州迪尔伯恩市的一家医院。福特说："在现有的管理体制下根本无法确定医院到底是为患者还是医生存在……医院的目标应该是摒弃这些做法，把患者的利益放在首位……在一般的医院里，护士们必须进行一些无用的步骤。她们把更多的时间花在了走路而不是照顾患者上。迪尔伯恩市这家医院的设计将省去这些步骤。每一层楼都自成一体，就像在工厂中努力消除多余的动作一样，我们也努力消除医院中的多余动作。"福特使用了"waste"一词。该词在精益方法术语中有着相似的使用背景和含义，指任何无法为顾客（或患者）提供价值的动作或努力。

丰田汽车公司有时被认为是"发明了精益生产的公司"。从 1945 年起，丰田公司在数十年中开发出了"丰田生产体系"。"精益"一词是由乔恩·克拉夫茨克（Jon Krafcik）所创。他的团队主要研究 20 世纪 80 年代晚期的全球汽车业，找出日本汽车成功的原因，结果发现，几乎所有的日本汽车制造商都在使用丰田模式。

很难精确地指出医院是何时开始跨出行业界限去寻找精益思想的。在密歇根汽车制造商的帮助下，一些医院在 20 世纪 90 年代开始使用精益方法。2001 年，《今日美国》对一项由罗伯特·约翰逊（Robert W. Johnson）基金会开展的研究作了报道。该研究在各个医院中寻找那些与其他医院行事迥然不同的院领导。该基金会执行副总裁刘易斯·桑迪（Lewis Sandy）说："我们想看到一个医护业的丰田。这已经是医护业的壁垒之一。没有人能指着一家医疗机构说'那便是努力的方向'。"动机很明确，即各个医院必须透过自己的同行看到这些广泛存在的系统问题，并寻求解决方法。

如今世界上有很多精益方法对医院起到积极作用的例子，精益方法已经得到了广泛应用：

●在没有增加员工数或新仪器的情况下，为临床实验室结果缩短了60%的周转时间——内布拉斯加州，艾勒肯特卫生院（Alegent Health）。

●将设备清洁和消毒周期时间减少超过70%——安大略省，金士顿综合医院（Kingston General Hospital）。

●将整形外科患者手术等待时间从14周减少到31个小时（从电话询问至进行手术）——威斯康星州，ThedaCare医院。

●将年均手术收入提高到80.8万美元——俄亥俄州，俄亥俄卫生院（Ohio Health）。

●将患者滞留时间减少了29%，同时避免了为新建急诊科的125万美元投入——南达科他州，艾维拉·麦肯南（Avera McKennan）。

资料来源：马克·格雷班.精益医院——世界最佳医院管理实践.张国萍等，译.［M］.北京：机械工业出版社，2011.

第一节　西方早期的管理思想和实践

一、文明古国的管理实践

管理活动是随着人类集体活动的出现而产生的，大约有六千余年的历史。古埃及、古巴比伦、古希腊、古罗马等国的诸多文献中均有管理实践与管理思想的记载。

古埃及人能够在建筑、艺术、科技等方面均取得惊人的成就，得益于其完善的中央政府职能。埃及人很早就懂得了分权，法老享有神权，辅助法老的宰相则集最高法官、宰相、档案大臣、工部大臣等官职于一身，掌管全国的司法、行政、经济事务。考古发现，法老的陪葬品中"每一个监督者大约管理着10名奴仆"，这就是后来"管理幅度"的概念。之后，希伯来人在《圣经》里提出的以10为限的管理思想即源于此。

古巴比伦文明是两河流域文明的重要组成部分，国王汉谟拉比建立起强大的中央集权国家，任命各种官吏，管辖着各城市和地区的行政、税收和水利灌溉。国王总揽国家全部司法、行政和军事权力，官吏是贯彻国王政令的工具。为了巩固其统治，汉谟拉比编制了《法典》，作为国家行为的准绳。《法典》共282条，内容涉及财产、借贷、租赁、转让、抵押、遗产、奴隶等各个方面，对各种职业、各个层面上的人员的责、权、利关系均予以明确规定。

在古希腊，虽然鲜有管理原理方面的记载，但雅典城邦及其议会、人民法庭、执政官的存在本身就表明那时已意识到管理职能。古希腊的改革家、思想家，最先产生在那些工商业最发达、自由民主内部斗争最激烈而且又最易接触其他先进文化影响的地方。这些地方生产力开始有了发展，人们为了发展工商业开始一些有组织的生产，从而促进了对自然的进一步认识，其中最出色的有苏格拉底（Socrates）、色诺芬（Xenophon）、柏拉图（Plato）、亚里士多德（Aristotle）。这些人的思想，无论从哪个层面讲，对后世的影响都很大。

古罗马人利用等级原理和委派、授权办法，将罗马城扩展为一个前所未有的、组织效率极高的帝国。正如詹姆斯·穆尼（James D.Mooney）所说："罗马人伟大的真正秘密是他们的组织天才。"

二、欧洲中世纪的管理思想

（一）威尼斯的商业管理

15 世纪，威尼斯城是意大利主要的经济、贸易中心。当时的威尼斯商人采取的商业组织形式——合伙企业和合资企业，被认为是早期企业的雏形。

1494 年，卢卡·帕西奥利（Luca Pacioli）发表了一篇关于复式簿记制的论文，第一次用文字对这种会计方法做了说明。虽然他并没有发明复式簿记制，但他向所有的人推荐了这种簿记制。这种方法在很大程度上被现代会计所采用，甚至帕西奥利著作中的许多段落可以无须改动就载入当代的会计学教科书中。对管理学者来说，帕西奥利的著作具有重大意义。帕西奥利并不是一位商人，而是一位涉及数学、神学、建筑学和军事学等多种学科的学者和教师。他对管理方面的关心，表明当时人们已把工商管理看成是一门值得进行学术研究的学科了。起源于这个时期的系统的现代会计制度是第一批通用的管理方法之一。

同样是在威尼斯，15 世纪的兵工厂是当时欧洲最大的工业。它占（水、陆）地面积 60 英亩，工人一两千人，在管理上积累了丰富的经验。舰船的设计和制造采取标准化，所有的船尾柱按同一设计建造，以便使每一个舵无须特别改装便能适用；安装采用类似 20 世纪流水作业的制度；兵工厂的成品部件全部进行编号储存，并坚持仓库记录和盘点，以随时了解库存情况；控制成本方面，兵工厂把所有费用分为固定费用、必需支出但数额不定的费用和额外费用三类；收入按用途分为几种资金，分别入账；所有的交易都必须登录在一本分类账和两本日记账中，目的在于能追踪所有的费用，并对费用支出者进行评价；人事管理上，兵工厂在劳动纪律、工资报酬、考核晋升等方面也都有完备的制度。

（二）文艺复兴时期的两位思想家

1. 托马斯·莫尔（Thomas More，1478—1535 年） 托马斯·莫尔，欧洲早期空想社会主义学说的创始人，才华横溢的人文主义学者和阅历丰富的政治家，以其名著《乌托邦》而名垂史册。在"乌托邦"社会里，各种行业是按劳动专业化和最大限度利用人力的原则划分的。除了选出少数人终生从事学术活动外，所有的男人和女人在很早就必须学习一门手艺，并在以后的整个生涯中从事该门手艺。绝大多数人应当师承父母的手艺，除非有某种其他手艺更适合于他的能力和爱好。

虽然莫尔并不想在《乌托邦》中讨论组织和管理问题，但还是提出了一些值得注意的观点。如他提出的统一组织生产和贸易以及公社化食堂的设想突出了大规模生产的经济性；在有关乌托邦政府相当粗略的一节中，描绘了一种官员选举产生的政府制度；他还提出了六小时工作日的理想等。

2. 尼科罗·马基雅维利（Niccolo Machiavelli，1469—1527 年） 尼科罗·马基雅维利是与莫尔同时代的意大利的思想家、政治家和历史学家。他在《君主论》中提出了与 20 世纪的管理相近的四大领导原则。

（1）必须得到群众的同意　君主或国王的权力来源于下属，他要想持续地统治下去，必须得到群众的同意和拥戴。君主虽然可以通过夺取或继承获得权力，但权力的维持离不开人民的支持。这种观点与后来出现的"权力接受论"非常相似。

（2）必须维持组织的内聚力　一个君主维持组织统一的最有效方法就是紧紧抓住自己的朋友。为此，他应该仔细注意和抚慰他们，以便使他们为自己所用。组织内聚力的一个关键因素是使人民确实知道他们可以指望君主以及君主期望于他们的是什么（信息沟通和责任明确性原则），一个君主如果没有法律而只有多变的政策，很快就会使整个国家陷入混乱（法律的稳定性原则）；人民应该确切地知道，如果犯了罪会受到什么惩罚，一个犯了罪的人无论过去有什么功劳也应予以惩罚（赏罚分明原则）。

（3）领导者必须具备坚强的生存意志力　任何组织的主要目标之一是使自己存在下去。一个君主为了避免被人推翻，必须始终保持警觉，一遇风云变幻，必须果敢决断地采取措施。必要时，他可以抛开任何道德借口或正义伪装，采取一切可以采取的手段实现他的目的。他既要具备狐狸的狡诈，又要具备狮子的凶狠。软硬并施，成功就是目的。

（4）领导者必须具备领袖的品德和能力　领导者（或管理者）分为两类：自然或天生型和后天或习得型。虽然《君主论》是为了帮助一位年轻的君主获得领导（管理）的技术，不过马基雅维利也常提到（通常由于继承而获得权力的）国王和君主未能成为成功的统治者，是由于他们的基本品性缺乏伟大领导者吸引人的光辉。

三、工业革命前后管理思想的演进

18世纪60年代开始的西方工业革命在工业技术和社会关系上都引起了巨大变化，加速了资本主义生产的发展，生产组织形式也由家庭作坊转向以工厂为单位。在这种变化影响下，不少对管理理论的建立、发展具有重大影响的管理实践和思想应运而生。代表人物有亚当·斯密、查尔斯·巴贝奇和罗伯特·欧文。

（一）亚当·斯密（Adam Smith，1723—1790年）

亚当·斯密是英国古典政治经济学家，经济学的主要创立者，被誉为"现代经济学之父"。其最伟大的著作《国富论》的发表，标志着古典自由主义经济学的正式诞生。《国富论》中"经济人"假设和劳动分工理论，构成了管理学的理论前提。

1."经济人"假设　斯密认为，人的行为动机根源于经济诱因，人都要争取最大的经济利益，工作就是为了取得经济报酬，因此必须使用物质利益对员工进行控制。早期的管理学家，不管是泰罗还是法约尔，他们的理论都以"经济人"假设为前提。正因为如此，管理学与经济学被看作是具有紧密联系的两个学科。

2.劳动分工理论　斯密认为，分工是提高劳动生产率和增进国民财富的根本途径。劳动分工的原因有三个：①只有通过劳动分工，劳动者才能够在自己专长的单一业务中不断提高熟练程度，从而提高效率。②分工可以避免由一种工作转向另一种工作时产生时间上的损失。③分工可以简化劳动，便于劳动者在特定的工作上集中注意力，促进生产工具的改进和机器的发明。

（二）查尔斯·巴贝奇（Charles Babbage，1792—1871年）

查尔斯·巴贝奇是英国著名的数学家、发明家和科学管理的先驱者。巴贝奇认为，劳动分工减少了工人转换工种的学习和时间成本，有利于提高工人的熟练程度，同时有利于工具和机器的改进。他还强调作业方法的研究，注意使用技术手段改进工厂的管理。在劳资关系上，巴贝奇强调工人同厂主的协作。他认为，工厂制度能提高工人的生活水平，对工人存在有利的一面。巴贝奇还提出了一种工资加利润分享制度，其做法是工人按照工作性质获得固定工资并按贡献多少分得一部分工厂利润。他认为，这种做法的好处是工人的利益与工厂的发展直接相关，促使工人关心浪费和管理问题，促进每个部门改进工作，有助于工人提高技术和个人素质，减少工人同厂主之间的矛盾。巴贝奇所研究的管理问题十分广泛，他的思想一方面传承了斯密的工作，另一方面为后来科学管理理论提供了重要的借鉴。

（三）罗伯特·欧文（Robert Owen，1771—1858 年）

罗伯特·欧文是英国著名的空想社会主义者、企业家，人本管理的先驱。欧文于
1800～1828 年在苏格兰自己的几个纺织厂内进行了空前的试验。他在工厂内推行新的管理制度，摈弃了过去那种把工人当作工具的做法，改善工人的工作环境，强调无惩罚的人性化管理。部门主管根据工人的表现进行考核，厂长再根据部门主管的表现对部门主管进行考核，并且不管谁认为考核不公都可以直接向他申诉。部门主管考核员工，经理考核部门主管，同时辅之以越级申诉制度，也有利于劳资双方的平等沟通和矛盾化解，开创了层级管理的先河。欧文被称为"现代人事管理之父"。

第二节　古典管理理论

一、科学管理理论

（一）弗雷德里克·泰罗（Frederick W.Taylor，1856—1915 年）

泰罗是美国著名的发明家和古典管理学家，科学管理的创始人。1911 年，泰罗发表了《科学管理原理》一书，标志着科学管理理论的诞生，被誉为"科学管理之父"。

泰罗出生于一个富有的律师家庭，早年就读于哈佛大学法律系，但由于视力损伤而被迫辍学。随后进入费城一家工厂当学徒，1878 年进入费城米德维尔钢铁公司做工人，之后由于表现出色被逐级提拔，于 1884 年任厂总工程师。期间，泰罗开始观察和研究工厂管理方面的问题，1893 年开始从事管理咨询顾问的工作。1898～1901 年，他受雇于宾夕法尼亚的伯利恒钢铁公司从事管理咨询方面的工作。在大量试验的基础上，逐渐形成了他的科学管理的思想。退休后，泰罗开始通过撰写文章和发表演讲来宣传他的科学管理制度。

（二）泰罗的三大实验

1. 搬运铁块的实验　1898 年，泰罗在伯利恒钢铁厂开始他的实验。这个工厂的原材料是一组记日工搬运，工人每天有 1.15 美元的收入，大约每天能够搬运铁块 12～13 吨，对工人奖惩的方法是找工人谈话或者开除。如果做得好，可能被选中到车间做等级工，得到略高的工资。在这种情况下，泰罗研究了工人们的动作并进行了重新的设计，用科学的方法合理安排工作程序、操作方法，节省多余的无效动作，减少不必要的体力消耗。泰罗挑选了一个叫施密特的人按照新的要求工作，并且每天给他 1.85 美元的报酬。施密特第一天很早就搬完了 48 吨，拿到了 1.85 美元的工资。于是其他工人也渐渐按照这种方法来搬运，每天搬运量达到 48 吨以后拿到 1.85 美元的工资，劳动生产率大幅提高，同时不会感觉太疲劳。

2. 铁砂和煤炭的挖掘实验　开始工厂里工人都是自带铁铲，铲子大小各异而且不管劳动对象是什么都用相同的工具，那么如果铲煤砂的工具重量合适的话，铲铁砂时就过重了。泰罗研究发现，每个工人的平均负荷是 21 磅，后来他就不让工人自己带工具了，而是准备了一些不同的铲子，每种铲子只适合铲特定的物料。这不仅使工人的每铲负荷都达到了 21 磅，也使不同的铲子能适合不同的情况。为此，他还建立了一间大库房，里面存放各种规格的工具，使得每个工人每

铲的负重都是21磅。同时他还设计了一种有两种标号的卡片，一张说明工人在工具房所领到的工具和干活地点，另一张说明他前一天的工作情况，上面记着干活的收入。工人取得白色纸卡片时，说明工作良好；取得黄色纸卡片，意味着要加油了，否则就有被调离的可能。要将不同的工具分给不同的工人，就要事先进行计划，需要专人对这项工作负责，需要增加管理人员，尽管这样工厂依然受益很大，仅这一项变革每年就可为工厂节约8万美元。

3. 钢铁切削实验 1880年，泰罗在米德维尔钢铁厂进行了一系列实验，以确定钢铁切削时的最佳进刀深度、车刀刃口角度以及车床转速等。这项实验泰罗期初预计不会超过6个月，但结果却大大出乎他的预料，试验一直持续进行了26年，直到在伯利恒钢铁公司才最终完成。期间进行的各项实验达3万次以上，耗费掉80万磅的钢材，总耗费约15万美元。试验结果发现了能大大提高金属切削产量的高速钢，并取得了各种机床适当的转速和进刀量，以及切削用量标准等资料。

（三）泰罗科学管理理论的主要内容

1. 科学管理的中心问题是提高劳动生产率 泰罗认为，管理的中心问题是提高劳动生产率。科学管理可以像机器节省劳动力一样，提高每一单位劳动力的产量。他认为，在当时的条件下，工人在工作中发挥的能力只有实际能力的三分之一，企业提高劳动生产率的潜力巨大。

2. 挑选和培训工人 要提高劳动生产率，就必须挑选一流的工人。一流的工人包括两个方面：一是该工人的能力最适合他所从事的工作；二是该工人从内心愿意从事这项工作。每个人的天赋与才能不同，其所适宜做的工作各异。所以要根据人的不同能力和天赋把他们分配到相适应的工作岗位，使之成为一流的工人。对那些不适合从事某项工作的工人应加以培训，使之适合工作需要，或将其安排到其他适宜的工作岗位上。

3. 工时研究与标准化 泰罗在让施密特成为"高价工人"同时，通过改变不同的工作因素观察哪些与施密特日工作量变化有关。例如，施密特搬运生铁时有时曲下膝盖，有时不曲膝盖而是弯腰。为此，泰罗测试了休息时间、行走速度、搬运位置及其他各种变量。在长时期对各种过程、技术、工具等的组合进行科学测试之后，泰罗成功地达到了他所预期的工作量水平。他通过挑选合适的工人，让其使用正确的工具，并按规定的方法劳动，且采用高工资进行激励，结果达到了他所期望的日工作量48吨的目标。

工时研究作为"泰罗制"的基础，并非简单的对一个工人完成一件规定任务进行时间上的统计，而是把一件工作分解成各个基础的组成部分并做出测试，然后根据其合理性重新进行安排，以确定最佳的工作方法。工时研究是用资料研究未来而非研究过去，是用来分析问题而非单纯地描述问题。此外，除了操作方法标准化，还应对工具、机械、原料和作业环境等进行改进，并使与任务有关的所有要素都最终实行标准化。工时研究与标准化为解决如何更合理地完成一件工作找到了一条较为科学的途径。

4. 在制定标准定额基础上实行差别计件工资制 制定标准定额是整个"泰罗制"的基础。通过大量的工时与动作研究，泰罗将每项工作都分成尽可能多的简单基本动作，去掉其中的无效动作，并通过对熟练工人的操作过程进行观察，找出每个基本动作最好、最快的操作方法，这是其确定日工作定额的基础。在标准定额的基础上，泰罗建议实行新的工资制度，即差别计件工资制。他认为，以往实行的计时工资制和利润分享制都不能从根本上解决问题。差别计件工资制是在"工资支付对象是工人而不是职位"思想指导下，按照工人是否完成其定额而采取的高低不同的工资率，即完成定额的可按工资标准的125%计算工资，完不成定额的只按80%计算工资，以鼓励工人千方百计完成工作定额。

5. 设置计划层，实行职能工长制 泰罗认为，一位"全面"的工长应具备 9 种品质，即教育、专门知识或技术知识、体力、机智、精力、毅力、调节力、判断力和一般常识，身体健康。泰罗认为，要找到一个具备上述 3 种品质的人并不太困难，要找到一个具备上述 5 种或 6 种品质的人就比较困难，而要找到一个能具备七八种上述品质的人几乎是不可能的。为解决这一问题，泰罗提出了分阶段的职能工长的主张，因为工长的工作专业化后，对任职者的体力和脑力的要求就相应降低了。

泰罗把工作中的责任分为两大类，即执行职责和计划职责。在执行部门可分解为：①工作分派负责人。②速度管理员。③检查员。④维修保养员。在计划部门又可分解为：①工作流程管理员。②指示卡片管理员。③工时成本管理员。④车间纪律管理员。这样旧式组织中一个工长的工作会由 8 位职能工长分管，从而解决了当时缺少综合管理人才的问题。泰罗认为，每一个工人在其工作中的任何一个具体方面只有一个职能工长领导，因此不会引起多头领导而使工人无所适从。而且由于每个职能工长只需学会履行有限的职责，所以培训职能工长的工作将较为容易。

6. 对组织机构的管理控制实行"例外原则" 根据这项原则，经理收到的应是简洁明了、具有对比性的报告。其内容应包括过去正常情况下未出现过或非标准的各种例外情况，既有特别好的例外情况，也有特别坏的。这样只需几分钟，经理就能全面了解事态的发展过程，就有时间考虑更广泛的政策、方针，进而研究其下属重要人员的特性和工作胜任问题。

在这里，泰罗强调了企业中经理人员的特殊作用，经理人员应避免管理中的细小问题，而应把这些日常例行事务留给专门人员去处理，本人只需关心"例外的问题"。这个"例外原则"能够检查究竟谁履行了他承担的责任以及谁没有做到这一点。

"例外原则"对于帮助经理人员摆脱日常具体事务，以集中精力对重大问题进行决策监督，是必要且有利的。执行这一原则不仅要授权给下级，而且应当使日常业务工作标准化、制度化，使下级人员有章可循。

7. 为实现科学管理应开展一场"心理革命" 泰罗认为，通过开展一场"心理革命"，变劳资对立为互相协作，共同为提高劳动生产率而努力，这才是科学管理理论的真谛。他强调，必须使工人认识到，科学管理对他们有好处，只有在改善操作方法的条件下，才能不增加体力消耗而实现提高劳动生产率，从而使工人工资得以提高；也只有实现科学管理，才能够降低成本，满足雇主的利润要求。

（四）泰罗的追随者们

弗兰克·吉尔布雷斯（Frank B. Gilbreth）和莉莲·吉尔布雷斯（Lillian M. Gilbreth）、亨利·甘特（Henry L. Gantt）是坚定且杰出的科学管理追随者，他们也为科学管理的发展做出了重要贡献。

美国工程师弗兰克·吉尔布雷斯与夫人莉莲·吉尔布雷斯在动作研究和工作简化方面做出了非常重要的贡献。他们采取两种手段进行时间和动作研究。

1. 将工人的操作动作分解为 17 种基本动作，吉尔布雷斯称之为 therbligs（动素，即吉尔布雷斯英文名字母 Gilbreth 的倒排）。

2. 用拍摄影片的方法，记录和分析工人的操作动作，寻找合理的最佳动作，以提高工作效率。

通过这些手段，他们纠正了工人操作时某些不必要的多余动作，形成了快速、准确的工作方法。与泰罗不同的是，吉尔布雷斯夫妇在工作中开始注意到人的因素，在一定程度上试图把效率和人的关系结合起来。吉尔布雷斯毕生致力于提高效率，即通过减少劳动中动作的浪费来提高效率，被人们称为"动作专家"。

甘特是美国管理学家、机械工程师，他是泰罗在米德维尔钢铁公司和伯利恒钢铁公司的重要合作者。他最重要的贡献是以其名字命名的"甘特图"，这是一种用线条表示的计划图。这种图现在常被用来编制进度计划。甘特的另一项贡献是提出了"计件奖励工资制"，即对于超额完成定额的工人，除了支付给他日工资，超额部分以计件方式发放奖金；对于完不成定额的工人，工厂只支付日工资。这种制度优于泰罗的"差别计件工资制"，因为这种工资制可使工人感到收入有保障而提高劳动积极性。这说明，工资收入有保证也是一种工作动力。

二、一般管理理论

（一）亨利·法约尔（Henri Fayol，1841—1925 年）

法约尔是与泰罗同时代的另一位杰出的古典管理理论家，被称为"现代经营管理之父"。法约尔出身于富裕家庭，1860 年毕业于矿业学校，进入法国一家矿业公司任职，1888 年任该公司总经理，直到 1918 年退休。30 年的总经理生涯，使他得以从最高层来探讨组织的管理问题。法约尔是古典管理理论在法国的杰出代表。他提出的一般管理理论对西方管理理论的发展具有重大影响，成为所谓管理过程学派的理论基础，也是以后各种管理理论和管理实践的重要依据之一。法约尔的代表著作是 1916 年发表的《工业管理与一般管理》。

（二）一般管理理论的主要内容

1. 从企业经营活动中提炼出管理活动　法约尔认为，经营和管理是两个不同的概念。经营是指导或引导一个组织趋向目标，它由 6 项活动组成，即：①技术活动，指生产、制造、加工等。②商业活动，指购买、销售、交换等。③财务活动，指资金的筹措及运用。④安全活动，指设备和人员保护。⑤会计活动，指存货盘点、成本核算、统计等。⑥管理活动，指组织内行政人员所从事的计划、组织、指挥、协调和控制活动。

法约尔认为，所有的组织成员都应具备上述 6 种活动能力，但对不同层次和不同组织的人员来说，这些能力的相对重要性不同。越往高层，管理能力的重要性增加，技术能力的重要性减弱；越往低层，管理能力的重要性减弱，技术能力的重要性增强。组织的规模越大，领导人员管理能力的重要性增加，技术能力的重要性减弱；组织规模越小，领导人员的技术能力的重要性增加，管理能力的重要性减弱。

2. 五大管理职能　法约尔指出，管理是一种普遍存在于各种组织的活动，这种活动对应着计划、组织、指挥、协调和控制 5 种职能。

（1）计划　对有关事件的预测，并且以预测的结果为根据，拟定出一项工作方案。

（2）组织　为组织中各项劳动、材料、人员等资源提供一种结构。

（3）指挥　有关促使组织为达成目标而行动的领导艺术。

（4）协调　为达成组织目标而进行的维持必要的统一的工作。

（5）控制　保证各项工作按既定计划进行。

3. 十四项管理原则

（1）劳动分工原则：通过分工可以提高管理工作的效率。

（2）权力与责任原则：有权力的地方就要有责任，责任是权力的必然结果和必要补充。

（3）纪律原则：必须遵守组织规则，良好的纪律取决于有效的管理行为。

（4）统一指挥原则：下级人员只能接受有隶属关系的直接上级的指令。

（5）统一领导原则：对于力求达到同一目的的全部活动，只能有一个领导和一项计划要求在一个计划中，从事同一类活动的组织成员，只能有相同的目标。

（6）个人利益服从集体利益原则：组织内任何个人或群体的利益均不应置于组织整体利益之上。

（7）合理报酬原则：对下属的劳动付出必须给予合理的酬劳。

（8）集权与分权原则：管理者能够根据组织情境把握最适合于该组织的集中或分散的程度。

（9）等级制度原则：从企业的最高领导到最基层，显示出权力执行的路线和信息传递的渠道，形成等级链，它对于保证统一指挥是必不可少的，但同样容易导致信息延迟。因此为了保持行动迅速，要重视平级之间的横向沟通。

（10）秩序原则：人员应放在最适合其能力发挥的工作岗位上。

（11）公平原则：管理者应当善意、公正地对待下属。

（12）人员稳定原则：管理者应掌握人员稳定和流动的合适度，以利于组织成员能力的充分发挥。

（13）首创精神：鼓励和允许下属充分构想并实施其计划，以激励下属的工作热情。

（14）团队精神：要努力在企业内部建立起和谐团结的氛围，鼓励团队合作，构建和谐团队。

4. 倡导管理教育　针对当时法国的实际情况，即不少企业领导者都认为，只有实践和经验才是走上管理职位的唯一途径，学校也不讲授管理方面的课程。法约尔认为，人的管理能力可以通过教育来获得，管理能力像其他技术能力一样，首先在学校里，然后在车间里得到。法约尔很强调管理教育的必要性与可能性，认为当时缺少管理教育的原因，是因为缺少管理理论，每一个管理者都按自己的方法、原则、判断行事，没有人把可以为大家共同接受的经验教训总结概括为管理理论。法约尔强调了建立管理理论的必要性，并担起了这一重任。

三、行政组织理论

（一）马克斯·韦伯（Max Weber，1864—1920 年）

马克斯·韦伯，德国的社会学家、经济学家，是与泰罗、法约尔同时代的又一位古典管理理论的代表人物。他出生于德国一个有着广泛政治和社会联系的富裕家庭，是一个对社会学、宗教、经济学和政治学都怀有极大兴趣的学者。他先后写了《新教徒伦理》《经济史》《社会组织与经济组织理论》等书，后者反映出他对组织理论的重大贡献。韦伯是最早提出比较完整的行政组织体系的人，被称为"组织理论之父"。

（二）行政组织理论的基本内容

1. 揭示了组织与权威的关系并划分了权威的类型　韦伯认为，任何组织都必须以某种权威为基础，才能实现目标，只有权威才能变混乱为秩序，但不同组织赖以建立的权威不同。他认为，古往今来，组织赖以建立的权威有三：①传统权威：它以对社会习惯、社会传统的尊崇为基础。②超凡权威：它以对领袖人物的品格、信仰或超人智慧的崇拜为基础。③合法的权威：它以对法律确立的职位权力的服从为基础。

韦伯认为，以传统权威或超凡权威为基础建立的组织不是科学的、理想的组织，只有建立在合理、合法权威基础上的组织，才能更好地开展活动，是理想的组织。这种组织在精确性、稳定性、纪律性和有效性等方面，比其他组织都优越。韦伯称这种组织为官僚制组织。

2. 归纳了官僚制组织的基本特征　韦伯认为，官僚制组织的基本特征有：①实现劳动分工，明确规定每一成员的权力与责任，并作为正式职责使之合法化。②各种公职或职位按权力等级严密组织起来，形成指挥体系。③通过正式考试的成绩或在培训中取得的技术资格来挑选组织的所有成员。④实行任命制，只有个别职位才实行选举制。⑤公职人员都必须是专职的，并有固定薪金保证。⑥职务活动被认为是私人事务以外的事情，受规则和制度制约，而且是毫无例外地适用于各种情况。

四、古典管理理论的局限性

古典管理理论对管理学的发展具有奠基性的划时代作用，但也存在一定的局限性，表现在以下几个方面。

1. 古典管理理论基于当时的社会环境，对人性的研究没有深入进行，对人性的探索仅仅停留在"经济人"的范畴之内　泰罗对工人的假设是"磨洋工"，而韦伯把职员比作"机器上的一个齿牙"。在古典管理理论中没有把人作为管理的中心，没有把对人的管理和对其他事物的管理完全区别开来；而在现代管理理论中，人是管理研究的中心课题，而正是因为对人性的深入探索，才使得现代管理理论显得丰富多彩。

2. 古典管理理论对组织的理解是静态的，没有认识到组织的本质　韦伯认为，纯粹的官僚体制应当是精确的、稳定的、具有严格纪律的组织。当代的组织理论家们普遍认为，韦伯所倡导的官僚组织体制只适合于以生产率为主要目标的常规组织活动，而不适合于从事以创造和革新为重点的非常规的灵活的组织活动。

法约尔认为，"组织一个企业，就是为企业的经营提供所必要的原料、设备、资本、人员。大体上可以分为两大部分：物质组织与社会组织。"当时人们认为，组织就是人的集合体。例如，一个企业组织，就是经营管理者与职工的集合体；一个医院，就是医生与病人的集合体等。由此可见，法约尔的组织概念还停留在对组织的表象和功能的表述上，并没有抓住组织的本质进行深入的研究。后来的巴纳德不是从组织结构的角度，而是从行为的角度对组织下定义。他反对将组织看成是人的集团。他说："组织不是集团，而是相互协作的关系，是人相互作用的系统。"

3. 古典管理理论的着重点是组织系统的内部，而对企业外部环境对组织系统的影响考虑得非常少　古典管理理论研究的着重点是企业的内部，将如何提高企业的生产率作为管理的目标，这对企业提高生产率有相当大的指导意义。然而任何一个组织系统都是在一定的环境下生存发展的。社会环境在不断变化，企业的生存发展是在不断地和环境变化进行相互作用下前进的，企业的经营管理必须要研究外部环境与企业之间的相互适应关系，使管理行为和手段都随着社会环境的变化而变化。这些都是古典管理理论没有进行研究的。由于古典管理理论对组织环境及环境的变化考虑较少，因此对管理的动态性未予以充分的认识。

知识拓展

我国中小企业需要学习"古典管理理论"

　　当前，中国存在大量的中、小型企业，管理水平普遍较低。一项对浙江民营中小企业的调查结果显示，民营中小企业管理存在4个共性问题，即制度不科学，缺乏连续性；忽视基础，管理方法运用不当；未发挥组织职能，团队效率低；脱离实际，曲解"企业文化"。调查者认为，民营中小企业的管理整体上处于原始管理阶段，远未达到"科学管理"和"一般管理"为代表的"古典管理"阶段的水平。浙江省是我国民营经济发展状况最好的省份，情况尚且如此，其他地区的情况可想而知。

解决我国中小企业的管理问题，切实可行的办法是普及管理理论知识，帮助企业应用科学管理理论，提高计划水平，增强管理控制能力。通过贯彻和运用"工作定额""能力与工作相适应""标准化""差别计件工资制"及"计划和执行相分离"等方法提高企业的生产计划、组织与控制能力，实现管理效率的提高；应用"行政组织"理论，促进组织优化。在韦伯理想的行政组织体系的基础上，结合企业实际，建立起以制度为中心运转的、等级化、专业化的金字塔形组织，为企业准确、迅速、有效的工作奠定基础。

第三节　行为科学理论

一、霍桑实验

美国芝加哥西部电器公司的霍桑工厂是一个制造电话交换机的工厂，具有较完善的娱乐设施、医疗制度和养老金制度，但工人们生产士气比较低落，生产成绩很不理想。为找出原因，美国国家研究委员会组织研究小组开展了实验研究。

霍桑实验共分四阶段：

1. 照明实验（1924 年 11 月～ 1927 年 4 月） 当时，劳动医学的观点占据着生产效率理论的统治地位。研究小组认为，影响工人生产效率的是疲劳和单调感等，于是实验假设便确定为"提高照明度有助于减少疲劳，使生产效率提高"。但经过两年多的实验发现，照明度的改变对生产效率并无影响。具体结果是：当实验组照明度增大时，实验组和控制组都增产；当实验组照明度减弱时，两组依然都增产，甚至实验组的照明度减至 0.06 烛光时，其产量亦无明显下降；直至照明减至如月光一般、实在看不清时，产量才急剧降下来。

研究人员对此结果感到茫然，失去了信心。从 1927 年起，以梅奥教授为首的一批哈佛大学心理学工作者将实验工作接管下来，实验得以继续进行。

小故事

行为科学的奠基人：乔治·埃尔顿·梅奥（George Elton Mayo，1880—1949 年）

梅奥，出生在澳大利亚的阿德莱德，20 岁时在澳大利亚阿德莱德大学取得逻辑学和哲学硕士学位，应聘至昆士兰大学讲授逻辑学、伦理学和哲学。后赴苏格兰爱丁堡研究精神病理学，对精神上的不正常现象进行分析，从而成为澳大利亚心理疗法的创始人。

1922 年在洛克菲勒基金会的资助下，梅奥移居美国，在宾夕法尼亚大学沃顿管理学院任教。期间，梅奥曾从心理学的角度解释产业工人的行为，认为影响因素是多重的，没有一个单独的要素能够起决定性作用，这成为他后来将组织归纳为社会系统的理论基础。1923 年，梅奥在费城附近一家纺织厂就车间工作条件对工人的流动率、生产率的影响进行实验研究。1926 年，他进入哈佛大学工商管理学院从事工业研究，以后一直在哈佛大学工作直到退休。

2. 福利实验（1927 年 4 月～ 1929 年 6 月） 实验目的总的来说是查明福利待遇的变换与生产效率的关系。但经过两年多的实验发现，无论福利待遇如何改变（包括工资支付办法的改变、优惠措施的增减、休息时间的增减等）都不影响产量的持续上升，甚至工人自己对生产效率提高的原因也说不清楚。

后经进一步的分析发现，导致生产效率上升的主要原因如下：①参加实验的光荣感。实验开始时 6 名参加实验的女工曾被召进部长办公室谈话，她们认为这是莫大的荣誉。这说明被重视的自豪感对人的积极性有明显的促进作用。②成员间良好的相互关系。

3. 访谈实验（1928 ～ 1931 年） 研究者在工厂中开始了访谈计划。此计划的最初想法是要工人就管理当局的规划和政策、工头的态度和工作条件等问题做出回答，但这种规定好的访谈计划在实施时却大大出乎意料。工人们希望的是就计划以外的事情进行交谈，他们认为重要的事情与公司或调查者想的并不一致。访谈者了解到这点，及时将访谈计划改为事先不规定内容，每次访谈的平均时间从 30 分钟延长到 1 ～ 1.5 个小时，多听少说，详细记录工人们的不满和意见。结果访谈计划持续了两年多，产量大幅提高。

究其原因，工人们长期以来对工厂的一些管理制度和管理方法存在不满，但又无处发泄，访谈为他们提供了发泄的机会。发泄过后心情舒畅，士气提高，从而产量得到提高。

4. 群体实验（1931 ～ 1932 年） 梅奥等人选择了 14 名男工人在单独的房间里从事绕线、焊接和检验工作，并对其实行特殊的计件工资制。实验者原来设想，该奖励办法会使工人为了获得更多的报酬而努力工作。但结果发现，产量只保持在中等水平，每个工人的日产量平均相差不多，而且工人不如实上报产量。经过深入调查发现，这个班组为了维护他们群体的利益，自发地形成了一些规范。他们约定，谁也不能干得太多，突出自己，谁也不能干得太少，影响全组产量，并且约法三章，不准向管理层告密。如有人违反，轻则挖苦谩骂，重则拳打脚踢。进一步的调查还发现，工人们之所以维持中等水平的产量，是担心产量提高，管理层会改变现行的奖励制度，或裁减人员，使部分工人失业，或使干活慢的伙伴受到惩罚。该实验表明，为了维护班组内部的团结，工人们可以放弃物质利益的诱惑。由此该研究小组提出了"非正式群体"的概念，认为在正式的组织中存在着自发形成的非正式群体。这一群体有自己的特殊行为规范，对人的行为起着调节和控制作用，同时强调内部的协作关系。

霍桑实验的研究结果否定了传统管理理论中对于人的假设，表明工人不是被动的、孤立的个体，其行为不仅仅受薪酬的影响，而且影响生产效率的最重要因素不是待遇和工作条件，而是工作中的人际关系。梅奥在其《工业文明中人的问题》一书中阐述了自己的人际关系学说，主要内容为：

1. 工人是"社会人"而不是"经济人" 梅奥认为，人们的行为并不单纯出自追求金钱的动机，还有社会方面的、心理方面的需要，即追求人与人之间的友情、安全感、归属感和受人尊敬等，而后者更为重要。因此，不能单纯从技术和物质条件着眼，而首先必须从社会心理方面考虑合理的组织与管理。

2. 企业中存在着非正式组织 企业中除了存在古典管理理论所研究的为了实现企业目标而明确规定各成员相互关系和职责范围的正式组织外，还存在非正式组织。这种非正式组织的作用在于维护其成员的共同利益，使之免受其内部个别成员的疏忽或外部人员的干涉所造成的损失。为此，非正式组织中有自己的核心人物和领袖，有大家共同遵循的观念、价值标准、行为准则和道德规范等。

梅奥指出，非正式组织与正式组织有很大差别。正式组织以效率逻辑为其行为规范，非正式组织则以感情逻辑为其行为规范。如果管理人员只根据效率逻辑实施管理，而忽略工人的感情逻辑，必然会引起冲突，影响企业生产率的提高和目标的实现。因此，管理者必须重视非正式组织的作用，注意在正式组织的效率逻辑与非正式组织的感情逻辑之间保持平衡，以便管理人员与工人之间能够充分协作。

3. 新的领导能力在于提高工人的满意度　在决定劳动生产率的诸因素中，置于首位的因素是工人的满意度，而生产条件、工资报酬是第二位的。职工的满意度越高，其士气就越高，进而生产效率就越高。高的满意度来源于工人个人需求的有效满足，不仅包括物质需求，还包括精神需求。

二、巴纳德的组织理论

切斯特巴纳德（Chester L.Barnard，1886—1961年）出生于美国一个贫穷的家庭，1909年进入美国电话电报公司工作。巴纳德在工作实践中积累了丰富的经营管理经验，并广泛学习社会科学的各个分支。1938年，巴纳德出版了著名的《经理人员的职能》一书，此书被誉为美国现代管理科学的经典之作。1948年，他又出版了另一重要的管理学著作《组织与管理》。巴纳德的这些著作为建立和发展现代管理学做出了重要贡献，也使巴纳德成为社会系统学派的创始人。由于巴纳德在组织理论方面的杰出贡献，他被授予了7个荣誉博士学位。

（一）正式组织的三个基本要素

巴纳德认为，正式组织的存在和发展都必须具备3个基本要素。

1. 协作的意愿　协作的意愿是指组织成员对组织目标做出贡献的意愿。一个人是否具有协作意愿依个人对贡献和诱因进行合理的比较而定。所谓贡献，是指个人对实现组织目标做出的有益的活动和牺牲。所谓诱因，是指为了满足个人的需要而由组织所提供的效应。只有当诱因大于贡献时，个人才会有协作的意愿。然而，对贡献和诱因以及其净效果的度量都不是客观的，而是个人的主观判定，它随个人的价值观念不同而有很大变化。作为组织，要在条件许可的情况下，针对不同的人来增大诱因，给职工的需求以更大的满足，从而激发他们为组织做出贡献的意愿。

2. 共同的目标

（1）组织必须有明确的目标，否则协作就无从发生。

（2）组织不仅应当有目标，而且目标必须为组织的成员所理解和接受。倘若组织的目标不能为组织成员所理解和接受，也就无法统一行动和决策。目标的接受与协作意愿是相互依存的。

（3）对于组织目标的理解可以分为协作性理解和个人性理解。协作性理解是指组织成员站在组织利益立场上客观地理解组织目标。个人性理解是指组织成员站在个人利益立场上主观地理解组织目标。管理者的重要职能就是向组织成员灌输组织目标和统一对组织目标的理解。

（4）必须区分组织目标与组织成员的个人目标。如何协调组织目标与个人目标的差异是管理者另一重要的任务。此外，一个组织要存在和发展，必须适应环境的变化，组织目标也必须随环境做适当的变更。

3. 信息交流　信息交流作为第三要素，它使前两个要素得以动态地结合。个人协作意愿和组织共同目标只有通过信息交流才能联系和统一起来，内部信息交流是实现组织目标的基础。巴纳德规定了信息沟通的一些"原则"：信息交流的渠道要为组织成员明确了解；组织的每一个成员都有一个明确的、正式的信息交流渠道，即每一个成员必须向某个人做报告或从属于某人；信息交流的渠道必须尽可能地直接和简捷。

（二）经理人的职能

在《经理人员的职能》一书中巴纳德指出，经理人员的作用就是在一个正式组织中充当系统运转的中心，并对组织成员的活动进行协调，指导组织的运转，实现组织的目标。他认为，经理人员的主要职能有三个方面。

1. 建立和维持组织的信息交流　经理人员信息交流职能的第一个方面就是"组织构造"，即确定组织的职位，并且为这些职位选派合适的管理人员。同时维护一个和谐的非正式组织环境，以弥补正式信息交流的不足。

2. 促成组织中的个人付出努力　把人们吸引到组织内，并促使他们与组织建立协作关系，通过满足他们的需要和激励手段的使用，提高成员的归属感和忠诚度，提高士气，使其加倍努力地为组织做出贡献。

3. 制定组织的目标　巴纳德认为，任何一个经理人员在任何条件下都无法单独完成组织目标，他应把组织目标分解为各个部门的目标，并通过授权，使各个部门能够互相支持、互相协调，共同为组织目标的实现做出贡献。

（三）权威接受论

巴纳德认为，领导者的权威不是来自上级授予，而是来自下级的认可。上级只能授给你权力，但无法授给你威信。因此，"权力"归根结底是由下级给予的，在向上级负责的同时，必须争取下级理解、认同和拥护。权威是组织内部的"秩序"和信息交流的对话系统正常与否的表征。权威接受论将导致民主作风，这是权威接受论所必然导致的领导行为，其特点是讲求民主，注意倾听下级意见，吸收其参与决策过程，主要不是靠行政命令，而是靠个人的高尚品德、业务专长所形成的个人权力来推动工作，权力定位于群体。具有民主作风的领导人，是指那些以理服人、以身作则的领导人。他们使每个人做出自觉的、有计划的努力，各施所长，各尽所能，分工合作。

三、行为科学理论的产生

早期的古典管理理论学家泰罗、法约尔、韦伯等人都把人只看成是"经济人"，即认为工人只是为了追求最高工资的人。因此，工人在干活时常采取"磨洋工"办法，应用严格的科学办法来进行管理。虽然古典管理理论在提高劳动生产率方面取得了显著成绩，但却激起了工人，特别是工会的反抗，使得欧美等国的企业管理者感到单纯用科学管理等传统的管理理论和方法已不能有效控制工人，不能达到提高生产率和利润的目的，必须有新的企业管理理论来缓和矛盾，促进生产率的提高，在这种情况下行为科学理论应运而生。

行为科学开始于霍桑试验。据此，梅奥提出了自己的观点：工人是"社会人"而不是"经济人"；企业中存在着非正式组织；新的领导能力在于提高工人的满意度。梅奥的这一理论在当时被称为人际关系理论，也就是早期的行为科学。

随后，许多社会学家、人类学家、心理学家、管理学家都从事行为科学研究，先后出版了大量优秀著作，提出了许多很有见地的新理论，使人际关系理论逐步完善。1949年在美国芝加哥召开的一次跨学科会议上，"行为科学"这一名称被首次提出。

行为科学以人的行为及其产生的原因作为研究对象。具体来说，它主要是从人的需要、欲望、动机、目的等心理角度研究人的行为规律，特别是研究人与人之间的关系、个人与集体之间的关系，并借助于这种规律性的认识来预测和控制人的行为，以提高工作效率，达成组织的目标。行为科学本身并不是完全独立的学科，而是心理学、社会学和人类文化学等研究人类行为的各种学科互相结合的一门边缘性学科。

第四节 现代管理理论

一、管理理论丛林

"二战"以来，随着现代自然科学和技术的日新月异，生产和组织规模急剧扩大，生产力迅速发展，生产社会化程度不断提高，管理理论引起了人们的普遍重视。除管理工作者和管理学家外，其他领域的一些专家，如社会学家、经济学家、生物学家、数学家等都纷纷加入管理研究队伍。他们从不同的角度、用不同的方法研究管理理论，从而出现了研究管理理论的各种学派。1961 年 12 月，哈罗德·孔茨在美国《管理学杂志》上发表了"管理理论的丛林"一文，认为当时各类科学家对管理理论兴趣盎然，但由于研究条件、掌握材料、观察角度和研究方法的不同，形成了不同的管理思路，他将其分为六个主要学派。1980 年，孔茨又在《管理学会评论》上发表了"再论管理理论的丛林"一文，指出经过近 20 年的时间，管理理论的丛林不但存在，而且更加茂密，管理学派已由 6 个发展到 11 个。在孔茨的两部作品中，他将管理理论流派盘根错节的这种现象称为"管理理论丛林"。

（一）管理过程学派

管理过程学派将管理看作是在组织中通过他人或同他人一起完成工作的过程。该学派认为，应该分析这一过程，从理论上加以概括，确定一些基础性的原理，并由此形成一种管理理论。有了管理理论，就可以通过研究，通过对原理的实验，通过传授管理过程中包含的基本原则，改进管理的实践。管理过程学派的创始人是法约尔，该学派的管理理论建立在 7 条基本信念的基础上。

1. 管理是一个过程，可以通过分析管理人员的职能从理性上很好地加以剖析。

2. 可以从管理经验中总结出一些基本道理或规律，这些就是管理原理。它们对认识和改进管理工作起一种说明和启示作用。

3. 可以围绕这些基本原理开展有益的研究，以确定其实际效用，增大其在实际中的作用和适用范围。

4. 这些原理只要还没有被证明为不正确或被修正，就可以为形成一种有用的管理理论提供若干要素。

5. 就像医学和工程学那样，管理是一种可以依靠原理的启发而加以改进的技能。

6. 即使在实际应用中因背离管理原理而造成损失，但管理学中的原理，如同生物学和物理学中的原理一样，仍然是可靠的。

7. 尽管管理人员的环境和任务受到文化、物理、生物等方面的影响，但管理理论并不需要把所有的知识都包括进来才能起一种科学基础或理论基础的作用。

（二）人际关系学派

人际关系学派是从 20 世纪 60 年代的人类行为学派演变而来的。该学派认为，既然管理是通过他人或同他人一起去完成工作，那么，管理学的研究就必须围绕人际关系这个核心进行。该学派将社会科学有关的、原有的或新近提出的理论、方法和技术用来研究人与人之间和人群内部的各种现象，从个人的品性动态一直到文化关系，无不涉及。该学派注重管理中"人"的因素，认为在人们为实现其目标而结成团体一起工作时，他们应该互相了解。

（三）群体行为学派

群体行为学派是从人类行为学派中分化出来的，因此与人际关系学派关系密切，甚至易于混同。群体行为学派与人类行为学派所不同的是，它所关心的主要是群体中人的行为，而不是人际关系。其以社会学、人类学和社会心理学为基础，而不以个人心理学为基础。它着重研究各种群体的行为方式。从小群体的文化和行为方式到大群体的行为特点，都在它的研究之列。它也常被称作"组织行为学"。"组织"一词在这里表示公司、政府机构、医院或其他任何一种事业中一组群体关系的体系和类型。有时按巴纳德的用法，用来表示人们间的协作关系。所谓正式组织则指一种有着自觉的精心筹划的共同目的的组织。克里斯·阿吉里斯甚至用"组织"一词来概括"集体事业中所有参加者的所有行为"。

（四）经验学派（案例学派）

经验学派是通过分析经验（常常就是案例）来研究管理。其依据是，管理学者和实际管理者通过研究各种各样成功和失败的管理案例，以理解管理问题，从而自然而然地学会有效管理。

该学派有时也想得出一般性结论，但往往是把它当成一种向实际管理工作者和管理学者传授经验的手段。典型的情况是，他们将管理学或管理"策略"看成是对案例进行分析研究的手段，或者采用类似欧内斯特·戴尔的"比较法"。

（五）社会协作系统学派

社会协作系统学派与行为学派关系密切，而且常常相互混淆。有些人，如马奇和西蒙将社会系统（即一种文化的相互关系系统）只局限于正式组织，将"组织"这个词与"企业"等同，而不是指管理学中最常用的职权活动概念。另外一些人则不区分正式组织和非正式组织，将把所有人类关系的各种系统都包括进来。巴纳德是该学派的创始人，该学派对管理学的发展做出了贡献。其将有组织的企业看成是一个受文化环境的压力和冲突支配的社会有机体，这对管理理论和实际工作人员都是有帮助的。在其他方面，如对组织职权的制度基础的认识、对非正式组织的影响的认识，以及对怀特·巴基称之为"组织黏合剂"的一些社会因素的认识帮助更大。巴纳德还有其他一些颇有教益的见解，如他的关于激励的经济性的思想，把社会学认识引入管理实践之中等等。

（六）社会技术系统学派

社会技术系统学派的创始人是特里司特及其在英国塔维斯托克研究所中的同事。他们通过对英国煤矿中长壁采煤法生产问题的研究发现，仅仅分析企业中的社会方面是不够的，还必须注意其技术方面。他们发现，企业中的技术系统（如机器设备和采掘方法）对社会系统有很大的影响。个人态度和群体行为都受到人们在其中工作的技术系统的重大影响。因此，他们认为，必须将企业中的社会系统与技术系统结合起来进行考虑，而管理者的一项主要任务就是确保这两个系统相互协调。

（七）系统学派

近年来，许多管理学家都强调管理学研究和分析中的系统方法。他们认为，系统方法是形成、表述和理解管理思想最有效的手段。所谓系统，实质上是由相互联系或相互依存的一组事物组合所形成的复杂统一体。这些事物可以像汽车发动机上的零件那样是实物，也可以像人体各组成部分那样是生物，还可以像完整综合起来的管理概念、原则、理论和方法那样是理论上的。尽管我们给理论规定出界限，以便更清楚地观察和分析，但是所有系统都与其环境发生关系而起作用，因而都受到环境的影响。

（八）决策理论学派

决策理论学派的人数在不断增加，而且均为学者。他们的基本观点是，因决策是管理的主要任务，因而应集中研究决策问题。他们认为，管理是以决策为特征的，所以管理理论应围绕决策这个核心来建立。

（九）数学学派（管理科学学派）

尽管各种管理理论学派均在一定程度上应用了数学方法，但只有数学学派将管理看成是一个数学模型和程序的系统。一些知名的运筹学家或运筹分析家就属于这个学派。该学派有时会给自己取个"管理科学家"的美名。这类人一个永恒的信念是，只要管理、组织、计划和决策是一个逻辑过程，就能用数学符号和运算关系来予以表示。该学派的主要方法是借助于模型将问题用它的基本关系和选定目标表示出来。由于数学方法大量应用于最优化问题，可以说，它与决策理论有着密切的关系。当然，编制数学模型绝不限于决策问题。

（十）权变理论学派

权变理论学派强调，管理者的实际工作取决于所处的环境条件。权变管理与情境管理的意思差不多，常常通用。但有的学者认为应加以区别，情境管理是说管理者实际上做些什么取决于既定情境，权变管理则意味着环境变化与管理对策之间存在一种积极的相互关系。按照权变的观点，管理者可以针对一条装配线的具体情况确定一种适应于它的高度规范化的组织形式，并考虑二者之间的相互作用。

（十一）经理角色学派

经理角色学派主要通过观察经理的实际活动来明确经理角色的内容，这是最新的一个学派，同时受到管理学者和实际管理者的重视。对经理（从总经理到领班）实际工作进行研究的人很早就有，但将其发展为一个众所周知的学派却是亨利·明茨伯格。

明茨伯格系统地研究了不同组织中5位总经理的活动，并得出结论，总经理们并不是按照人们通常认为的那种职能分工行事，即只从事计划、组织、协调和控制工作，而是还进行许多其他工作。

明茨伯格根据他自己和他人对经理活动的研究认为，经理扮演着10种角色。

（1）人际关系方面的角色有 3 种　①挂名首脑角色（作为一个组织的代表执行礼仪和社会方面的职责）。②领导者角色。③联系人角色（特别是同外界联系）。

（2）信息方面的角色有 3 种　①信息接受者角色（接受有关企业经营管理的信息）。②信息传播者角色（向下级传达信息）。③发言人角色（向组织外部传递信息）。

（3）决策方面的角色有 4 种　①领导者角色。②故障排除者角色。③资源分配者角色。④谈判者角色（与各种人和组织打交道）。

二、管理理论的新发展

管理理论在当代的新发展也称为"后现代管理"理论，包括企业文化、战略管理、比较管理、全面质量管理、供应链管理、客户关系管理、数字化管理、公司治理、企业流程再造、企业能力、目标管理、精益企业、企业重组、社会资本、人力资源、人本管理、变革管理、竞争管理、和谐管理、创新管理、知识管理、团队管理、学习型组织、领导力管理、新组织模式、可持续管理、全球化管理等诸多理论。新管理理论产生的实践背景是世界进入了新经济时代，或称信息化时代；理论背景则是现代系统科学在管理理论中的应用。管理理论新发展的主要特点是系统性、权变性、艺术性、实用性、战略性和文化性，其发展前景为多样化、学科化、柔性化、集成化、人本化和东方化。

（一）企业文化理论

企业文化理论，又称公司文化理论。企业文化或公司文化的概念首先由美国管理学者托马斯·彼得斯（Thomas J. Peters）和小罗伯特·沃特曼（Robert H. Waterman Jr.）在其合著的《成功之路》一书中提出。他们认为，美国最佳公司的成功经验说明，公司的成功并不仅仅靠严格的规章制度和利润指标，更不是靠计算机、信息管理系统或任何一种管理工具、方法、手段，甚至不是靠科学技术，关键是靠公司文化或企业文化。

（二）企业战略管理理论

企业战略管理理论作为一个学派诞生于 20 世纪 50 ～ 60 年代。20 世纪 60 年代企业战略管理研究的主要理论有钱德勒（Alfred D.Chandler）的"结构跟随战略"假说和"安东尼－安索夫－安德鲁斯"范式。钱德勒从案例研究入手，给出企业战略的定义，分析企业成长方式与结构变革的关系，得出"结构跟随战略"假说，为企业战略管理理论的研究奠定了基础。安东尼在法约尔管理职能的基础上，将计划和控制进一步细化为战略规划、管理控制和操作控制，并分别对应于组织的高、中、低三个层次。安东尼认为，战略规划是组织高层管理的一项独特而重要的活动。这一重要认识在安索夫（Ansoff）和安德鲁斯（Andrews）的著作中得到进一步强化，并在有关的概念发展和过程细化方面得到深化，从而形成所谓的"安东尼－安索夫－安德鲁斯"范式。

（三）供应链管理理论

20 世纪 90 年代，企业界和学术界开始重视供应链管理，其理论经过不断丰富和发展，逐渐成为企业管理中的热点。供应链管理理论的代表人物是沃伦·华士曼。他指出："竞争其实不是企业与企业的较量，而是供应链、效率之间的竞争。"

供应链是围绕核心企业，通过对信息流、物流、资金流的控制，形成由原材料供应商、制造商、分销商、零售商、运输商等所组成的价值增值链。原材料在增值链上依次通过每个企业，经过加工、组装、包装、运输、分销等过程变成产品，最后送到顾客手上，这一系列活动构成了一个完整的供应链的全过程。供应链管理的内容是指对整个供应链系统进行计划、协调、操作、控制和优化的各种活动和过程，目标是通过调和总成本最低化、总库存成本最小化、总周期时间最短化、物流质量最优化及客户服务最优化等目标之间的冲突，实现供应链绩效最大化。

（四）客户关系管理理论

客户关系管理理论的代表人物是迈克尔·约翰逊。20世纪90年代出现的ERP系统，在实际应用并没有达到"企业的供应链管理需要"这一目标，这与ERP系统在自身功能方面的局限有关，也与IT技术发展阶段的局限性有关，最终使ERP系统又退回到帮助企业实现内部资金流、物流与信息流一体化管理的系统上来。作为ERP系统中销售管理的延伸，CRM系统借助互联网技术，突破了供应链上企业间的地域边界和不同企业之间信息交流的组织边界，建立起企业自己的B2B内部营销模式，与ERP系统的集成运行则解决了企业供应链中的下游链管理，将客户、经销商、企业销售部全部整合到一起，实现了企业对客户个性化需求的快速响应，同时也帮助企业清除了营销体系中的中间环节，通过新的扁平化营销体系，缩短了响应时间，降低了销售成本。

（五）公司治理理论

公司治理理论是研究公司治理结构的管理理论。关于公司治理的争论，20世纪80年代中后期首先在美国兴起。公司治理，又称公司治理结构、法人治理结构，是现代企业制度中最重要的问题。狭义的公司治理结构是指在所有权与经营权相分离的情况下，关于所有者和代理人之间关系的制度安排，由股东大会、董事会、高层管理人员和监事会等组成。广义的公司治理结构是一种据以对公司进行管理和控制的体系。它明确规定了公司的各个参与者的责任和权利分布，诸如，董事会、经理层、股东和其他利害相关者，并清楚地说明了决策公司事务时所应遵循的规则和程序。同时，它还提供一种结构，使之用以设置公司目标，也提供达到这些目标和监控运营的手段。更广义的公司治理结构是企业所有权安排的具体化，企业所有权是公司治理结构的一个抽象概括。

（六）企业流程再造理论

企业流程再造理论，又称公司再造理论，是1993年在美国出现的关于企业经营管理方式的一种新理论和新方法。按照该理论的创始人原美国麻省理工学院教授迈克尔·汉默（Michael Hammer）和詹姆斯·钱皮（James Champy）的定义，企业流程再造是指"为了飞跃性地改善成本、质量、服务、速度等重大的现代企业的运营基准，对工作流程进行根本性重新思考并彻底改革"，即"从头改变，重新设计"。信息技术革命使企业的经营环境和运作方式发生了很大的变化，而西方国家经济的长期低增长又使得市场竞争更激烈，企业面临严峻挑战，必须在更高水平上进行一场根本性的改革与创新。企业流程再造实质上是一场管理革命。

（七）企业能力理论

企业能力理论是从战略管理理论的内部资源学派中分化出来的，盛行于20世纪90年代和21世纪初。它是一种以强调企业生产、经营行为和过程中的特有能力为出发点，制定和实施企业竞争战略的理论。企业能力理论的兴起，一方面源于现代企业理论的局限，另一方面源于主流战略理论的不足。因此，企业能力理论不仅是对传统企业理论、产业组织理论的"结构－行为－绩效"分析框架的替代，而且也是对流行于 20 世纪 80 年代的波特竞争战略分析模式的替代。从目前情况看来，虽然企业能力理论"还不成体系，处于一种支离破碎的状态""仍然缺乏强有力的实证基础和充分说服力的理论证据"，但在一些问题上已初步达成共识。

（八）知识管理理论

20 世纪 60 年代初，美国管理学教授彼得·德鲁克（Peter F. Drucker）博士首先提出了知识工作者和知识管理的概念，指出我们正在进入知识社会。在这个社会中最基本的经济资源不再是资本、自然资源和劳动力，而应该是知识。知识管理的定义为，在组织中建构一个量化与质化的知识系统，让组织中的资讯与知识，透过获得、创造、分享、整合、记录、存取、更新、创新等过程，不断的回馈到知识系统内，形成永不间断的累积个人与组织知识成为组织智慧的循环，在企业组织中成为管理与应用的智慧资本，有助于企业做出正确的决策，以适应市场的变迁，不断创造企业新竞争价值、增加企业利润、降低企业成本、提高企业效率，并有助于建立新的企业文化。

（九）学习型组织理论

学习型组织是一种有机的、高度弹性的、扁平化的、符合人性的、能持续发展的、有持续学习能力的组织。1990 年，美国学者彼得·圣吉（Peter M. Senge）在他的著作《第五项修炼》一书中提出了学习型组织理论，以全新的视角考察企业管理中的价值观念和方式方法，他说："当今世界，唯一不变的就是变化。"彼得认为企业唯一持久的竞争优势源于比竞争对手学得更快更好的能力。学习型组织正是人们从工作中获得生命意义、实现共同愿望和获取竞争优势的组织蓝图，想要建立学习型组织，系统思考是必不可少的"修炼"。

在彼得看来，想要建立一个成功的学习型组织，应当进行以下五项修炼。

1. 建立共同愿景　远景可以凝聚公司上下的意志力，透过组织共识，大家努力的方向一致，个人也乐于奉献，为组织目标奋斗。

2. 加强团队学习　团队学习必须由成员共同参与，共同完成，是成员互相配合，实现目标的过程。

3. 改变心智模式　组织的障碍，多来自个人的旧思维，例如固执己见、本位主义，唯有透过团队学习以及标杆学习，才能改变心智模型，有所创新。

4. 实现自我超越　自我超越源于对愿景的追求和对工作创新的追求。有愿景的人才可能去超越，即超越别人也超越自己。自我超越是一个"学习－实践－再学习－再实践－成功"的循环往复的过程。

5. 进行系统思考　透过资讯搜集，掌握事件的全貌，以避免树不见林，培养纵观全局的思考能力，看清楚问题的本质，有助于清楚了解因果关系。

学习是心灵的正向转换，企业如果能够顺利导入学习型组织，不只能够达成更高的组织绩效，更能够带动组织的生命力。

第五节　古代的管理思想

中国传统文化是一个博大精深的人类文化宝库，影响着中国社会的各个方面，乃至于整个世界。中国传统文化以儒、道、佛为中心，以法、墨、农、名、兵、纵横、阴阳为副线，形成了一个多元文化体系。它们对中国历史的发展起着重要作用，对东方管理思想的形成起着决定性作用。

小故事

田忌赛马

　　战国时期，齐国的大将田忌很喜欢赛马。一次，他跟齐威王约定，要进行一场比赛。他们商量好，将各自的马分成上、中、下三等。比赛的时候，上马对上马，中马对中马，下马对下马。由于齐威王每个等级的马都比田忌的马强一些，所以赛了几次，田忌都失败了。

　　田忌请孙膑帮忙。孙膑在三局对阵中分别以下等马对齐威王的上等马，以上等马对齐王的中等马，以中等马对齐王的下等马。结果，田忌的马就以二比一取得了胜利。孙膑正是运用了运筹学和对策论的思想，才得以帮助田忌在赛马中获胜。

一、孔子的管理思想

　　孔子（前551—前479年），名丘，鲁国（今山东曲阜一带）人，幼年丧父，家境贫寒。孔子青年时代就通晓礼仪，30岁左右聚徒讲学，开私塾之先河。他的巨著《论语》被中国历代统治者奉为"圣经"，足见其在中国管理思想史上的地位。

　　孔子的思想与治国从政有密切的关系。孔子是教育家，但他的教学目的在于培养治国理政的人才，主张"学而优则仕"的教育方针，因此，孔子也是一位政治学家。孔子政治思想的核心是"仁政"，即民本思想或人本主义。民本思想的直接目的是得人心，终极目的是求稳定，求兴国。民本思想的内容主要包括和、中庸、仁、富民、德治、教化、正己、礼、正名、义利、信、尚贤等。

（一）和

　　"和"是孔子管理思想的基石。它是指不同的事物结合在一起，达到平衡、和谐、统一，而不是对矛盾视而不见或取消矛盾，不是无差异的等同。后者是表面的形式，前者是本质和内容。孔子说："君子和而不同，小人同而不和。"说明了"君子"与"小人"的差异。其实质是主张在处理矛盾时，要看到双方的一致性，在双方根本利益一致的基础上实现共存共荣，但不可无原则地附和，要与危害双方共同利益的倾向做斗争。

（二）中庸

　　"中庸"即取其中道，教诲人们在思考和处理矛盾时不要走极端。极端就是"过"和"不及"，都是错误的。如在管理范畴中，理性与感性、硬性管理与软性管理、物质激励与精神激励、专制与放任等等都是"两端"。中庸之道是将其有机地结合起来，而不是"非此即彼"。

（三）德治

　　孔子"德治"的核心是教化。孔子认为，"德治"的关键在于管理者能否以身作则。"德"是一个管理者非常重要的品质，强调管理者应该加强自身修养，不断发现和改正自身错误，树立威望，以德服人。他说："君子之过也，为日月之食焉；过也，人皆有之；更之，人皆仰之。"

（四）仁爱

"仁"是孔子思想体系的核心和总纲。"仁，亲也，从人以二"，即"仁"是"二人"的复合。这里孔子实际上是将人及人际关系作为自己理论的出发点，管理就是搞清人，以及人与人之间的关系。在孔子眼里，管理的本质是"治人"，管理的前提是理解人性（善恶）。管理的方式是"人治"，管理的关键是"择人""得人"，管理的组织原则是"人伦"，管理的最终目标是"安人"。总之，一切都离不开"人"。

（五）信

"信"是孔子管理思想中的一个重要概念。所谓"信"包括两方面的含义，一是指民众对管理者的信任，二是管理者自身的信用。关于民众对管理者的信任，孔子说："子贡问政。子曰：'足食，足兵，民信之矣。'子贡曰：'必不得已而去，于斯三者何先？'曰：'去兵。'子贡曰：'必不已而去，于斯二者何先？'曰：'去食。'自古皆有死，民无信不立。"关于管理的信用孔子的论述很多，如"信则人任焉""君子信而后劳其民；未信，则以为厉己也""上好信，则民莫敢不用情""人而无信，不知其可也"等等。

二、道家的管理思想

道家的主要代表人物有老子、庄子。老子是道家的创始人，著有道家经典《道德经》，该书从直接否定天的权威为出发点，立足理性思考，反对神创论，成为中国思辨哲学的开山鼻祖。庄子继承和发展了老子"道法自然"的思想观点，使道家真正成为一个学派，他也与老子并称"道家之祖"。

道家的思想以"道"为基础，"道"随顺万物，尊重世间万物的种种差异，认为大道无为，主张道法自然，提出了上善若水、无为而治、以弱胜强朴素的辩证法思想。

（一）上善若水

"上善若水"是老子对于水的上善品质的经典概述，水善利万物而不争，这是中国民族修身处事的最高哲学思想。在管理活动中，管理者应当保持谦虚平和的态度，在管理中应当以理服人，而不是以势压人。同时作为管理者，应当有容人的心胸，只有有心胸度量的人才能够接纳别人的聪明才干和积极建议，这些都是管理活动中不可或缺的重要品质。

（二）无为而治

"无为而治"并非指什么都不做，而是提倡一种自然化的管理之道。在管理活动中，管理者被要求要遵循自然规律办事，也就是善于因势利导，让事情在最平和的状态下进行和发展。在管理上无为而治就是员工遵循企业内部固定的管理制度和流程，做到在没有管理者督促的情况下，能够自觉遵守制度，完成自己的工作任务。

（三）以弱胜强

《道德经》有丰富的辩证法思想，以弱胜强就是重要的内容。老子对对立关系互相转化有深刻的认识，他认为"天下莫柔弱于水，而攻坚强者莫之能胜"。反映在治国、治军上的表现，老子认为一是"以正治国",二是后动制敌。"以正治国"即通过做好内治工作加强自己的实力,不但要求对大事、难事必须十分认真、谨慎地干;对小事、细事和似乎简单容易的事也不得大意。后动制敌要求"以奇用兵",即后敌而动,等待或诱使敌人暴露弱点,然后制之。

三、法家的管理思想

法家是中国历史上提倡以法制为核心的重要学术流派。与其他学术流派相比,法家有着自己鲜明的思想特点,主张以法为主的管理制度和因时制宜的管理权变观。主要代表人物有商鞅、韩非子等。

(一)以法治国

法家以法治国思想的主要内容是严刑厚赏,"赏厚而信,刑重而必"。所谓"以法治国",就是把"法"作为治理国家的准则,"君必有明法正义","治国无其法则乱"。他们认为"仁义不足以治天下""圣王者,不贵义而贵法",而且必须做到"法必明,令必行",以及"刑无等级""不失疏远,不违亲近"。而"法治"的核心则在于加强中央集权的君主专制制度,即韩非子所说的:"事在四方,要在中央,圣人执要,四方来效。"即"尊主"才能"明法""崇法"。

(二)以国富农

法家把农业看作是富国的唯一途径,"百人农一人居者,王;十人农一人居者,强;半农半居者,危。"在法家看来,农业即国民经济、国民经济即农业,两者完全是等同的。法家首先提出农战政策,"耕战合一""寓兵于农"。农战实施的目的就是实现"富国强兵"。为了发展农业,法家重本抑末,否定工商业,"仓廪之所以实者,耕农之本务也,而綦组锦绣刻划为末作者富。"

(三)贤能并举

法家提倡贤能并举的人事管理思想,"所举者必有贤,所用者必有能""官贤者量其能,赋禄者称其功"。韩非子认为,世人的天性既然都是趋利避害的,因此实行严格的赏罚制度是最有效的管理手段。他说:"闻古之善用人者必循天顺人而明赏罚。循天则用力寡而功立,顺人则刑罚省而令行,明赏罚则伯夷、盗跖不乱,如此则白黑分矣。"韩非子主张尽国之才,尽人之智,"力不敌众,智不尽物,与其用一人,不如用一国"。

实训项目

改革开放以来,我国逐渐实现从计划经济到市场经济转轨,在社会主义条件下搞市场经济,既无理论支撑,也没有成功的先例。西方国家在长期经济发展过程中,管理理论不断发展完善,诞生了很多国际化大企业。借鉴西方管理理论,走出有中国特色的创新发展之路成为中国企业面临的重要问题。改革开放之初,很多中国企业依靠对市场机会的把握以及宝贵的冒险精神盛极一时,但因内功不足、管理水平有限而过早夭折,三株、秦池、巨人、爱多,这样的例子比比皆是。

对中国企业而言,科学管理是不能逾越的一个阶段,通过标准化、规范化、制度化提升效率和效益是实现组织成长的根基。同时我们也不需要像西方企业一样,用100多年的时间完成这个转变,我国企业可以在西方企业成功管理理论和管理经验的基础上,结合当前现实环境和自身发展状况,探索出一条借鉴、发展、超越的中国企业管理创新之路。

请借助互联网，收集案例资料并分析中国企业应如何运用古典管理理论提升管理水平，同时避免其负面影响，在规范化的同时注重柔性，实现快速稳定发展。

四、《孙子兵法》中的管理思想

（一）计划原理

孙子十分重视军事管理中的计划工作，他在兵法中首先讨论了这一问题。孙子将计划概括为五个方面：道、天、地、将、法。所谓"道"，是指一个组织的正确指导思想或目标。这是组织的全体成员所要共同协力达成的，在计划中处于首位。西方管理学者在20世纪80年代和90年代才将"共同价值观"或"共同愿景"的建立作为管理的重要内容。"天"和"地"是指组织所处的外部环境，包括自然环境和社会环境。这是一个组织借以活动的条件和约束。任何组织要达到目标，必须了解和分析自己所处的环境。"将"是指军队或其他任何组织中的最高管理者。其担负着领导、指挥、监督全体成员共同努力以实现目标的职能。"法"即法度，如军队的编制、指挥信号的规定、将校的职掌区分、军事物资的供应与管理等。这些是实现目标的组织保证。以上五者是计划者（将）所必须知道的。"知之者胜，不知者败"。

（二）信息管理

孙子说："知己知彼，百战不殆。"他把"知"，即信息工作看作决定战争胜负的决定性因素。同时孙子还谈及许多收集信息的方法。如"相"，即直接观察，或直观调查法；"用间"即从"知敌之情者"处了解可靠信息等等。他指出，对收集来的信息要分析、筛选，因为"兵者，诡道也""兵以诈立"。所以对信息情报要做正确判断。信息传递也要准确、及时，要依靠恰当的媒介或载体，不能仅凭耳闻目见的表面现象做出决策。

孙子认为，根据所获得的真实信息，对战争的结果进行预测，并在预测的基础上做出决策很重要。"多算胜，少算不胜，而况于不算乎"。这里"算"即对事物发展的趋势和结果进行预测。

（三）组织原理

孙子说："凡治众如治寡，分数是也；斗众如斗寡，形名是也"。意思是，组织规模大小不同，但管理原理是相似的，就是按一定层级和幅度建立组织结构；指挥人数众多的队伍与指挥人少的队伍一样，只是通讯和指挥方式不同。这里孙子是在强调组织结构及组织内信息沟通的普遍性。

在组织方面，孙子尤其重视领导人员的选择和素质要求。他说："将者，国之辅也。"将者必须具备智、信、仁、勇、严"五德"。智，能谋虑，通权变；信，号令如一；仁，得人心；勇，英勇无畏；严，威严能肃众心。

（四）领导原理

1."择人而任势"　孙子在《势篇》中讲道："善战者，求之于势，不责于人，故能择人而任势。"意思是，善于指挥打仗的将帅，他的主导思想应放在依靠、运用、把握和创造有利取胜的形势上，而不是去苛求手下的将士，这样他就能从全局态势的发展变化出发，选择适于重任的人才，从而取得决定全局胜利的主动权。这是孙子对领导艺术所做的精辟概括和论述。

2. "令之以文，齐之以武"　孙子在《行军篇》中说："令之以文，齐之以武，是谓必取。令素行以教其民，则民服；令不素行以教其民，则民不服。令素行者，与众相得也。"意思是，要用"文"的手段即用政治道义教育士卒，用"武"的方法即军纪来统一协调，这样训练出的队伍必胜。平常能认真贯彻命令，教育士卒，士卒就会养成服从的习惯；平常不认真贯彻命令，教育士卒，士卒就会养成不服从的习惯。命令得以认真贯彻，是将帅和士卒相互信任的缘故。"令之以文，齐之以武"体现了孙子文武兼施、恩威并重的治军思想和领导原则。

3. "上下同欲者胜"　孙子《谋攻篇》中说：知胜有五，其中之一是"上下同欲者胜。""上下同欲"即官兵同心。孙子把它作为分析战争胜败的最根本条件。如何才能"上下同欲"呢？孙子强调了"道"的作用："道者，令民与上同意也，故可以与之死，可以与之生，而不畏危也。"就是说，有道的君王可以使民众的意愿与他相一致，这样民众就可为他出生入死，在所不辞。这里，"道"是指政治即得民心、顺民意的政策、法令、法制等。在企业管理中，"道"就是企业的价值观、经营理念。所以可以说，现代管理也非常强调"道"的作用。

【案例分析】

惠普公司的管理之道

1992年美国《幸福》杂志对世界500强工业企业进行排名，其中惠普公司名列第42位。惠普公司是当时世界上最大的电子检测和测量仪器公司，其微型计算机产量位居美国第二。在惠普公司许多精英的眼中，公司能取得如此成就，很大程度上是因为秉持了如下的理念和做法。

1. 信任并尊重个人　惠普公司精神文化的核心是以人为本。惠普认为，只要给予员工适合的环境和工具，员工就会努力做好自己的本职工作。支持惠普公司这个管理哲学的前提基础是员工必须被信任和尊重，他们的成就必须被了解。在惠普这种经营高科技产品的企业中，细小的差错就会导致产品质量的极大差异，这样就使得每个人的工作都十分关键。惠普公司善于通过尊重、鼓励员工更好地工作，让员工们感觉到自己被受到重视，自己的工作成绩得到认可，从而增强了自信心与责任感。早在1967年，惠普公司就实行弹性工时制。惠普的员工可以早点上班，也可以晚点上班，公司没有时间表，不进行考勤，职工只要完成每天8小时工作即可。这也是惠普尊重、相信公司每个员工的具体体现。

2. 走动式管理　惠普公司所提倡的走动式管理，是指管理者通过随意的交流或非正式的交谈来了解公司员工所关心的问题或遇到的困难。惠普公司一方面要求经理们经常在自己的部门中走动，参与各种讨论，与员工们共同研究工作中的每个细节，指导下属的工作。另一方面，通过举办多种非正式员工聚会等方式，鼓励各部门员工间加强横向联络，相互交流成功经验，以增进合作，达到提高企业内部凝聚力的目的。这种管理方式，使管理者与员工之间建立起一种信任和理解关系，管理者能够及时了解员工对公司的看法和希望，以便及时发现问题和解决问题。

3. 开放式管理　惠普公司认为，人人都有要做好自己本职工作的愿望，因此，公司应当为员工创造一个可以畅所欲言、自主创新的工作环境。公司要求管理者必须平易近人，思想开放，乐于接纳他人的意见，鼓励员工自由表达个人的思想和意见，以确保上下级沟通的顺畅。在惠普，所有人都在一个共同的大办公室办公，即使是最高层领导也不例外。这样设置主要是为了支持公司"开放"的政策，允许员工与经理讨论各种个人或与工作相关的问题。如果员工觉得与他们的顶头上司相处不是特别融洽的话，可以直接与更高层级的经理进行沟通。

案例讨论题：

1. 结合古典管理理论，说明惠普公司成功的原因。

2. 借助互联网，收集相关资料，举例说明哪些公司采取了与惠普公司相似的做法，并评价其效果。

【思考题】

1. 泰罗科学管理的主要内容是什么？在管理理论发展史上有何重要意义？

2. 古典管理理论对现阶段我国企业的发展有何借鉴意义？

3. 霍桑实验的主要内容是什么？

4. 什么是管理理论丛林？

5. 孔子管理思想有什么特点？

6. 试分析古典管理理论在 20 世纪初期美国诞生的原因。

第三章
管理道德和企业社会责任

扫一扫，查阅本章数字资源，含PPT、音视频、图片等

学习目标

1. 掌握：管理道德的内涵、社会责任的基本概念。
2. 熟悉：企业社会责任的基本理论、基本内容和管理人员的社会责任，以及在管理中的作用和方法。
3. 了解：改善管理道德的途径以及影响管理道德的因素，了解社会责任的特征。

案例导读

"同心·共铸中国心西藏行"启程

在庆祝西藏和平解放60周年之际，一列载着白衣天使的公益列车开向了雪域高原。2011年7月28日19时整，在中央统战部"同心工程"指导下的"同心·共铸中国心西藏行"大型公益活动在北京西客站举行了隆重的启程仪式。

300多名来自10多个省、市的医疗专家作为志愿者，搭乘专列前往西藏进行业务培训、药品捐赠、义诊、健康宣讲，以及救助先天性心脏病患儿、白内障患者等系列志愿医疗服务行动，为促进西藏地区提升医疗卫生服务水平、帮助当地建设一支高水平的医疗队伍贡献自己的力量。

参加此次公益活动的专家不仅有心内科、神经内科等专科的专家，还有妇科、中医、眼科等科的专家和全科医生。专家们分成5个小组，分别在拉萨、日喀则、山南、林芝和阿里开展公益活动。除了义诊、捐献药品等，专家们还结合西藏医药卫生的实际，精心准备了培训课程和心脑血管疾病、高血压、高原病等调研课题，并将与西藏当地医疗机构结对子，建立长期帮扶合作关系。

据了解，对此次活动实施全程赞助的是大型中药企业——步长制药。步长制药董事长赵涛说，从"共铸中国心"2008年发起至今，步长制药已向这项活动捐献了1亿元人民币和价值1亿元的药品。

据统计，2008～2010年，共有数千名首都医药专家参加此活动。该活动走进四川、宁夏、内蒙古、西藏等地，先后对100多名少儿先心病患者实施了救治手术。

资料来源：http://finance.sina.com.cn/roll/20110801/000010235736.shtml

第一节　管理道德

一、管理道德的内涵和作用

管理道德是管理学研究和伦理学研究的一个交叉课题。20世纪管理科学的产生、发展及广泛应用，使人类社会获得了空前进步。引起全社会关注管理与伦理之间的联系，并将管理道德问题归入"管理伦理"概念之下，进行专门研究则是近一二十年的事。

1. 管理道德的内涵　在中国哲学史上有较多关于道德的阐述。老子曰："是以万物莫不尊道而贵德。"（《道德经》）"道德有常，则后世人人修理而不迷。"（《管子·宙合》）"道德当身，故不以物惑。"（《管子·戒》）孔子主张"志于道，据于德"。其中，"道"指理想的人格或社会因素，"德"指立身行事的准则。现代伦理学中将道德定义为：依靠社会舆论和人的内心信念维持的、调整人们相互关系、规范行为是非的惯例或原则。

管理道德可以从广义和狭义两个方面来理解。从广义上讲，管理道德不仅指企业管理者内部行为要符合道德标准，还涉及企业对外部环境和外部利益关系处理时所面临的道德选择。一个企业的管理道德取决于组织环境中的社会道德、职业道德和员工个体形为道德。社会道德是企业道德规范的基础，是企业生存环境的整体价值判断和标准。职业道德是针对不同行业和个人行为的规范和标准。狭义的管理道德是管理者的行为准则与规范的总和，是在社会一般道德原则基础上建立起来的特殊的职业道德规范体系。它是通过规范管理者的行为，以实现、调整管理关系为目的，并在管理关系和谐、稳定的前提下进一步实现管理系统的优化，提高管理效益。

2. 管理道德的作用　管理道德对管理者自身而言，是管理者的立身之本、行为之基、发展之源；对企业而言，是对企业进行管理的价值导向，是企业健康持续发展所需的一种重要资源，是企业提高经济效益、提升综合竞争力的源泉。可以说，管理道德是管理者与企业的精神财富。管理道德的出发点是管理系统的整体利益。随着社会的进步与发展，加强企业管理道德建设逐渐成为社会各界的共识。

强化企业管理道德建设是企业履行社会责任的前提。企业既是经济组织，也是社会组织。企业的发展离不开社会进步，企业在追求经济利益的同时，也要实现社会利益；不仅要促进经济的繁荣，更要积极履行社会责任，推动社会的全面发展，促进我国和谐社会建设。企业参与社会活动、履行社会责任的程度是由其管理道德观念决定的。

国内外大量事例证明，建设企业管理道德有助于提升企业的竞争优势，两者是相辅相成的关系，即管理道德上升，竞争优势随之增强。反之，管理道德下降，竞争优势随之削弱。管理道德的优势是一种资源性竞争优势，它可以通过"形象"优化企业价值链内部联系、供应商与销售渠道价值链之间的纵向联系，降低交易成本，进而转化为成本领先优势或者差异化优势，增强企业的竞争力。管理道德除了影响"商誉资源"外，还对"人力资源""组织资源"等有促进作用。也就是说，企业参与有意义的社会活动，协助推动社会良性改革，除了对公司形象有利之外，更重要的是让员工深刻了解企业更高层次的使命。在落实使命的过程中，如果企业再提供良好的工作环境、合理的报酬与授权的管理制度，人力资源、组织资源就会得到不断优化。

道德尺度可衡量管理决策的正确性。管理人员的决策制定会受到其结果和过程的影响，左右着管理者的情感，甚至会影响到决策过程中的判断。

用数字说话

企业重视道德建设

　　《财富》500强企业中，有将近95％的公司都有自己的行为准则。从全球范围看，道德准则日益流行起来。对22个国家的企业组织进行的一项调查发现，78％的企业已经正式颁布了自己的道德标准和道德准则。

　　　　　　资料来源：http：//blog.sina.com.cn/s/blog_5fc38cd60101fqcx.html

二、常见的道德观

　　管理道德是企业在激烈的市场竞争中所持有的道德标准，管理人员判断某种行为是否道德主要从结果、责任与原则、公正与诚实等方面进行考察。在道德决策过程中，因管理人员对各方面的重视程度不同而形成不同的道德观。

（一）"利"为重的管理道德

　　该道德观认为，管理人员的决策以经营业绩为导向，即企业经营决策只重视结果、企业盈利状态和股东权益增加等。功利理论通过考察如何为绝大多数人提供最大的利益这种量化的方法来制定道德决策。若按功利观点，一个管理人员或许认为，解雇20％的工人是合理的，因为这将增加工厂的利润，提高留下的80％员工的工作保障，并使股东获得最佳收益。功利主义鼓励效率和生产率，并符合利润最大化目标。但它却导致资源的不合理配置，尤其当那些受影响的人们缺少代表或没有发言权时更是如此。此外，功利主义还会造成一些利益相关者的权利被忽视。

（二）"权"为重的管理道德

　　该道德观认为，管理人员在决策中要注重考察一个人的责任，以及全社会的一些普遍性原则，如必须尊重和保护员工的基本权利，包括个人的隐私、意愿、言论自由、安全权利等。如果某一项决策背离了这些原则中的任何一项，即使没有人受到伤害，那也是不道德的。例如，当员工告发他们的雇主违法时，应当保护员工言论自由的权利。权利观积极的一面是它保护了个人的基本权利，但也存在消极的一面，即它能造成一种关注保护个人权利胜过把工作做好的工作气氛，从而阻碍生产效率的提高。

（三）"公正"为重的管理道德

　　该道德观要求管理人员的决策必须强调和满足基本的行业规则，强调管理行为的公正、公平。通过在企业内部建立相对公平的规章制度，使员工努力工作，并取得与努力程度相应的报酬。管理人员可能会应用公正观理论决定给那些在技能、绩效或职责处于相似水平的员工支付同等级别的薪水，其决策的基础并不是性别、个性、种族或个人爱好等似是而非的差异。实行公正标准也有利弊，它一方面保护了那些可能缺少代表或无权的利益相关者的利益，另一方面它也会助长一种使员工降低风险承诺、创新和提高生产效率的权利意识。

三、影响管理道德的因素

　　影响管理者道德行为的因素包括道德发展阶段、个人特征、结构变量、组织文化和问题强度。

（一）道德发展阶段

人类的道德发展要经历三个层次。随着阶段的上升，个人的道德判断越来越不受外部因素的制约。道德发展的最低层次是前惯例层次。在这一层次，个人只有在其利益受到影响的情况下才会做出道德判断。道德发展的中间层次是惯例层次。在这一层次，道德判断的标准是个人是否维持平常的秩序并满足他人的期望。道德发展的最高层次是原则层次。在这一层次，个人试图在组织或社会的权威之外建立道德准则。

（二）个人特征

有两个个体变量影响着个人行为。这两个变量是自我强度和控制中心。

1. 自我强度　自我强度用来度量一个人的信念强度。一个人的自我强度越高，克制冲动并遵守其信念的可能性越大。也就是说，自我强度高的人更加可能做他们认为正确的事。可以推断，对于自我强度高的管理者，其道德判断和道德行为会更加一致。

2. 控制中心　控制中心用来度量人们在多大程度上是自己命运的主宰。具有内在控制中心的人认为，其控制着自己的命运；具有外在控制中心的人则认为，其生命中发生的任何事情都是由运气或机会决定的。从道德角度看，具有外在控制中心的人不大可能对其行为后果负责，更可能依赖外部力量。相反，具有内在控制中心的人则更可能对后果负责，并依赖自己内在的是非标准指导其行为。与具有外在控制中心的管理者相比，具有内在控制中心的管理者的道德判断和道德行为可能更加一致。

（三）结构变量

组织的结构设计有助于管理者道德行为的产生。科学、合理的组织设计是提高管理者及其组织成员道德品质、道德修养的根本途径。一些结构提供了有力的指导，而另一些结构则令管理者模糊不已。模糊程度最低的结构设计可以提醒管理者什么是"道德的"，这样就有可能促进道德行为的产生。在实际应用中，正式的规章制度可以将模糊程度降低，职务说明书和明文规定的道德准则就是正式指导的例子。

（四）组织文化

组织文化的内容和强度也会影响道德行为。最有可能产生高道德标准的组织文化是有较强的控制能力，以及风险和冲突承受能力的组织文化。在弱组织文化中，管理者可能以亚文化准则作为行为的指南。

（五）问题强度

行为造成的伤害越大，就有越多的人认为行为是邪恶的。行为发生并造成实际伤害的可能性越高，行为的后果出现得越早，观测者感到行为的受害者与自己挨得越近，行为的后果越集中，问题的强度越大。这些因素决定了道德问题的重要性，道德问题越重要，管理者越有可能采取道德行为。

管理人员的行为是否合乎道德，是管理人员道德发展阶段与个人特征、组织结构设计、组织文化和道德问题强度这些变量之间复杂的相互作用的结果（图3-1）。缺乏强烈道德感的人，会被反对非道德行为的规则、政策、职务说明或强文化准则所约束，做错事的可能性会小很多。相反，非常有道德感的人，可以被一个组织的结构和允许或鼓励非道德行为的文化所腐蚀。此外，管理人员更可能对道德强度很高的问题制定出合乎道德的决策。

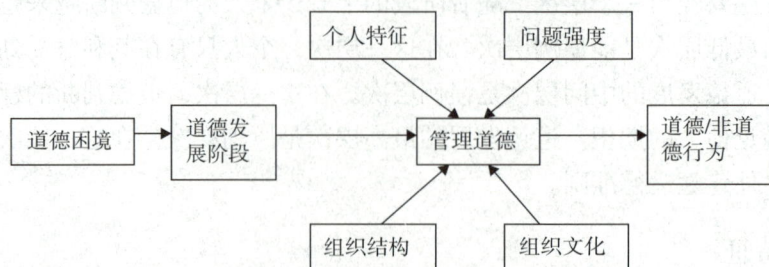

图 3-1　影响管理道德的因素

四、企业管理道德失衡的成因

造成企业在经营活动中道德失衡的原因是多种多样的。

1. 企业经营理念的偏斜和管理者价值取向的混乱　一方面，将"获得最大经济利益"作为企业存在的唯一目的，导致企业经营行为功利性倾向严重，忽视了社会责任的承担和管理道德的建设。另一方面，大部分管理者是职业经理，他们的主要责任是按照股东的利益经营业务。这使得部分管理者为了自己的职业前途一味追求企业财务绩效，而对企业的社会责任采取忽视态度，甚至为获得短期的利润而在管理上采取"不道德"行为。

2. 市场经济体系的不完善降低了管理道德的标准　市场经济是一种竞争性的经济，如果在这种经济体系下所有竞争者都严格遵守一定的道德标准，一些相对行事不道德而又没有受到制裁的人就会在竞争中建立优势。由此，竞争造成了一种压力，使人因竞争而逐步适应较低的道德标准。在市场经济体系不完善、企业管理者对市场经济运行的一般规律、应遵守的规范、可能带来的副作用认识不足的情况下，管理道德标准在竞争压力下有逐步降低的趋势。

3. 相关法律法规的不健全和监管不力　企业管理者是否选择不道德的经营行为，取决于不道德经营行为可能付出代价的高低。当不道德经营行为的预期效用超过将可能付出的代价时，便会选择不道德经营行为。在相关法律法规健全、市场监督机制完善的社会，不道德经营行为的成本高于收益。现实中，由于相关法律法规的不健全和监管不力，造成很多企业采取不道德行为获得的收益远远大于付出的代价，因此刺激了企业不道德管理行为的发生。

4. 消费者自我保护意识差，姑息迁就不道德经营行为　由于部分消费者法律知识的匮乏和意识淡薄，不懂得使用法律手段维护自己的正当权益，或是怕麻烦，因而对遇到的不道德经营行为采取回避、自认倒霉、多一事不如少一事等消极态度，从而姑息迁就了不道德经营行为。久而久之，经营者也就有了侥幸心理。

5. 社会道德意识淡薄　改革开放为我国带来了一场巨大而又深刻的社会变革，带来了中国社会经济、政治、文化结构的分化重组。在这个由封闭走向开放的现代化进程中，人们的价值观从单一走向多元，社会道德观受到了功利主义、金钱主义、享乐主义等价值观的严重挑战，这对我国企业管理道德的建设造成一定影响。

五、国际环境中的管理道德

随着经济全球化步伐的不断加快，各国企业经营区域不断扩展，国际化程度日渐增强，而企业在国际市场活动中同样会遇到各种道德问题。国际化经营中的管理道德标准会因各国社会和文化差异而呈现多样性。在 1999 年 1 月的世界经济论坛上，联合国秘书长号召全球企业的领导者"采纳并参与"《全球契约》。该契约概括了全球经营在人权、劳工和环境领域的十项基本原则（表 3–1），要求全球企业在其业务活动中纳入这些原则。

表 3–1 《全球契约》的十项原则

条 目	内 容
人 权	原则 1：企业界应支持并尊重国际公认的人权 原则 2：保证不与践踏人权者同流合污
劳 工标 准	原则 3：企业界应支持结社自由及切实承认集体谈判权 原则 4：消除一切形式的强迫和强制劳动 原则 5：切实废除童工 原则 6：消除就业和职业方面的歧视
环 境	原则 7：企业界应支持采用预防性方法应付环境挑战 原则 8：采取主动行动促进在环境方面更负责任的做法 原则 9：鼓励开发和推广环境友好型技术
反腐败	原则 10：企业界应努力反对一切形式的腐败，包括敲诈和贿赂

第二节 改善管理道德行为的途径

一、重视管理道德体系建设

如果管理人员确实想减少其组织中的不道德行为，那么他们就有许多事情可以做。例如，他们可以努力挑选高道德标准的人，制定道德准则和决策规则，通过模范来影响大家，描述工作目标和绩效评估机制，提供道德培训，实施社会审计，以及向面临道德困境的人提供支持等等。孤立地看，这些行动可能不会产生多大的影响，但将它们全部或绝大部分作为综合计划的一部分来实施时，便具有明显改善组织道德风气的潜力。

小故事

企业道德缺失的影响

2022 年 3 月 15 日，"双汇生产车间乱象"的话题登上微博热搜。记者以小时工身份应聘至南昌双汇生产车间时发现：小时工平均一天工作时长达十一二个小时，违反《劳动法》规定。培训期间，新人被要求签署《个人放弃社会保险和公积金权利暨公司免除责任声明书》，除了工伤保险和失业保险，另外"三险一金"都要签字承认"自愿放弃"。入职猪肉分割车间，从事肉类直接接触包装等工作的新人，在没有经过健康体检的情况下，就被安排加盖医生公章的健康证明，直接上岗。生产车间存在"工作服发黑发臭、猪排落地直接装袋入库、消毒环节太随意、风淋系统形同虚设……"等严重问题。从 2 月开始仅一个月时间，双汇火腿肠内有"大块骨头""黑色杂物""苍蝇""疑似塑料"等异物问题，就多达数十条。3 月 15 日，据业内测算，双汇市值一日蒸发了 96.7 亿元。当晚，南昌双汇食品有限公司官网发布声明，就媒体报道的食品安全问题致歉并称，对相关责任人进行停职处理，对问题产品溯源并封存管控。

资料来源：http://www.ce.cn/cysc/sp/bwzg/202203/16/t20220316_37408471.shtml.

在市场经济下，管理道德不但不是可有可无的东西，而且还是企业运行所必需的一种重要的新型资本形态，是一个企业精神财富和生命所在。从深层次上看，管理道德对企业管理进行价值导向，是企业创造财富和提高竞争力的源泉。管理道德是"脊柱"，企业大厦能够巍巍屹立，依赖于管理道德这个"水泥和钢筋"的强度。

二、组织成员的聘用

因为每个人都拥有不同的个人价值体系和个性特点，所以团体或组织在人员聘用过程中（面试、测验、背景考察等）应当注意舍弃在道德上不符合要求的求职者。甄选过程被视为了解个人道德发展水平、个人价值观、自我强度和控制中心的一个机会。德才兼备是我们识别、选拔人才的基本标准。"德"与"才"不能偏废。缺"德"，"才"就失去了正确方向，才能也因此而不能很好地展现；无"才"，"德"的存在也就失去意义，也可能不会有所作为。

松下幸之助是松下电器创始人，开创了日本管理新理念，是当今最伟大的商人之一。松下认为，管理企业无非就是管人，而道德准则是做人的最根本准则。如果缺乏正确的道德观，不管这个人是否有才能，最终对企业也不会有什么贡献。所以企业在寻觅人才时，除了注重能力外，还必须对人才的道德观念进行考核。

同样的理念，前通用电气董事长兼 CEO 杰克·韦尔奇的理解是："正直是我们建立成功企业的基石——包括我们产品的质量与服务，我们与客户或是与供应商之间的关系必须是率真的。通用电气以卓越的竞争探求为起点，以对伦理的行为承诺为终点。"

小故事

组织成员的道德培养

韦尔奇上任初期就在通用电气公司全范围内发放了一本 80 页的小册子，名为《正直：我们责任的精神与体现》。每一个新加入的员工都必须仔细阅读这本小册子，并在书中附的卡片上签上自己的名字。通用的每一位员工必须每天阅读一遍，而且还必须信守这样的承诺：遵纪守法，遵循通用电气的行为准则，避免利益冲突，做一个诚实、公正、值得信赖的人。

对于有道德问题的人，通用电气一律不用；如果在企业内部发现道德败坏的行为，只要违规 1 次，立即开除。韦尔奇说："我不能肯定一个人是否真是小偷，但一旦我肯定地知道他干了，他将被解雇。我们这里的行为准则是每一个人都知道的，如果他做了什么不应该做的事，那他将立即被开除，没商量！"

资料来源：http://blog.sina.com.cn/s/blog_564df5990100ugob.html

实际上，不管经营的是大企业还是小公司，管理者都必须管理不同素质的员工。不论是在招聘时还是在平常的工作中，都不可能规避道德问题。对于新进员工，管理者必须从侧面仔细考证他的道德观，避免引狼入室。对于已有的雇员，管理者在发现其道德问题后，决不能姑息，必须吸取教训，尽可能防范以后再出现类似问题。

三、内部推广道德准则和决策规则

对组织成员来说，可能会对道德是非问题产生迷惑。道德准则是表明一个组织期望员工遵守的基本价值观和道德规则的正式文件，是减少迷惑的一种流行做法。道德准则应当是什么样的？一方面，道德准则应尽量具体，向员工表明应以什么精神从事工作；另一方面，道德准则应当足够宽松，允许员工有判断的自由。各种道德准则的内容大体可分为三类：①做可靠的组织公民。②不做任何损害组织的不合法或不恰当的事。③为顾客着想。

高层管理者应当营造一种道德氛围，并自觉遵守道德准则。具有健康企业文化的组织，一旦出现诸如陈馅做新饼等危害消费者利益的行为，在组织内部就会出现各种形式的自我纠偏行为。

小故事

张瑞敏的"砸冰箱"故事

1985 年，青岛电冰箱总厂的产品中有 76 台冰箱存在质量问题。时任青岛电冰箱总厂厂长的张瑞敏，令直接责任者自己用铁锤当众将这 76 台冰箱砸了，以树立海尔人"重质量、创名牌"的新观念："要么不干，要干就要争第一。"

张瑞敏说："如果一个企业天天只盯住有形的产品，只看财务报表上的数字，而忽视对人的教育与感化，忽视对人的积极性与创造性的调动，忽视人性方面的东西，那么这个企业是长远不了。"

资料来源：http://html.smeshx.gov.cn/2011/2011_Jun_20/2011_Jun_20_07_31_14_32931.shtml

---

针对美国企业员工及道德准则的一项调查显示，75% 的员工在过去 12 个月中曾目睹过不道德或违法行为，包括销售欺诈、不安全的工作条件、性骚扰、利益冲突，以及破坏环境的行为。这是否意味不应建立道德准则呢？答案是否定的。为此，管理人员提出一些建议：①不能孤立地制定和应用道德准则，应不断向员工传达与组织的道德承诺相关的道德期望和提示。②各级管理人员应当支持并不断重申道德准则的重要性，同时还应坚决惩罚违反准则的人。如果管理人员认为道德准则很重要，经常重申它的内容，并公开谴责违反规则的人，道德准则就能够为公司的道德计划提供坚实的基础。③组织的道德准则可以围绕表 3-2 所列的 12 个问题进行设计。这些问题可以作为管理人员制定决策时处理道德问题的决策规则。

表 3-2 检验企业道德的 12 个问题

序 号	内 容
1	你准确地确定问题了吗
2	如果你站在对方的立场上，你将如何确定问题
3	这种情况首次发生时会是怎样
4	作为一个人和作为公司的一员，你对谁和对什么事表现忠诚
5	在制定决策时，你的意图是什么
6	这一意图和可能的结果相比如何
7	你的决策或行为可能伤害谁
8	在你做决策前，你能和受影响的当事人讨论问题吗
9	你能自信你的观点在长时间内将和现在一样有效吗
10	你的决策或行为能问心无愧地透露给你的上司、首席执行官、董事会、家庭或整个社会吗
11	如果你的行动为人所了解，那么它的象征性潜力是什么？如果被误解了，又该如何
12	在什么情况下，你将允许发生意外

四、高层管理的领导方式

道德准则要求高层管理人员以身作则，因为高层管理人员建立了企业的文化基调。在言行上他们是表率，显然他们所做的可能比所说的更为重要。例如，如果高层管理人员将公司的资源作为己用，扩大他们的费用支出，给予朋友优待，他们等于向全体员工暗示这些行为是可以接受的。

高层管理人员还可通过他们的奖惩行为来建立文化基调。作为管理者，在人才使用中随时都会遇到赏与罚的问题。不论实行奖赏还是惩罚，最要紧的是公正得当。诸葛亮曾经说过："赏不可不平，罚不可不均。""赏不可虚施，罚不可妄加""赏不违疏远，罚不阿贵。"这些都说明一个道理：赏罚对任何人都应一视同仁。选择某人或某事作为提薪奖励或是晋升的对象，将向员工传递强有力的信息。奖励一个通过不正当方式取得重大成果的经理，将向其他人表明他的不正当行为是可取的。而当错误或不正当的行为被揭露时，重视道德行为的管理者则必须采取措施惩罚做错事的人，并公布事实真相，让组织中每个人看到结果。这就向员工传递出一种信息：做错事就要付出代价，员工要摒弃和拒绝不道德的行为！

小故事

宝洁公司的 5E 领导力模型

宝洁公司领导力的要件可以概括为 5 个 E：Envision（高瞻远瞩）、Engage（全情投入）、Energize（鼓舞士气）、Enable（授人以渔）、Execute（卓越执行）。

Envision 是指一个领导者构筑愿景的能力，给整个组织指明方向，从而激发团队内心的激情。

Engage 是从人和资源两个角度，能够很好地将利益攸关者——员工、同事、客户，甚至老板，纳入自己的愿景，达成支持梯队。

Energize 是鼓舞团队的热情和士气，使团队始终保持在高昂的工作状态。

Enable 是构建团队整体的能力，培训与教授，重在授人以渔。

Execute 是要率先垂范，亲身投入完美执行的推动，结果导向。

资料来源：http://blog.sina.com.cn/s/blog_4bbd7a080100d8wv.html

五、工作目标与绩效评估

1. 工作目标　目标是行动预期要实现的结果，工作目标集中体现组织管理者对员工工作的要求。员工应有明确的和现实的目标。如果对员工的要求是不现实的，即使是明确的目标也能引起道德问题。过高的目标会将员工压得透不过气，即使是素质较高的员工也会迷惑，很难在道德和目标之间做出选择，有时为了达到目标而不得不牺牲道德。过度降低实现目标的门槛，减轻员工应尽的责任，如此设定目标也容易引发管理问题。比如，为了降低目标，有的管理者隐瞒事实，混淆视听，有的甚至上下串通，与道德规范格格不入。

一些组织的工作目标不合理，还表现在目标体系中只有数量指标而没有或极少有质量指标，使产品质量得不到保证，最终伤害客户利益。这种管理的缺陷表现为目标不完善，实质是职业道德低，为谋求自身利益最大化而无视客户对质量的要求。而明确的目标可以减少员工的迷惑，并能激励员工而不是惩罚他们。

2. 绩效评估　绩效评估中的关键问题是个人能否实现其工作目标。当绩效评估只关注经济目标时，结果就会使手段合理化。如果一个组织希望员工保持高的道德标准，就必须在其绩效评估过程中包括这方面的内容。例如，管理人员的年度评价中应包括目标的实现程度，还应评估其决策符合公司道德准则的程度。

绩效评价全面与否对道德建设有重要影响。许多组织的奖励之所以没有达到预期效果，是因绩效评价的片面性造成的。如仅以经济成果衡量绩效，无视工作中的道德影响，人们为了取得成果就会不择手段，从而产生不符合道德的行为。如果组织想让管理者坚持高的道德标准，在评价过程中就必须包括道德方面的要求。对管理者的评价，不仅要考察其决策带来的经济成果，还要考虑其决策带来的道德后果。

绩效评估必须全面而科学，既要看结果，也要看手段，看整个过程有无不道德问题发生；既要看近期经济绩效，也要看对组织长期发展的影响，防止行为短期化；既要看经济效益，也要看社会效益和生态效益，防止对社会和环境产生不利的影响。绩效评价要达到手段与结果的统一，近期与长远的统一，经济效益、社会效益与生态效益的统一。

在市场竞争程度越来越激烈的今天，富有奉献精神的员工与企业成长的关联度越来越高。一个具有献身精神的员工，可以充分发掘其体力和脑力的潜能，使其人力资源价值得到最充分的体现，从而产生较高的生产效率。员工的奉献精神首要的是认同企业的价值观和组织目标，并且把企业当成自己能够为之奋斗的精神家园。目前，有些企业存在少数员工追逐物质利益、锱铢必较现象，就是缺乏奉献精神的典型表现。这种现象是绩效评价功能由"导向"向"监督"的转移和扭曲，而不是绩效评价所引导的，也不是绩效评价有限的影响力所能控制的。

绩效评价应起到绩效导向作用，而不是监督作用。绩效评价在企业管理中，不能成为唯一的管理手段。如果管理模式中一切以绩效评价为准，一旦离开绩效评价，管理就会变得一无所有、空洞无物，这实际上背离了绩效评价的目的。绩效评价只能像门上的锁，像"锁君子不锁小人"一样，其导向功能只能建立在员工对单位的奉献精神基础之上，离开了这个基础，绩效评价就只剩金钱的内核了。

六、道德培训

越来越多的组织通过研讨会、专题讨论会和道德培训等项目来鼓励员工的道德行为。道德研究人员估计，超过40%的美国公司提供了某种类型的道德培训。

一些组织在道德培训中采用会议的方式进行。道德培训会议可以带来很多好处，它不仅可以灌输本组织的行为标准，而且能够使员工在具体的行为实施中考虑道德问题，阐明什么行为是可以接受的，什么行为是不可以接受的。当员工在讨论他们共同关心的问题时，可以确信并不是只有自己遇到了道德困境。这种方法能够在他们必须采取令人不悦但却合乎道德的行为时，增强他们的自信。

管理道德培训的目标重在培养管理者自我控制、自我协调的内在力量和内心信念机制，使管理者不是被动地遵守外界施加的行为规范，而是根据基本的价值信念和社会认可的道德方式处理事情，这样在工作中才不至于忽视甚至背离道德原则。

小故事

有效的道德培训

如何有效开展道德模式的传播呢？让我们看一看波音公司是怎么做的。

波音公司的培训项目叫作"诚信问题：道德挑战"。其囊括了54个不同道德情境，每个情境有4种可能的解决途径。先由管理人员讨论每种情境，然后让员工举起标有A、B、C、D的卡片选择最佳结果。

其中一个情境向员工提出这样一个问题："当你经过大厅的时候，经常听到你的一个男同事称呼所有的女同事'宝贝'，你会怎么做？"可选择的答案是："A.用一种平和的方式提醒你的同事注意性别歧视的言论。B.跟他的上级说，这个员工应当因性骚扰而被解雇。C.没什么。称呼女性'宝贝'是亲昵的表现。D.告诉你的上级，你觉得在工作场合这种行为是有损人格的。""正确的"答案是A和D。

其他一些现实的道德情境包括在工作场所兜售安利公司的产品、穿着维护妇女生育选择权的T恤衫，以及享用供应商的海滨别墅。波音公司设计的道德培训项目是为了将道德引入员工的现实生活，让道德与员工的日常工作行为息息相关。

资料来源：http://3y.uu456.com/bp_6du8t1vsj628mwx144t9_3.html

七、建立正式的保护机制

组织应建立能为员工提供有效保护的正式的机制体系，以保护那些处于道德困境中的员工。组织还可采取设置道德咨询员的方式，当员工面对道德困境时，能够向咨询员寻求指导。道德咨询员的角色就是一块共鸣板——一个让员工开口唠叨自己的道德问题及其起因并发表意见的渠道。当各种选择明确后，咨询员可以扮演促成"正确"选择的倡议者角色。有的组织任命了道德官员，由他们设计、指导和修改组织所需的道德计划。此外，组织还可设立专门的申诉程序，使员工能够放心地提出道德问题，或对践踏道德准则者鸣笛示警。

八、进行独立的社会审计与监察

进行独立的社会审计与社会监察是改善管理道德的重要手段。道德教育不能保证每个人都按道德准则办事，现实中总有一些道德水准差的管理者难抵利益的诱惑，利用手中的权力弄虚作假，牟取个人或小集团的私利。独立的社会审计与监察是制止和预防这些不良行为的有效手段。根据组织的道德准则对管理者进行独立审计可发现组织的不道德行为，同时鉴于社会审计的威慑力，可以降低管理者不道德行为发生的可能性。

审计包括内部审计和外部审计。比较而言，内部审计因缺乏独立性而往往会"走过场"；外部审计独立性强，常常能达到预期目的。审计可以是例行的，如同财务审计；也可以是随机抽查的，并不事先通知。有效的道德计划应同时包括两种形式的审计。审计员应对公司的董事会负责，并将执行结果直接交给董事会，以保证审计结果的客观性和公正性。

小故事

胜通集团"天价收入"，竟是"无中生有"

2021年证监会公布了胜通集团违法违规案，披露其连续5年财务造假，累计虚增利润119亿元。胜通集团主营钢帘线和化工业务，曾被誉为山东的"钢帘线大王"。2011年以来，胜通集团在证券交易所债券市场和银行间债券市场累计发行债券136.5亿元。但在2018年，胜通集团及其子公司多笔到期债务违约，偿债能力恶化，向法院申请破产，引发市场广泛关注。证监会调查发现，2013～2017年，胜通集团通过编制虚假财务报表、直接修改经审计的财务报表等方式，连续 5 年将亏损披露为盈利，累计虚增收入 615 亿元，虚增利润 119 亿元。

胜通集团主要造假有两点：

一是旗下子公司胜通化工因环保质量等原因 2013 年就已经停产，但是在胜通对外披露的材料中，这家公司平均每年还在贡献约 30 亿元的收入。长期利用业务板块连续造假成为胜通集团的第二大收入来源。

二是胜通集团为了让公司的财务数据报表更好看一些，在审计机构已经对胜通集团的虚假财务报表出具审计意见之后，又修改了审计机构出具的合并的财务报表，并且加盖了虚假的会计师事务所印章，通过此种方式虚增利润 6 亿元。

2021 年 8 月，证监会依法对胜通集团做出行政处罚及市场禁入决定。该案也是证监会横跨交易所和银行间两个债券市场开展执法的一起典型案例。

资料来源：http://www.csrc.gov.cn/csrc/c100201/c2941292/content.shtml.

第三节　企业社会责任

一、企业社会责任及其意义

（一）企业社会责任的定义

企业社会责任是企业在争取自身的生存与发展的同时面对社会需要和各种社会问题，为维护国家、社会和人类的根本利益必须承担的责任。这里的责任属于广义的社会学范畴，而不是法律或法学意义上对违法行为所追究的行为人的法律责任。

企业的社会责任来源于企业所处的社会环境各种复杂关系必须协调的客观要求。这些复杂的关系既有人类与自然界的关系，也有人类自身所结成的社会关系。企业不仅是"经济细胞"，还是"社会公器"，因而具有伦理属性，并承担社会责任。企业承担社会责任的意识和行为与企业的价值观密切相关。企业价值观主要表现在全体成员对本企业"应当是什么"和"应当做什么"的高度认同。从历史的观点看，不同阶段企业的价值观和社会责任感不同（表 3-3）。

表 3-3　企业价值观的发展

历史阶段	阶段一 18 ～ 19 世纪中后期	阶段二 20 世纪 50 ～ 70 年代	阶段三 20 世纪 80 ～ 90 年代	阶段四 20 世纪 90 年代至今
企业目标	股东利润最大化	追求企业利润最大化	企业关注环境、健康，同时保护和增进社会福利	企业积极履行其社会责任
社会责任感	弱 ──→ 强			

（二）企业社会责任、社会义务和社会反应

为了更好地理解"社会责任"，有必要与社会义务和社会反应两个概念进行比较。

1. 社会义务　社会义务是对企业最基本的要求，是企业参与社会责任的基础。一个企业仅仅

履行了法律和经济义务，只能说它已履行了自己的社会义务。如对一家依法纳税的企业，只能说它承担了社会义务，还不能认定它承担了社会责任，因为依法纳税是每个公民、每个企业应尽的社会义务。由此可以说，社会责任是一种比社会义务更高的道德标准。

2. 社会反应　社会反应是企业适应不断变化的社会环境的能力，它是企业对社会压力做出的反应。它需要对社会变化保持一种敏感，但却不是从长期的社会利益出发，而更多通过辨识当前的社会准则，然后改变其社会参与方式，从而对社会状况做出积极反应。

3. 社会责任　社会责任是从长期的社会利益着眼，看企业何种行为对社会有益、何种行为对社会有害，并加入了一种道德准则，促使人们从事使社会变得更美好的事情，而不做有损于社会的事情。

与社会义务相比，社会责任和社会反应超出了基本的法律和经济标准（图3-2）。道德的力量驱动有社会责任的企业，去做对社会有利而不是不利的事。

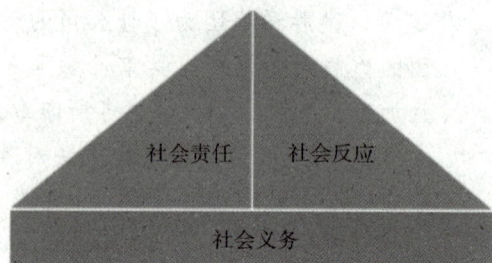

图 3-2　社会责任、社会反应与
社会义务关系结构图

（三）企业社会责任的现实意义

长期以来，企业要不要承担社会责任在我国一直是个争论不休的问题。随着 2005 年 10 月《公司法》的颁布，这一争议画上了一个圆满的句号。《公司法》第 5 条规定："公司从事经营活动，必须遵守法律、行政法规，遵守社会公德、商业道德，诚实守信，接受政府和社会公众的监督，承担社会责任。"首次在法律中明确了企业的社会责任主体地位，也意味着对传统企业的角色或目标定位的突破，这无疑是我国企业社会责任法制化建设中的里程碑。

企业履行社会责任，动因主要来自 4 个方面。

1. 企业为了自己的长期利益应向社会负责。

由于社会出现的许多问题与企业自身的事务有一定的联系，故而企业应对解决这些问题发挥应有的作用。

2. 现代社会对企业职能的理解，已经由单纯经济使命向兼顾社会使命转变。企业应调整自身角色，承担社会责任，否则可能危及自身的合法性。

3. 企业承担社会责任，可以避开将来可能出现的政府干预和管制。政府干预会给企业造成更大的成本压力。

4. 企业拥有解决许多社会问题的管理才能、专长和资本，有些问题最终还需由企业解决。

企业承担社会责任与其经营绩效之间呈正相关。企业参与社会活动不仅可以获得良好的社会效益，还可获得长远的商业效益，如良好的社会形象、高素质的员工队伍、更多的政府支持等。只有当企业树立起自觉的社会责任意识时，才会意识到企业不仅要对投资者负责，还要对所有的利益相关者负责，这样企业才能真正履行社会责任，从而促进社会公正，增加社会福利，最终实现企业的利润最大化。

媒体掠影

鸿星尔克爆红：善引发善的动人故事

2021 年河南省特大暴雨灾情牵动着全国人民的心，各方迅速支援展现了中华民族团结的精神。7 月 22 日晚，话题"鸿星尔克的微博评论好心酸"突然爆上热搜，让这家近年低调至极的国货品牌再次进入了大众视野。原因是相比于其他各明星的捐款，鸿星尔克在 21 日低调地宣布驰援河南灾区 5000 万元物资，直到第二天才被网友发现。如潮水般的力挺和关爱，背后是一个善引发善、爱传递爱的动人故事。网友发现，"出手大方"的鸿星尔克，营收远远落在同行后面的企业。去年鸿星尔克的营收为 28 亿，净利润为 –2.2 亿元，今年一季度 –6000 多万。自己很困难还捐了这么多，并且低调地在宣传上舍不得花钱，官方微博连会员都没有买。这种强烈的"反差"感动了无数网友。一传十，十传百，网友自发支持的力量不断汇聚，效应层层叠加，最终造就了鸿星尔克的意外出圈和爆红。这种有着强烈的社会责任感的企业是优秀的，也是被社会尊重的。

资料来源：https：//www.ccdi.gov.cn/pln/202107/t20210726_142068.html.

二、企业社会责任的基本理论

（一）金字塔理论

美国佐治亚大学教授卡罗尔提出了"金字塔"的概念，将企业社会责任看作是一个结构成分，关系到商业社会关系的四个不同层面，即社会期望企业在经济、法律、伦理和自行裁量（慈善）方面履行的义务。社会在要求企业完成经济使命的同时，期望企业遵守法律、符合伦理、投身公益（图 3–3）。

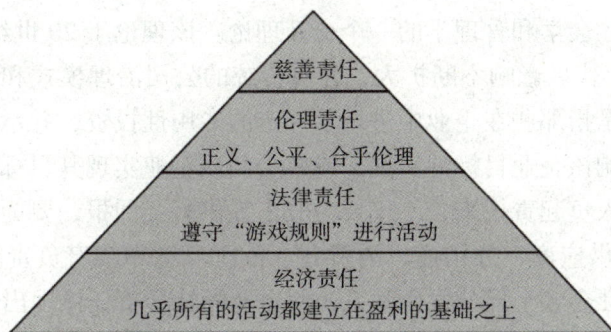

图 3–3　卡罗尔的企业社会责任金字塔

1. 经济责任　经济责任是指公司股东要求投资的合理收益、员工要求稳定且收入相当的工作、客户要求产品质量好且价格公道等。经济责任是企业作为经济单位生存与发展的根本理由与原因，也是履行其他责任的基础。

2. 法律责任　法律是社会关于对错的法规集成。社会赋予并支持企业承担生产性任务、为社会提供产品和服务的权力，同时也要求企业在法律框架内实现经济目标。因此，法律责任要求企业遵从国内和国际的各种法律条款和精神。"遵循游戏规则"是企业必须履行的责任。

3. 道德（伦理）责任　道德责任要求企业行为正确、公正和合理，符合社会准则、规范和价值观。卡罗尔认为，道德责任不仅包含经济和法律期望，而且包括社会的普遍期望。

4. 慈善责任　慈善责任是企业第四层面的责任，包括慈善捐助，为员工及家属提供生活设施，支持当地学校，支持文化体育活动等。卡罗尔认为，慈善责任同样是社会对企业的期望。此外，卡罗尔在《企业社会绩效的三维概念模型》一文中提出了企业履行社会责任的三个维度，分别包括企业社会责任的范围、社会问题管理和企业社会回应,认为企业社会责任包括上述四大责任;企业要对环境保护、员工权益、产品安全等社会问题进行管理,并对社会的期望做出回应。

(二)三重底线理论

1997 年,英国学者约翰·埃尔金顿(John Elkington)提出了三重底线的概念。他认为,企业社会责任实践就责任领域而言可以分为经济责任、环境责任和社会责任。

经济责任即传统的企业责任,主要体现为提高利润、纳税责任和对股东投资者的分红。环境责任就是环境保护对策。社会责任就是对于各种利益相关方的责任。

企业在实践企业社会责任时必须注意履行这三个领域的责任,这就是与企业社会责任相关的"三重底线理论"。

所谓三重底线是指经济底线、环境底线和社会底线,意即企业必须履行最基本的经济责任、环境责任和社会责任。同时,实现企业经济价值、环境价值和社会价值的综合价值最大化,这也就是企业社会责任实践的根本目标。

从根本上讲,三重底线理论不是计算利益得失的一套方法,更可谓是一种哲学。任何企业行为至少应达到经济、社会和环境三元因素(或三重底线)的基本要求,研究企业效益应从传统的成本 – 效益分析的经济层面推广到社会和环境层面,不仅要计算企业的社会和环境成本,而且要计算企业的社会效益和环境效益。企业只有按上述要求做出的投资决策,才符合企业社会责任的规范。

(三)利益相关者理论

利益相关者理论是社会学和管理学的一个交叉理论。该理论于 20 世纪 60 年代后在西方国家逐步形成,20 世纪 80 年代后影响不断扩大,并对传统的公司治理模式和企业管理方式产生了巨大的冲击。利益相关者是指那些在企业中进行了一定的专用性投资,并承担了一定的风险的个体和群体,其活动能够影响该企业目标的实现,或者受到该企业实现其目标过程的影响。企业需要对各种利益相关者的投入负起责任来,不仅要为股东提供资金回报,要为员工提供适宜的工作环境和福利待遇,还要对供应商、分销商、消费者、社区环境和政府负责。企业不是生活在真空里,而是每时每刻都与社会各个部分发生联系,使企业的社会责任体现出全方位的特点。

在经济全球化和信息化的背景下,企业竞争进入了利益共享的合作竞争时代,企业间的相互渗透,不仅改变了市场资源配置方式,也改变了企业的治理结构。企业内外部资源的整合迫使企业将追求的目标从单纯的企业自身价值最大化向企业间的利益共享转变。企业的运行也深受公共利益影响,除股东利益外,企业受到外部的压力,共同承担维护其利益相关者的利益责任,企业管理者应树立对雇员、消费者和广大公民的社会责任感,公司的控制权需以实现股东利益和社会利益为目标。

三、企业社会责任的主要内容

不同国家、同一国家的不同历史时期企业社会责任的内容有所不同。早期的企业社会责任仅指企业进行慈善性活动和其他社会福利活动,随着企业经济力量不断增强,企业对社会的影响力越来越大,企业社会责任也相应地包含了更多的内容。

（一）对消费者的责任

消费者作为企业产品的购买者，是企业的重要利益相关者。社会成员购买了企业的产品就成为企业消费者。从广泛意义上说，整个社会成员都是企业的消费者，因此企业与消费者的关系是企业与所处的社会关系、企业对所处社会的责任中的基本问题。

企业与消费者的关系集中体现于企业所提供的产品与服务上。企业不仅需要为消费者提供质量合格的商品，还要兼顾消费者的物质和精神需求上的满足感。

具体来说，消费者有安全、知情、自由选择和听证的权利。企业对消费者的社会责任集中体现在企业对消费者上述权利的维护上。尽管这些权利还不能体现企业对消费者的全部责任，却包括了企业对消费者社会责任的基本方面。如果企业在这方面侵犯了消费者的权利，使消费者的利益受到损害，企业就没有尽到其对消费者的社会责任。

（二）对员工的责任

员工是企业最重要的利益相关者之一，企业对员工的责任是多方面的，不仅包括保证员工实现劳动法、社会保障法规定上的就业和择业权、劳动报酬获取权、休息休假权、劳动安全卫生保障权、职业技能培训权、社会保险和社会福利取得权等权利的法律义务，也包括企业按照高于法律规定的标准对劳动者担负的道德义务。

员工为企业工作是为了获得报酬维持自己的生存和发展，但是企业不能以为员工提供就业机会和报酬为由，忽视对员工的生命和健康权利的保护。在当今的工作场所，不管是制造设备还是办公室的综合作业，员工都有可能遭受有害物质的影响，或者冒着发生事故的危险或患职业病的危险，如化工、采矿和深海作业等。企业应从本着维护员工的生命和健康权利出发，采取一切有效措施，确保工作场所安全。对于工作本身固有的伤害，企业必须严格执行劳动保护的有关规定，尽量减少和避免对员工可能造成的伤害。另外，工作环境的安排也必须有利于员工的身体健康，不得让员工在阴暗潮湿的环境下长期工作，作业间要通风等，这些都是安全健康的工作环境的基本条件。

（三）对环境的责任

自然环境不仅是为人类生产、生活提供资源或影响人类发展的外在条件，同时也是构成人类文明不可缺少的生态因子。然而，现代文明的进步和生态文明的觉悟已越来越不能容忍一些企业组织，为了片面追逐经济利益而对自然环境造成的威胁与破坏行为。现代社会和当代的企业理论都强烈反对企业逐利行为造成人类与自然环境的关系恶化，大力提倡企业关怀自然、保护环境、合理利用资源。对自然环境的保护不仅关系到当代人类的切身利益，而且也关系到人类社会自身的可持续健康发展。因此，企业合理利用资源、保护自然环境，是企业的一项典型的社会责任，它是在更宏大、更深远的意义上对人类社会公益的增进与维护。

企业需认清其对环境的责任，从自身做起，大力推进科技进步，发展环保技术，重视生产全过程的污染防治，推广清洁生产和绿色技术，使用清洁能源建立生态化生产体系，积极向绿色产业转移。调整结构，优化工艺，努力节能降耗，提高资源和能源利用效率，从根本上避免与控制本企业生产对环境的污染，同时还要积极参与社会性的环保公益活动，成为环境保护运动的主力军，为环境保护承担更多的社会责任。在环保上投资体现了企业的社会责任感，有利于企业打造品牌美誉度，提升企业的公众形象。

（四）对债权人的责任

债权人是与企业密切联系的重要利益相关者，主要包括银行等金融机构、民间金融公司，以及与企业进行交易的个人。企业的债权人也是企业的重要利益相关者，企业对债权人的责任是否被切实履行，涉及企业的债权人所预期的经济利益能否实现。我国《公司法》第一条就将"保护债权人合法权益"作为立法目的之一。一般而言，企业的债权人和债务责任的内容在具体的法律关系中是特定的，企业应依据合同的约定及法律规定对债权人承担相应的义务，保障债权人合法权益。企业履行这种债务责任既是一种民事义务，也是企业应负担的社会责任。除此之外，企业还对作为整体的债权人群体负有确保交易安全的责任，这一责任要求企业在任何情况下对任一债权人都合法、善意、无过失，切实履行依法订立的合同。这种责任与基于具体的法律关系的特定债务责任不同，是一种抽象的、一般的责任。

（五）对社会公益的责任

企业对社会公益的责任，是指企业本着自由、自愿的原则主动向社会捐款、捐物，帮助弱势群体，兴建公共基础设施、兴办学校、医院、养老院以及设立奖学金、慈善基金等义务行为。它不仅是企业的社会表现，也是对公众寄予企业期望的回应。

企业捐赠行为是企业主动服务社会、回报社会、以社会公民的身份融入社会的优秀表现，也是企业具有良好社会责任感的自我诠释。需要强调的是，此项责任企业可以是不带任何功利目的的捐赠行为，也可是带有目的性的商业动机。企业如果能把公益捐赠和自身发展完美结合，创造一种积极的企业文化，形成良性的互动机制，则可以取得企业与社会的共赢。这种有机整合，具有较强的稳定性，因而被认为是一种可持续发展的企业捐赠模式，也正成为企业捐赠的主导类型。

四、企业社会责任的特征

（一）企业社会责任是对股东利益最大化理念的修正

企业强调社会责任，改变了社会结构，确立了企业在整个社会经济中的重要地位，是对股东利益最大化的修正及补充，且这一修正和补充并不否认股东利益最大化原则。企业利润的目标和社会目标的冲突及其平衡，正是企业社会责任论提出和建构的出发点。

（二）企业社会责任以社会公众为对象

企业的社会责任对谁承担？这是企业社会责任相对"人"的问题，具体而言是企业的非股东利益相关者。

在企业的社会责任问题上，不存在像一般债权关系、合同关系上的与责任相对应的特定的关联人。社会利益的主体是社会公众，侵犯社会利益也就是侵犯社会公众的共同利益。

如果笼统地以社会公众作为企业社会责任的相对人，必然会因为责任（义务）的相对方不确定性，而无法建立起让企业承担社会责任的法律机制，从而使企业社会责任虚构化。按照各国的通常理解，企业社会责任的相对方是企业的非股东利益相关者，系指在股东以外，受企业决策与行为现实的和潜在的、直接的和间接的影响的一切人，具体包括雇员、消费者、债权人、所在社区，以及资源和环境的受益者等方面的群体。此类"人"虽没有与企业之间发生直接的利益关系，但也为企业的生存和发展提供了物质和文化的贡献。

（三）企业社会责任的主体是企业及其经营者

企业社会责任的主体分为两个层次。

企业本身具有独立性，能够承担企业的社会责任，那么企业的经营者个人要不要承担社会责任呢？传统管理主流理论认为，企业经营者仅仅是股东的代理人或者受托人，因此企业经营者只需对股东负责。企业社会责任理论则要求企业经营者要平衡企业利害关系人之间的不同利益要求，在企业利害关系人之间进行资源的分配和再分配。换言之，企业经营者不仅仅要对股东利益负责，而且还应对非股东利益相关者负责。由于企业不履行社会责任从根本上说是企业经营者未尽其职责所致，那么，既然企业有履行社会责任的义务，企业经营者就应该履行该义务，企业对社会的义务转化为企业经营者对社会的义务。因此，企业不履行社会责任（违反社会义务），一方面应首先由企业承担责任，另一方面，企业经营者也须承担责任。

【案例分析】

鱼跃医疗因哄抬血氧仪价格被罚 270 万

2023 年随着全国第一轮疫情步入尾声，抢口罩、抢药、抢血氧仪的现象已消失了一段时间。但是在 1 月初，有消费者指出，鱼跃医疗自 2022 年 12 月初疫情放开后，电商平台的血氧仪售价"火箭般上升，从最初的几十元涨到 399 元、券后 299 元。"因血氧仪、制氧机等相关家用医疗器械售价大涨，鱼跃医疗多次登上微博热搜榜。

鱼跃医疗在投资者互动平台回应称，血氧仪没有涨价，因成本上涨，公司取消了折扣和优惠。公司根据相关法律法规建立了合理完善的价格管控机制，保障疫情相关产品合法有序供应。

2023 年 1 月 6 日，市场监管总局带队对江苏鱼跃医疗设备股份有限公司销售血氧仪的价格行为进行了调查。经查，该公司血氧仪销售价格上涨幅度明显高于成本增长幅度，推高了鱼跃牌血氧仪市场销售价格。以该公司生产的指夹式脉搏血氧仪（型号：YX306）为例，2022 年 12 月生产入库平均成本比 11 月上涨 47%。向经销商的平均销售价格由 100 元 / 台上涨至 231.78 元 / 台，涨幅 131.8%；最高价格上涨至 254.15 元 / 台，涨幅 154.2%。1 月 31 日，江苏省镇江市市场监管局做出行政处罚决定，责令改正违法行为，罚款 270 万元。

对这一处罚决定，网友纷纷表示"罚得好"，在疫情期间，鱼跃医疗利用市场供需紧张状况大幅度提高该产品销售价格，扰乱市场价格秩序，其行为可以用恶劣来形容，被罚纯属咎由自取。

资料来源：https://www.samr.gov.cn/xw/zj/202302/t20230201_353080.html.

案例讨论题：

1. 伦理道德对企业管理有何影响？
2. 此次事件触犯了哪些道德底线？
3. 社会责任主要体现在企业哪些方面？
4. 企业经营活动中如何改善此类事件，从而树立企业形象？

第二篇
计 划

第四章
经营环境

扫一扫，查阅本章数字资源，含PPT、音视频、图片等

学习目标

1. 掌握：经营环境研究的具体内容，包括外部环境和内部环境及其构成要素等。掌握特定环境的构成及其对企业的作用方式，以及企业内部环境要素对企业经营管理的具体影响。掌握环境研究的SWOT分析法。

2. 熟悉：经营环境的概念、特点，认识经营环境的不可控性、动态性、客观性与可预测性，熟悉企业经营环境研究的程序，环境研究中的机会和危机分析。

3. 了解：经营环境研究在管理与决策、资源配置以及对提高企业竞争力等方面的意义。了解环境预测的方法，包括德尔菲法、头脑风暴法、趋势分析法、指数平滑法等。

案例导读

集采改变医药销售格局，流通企业重视零售，药店加快开店

2020年，九州通医药集团股份有限公司（以下简称"九州通"）成立了"万店联盟"事业部，计划打造一个中小型连锁药店和单体药店的联盟，在全国范围内以3公里为区域进行布局，力争在3年内新增3万家药店。同年，老百姓大药房董事长谢子龙向外界宣布：今年前3个月新增门店793家，未来两年老百姓大药房仍将保持快速开店的节奏。一心堂、大参林、益丰等众多医药零售巨头都在加紧扩充门店数量，以争夺院外市场。随着"双通道"政策的推行，覆盖更广阔的网点成为线下药店的最大优势。2021年4月23日，国家医保局价格招采司召开医药配送企业座谈会。医保局副局长陈金甫在会上强调，要发挥配送企业在医药供应保障中的综合功能，优化资源组合，及时研究解决改革中遇到的问题，完善政策措施，强化改革系统集成，共同将药品和医用耗材集中带量采购改革引向深入。面对日渐扩容的市场，各家零售龙头也都加紧市场布局。九州通的"万店联盟"项目自2020年启动以来通过品牌授权的加盟模式，批零一体化及线上线下相结合，截至2021年4月25日，已签约加盟药店1123家。据不完全统计，2019年国大药房DTP药房的门店数量就已达到306家，而华润集团旗下"医保全新"的DTP药房陆续布局150家。

就在大批流通企业布局零售市场之际，各大连锁药店也在努力守住原有的市场份额。根据《2019年度药品监管统计年报》显示，截至2019年底，全国共有《药品经营许可证》持证企业54.4万家，其中零售连锁企业6701家，零售连锁企业门店29.0万家；零售药店23.4万家。随着两票制、集中采购等政策实施，加剧市场激烈竞争，零售药店通过并购不断提升市场占有率。2021年7月，国大药房以18.6亿元全资收购拥有1507家药店的成大方圆。同月，美尔雅以2.3

亿元全资收购了甘肃众友的子公司青海众友，从而以 50.13% 的股份控股拥有超 3000 家药店的甘肃众友。药品零售市场借助资本的力量，已进入"跑马圈地"的时代。这一切市场红利的背后，是药品集采政策的持续推进。近年来，药品集采、合理控费、零加成等政策实施，导致公立医院市场已处于负增长，大批药企都在寻找院外市场的利润增长点。而零售药店则成为市场的"香饽饽"。

按照医改设计初衷，在流通领域重塑的过程中，大批没有规模效应的零售药店将被淘汰，现有的 50 多万家药店将有 1/3 消失。可以预见，不久的将来，中国药品零售领域，乃至整个行业都将真正进入颠覆期。

资料来源：丰志培，洪世忠.医药市场营销实务.[M].北京：中国科学技术大学出版社，2023 年.

第一节　概　述

权变理论认为，世界上根本不存在适用于一切情况的"最好管理方式"，管理的形式和方法必须根据组织的内外情况灵活选用，并随环境的变化而变化。组织内外情况是对管理的一种客观约束。企业在经营管理过程中，需对自身所面临的环境状况做好调查研究和分析预测，然后从实际出发选择恰当的经营管理方法和措施，这样才能取得经营效益，推动企业发展，这个过程就是经营环境研究。

一、经营环境的概念

环境是相对于某一特定事物来说的，是指围绕某一事物（通常称其为主体）并对该事物产生某些影响的要素（通常称其为客体）的综合，即是指相对并相关于某项中心事物的外在事物。环境总是相对于某一中心事物而言的，因中心事物的不同而不同，并随中心事物的变化而变化。环境是事物存在和发展的基础，任何事物总是存在于一定的环境中，并受环境的影响和制约。

经营环境是指影响企业经营活动的各种内在和外在要素的总和，是企业进行生产经营活动所处的外部条件和自身内在要素的总称。任何一个企业都是在不断变化着的经济、社会环境中运行，都是在利用自身内在要素与其他企业、顾客和社会公众的相互联结（协作、竞争、服务、监督等）中开展经营活动。企业的各种外部力量及自身内在要素和运行构成了影响企业经营活动的经营环境。环境的变化既可以给企业带来各种机会，也可以形成某种威胁。全面、正确地认识经营环境，监测、把握各种环境变化，对于企业审时度势、趋利避害地开展经营活动具有重要意义。

二、经营环境的特点

（一）客观性

客观性是指企业的经营环境是一种客观存在，这种客观存在是不以人的意志为转移的。任何企业都是在一定环境中存在，客观上受环境的制约和影响。环境对企业经营活动的影响不以人的意志为转移。比如，气候条件对企业经营的制约，地方文化传统对企业生产方式的制约，政策环境对企业行为的影响，市场状况对企业经营内容的制约等均是客观存在的，不以企业管理者主观因素为转移，也不能因企业自身行为而否定环境的存在。

（二）差异性

经营环境的差异性是指不同企业面临的经营环境是不相同的。环境总是相对于中心事物而言，每个企业都有自己独特的经营环境，即使是两个经营内容相同的企业面对同一环境因素，他们对环境因素的影响也会有不同的体验和反映。尽管各个企业所面临的宏观环境总体而言是相对一致的，但由于各个企业所处的地理位置不同、拥有资源不同、经营性质不同、经营规模不同、企业内在管理及运行机制的不同等原因，各个企业直接面对的具体经营环境表现出明显的差异性。经营环境的差异性决定了企业经营战略和管理手段的多样性。要求企业从实际出发，认真分析自身所处的环境特点，制订切合自身实际的经营策略，这样才能取得经营上的成功。

（三）动态性

动态性是指任何一种环境因素的稳定都是相对的，变化则是绝对的。企业所处的内外环境随着时间的推移和社会经济的发展，经常处于动态变化之中。技术的更新、宏观经济的发展、政策法规的变更、竞争对手的兴衰、市场供求关系状况等均处于动态变化之中。企业经营环境因素的不断变化所形成的冲击，对企业的经营活动常会产生广泛而深远的影响，企业管理者应根据环境的变化不断调整生产内容和经营管理方式，甚至调整企业的经营战略，以适应环境变化需求，推动企业可持续发展。企业经营环境的变化既有渐进性，又有突变性，特别是在知识经济时代，外界环境更加不稳定，这对企业环境研究提出了更高要求，企业必须快速根据环境变化做出反应。

（四）相关性

构成企业经营环境的各要素是相互联系、相互依赖，同时又相互制约，如良好的经济秩序、完善的政治制度要通过健全的法律来保障，经济、法律等因素又受到社会文化背景的影响，社会文化的发展又会受到经济、政法等环境的制约。因此，经营环境各因素是相互关联的，一个因素的变化可能导致多个因素的变化，它们对企业的经营活动并非各自单独产生影响，而是综合发挥作用。同时，企业的内部环境和外部环境的各要素也相互制约和影响。这种复杂的相关性也使企业的经营环境更加扑朔迷离，形成一种错综复杂的关系。

（五）不可控性

经营环境由广泛的社会因素组成，对企业经营活动的影响具有不确定性，往往是不可控制的。企业虽然可以在局部范围内和一定程度上对外部环境施加一定的影响，但不可能控制环境的变化，如气候条件的变化、政策的更迭、消费者观念的变化等都是无法控制的，企业只能主动适应、协调和改善经营环境。企业经营管理的任务就是用可控制的经营手段去适应不可控制的经营环境，有效满足顾客的需要，实现经营目标。

（六）可测性

尽管经营环境具有不可控性，但却是可以预测和认知的。由于各种环境因素之间是互相关联和互相影响的，因而某种环境因素的变化大都会表现出一定的规律性。只不过这种规律性有的比较明显，有的比较隐蔽；有的作用的周期长，有的作用的周期短。变化规律性明显且作用周期长的环境因素，其可测性较高。经营环境的可测性为环境管理提供了理论基础，管理者需认真研究环境及其变换规律，积极预测环境的变化，事先采取行动，主动适应未来环境变化的需要。

三、经营环境研究的意义

哈罗德·孔茨说过:"所有主管人员,不论他们是管理一个企业、一个政府机构、一座教堂、一个慈善基金会,还是一所大学,都必须在不同程度上考虑到外部环境的种种因素与力量。"经营环境研究对企业经营管理具有十分重要的影响。

媒体掠影

联想董事局主席柳传志的鸡蛋论

针对中国企业与政治的关系,柳传志用"鸡蛋论"作了概括:"企业要发展,周边的环境极为重要。"一个鸡蛋孵出小鸡,37.5℃~39℃的温度最为适合。那么,40℃或41℃鸡蛋是不是能孵出小鸡来呢?我想少数生命力顽强的鸡蛋也能孵出小鸡来,但是到了100℃,什么鸡蛋也孵不出鸡来。对企业来讲,1978年以前可能是100℃的温度。十一届三中全会以后,可能就是45℃,生命力极强的鸡蛋才能孵出来。到1984年我们办联想的时候,大概就是42℃。今天的温度大概是40℃,也不是最好的温度。因此,生命力顽强的鸡蛋就要研究周边的环境,一方面促使环境更适合,一方面增强自己的生命力,以便能顽强地孵出小鸡来。

资料来源:北京现代商报,2012-06-17.

(一)经营环境研究是企业从事生产经营活动的前提条件

企业是社会的细胞,企业的生存与发展离不开所处的社会环境和企业内部条件的支持。

1. 企业的生产经营活动必须遵守国家的有关法律法规、政策,并适应不断变化的宏观经济形势和社会形态。

2. 企业生产经营所需的人、财、物必须通过市场获取,而其产品又必须通过市场以满足社会,从而获得销售利润。

3. 企业内部的主客观条件又是企业从事生产经营活动的基础。

(二)经营环境研究是企业实现有效管理的基本环节

企业开展生产经营活动的根本目的是更好地满足消费者日益增长的物质和文化生活的需要,从而使企业获得最大的经济效益和社会效益。企业只有对环境因素进行深入细致的分析和研究,在准确把握消费者需求,认清所处环境对企业的具体要求,全面了解自身的资源状况与运行状况,明确管理中的各种制约因素的基础上,才能制定出合理的经营方案,选择恰当的管理措施和方法,从而提高管理效能。因此,有效管理的第一环节就是全面认识和了解企业的经营环境。只有正确认知企业所处的具体环境,才能使管理切合实际。

(三)经营环境研究是企业科学决策的依据

决策是管理最重要的职能,决策质量的高低直接关系到企业的生死存亡。决策的依据是信息,这里的信息是对环境研究的综合信息。正确的经营决策是建立在企业经营环境和自身能力客观分析的基础上的。一般说来,企业对自身的能力比较熟悉,而对其所处的外部经营环境却很难把握。因此,企业要制定正确的经营决策,就离不开对经营环境的分析和研究。只有对经营环境的现状及变化趋势进行缜密研究之后，才能制定出驾驭环境变化的对策，确保经营决策的科学性。

（四）经营环境研究有利于增强企业适应能力和竞争力

企业的外部环境是客观存在并不断发生变化的。对经营者来说，这既是一种约束，又是一种机会。结合内外环境的变化状况，通过研究分析，就可以发现各种有利机会及潜在威胁，从而做到趋利避害，提高企业对环境的适应能力和竞争力，推动企业可持续发展。特别是在全球化背景下，市场瞬息万变，经营环境研究已成为现代企业管理最重要的内容。

（五）经营环境研究有利于企业优化资源配置

任何一个企业的资源总是有限的，管理的作用就是优化资源配置，最大限度地放大资源效用。通过经营环境研究，结合现有资源状况，充分抓住机会，避开威胁，将有限的资源配置到最能创造效益的地方，从而达到优化资源配置和提高经营效益的目的。

第二节 经营环境研究的内容

经营环境研究是对企业经营环境所进行的调查、分析和预测等研究活动的总称，目的是通过研究认知企业所处的各种环境变化及其规律，从而为管理活动提供依据，提高管理的针对性和有效性。经营环境研究通常从外部环境研究和内部环境研究两个方面进行。

一、外部环境研究

外部环境是指存在于企业范围之外，并能影响企业经营管理的一切因素。企业外部环境时刻处于变化之中，具有明显的不可控性。研究企业外部环境主要是为选择恰当的经营战略，并为决策提供依据。最先提出企业外部环境问题并强调其重要性的是西方的系统学派。该学派按照系统论的观点，将一切组织看作开放的系统，认为任何系统总是存在于比它们更大的系统即外部环境中，且时刻与外部环境进行物质、能量和信息交换。如果系统不能与外界环境进行交换，将无法生存和发展。任何企业均处在一定的外部环境中，企业处理和应对外部环境的能力是企业发展的关键所在，决定着企业的生死。

企业外部经营环境通常包括宏观环境和具体环境两大部分，每一部分又包含多种要素（图4-1）。

（一）宏观经营环境研究

宏观经营环境又称一般环境或总体环境，是指影响一切行业和企业的各种宏观力量或要素。对宏观环境的研究，不同行业和企业根据自身特点和经营需要，分析的具体内容会有差异，但一般都从政治与法律、经济、社会文化、技术和自然五类影响企业的主要外部环境因素进行分析和研究。

1. 政治与法律环境 政治与法律环境是指一个国家或地区的政治制度、体制、方针政策、法律法规等方面。这些因素常常制约、影响企业的经营行为，尤其影响企业较长期的投资行为。

（1）政治环境 主要包括国家的政治制度与体制，政局的稳定性及政府对外来企业的态度等。这些因素常会影响到企业的经营范围，获得政府支持的程度、得到的便利条件，经营风险及

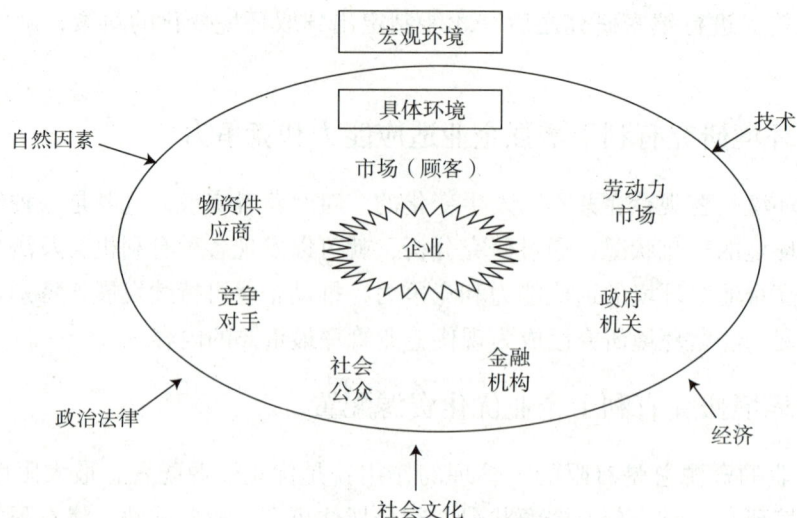

图 4-1　企业外部经营环境与构成示意图

利润保障，以及经营的可持续程度等。

（2）法律环境　主要包括政府制定的对企业经营具有刚性约束力的法律、法规，如《反不正当竞争法》《税法》《环境保护法》，以及外贸法规等。这类因素对企业的行为具有刚性规定，既规定了企业的经营内容，也对管理的具体活动和行为具有较强的约束，如企业人力资源管理、企业排污等均不可违背法律法规，否则就要受到法律制裁。

如果企业实施国际化战略，参与国际市场竞争，还需对国际的政治、法律环境进行分析，例如，分析国际政治局势、国际关系、目标国的国内政治环境，以及《国际法》所规定的国际法律环境和目标国的国内法律环境等，以使自身的经营管理行为符合国际及相关国际法律要求，从而有效参与国际竞争。

小故事

哈默的生财之道

19 世纪中期，美国一些地方的居民开始寻求以法律手段制裁酒徒。这种呼声渐渐得到了全国范围的响应，特别是以维护传统家庭为己任的妇女。1919 年美国国会通过《宪法》第 18 号修正案，也就是"全国禁酒令"规定自次年起正式生效。

美国大组织家哈默 1931 年从苏联到美国时，正是富克兰林·罗斯福竞选总统的时候。哈默深入研究了当时美国的国内形势，分析结果认定罗斯福会掌握美国政权，而罗斯福曾经在竞选纲领中提过要废除"全国禁酒令"。

哈默认为，一旦罗斯福新政得势，1920 年公布的禁酒令就会废除，为了解决全国对啤酒和威士忌的需求，那时市场将需求空前数量的酒桶。哈默在苏联住了多年，十分清楚苏联人有制作酒桶用的白橡木可供出口。于是，他毅然决定向苏联订购几船木板，并在纽约码头附近设立一间临时性的酒桶加工厂，后来又在新泽西州建造了一个现代化的哈默酒桶厂。当哈默的酒桶从生产线上滚滚而出的时候，正好是罗斯福出掌总统大权和废除禁酒令的时候，人们对啤酒和威士忌酒的需求急剧上升，各酒厂生产量也随之直线上升。哈默的酒桶成为抢手货，哈默因此获得了可观的利润。

资料来源：https://www.jianshu.com/p/14ba119c336a

2. 经济环境 经济环境是指构成企业生存和发展的社会经济状况，包括经济要素的性质、水平、结构和变动趋势等多个方面，涉及国家、社会和市场等。构成经济环境的关键因素包括GDP 及其发展趋势、利率水平的高低、通货膨胀程度及其趋势、失业率水平、居民可支配收入水平、汇率升降情况、能源供给成本、市场机制的完善程度、市场需求情况等诸多因素。这些因素往往直接影响企业的经营，如利率上升很可能使企业使用资金的成本上升；市场机制的完善对企业而言意味着更为正确的价格信号、更多的行业进入机会等。企业的经济环境分析就是要对以上因素进行分析，运用各种指标，准确分析经济环境对企业的影响，从而使其战略与经济环境的变化相匹配。

经济环境研究分为宏观经济环境研究和微观经济环境研究两方面。

（1）宏观经济环境 主要指一个国家或地区国民收入、国民生产总值及其变化情况，以及宏观经济走势等总体经济状况。宏观经济对企业经营生产有着明显影响，如国民生产总值决定一个地区对商品的需求及购买能力的大小，经济的繁荣能为企业等经济组织的发展提供更多机会，宏观经济的衰退则可能给所有经济组织带来生存性的困难。

宏观经济环境研究的内容主要包括经济发展阶段和发展水平，经济制度及市场体系，财政预算规模和财政收支平衡状况，贸易与国际收支状况、宏观经济走势等内容。

（2）微观经济环境 主要指企业所在地区或所需服务地区的消费者收入水平、消费偏好、储蓄情况和就业程度等。这些因素直接决定企业目前及未来市场的大小。假定其他条件不变，一个地区收入水平越高，则该地区的购买力就越强，对某种活动及其产品的需求就越大。

3. 社会文化环境 社会文化环境是指企业所处的社会结构、社会风俗和习惯、信仰和价值观念、行为规范、生活方式、文化传统、人口规模与地理分布等。社会文化环境是影响企业经营管理诸多变量中最复杂、最深刻、最重要的变量。

社会文化环境可分为人口环境和文化环境。

（1）人口环境 人口环境对企业战略的制定有着重大的影响。例如，人口总数直接影响社会生产总规模；人口的地理分布影响企业的厂址选择；人口的性别比例和年龄结构在一定程度上决定社会需求结构，进而影响社会供给结构和企业生产；人口的教育水平直接影响企业的人力资源状况等。分析人口环境除重视人口数量和质量外，还应进一步考虑人口增长率、人口构成、家庭结构、人口的地理分布与人口流动等。这些人口特征的变化和发展趋势，会对市场格局产生深刻影响，从而对企业的经营管理产生深刻影响。

（2）文化环境 主要由特定的价值观念、行为方式、伦理道德规范、审美观念、宗教信仰和风俗习惯等构成。文化环境通过潜移默化的方式影响和制约着人们的消费观念、需求欲望、购买行为和生活方式及行为特点，对企业生产内容和经营方式，以及内在管理行为都会产生潜在而巨大的影响。任何企业都处在一定的社会、文化环境中，企业经营活动必然受到所在社会文化环境的影响和制约。为此，企业需了解和分析社会文化环境，针对不同的文化环境制定不同的生产与营销策略，根据不同文化背景选用不同的管理手段和管理方式。

4. 技术环境 技术环境是指企业所处的宏观环境中的技术要素及与该要素直接相关的各种社会现象的集合。技术环境对企业经营的影响尤为直接和显著。

用数字说话

中国人工智能，引领医药行业大变革

当前，人工智能已经为众多行业带来了巨大变革，我国《"十四五"医药工业发展

规划》也明确了积极探索人工智能在医药行业的应用，鼓励 AI 推动行业数字化转型。在各方努力下，中国人工智能的"AI+"模式已经为医药研发、医药生产等环节带来了重大成果。

在医药研发领域，"AI+制药"带来了研发效率的大幅提升。过去医药研发一直存在"双十魔咒"，即研发一款新药平均需要 10 年时间、投入 10 亿美元，又面临极高的失败率。如今，基于昇腾 AI 推出的鹏程·神农生物信息研究平台，让新药研发效率提高上千倍。原本用传统方法筛出 4000 多种候选多肽，需要费时长达 40 年，"鹏程·神农"则能够将生成时间缩短至数月，并生成高达 30 万种候选多肽，加速了新型药物筛选与创制。

在医药生产领域，在被称为制造业生命线的质检环节，"AI+质检"正带来效率提升。传统模式下，因片剂、胶囊、丸剂等固体药品在生产及铝塑封装过程中会产生凹坑、破损等缺陷，且传统的检测技术存在漏检、检测效率低等问题。如今，昇腾 AI 携手合作伙伴天津瑟威兰斯科技共同孵化出胶囊泡罩缺陷检测解决方案，实现了对胶囊泡罩缺陷智能检测和标记，缺陷检测准确率超过 99%。同时，实现复检数量从 400+ 降至 10+，节省 95% 以上的复检人力。

未来，伴随以昇腾 AI 为代表的中国人工智能产业持续发展，还将继续为 AI+ 制药带来更多惊喜。

资料来源：https://www.chx-zs.com/gupiao/244172.html.

在知识经济时代和全球化背景下，科学技术迅猛发展，表现出一些新特点：①以数字技术标志的尖端科技发展迅速。②应用技术的发展速度加快。③民用产品广泛采用最新科技成果。④科学技术的研究受到人们的普遍关注。凡是人们所需要的新商品和服务，总有源源不断的新构思出现，而且在技术上也能很快有所进展。信息技术、生物技术、空间技术、新能源、新材料的迅速发展，给人们的需求带来了更新、更广阔的天地，在给企业带来更多发展机遇的同时，也给企业带来了更大的竞争压力。

科学技术的进步对企业经营的影响主要表现为：①技术淘汰步伐加快，商品更新换代日益频繁。②新技术、新发明的范围不断拓宽，市场创新机会无穷，企业研究和开发费用日趋增加。③人们的生活方式、消费模式、需求结构伴随科技进步不断变化，要求企业不断创新。④市场营销手段不断进步，对企业领导机构和人员素质提出更高的要求。⑤技术贸易比重增大，劳动密集型产业面临的压力加大，发展中国家劳动力费用低廉的优势在国际经济联系中将削弱。⑥流通方式更向现代化方向发展。

5. 自然环境　"天时、地利、人和"是企业成功的三个基本条件。如果说"天时"主要与国家政策相关的话，"地利"则主要反映地理位置、气候条件和资源状况等自然因素对经营管理的影响。地理位置是制约组织活动特别是企业经营的一个重要因素，地理位置影响到企业经营的交通及获取资源的便利状况，同时也影响企业的生产成本。特别是当国家在经济发展的某个时期对某些地区采取倾斜政策时尤其如此。比如，我国沿海地区交通比较发达，通过开放政策吸引了大批外资，给原已处在这些地域的各类组织提供了充分的发展机会。气候条件及其变化也会影响到企业的生产，如气候变化会影响原材料及成品的储存，从而影响生产成本；气候变化也会影响企业生产和产品与服务的提供，如气候趋暖或者趋寒会影响空调生产厂家的生产或者服装行业的销售；四季如春、气候温和则会鼓励人们远足郊外，从而为与旅行或郊游有关的产品制造提供机会。

自然资源是国家或地区发展的基础，为所在地区经济组织的发展提供了机会。比如，没有地下蕴藏着的石油，许多中东国家难以在沙漠中建造绿洲。目前推进乡村振兴战略实施，欠发达农村地区要实现产业兴旺，必须以地方资源为基础，因地制宜，突出特色，发展特色优势产业。

（二）具体环境

企业的具体环境又称为行业环境。不同的企业因生产经营范围不同，而有不同的具体环境。企业不仅在一般环境中生存，而且还在具体行业领域内活动。实践中，企业都是在一定行业中从事生产经营活动的，行业的竞争环境直接影响着企业的竞争能力。与一般环境相比，具体环境对企业的影响更为直接。具体经营环境主要包括供应商、市场营销中介、顾客、竞争者和公众等。

1. 供应商 供应商是指向企业提供生产经营所需资源的企业和个人。所供资源包括原材料、设备、能源、服务和资金等。供应商的情况对企业经营管理活动有着十分大的影响。供应商所供资源的价格和供应量会直接影响企业生产经营的成本，以及企业的生产效率和产量，从而影响商品的价格、销量和利润；供货的质量水平直接影响企业商品的质量和信誉；供货的稳定性、及时性和供货企业的服务效能等，可能影响企业是否按期完成交货任务。

经营管理者必须对供应商的情况有较全面的了解和透彻的分析，尽可能选择在质量、价格、运输、信贷、承担风险等方面条件较好、供货能力较强的供应商。如果条件许可，企业应与多个供应商合作，使供货来源多样化。这样不仅可以减小企业的货源风险，还能促使供应商之间进行竞争，使企业处于一个有利的位置，从而使供货质量得到提高，时效得到保证，并能稳定价格。当然，使供货来源多样化，并不排除与一些主要供应商保持长期良好的合作伙伴关系。这种合作伙伴关系在某些场合还是非常必要的，比如遇到市场短缺时，可使企业得到优先供应等。

2. 市场营销中介 所谓市场营销中介是那些帮助企业推广销售和分配商品给最终顾客的企业和个人，包括中间商、实体分配机构、市场营销服务机构和金融机构等。在多数情况下，企业生产的产品都要经过市场营销中介才能到达顾客手中。

（1）中间商 中间商主要包括批发商和零售商两大类。他们帮助企业寻找顾客，并直接与顾客进行交易，从而实现商品由企业向顾客的转移，并最终为企业带来实际收益。除非企业建有自己完善的销售渠道，否则中间商对企业商品的流通和销售具有极其重要的影响。由于中间商与顾客直接打交道，是企业将产品转化为现金收益的基本途径，因而它的销售效率、服务质量直接影响企业产品的销售数量和销售收入，从而影响企业的经营管理大局。

（2）实体分配机构 实体分配机构是帮助企业进行商品或原料的保管、储存及运输的专业机构，包括仓储企业和运输企业等。在生产经营活动中，企业必须考虑储运成本、储运的安全性和交货期限等因素。实体分配机构工作的高效率和高服务质量可以扩大企业的时空效益，从而带来整体效益的提升。

（3）市场营销服务机构 市场营销服务机构主要包括市场调研机构、市场营销咨询机构和广告公司等，它们帮助企业选择市场，并促进企业推销商品，是企业市场营销过程中不可缺少的环节。尽管有的大企业自身设有这些机构或者自己承担这些工作，但对于大多数中小企业而言，这些机构是十分必要的。企业在利用这些机构时，关键是要选择最适合本企业并能提供最有效服务的机构。

3. 顾客 顾客是企业商品或服务的购买者，是企业服务的对象，也是企业经营活动的出发点和归宿。顾客可以是个人、家庭，也可以是组织机构和政府部门。它们可能与企业同在一个国家或地区，也可能不在一个国家和地区。

企业的一切经营活动都是以满足顾客的需求为中心的。顾客的变化就意味着企业市场的获得或丧失。因此，顾客是企业具体经营环境中最重要的因素。

4. 竞争者 市场经济下，企业时时刻刻都面临竞争，竞争带来的结果是优胜劣汰。因此，对竞争者进行深入调查和全面分析是企业合理确定经营内容、生产方式和成功开展市场营销活动的关键。在全球化背景下，市场竞争更加激烈，企业经营活动时常会遇到竞争对手的挑战、制约和威胁。这些竞争对手不仅来自本国市场，也来自其他国家和地区；竞争不仅发生在行业内，行业外的企业也可通过替代商品的生产而参与竞争。竞争主要在商品的质量、形式、性能、价格、包装、品牌，以及新商品的开发和售前售后服务等方面展开，也可在资金、人才、技术、资源等方面进行。竞争者可分为平行竞争者、商品形式竞争者和品牌竞争者三类。

（1）平行竞争者 指能满足顾客同一需要的不同商品竞争者，如满足家用交通工具需要，可买自行车、摩托车、小轿车等，生产这些功能相似而产品不同的企业之间即平行竞争关系。

（2）商品形式竞争者 指生产具有相同或相似功能产品的企业间的竞争，如生产变速自行车和生产普通自行车的企业间就是商品形式竞争关系。

（3）品牌竞争者 指生产同种商品且形式一样，但品牌不同的竞争者，如汽车"大众""奔驰""丰田""雪铁龙"等诸多品牌，不同品牌汽车制造商之间存在激烈的竞争。形式竞争和品牌竞争均系同行之间的竞争，其中又以品牌竞争最为激烈。

每个企业在开展经营管理活动时都应充分了解谁是自己的竞争者，然后全面调查分析竞争者的经营状况、经营策略、市场营销特点、在市场上的竞争地位，以及自己与竞争者的力量对比情况等，并时常关注竞争者的动态变化，适时采取相应的对策和措施，扬长避短，充分发挥自己的优势。

5. 公众 公众是指对实现企业目标有实际或潜在的利害关系和影响力的组织和个人。一个企业在生产经营活动中不仅要与供应商、市场营销中介打交道，与竞争者争夺市场，还广泛受制于社会公众的影响。社会公众对企业商品生产和市场营销活动的态度深刻地影响和制约着企业的行为，他们既可以增强也可能削弱企业实现目标的能力。企业面临的公众主要有金融机构、新闻媒介、社会团体和当地公众等。

（1）金融机构 金融机构包括银行、投资公司、信贷机构、保险公司、证券经纪商等对企业经营提供融资和保险等业务的单位。每一个企业都不可避免地要与金融机构建立一定的联系，开展一定的业务。金融机构影响企业的融资能力，其行为会对企业的生产经营活动产生显著而直接的影响，如银行利率上调、保险金额上升、信贷或融资来源受限等都会使企业的经营管理大受影响。因此，企业需认真分析金融机构的行为特征，积极与金融机构建立良好的合作关系。

（2）新闻媒介 新闻媒介包括报社、杂志社、广播电台、电视台、网络等大众传播媒介。它们不仅是企业广告的主要媒体，而且在建立企业信誉、树立良好形象方面也起着重要作用。

（3）社会团体 社会团体包括消费者协会、环境保护组织、行业协会及其他民众团体社会组织等。它们可能热心地支持企业的某些活动，也可能激烈地反对企业的某些做法，并营造广泛的社会舆论氛围。

（4）当地民众 当地公众指企业所在地附近的居民。企业的经营活动离不开当地民众的支持，所以要考虑当地民众的态度，避免与当地民众发生冲突，并尽可能通过公益事业为当地民众做出应有贡献。

6. 政府机构 政府机构的政策、措施和态度可能影响企业经营活动的开展。因此，企业必须随时注意政府机构有关方面的变化，并主动采取相应的协调措施。

二、内部环境研究

内部环境是指存在于企业内部、对企业经营和绩效有直接影响的各种因素的总和。内部环境反映企业内部的条件或状况。与外部环境一样，内部环境对经营管理也是一种直接的约束，所不同的是，内部环境诸要素存在于企业内部，大多是企业能够控制或改变的。

内部环境研究的目的是通过对企业内部各种资源的拥有状况、利用能力及运行状况进行分析，从而明确自己的优势和劣势，进而有的放矢地调整战略目标，采取扬长避短或扬长补短的管理措施，合理配置资源，提高经营管理效能。

内部环境研究包括企业目标与发展战略、资源状况、文化、组织结构和发展阶段等。

（一）目标与发展战略

企业管理活动受企业经营目标与发展战略的影响十分明显，企业一切活动都必须符合经营目标的要求，必须服从和服务于企业发展战略的需要。企业的发展战略是在企业价值和使命指引下确定的较长时期关于自身发展的全局性的计划。作为经营发展的最高纲领，发展战略对企业各方面的工作都具有重要的指导意义，在不同的战略环境下需使用不同的经营管理模式。如成本领先战略要求管理者在管理活动中必须经过规模化生产，降低生产成本，企业管理的核心在于程序化、制度化、标准化和高效化。差异化战略则要求企业向顾客提供个性化服务，管理的重点在于鼓励新技术、新手段、新服务方式的产生，其核心在于创新，并有可能打破原有的标准和程序，建立一种自主的管理模式。越来越多的实践证明，只有符合发展战略的管理，才能推动企业战略目标的实现，推动企业可持续发展。管理者应充分了解企业战略目标，明确上级制定的战略内容，从而使管理活动服从和服务于发展战略的需要。

（二）企业资源状况

资源状况是企业最重要的内部环境，对企业经营管理活动影响最为明显和直接。企业的一切管理都必须建立在现有资源基础之上，根据拥有资源状况进行管理。企业资源主要包括人、财、物、技术等方面。

1. 人 人是指企业的人力资源配置状况，包括人力资源的数量、质量、专业结构、分布状况等。人力资源是企业发展的第一资源，关系到企业的核心竞争力。企业要发展，就必须拥有合适的人才队伍，同时必须优化人才队伍结构，激发人才的工作积极性和主动性。作为管理者需对现有人力资源状况进行研究，了解人才配置和人才需求状况，做到优化人力资源配置，实现对人才的有效激励，提高人力资源的贡献率。

2. 财 财是指企业运行中的财务状况，代表企业的经济实力。企业的一切行为都离不开资金支持，企业财务状况的好坏直接影响各项活动的开展，甚至影响企业战略的制定。企业管理者需根据企业财务状况，确定经营目标与活动内容，选择恰当的经营活动方式，这样才能做到因地制宜，确保各项经营活动顺利开展。

3. 物 物是指企业的基础设施、设备，以及原材料等物资拥有状况，它是企业生产经营的物质基础。充足而优质的原材料资源是企业有效生产的前提，先进的设施和设备是提高产品生产质量和效率、拓展生产领域的重要保障。管理人员需根据企业物资的拥有状况对物质资源进行合理配置，并根据配置状况合理确定生产内容，明确质量标准，合理安排生产。

4. 技术　技术是企业整体生产水平、管理水平和营销水平的集中反映，是企业在行业中的地位和经营效益好坏的重要象征，是提升企业核心能力的重要手段。企业管理应注意企业内外技术状况变化，积极推动本企业技术创新，通过各种技术创新、管理创新获取更多的竞争优势。

（三）企业文化

企业文化是指企业在长期的共同生产经营过程中形成的共同价值观、信念、行为模式，以及有关的管理制度等。企业文化对企业管理者和员工行为有着很大影响，能影响甚至决定企业管理的内容与方式。企业文化一旦形成，就会在很大程度上对企业管理者的思维、决策和具体行为施加影响，从而影响管理的具体措施。比如，管理者给予员工的责任、自由和独立工作的程度，员工开拓创新和承担风险的程度，管理者允许员工自由发表不同意见和公开批评的程度，企业内部信息纵向和横向沟通的畅通程度，企业人员协作程度等，这些均受企业文化的制约和影响。

（四）企业组织结构

组织结构是指企业内部各部门和岗位的设置及组合方式。组织结构决定了企业的信息传递和运行方式。不同的组织结构，其岗位和部门的设置及组合方式是不同的，其信息传递和运行方式也存在差异，管理需根据组织结构的不同而采用不同的方式。对企业来说，首先要根据企业的目标确定必需的活动内容，并对这些活动进行分类，形成不同的部门；然后将部门活动作进一步细分，形成不同的岗位；部门和岗位形成以后，需将这些岗位和部门按照一定的方式进行组合，形成一定的组织结构；最后按照既定的组织结构，将资源配置到各部门，将各类人员配备到相应的岗位，并进行协调优化，这样企业才能正常运转，各项活动才能有效开展，企业目标才能得以实现。由于不同的组织结构对岗位的设置和组合方式不同，所以不同的组织结构中，岗位从事的活动和相互之间的关系也不同，这就使得企业在资源配置、信息传递、运行方式等方面也存在较大不同，管理活动也会存在差异。

（五）企业发展阶段

根据企业生命周期理论，每个企业都要经历由成长到衰退的演变过程。企业生命周期是指企业从出现到完全退出社会经济活动所经历的时间，一般分为初创阶段、成长阶段、成熟阶段和衰退阶段四个阶段。在不同的生命周期阶段，企业表现出不同的发展特征。企业发展阶段分析就是研究企业在成长周期中处于哪个发展阶段，然后根据这个发展阶段的特点选择恰当的发展路径和发展模式，做到因地制宜。

三、企业经营机会与风险研究

与自然界生存竞争的规律极其相似，在对手如林的市场竞争中，企业的生存和发展也与其适应环境、捕捉机会和规避风险的能力息息相关。经营机会虽然常常伴随着经营风险，但一旦捕捉在手，便会给企业带来丰厚的收益；而机会一旦失去，企业就可能会处于被动的境地而面临巨大风险。对企业来说，经营机会与风险分析是企业经营环境分析的经常活动。

（一）经营机会与经营风险概述

1. 经营机会与经营风险的概念

（1）经营机会　经营机会是指有利于实现企业经营目标的外在条件或客观可能性。这些条件和客观可能性可以通过企业的战略制定与实施变为现实。

（2）经营风险　经营风险是指企业在生产经营过程中遇到的会给企业带来经济损失或发展障碍的各种不确定性，主要包括市场风险、投资风险和管理风险。

2. 经营机会与经营风险的环境类型　经营机会和风险常常相互联系，并可以相互转化。根据机会和风险程度的大小，可以运用一个矩阵把企业经营环境划分为 4 种，即理想的环境、冒险的环境、老化的环境和恶化的环境（图 4-2）。

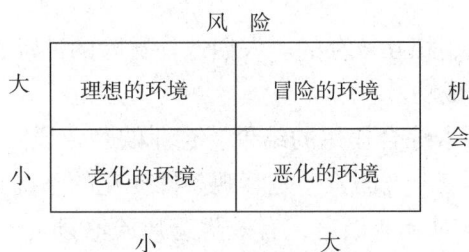

图 4-2　企业机会风险四分图

（1）理想的环境　理想的环境是指机会大而风险小的环境。这种环境及其变化具有确定性，捷足先登者往往掌握竞争优势。判断和掌握这种机会的前提是做出科学预测，不失时机地做出战略选择。

（2）冒险的环境　冒险的环境是指机会大、风险也大的环境。这种环境及其变化具有不确定性，或退出的障碍较大。进入这种环境，要有风险意识和承担风险的能力。

（3）老化的环境　老化的环境是指机会小、风险也小的环境。这种环境及其变化具有确定性，同时投资的收益率很低，因此对于经营者吸引力较弱。企业在这样的经营环境中必须当机立断实行战略转移。

（4）恶化的环境　恶化的环境是指机会较小、风险却大的环境。这种环境的形成大都有其特殊的原因，或是由理想环境演变而来，或是老化环境的进一步恶化。有的属于长期恶化，有的属于暂时恶化。面对这种环境，企业必须采取相应战略摆脱困境。

（二）经营机会分析

经营机会往往会给企业带来发展的先机或优势，但是经营机会不是每一个企业都能及时抓住的。企业在环境研究中要注意对经营机会进行分析。企业经营机会包括显在性经营机会和潜在性经营机会。

1. 显在性经营机会　显在性经营机会是指可以凭即时环境感受到的一种显而易见的机会。一般来说，显在性机会常与某一时期的特定环境的变动相联系。显在性经营机会尽管明显存在，但并不意味着对每个企业都唾手可得。相对于众多的追求者来说，显在性经营机会总是有限的，它只属于那些审时度势、善于随机应变、不失时机把握机会的人。判断显在性经营机会并不难，难的是事先能预测到孕育这种机会的环境何时形成、持续的时间、影响面和作用强度等，从而及时抓住机会。有效的环境调查和预测是捕获和利用显在性经营机会的前提。因此，捕捉显在性经营机会有赖于企业环境预测的实力和水平。

2. 潜在性经营机会　潜在性经营机会是指人们不易直接凭借现有环境来判断的一种不明显的、隐含的机会。从运动的环境观考察，潜在性经营机会随其所依赖的环境变化呈现出不规律的运动状态：有些会有助于环境的发展而由暗转明，成为显在性经营机会；有的则抑制环境的发展而由暗转亡，萎缩消失。一个企业要想获得潜在性经营机会从而取得更大的竞争优势，必须努力去认识和把握环境运动的时空性及其他因素的变化状况，随时了解政治、经济、文化、技术等经营因素对企业实现经营目标的各种机会所造成的影响，从而发掘机会，变潜在性经营机会为对己有利的显在性经营机会。同时，潜在性经营机会中隐藏着许多似是而非的机会，一个出色的经营者应独具慧眼，善于对其进行由表及里、去伪存真的分析，以免错失机会，造成战略失误。

（三）经营风险分析

机会与冒险总是相互联系、相互依存的。人们选择冒险的冲动在于机会中的丰厚利益，而实现机会的可能在于冒险行为的成功。

经营风险的形成是多种因素综合作用的结果。企业的经营风险既有内部因素又有外部因素。概括地讲，经营风险主要来自三个方面：一是客观条件变化的不确定性；二是预见的局限性；三是控制能力的有限性。因此，对企业而言，有效规避风险必须先要对客观外在环境进行科学研究，正确认知客观环境的变化规律，将生产经营中的不确定性降到最小；其次在决策过程中要充分利用智囊的作用，有效预见未来，从而使决策趋于合理，并做好应急预案，降低风险发生的可能性，做到"防患于未然"；最后需要完善调控机制和提升调控能力。

小游戏

测测你对环境及风险的认知与分析能力

8月上旬的一天上午10点，你们乘坐的飞机迫降在美国亚里桑纳州索纳拉大沙漠。飞行员遇难，其他人均未受伤。机身严重毁坏，将会着火燃烧。你在飞机迫降前已获知飞机迫降地点距离原定目标位置100km左右，离飞机迫降点大约80km附近有个村落，你所在的沙漠相当平坦，除了偶见一些仙人掌外，可说是一片不毛之地，日间温度约45℃。你们穿着T恤、短裤和教练鞋，每个人都带有手帕。你们总共有50美元现金、1盒烟和1支圆珠笔。飞机即将燃烧，机上有15件物品，性能良好，现要求你对这些物品按重要性进行排序，如果只能抢救出其中的5项，你会选择什么？

请你单独将这些物品按对你生存的重要性排序，不得与其他人讨论，时间5分钟。

物品清单	个人排序（写序号）	正确排序（序号）	得分（两序号差值）
手电筒和若干电池			
匕首			
飞机失事地区的地图			
塑料大雨衣			
指南针			
急救箱			
45口径手枪，装有子弹			
红色和白色相间的降落伞			
1000片盐片			
每人1升水			
介绍沙漠里能吃的动物的书			
每人1副太阳镜			

续表

物品清单	个人排序（写序号）	正确排序（序号）	得分（两序号差值）
伏特加酒			
每人 1 件风衣			
化妆镜			
得分合计			

计分方法： 将你排列物品重要性的次序和正确排列次序（由老师给出）相减（结果不计正负），再将 15 个分数相加得到总分。如手电筒的正确次序为 4，你的选择为 10，得 6 分。

第三节　经营环境研究的程序与方法

企业经营环境研究包括许多工作和任务，其中最主要的任务是环境调查和环境预测。企业在进行环境研究时要遵循科学的程序，并根据研究的目的，采用定性分析与定量分析相结合的方法进行研究。

一、经营环境研究的程序

经营环境研究的程序是指经营环境研究过程中所必经的工作环节、各项研究活动的步骤及其先后顺序等。严格研究程序可使环境研究具有规范性和科学性，从而提高环境研究的有效性。企业经营环境研究一般要经过选择课题、提出假设、确定研究方法和路径、环境调查与收集研究资料、资料整理分析和环境预测 6 个步骤（图 4–3）。

选择课题 ➤ 提出假设 ➤ 确定方法 ➤ 调查收集资料 ➤ 资料处理 ➤ 环境分析预测

图 4–3　经营环境研究的程序

（一）选择课题

选择课题是企业经营环境研究的首要环节，只有明确了研究课题，才能明确经营环境研究方向和各项具体研究工作的重点。环境研究课题主要围绕企业活动中存在的问题来确定，可能涉及企业整个活动，也可能只涉及企业某个方面的具体活动。由于环境研究是服务于组织的各项决策，因而研究课题往往由企业中的决策部门下达。决策者在下达研究任务时，对任务的描述不一定非常详细、精确，因此课题可能是不明确的。比如，研究企业的广告效果，对这一项任务可能有多种不同的理解，既可理解成广告的说服力，又可理解成广告的沟通效果，还可理解为广告的效益等。理解不同，环境研究的方向、内容、重点、结果等均可不同。因此，研究者首先要对课题的宗旨、意图进行研究，明确课题的基本目标和任务。

（二）提出假设

提出假设是在确定课题的基础上，环境研究人员利用组织现有的资料，根据自己的经验、知识和判断力，在初步分析的基础上，提出关于组织所遇环境问题的初步假设，即判断组织问题可能由哪些因素造成，在众多可能的因素中，哪些是主要的，这些问题变化趋势与状况如何，未来会发展到什么程度等。提出假设的目的是进一步明确环境研究的目标和任务，为选择恰当的研究方法和研究路径奠定基础。

（三）确定研究方法和研究路径

假设确定后还需要进行验证。如果假设成立，企业就需采取相应的措施消除环境中的不利因素，解决环境中存在的问题。验证假设是一个复杂的研究过程，必须根据企业环境问题的特点，以及自身所拥有的研究工具恰当地选择合适的研究方法。同时还需根据研究目的和研究方法制定恰当的研究路径，即制定合理的研究方案。恰当的研究方法和研究路径可以节省环境研究成本，提高研究效率，并能保证研究活动达到预期目标。

（四）环境调查与收集研究资料

研究资料是企业经营环境研究最直接的依据。经营环境研究必须要拥有全面的、能够真实反映企业内外环境状况及变化的资料，这样才能得出客观的研究结果。因此，在确定研究方法和路径后就应着手收集相关研究资料。经营环境资料来源于组织内外现存的各种资料，比如组织活动的各种记录，组织外部公开出版的各类文献、统计资料等。

环境研究资料主要通过环境调查的方式获得。通常获取的途径包括问卷调查、访谈、实地考察、查阅文献和历史记录资料等。调查和收集资料要注意资料的全面性、相关性和时效性。全面性是指全面收集与环境研究有关的各类资料，内容不能缺失；相关性是指收集到的资料是与研究有关的，与研究假设存在某种内在或外在的联系，并能为研究假设提供支持；时效性并不是指收集的资料越新越好，而是指收集的资料能够反映现在环境的变化状况与趋势，或者影响现有环境，或者能够为现有研究提供借鉴和指导等。

（五）资料整理分析

收集的原始资料需加工后才能较真实地反映客观环境情况，才能用于环境研究，因此需对收集到的资料进行整理分析。环境资料的整理分析包括审核资料、对资料进行归总分类和环境资料分析。

1. 审核资料　其目的是审核资料的准确性、真实性和全面性，以去伪存真，去粗取精，去除资料中错误或含混不清的地方。审核资料时，如果发现资料不清楚、不完整、不协调，就应采取措施，对错误的地方进行纠正，对收集不全的资料进行补充，对不符合要求的资料予以剔除，确保资料的真实、全面、有效。

2. 对资料进行归总、分类　对环境资料审核后，需对资料进行归总、分类。通常将同一性质的环境资料归为一大类，然后按重要程度将每一类资料进行分层，以便于研究、分析和评估。

3. 环境资料分析　环境资料的收集、整理是环境研究的基础，对环境资料分析则是环境研究的关键环节。环境资料分析需根据事先确定的研究方向和企业的现实状况，应用各种管理学理论与研究工具，采用定量分析和定性分析的方法，分析和评估影响企业经营活动的主要环境因素及其影响程度，并明确这些因素与企业经营活动的内在联系。

（六）环境预测

环境预测是指应用一定的科学方法结合环境调查取得的资料，在环境分析的基础上，对环境的发展趋势，以及环境对企业未来发展的影响进行预测。

1. 利用对有关资料的分析和评估结果，找出环境变化的趋势。

2. 根据变化趋势预测环境在未来可能呈现的状况。

3. 根据对企业经营活动中各种影响因素之间关系的分析，研究在采取相应的措施后企业存在的问题能否解决，从而预测未来能否为企业经营活动提供有利条件。

二、经营环境的研究方法

（一）环境调查的方法

环境调查是利用科学的方法，系统地收集与企业活动有关的环境要素在时空上分布及变化状况的信息，为企业环境研究提供资料。环境调查应在明确调查目的的基础上，确定调查内容，选择合适的调查对象，并运用恰当的方法进行调查。

1. 明确调查目的 明确调查目的是经营环境调查研究的首要环节。不同的调查目的决定不同的调查内容和调查对象，调查目的不同则采用的调查方法可不同。比如，环境调查的目的是制定企业发展战略，企业的调查内容会比较全面，调查方法多种多样，调查对象会涉及企业的各级人员，以及社会和经济发展的相关领域。如果调查的目的是分析企业内在因素对企业生产的影响，则调查内容较为简单，调查对象只涉及企业内部相关职能部门或个人，调查方法多采取访谈或问卷等方式。

2. 确定调查内容 调查内容是指调查研究所涉及的环境要素，如政治环境因素、环境变化趋势、公众对企业的认知、市场供需变化等。环境调查内容应全面，但必须有重点，同时必须符合调查的目的和任务，与调查目的无关的内容不能纳入调查研究之中。

3. 选择恰当的调查对象 调查对象是指环境调查活动所指向的个人或组织。调查对象为调查者提供与调查内容相关的信息。确定调查对象的关键在于科学地定义调查对象，明确规定接受调查的总体范围与界限，确保调查对象具有代表性，避免因界限不清而导致调查登记的重复或遗漏，保证调查资料的准确性。另一方面，确定调查对象还需考虑调查对象的数量（样本容量），调查样本容量越大，环境调查结果的可靠性就越大，但调查成本较高；相反，调查样本容量小，可以降低调查成本，但调查结果的可靠性就会降低。所以在确定调查对象数量时要综合考虑调查结果的可靠性和经济性两个方面的要求。

4. 选择恰当调查方法 合理的调查方法是确保环境调查有效开展的重要措施。经营环境调查的方法主要有观察调查法、问卷调查法、访谈调查法、检索调查法和量表测量法。

（1）观察调查法 观察调查法又叫实地考察法，是指调查人员亲临现场或进入一定的情境，运用感觉器官或借助科学仪器，通过直接或间接的查看而获取环境信息的方法。实地观察可采用多种方式：观察者可以借用一定的工具观察，也可以只凭借自己的感觉观察；可以通过参与相关活动对环境进行观察，也可以以旁观者的身份进行观察；可以在自然状态下观察，也可以在人为制造场景下观察。这些方法各有利弊，在实际中往往综合运用各种方法，以便更快速、准确地搜集与经营环境有关的信息。

观察调查法的优点是可以获得大量的有关经营环境的第一手材料，且简便易行，灵活性大，不足是只能了解被观察环境的外在表象，对于被观察环境的内在动因则需具体分析。同时环境观察结果受观察者的主观态度、价值观、知识阅历等影响较为明显。

（2）问卷调查法　问卷调查是最常用的一种环境调查方法，是指由研究人员通过设计统一的环境调查问卷，并请调查对象对问卷的有关问题做出回答，从而获取相关经营环境信息的方法。问卷调查的优点是可以节省人力、物力和财力，得到的环境信息资料便于量化处理，避免调查人员的主观偏见，减少人为误差等；缺点是收回率难以保证，问卷设计的全面性难以把握，且被调查者必须具有一定的文化程度，否则难以作答。

（3）访谈调查法　访谈调查法是指调查人员根据事先设计好的访谈提纲，以问答的形式，通过与被调查人员的充分互动而获取环境信息的方法。访谈调查法的方式多种多样：根据有无统一内容可以分为结构性访谈和非结构性访谈；根据所采用的方式或手段可分为面对面访谈、电话访谈、书面访谈和电子邮件访谈等；根据接受访谈的人数多少可分为单独访谈和集体访谈等。

访谈调查法的优点是能深入了解环境及其变化的实际情况，保证调查资料的质量，且应用广泛、灵活，缺点是受调查人员素质的影响大，匿名保证性差，费时费力。

（4）检索调查法　检索调查法是指从已经存在的信息资料（如文献、会议记录、相关记载等）中，选择并索取有关企业经营环境信息的方法。其"检索"包括对数字信息的检索和印刷信息的检索。在一定意义上还包括对自己头脑中记忆信息的检索。印刷信息检索主要通过查阅相关文献的目录、索引、文摘和年鉴、手册，以及百科全书等获取相关信息。数字信息检索是通过网络或其他数字平台而获取相关信息资料。目前，网络和数字平台已经成为环境研究获取信息的重要途径。

检索调查法具有简单、快速、经济、不受时空限制等优点，尤其适用于对历史资料和远程区域信息资料的搜集。

（5）量表测量法　量表测量法是指环境研究者根据一定的调查目的和调查任务的要求，借助测评量表对调查对象关于环境主观态度、认知和潜在行为特征等进行测量，以此了解环境信息的方法。量表适用于较精确地调查公众的主观态度和潜在特征。它由一组精心设计的问题构成，用以间接测量人们对环境的态度、观念和某一方面的潜在特征，从而了解某一特定的经营管理环境，如产品的市场环境、企业所处的文化环境等。此方法在国外比较成熟，在市场调查、确定产品类型、管理方式变革等方面得到广泛运用。

（二）环境预测的方法

环境预测是指用科学的方法，根据环境调查收集的资料，分析环境变化的规律，并据此预测环境在未来的变化趋势。环境预测是环境调查的逻辑延续，环境调查的直接目标是预测环境变化。环境预测的方法主要有定性预测方法和定量预测方法两大类。

1. 定性预测方法　定性预测方法是依靠熟悉环境业务知识、具有丰富经验和综合分析能力的人员或专家，根据已掌握的历史资料和直观材料，运用人的知识、经验和分析判断能力，对环境的未来发展趋势做出性质和程度上的判断；然后再通过一定的形式综合各方面的判断，得出统一的预测结论。该方法的优点是简便易行，费用较低，能综合多种因素，缺点是预测结果在很大程度上取决于人的经验，不易提供准确的数据，难以量化。由于现实社会中影响环境变化的因素有许多是定性的、难以量化的，所以定性预测方法在环境预测中被广泛应用。最常用的定性预测方法有综合判断法、专家预测法和头脑风暴法等。

（1）综合判断法　综合判断法是组织若干了解环境情况的人员，根据他们对客观情况的分析和自己的经验，对环境的未来状况做出各自的估计并提出相关建议，然后将每个人的预测结果及建议进行综合，得出预测结果。综合判断法的优点是能综合多人的知识，充分吸收他人的意见，得到的预测结果比较全面，并且具有较强的现实性；缺点是受到预测者能力和认知的限制。

（2）德尔菲法 德尔菲法又称专家调查法，是采用通讯调查的方式，收集、整理专家对环境预测的一种方法。该方法具有匿名性、反馈性等特点，能充分发挥专家的作用，做到集思广益，并能将专家意见的分歧点体现出来，取各家之长，避各家之短，提高了预测的客观性。同时它经过反复征询、归纳和修改，最后将专家基本一致的看法作为预测的结果，从而大大提高了预测的可靠性。该方法具有较好的代表性，广泛运用于环境研究。德尔菲法的具体实施程序：

①拟定调查表：预测工作的组织者要先确定环境预测的问题，据此设计调查表，规定统一的评估方法，并准备可供专家参考使用的背景资料。

②选择专家：根据预测要求，综合考虑专家的专业知识、工作经验、预见分析能力，以及年龄、性格等因素，邀请不同专业的专家参加环境预测工作。

③通信征询：将调查资料寄给相关专家，要求专家及时做出预测并寄回资料。组织者对第1轮收回的资料进行整理分析，得出初步结果，然后再将相关资料寄给专家进行第2轮预测。如此反复多次，直到取得基本一致的预测结果。在预测调查中，专家可以根据上一次的统计结果重新考虑自己的意见或建议，或坚持或修正，但需阐明理由。

④预测结果的处理与应用：对每1次预测调查的意见都要利用科学的方法进行归纳、整理和分类，并形成综合统计结果，以对下一轮预测提供参考。预测最终结果出来后尚需对其再次处理，看是否有存在不合理和不完善的地方，然后修正并用于管理实践。

（3）头脑风暴法 头脑风暴法是一种群体预测方法，由英国心理学家亚历克斯·奥斯本提出，主要用于形成创造性的新观点。它通常是将一定数量的相关专家或人员集合起来，在完全不受约束的条件下，针对特定的环境问题，畅所欲言，寻求多种解决问题的思路。这种方法的关键是激发创造性思维，在宽松的环境下，通过每个人面对面地交流讨论，引起思维共振和组合效应，产生尽可能多的建议。在讨论中要求参与人员对别人的建议不做任何评价，每个人独立思考，发散思维，尽可能多地提出创新性建议，并可以对已有的建议进行补充。运用这种方法，企业通常可以得到许多有关环境方面新思路、新想法。这种方法的不足在于可能会由于组织不当、讨论时间过长等导致失败。采用头脑风暴法组织专家会议时，应遵守的原则：

①严格限制问题的范围，明确具体要求，以便集中精力。

②不对他人的意见提出怀疑和批评，要研究任何一种设想而不管这种设想是否正确和可行。

③发言要简练，不要详细论述。提倡即席发言，不允许参加者宣读事先准备的发言稿。

④鼓励参加者对自己提出的设想进行改进和综合，为准备修改自己设想的人提供优先发言的机会。

⑤支持和鼓励参加者解除思想顾虑，创造一种自由的气氛，激发参加者的积极性。

实践证明，利用头脑风暴法进行经营环境预测，通过专家之间直接交换信息，充分发挥创造性思维，有可能在比较短的时间内得到富有成效的创造性成果。

2. 定量预测方法 定量预测方法是通过分析环境调查收集的资料，用数学模型来描述影响环境变化的多种因素之间的关系，并据此预测环境发展趋势。这类方法一般利用已知的历史和现状方面的资料来预测未来发展趋势。它的优点是比较客观、可靠，科学性强，得出的结论比较精确；缺点是难以考虑非定量因素的影响，且有的环境因素如政治因素、文化因素、消费需求变化等难以量化，较难进行定量预测。同时定量预测对资料的完整性、可靠性和精确性的要求也比较高。常见的定量预测方法主要有时间序列预测法和因果关系分析法。

（1）时间序列预测法　时间序列预测法是分析历史上各个时期的环境资料，研究环境要素是如何从过去演变到现在的，找出要素随时间而变化的规律，然后据此预测环境的未来发展趋势。这种方法有一个基本假设，即要素在过去是如何随时间而变化的，在今后亦会依照同样的方式而变化。时间序列预测方法又可分为简单平均法、移动平均法和指数平滑法。

1）简单平均法：简单平均法假设事物在历史上各个时期的状况对未来的影响程度是相同的，在进行预测时，将反映事物在历史上各个时期状况的数据看得同等重要，因而用它们的简单算术平均值作为下一时期的预测值。这种预测方法比较简单，准确程度相对较低，特别是当时间序列呈某种上升、下降或周期性变化趋势时，预测结果很不可靠，一般只用于短期预测。

2）移动平均法：移动平均法是假设事物在历史上比较远的时期的状况，对未来基本上没有影响，有影响的只是在近期的状况。在利用历史数据时，采用分段平均、逐步推移的方式分析时间序列的趋势，取预测最近一段时期的平均值作为预测值。移动平均法又可以分为简单移动平均法和加权移动平均法。

①简单移动平均法：简单移动平均中的各元素的权重均相等。简单移动平均的计算公式：

$$F_t=(A_{t-1}+A_{t-2}+A_{t-3}+\ldots+A_{t-n})/n$$

式中，F_t 为对下一期的预测值；n 为移动平均的时期个数；A_{t-1} 为前期实际值；A_{t-2}，A_{t-3} 和 A_{t-n} 分别表示前两期、前三期直至前 n 期的实际值。

②加权移动平均法：加权移动平均给固定跨越期限内的每个变量值以不相等的权重。其原理是历史各期环境数据信息对未来预测期内的环境变量的作用是不一样的。除了以 n 为周期的周期性变化外，远离目标期的变量值的影响力相对较低，故应给予较低的权重。

加权移动平均法的计算公式：

$$F_t=w_1A_{t-1}+w_2A_{t-2}+w_3A_{t-3}+\cdots+w_nA_{t-n}$$

式中，W_1 代表第 $t-1$ 期环境信息变量的权重；W_2 为第 $t-2$ 期环境变量的权重；W_n 为第 $t-n$ 期实际环境变量的权重；n 为预测的时期数。

在运用加权平均法时，权重的选择是一个应该注意的问题。经验法和试算法是选择权重最简单的方法。一般而言，最近期的数据最能预示未来的情况，因而权重应大些。

3）指数平滑法：与简单平均法类似，指数平滑法假设事物在历史上各个时期的环境状况对未来环境均有影响，只是影响程度不同，远期的影响要小些，近期的影响要大些。所以在环境预测时给近期的数据以较大的权数，给远期的数据以较小的权数，算出第 $1-t$ 期的加权平均数，作为 $t+1$ 期的预测值。第 t 期的加权平均值 S_t 的计算公式为：

$$S_t=\partial Y_t+(1-\partial)S_{t-1}$$

式中 S_t 为第 t 期的加权平均值，S_{t-1} 为第 $t-1$ 期的加权平均值，Y_t 为第 t 期的实际值，∂ 为平滑系数（或权数）。

应用指数平滑法要解决好两大问题：一是平滑系数 ∂ 的取值；二是确定初始预测值 S_0。∂ 的取值越大，近期数据对预测值的影响越大；反之则越小。一般来说，当时间系列比较平稳时，∂ 取值较小，通常在 0.05～0.20 之间取值；相反，如时间系列呈明显的上升或下降趋势时，∂ 取值应大些。由于指数平滑法是利用第 t 期的实际值与第 $t-1$ 期的预测值来计算第 $t+1$ 期的预测值，所以为了能够计算第 1 期的预测值，还需要确定初值 S_0，S_0 通常采用时间序列前几项的算术平均值，也可取时间序列数据中的第一项。

（2）因果关系分析法　因果关系分析法是研究当环境中某一因素发生变化时对其他社会经济

现象可能产生的影响。这类方法很多，最常见的是一元线性回归分析法。一元线性回归分析法假设了企业经营活动主要受到一种因素的影响。因此，只需了解该因素在未来的状况，便可预测企业经营活动或其环境的发展趋势。一元回归模型：

$Y_i=a+bx_i+\varepsilon_i$

式中 y 称为因变量，x 称为自变量，ε 称为随机误差，a，b 称为待估计的回归参数，下标 i 表示第 i 个观测值。

3. 环境的 SWOT 分析方法 SWOT 分析法又称环境态势分析法或优劣势分析法，主要用于研究企业自身的竞争优势（strengths）、竞争劣势（weakness）、机会（opportunity）和威胁（threats），从而将企业的战略与内部资源、外部环境有机地结合起来。

运用这种方法，可以对企业所处的环境进行全面、系统、准确的研究，从而根据研究结果制定相应的发展战略、计划以及对策等。其中 S、W 是企业内部环境因素，O、T 是外部环境因素。SWOT 分析方法的主要步骤包括：

（1）环境因素分析 运用各种调查研究方法，分析研究企业所处外部环境因素和内部环境因素。外部环境因素包括机会因素和威胁因素，这是外部环境对企业的发展直接有影响的有利和不利因素，属于客观因素；内部环境因素包括优势因素和弱势因素，即企业在其发展中自身存在的积极和消极因素，属主观因素。在调查分析这些因素时，不仅要考虑历史与现状，更要考虑未来发展问题。

（2）构建 SWOT 矩阵 将调查得出的各种环境因素根据轻重缓急或影响程度等进行排序，构建 SWOT 矩阵（图 4-4）。在此过程中，将对企业发展有直接的、重要的、大量的、迫切的、久远的影响因素优先排列出来，将间接的、次要的、少许的、不急的、短暂的影响因素排在后面。

	内部优势（S）	内部劣势（W）
外部机会（O）	SO 战略 ·依靠内部优势 ·抓住外部机会	WO 战略 ·利用外部机会 ·克服内部弱点
外部威胁（T）	ST 战略 ·利用内部优势 ·抵御外部威胁	WT 战略 ·减少内部弱点 ·回避外部威胁

图 4-4 SWOT 分析矩阵图

（3）行动计划的制订 完成环境因素分析和 SWOT 矩阵的构建后，便可着手制订相应的行动计划。计划制订的基本思路是发挥优势因素，克服劣势因素，利用机会因素，化解威胁因素；考虑过去，立足当前，着眼未来。运用系统分析的方法，将排列与考虑的各种环境因素相互匹配加以组合，从而得出一系列研究主体发展的可选择战略或对策。

【案例分析】

传染性非典型肺炎冲击波

当年的"非典"对中国一场严峻的考验。面对这样的突发事件，诸多企业又是如何表现的呢？

2003 年 2 月 11 日，广州市政府组织新闻发布会通报了广东省疫情情况。与此同时，政府和专家给出了一些预防病毒感染的建议措施，在这些建议中勤洗手是关键的措施之一。莱曼赫斯公司立即对这一信息做出反应，迅速挖掘市场，在《广州日报》头版推出平面广告"预防流行性疾病，用威露士消毒药水"，随后又在《南方都市报》等媒体上连续推出通栏广告。在迅速扩大了品牌知名度之后，威露士开始利用事件建立品牌美誉度。通过新闻媒介《南方都市报》向社会各界，包括学校、机关等人群密集地区无偿派送威露士消毒产品总计 37 吨，价值 100 万元。结合事件中与企业相关的市场诉求点进行企业的产品宣传，同时又使得公司一贯秉承的"关心大众，无私奉献"的企业精神在这次事件营销中得到了很好的诠释。莱曼赫斯公司在这种突发事件中展现了企业深厚的营销功力。事实上，威露士品牌形象得到了迅速提升，在许多消费者心中确立了消毒水第一品牌的位置。

江苏恒顺：快速的醋。

"非典"期间，政府和专家给出了一些预防病毒感染的建议措施，这些建议中包括可用食用醋熏蒸消毒空气。随即，抢购白醋进入高潮。2 月 11 日下午 4 时止，江苏镇江恒顺醋业向广州等地区发货量已达千吨以上，收到货款上百万元。到 14 日，其累积发货量已达 10 多万箱。与此同时，赫赫有名的山西老陈醋的发货量只有 2 万箱。在非典型肺炎这样的突发事件面前，恒顺醋业显示了其快速反应的优势。这种优势的取得一方面与其销售网络直接相关，另一方面也离不开其生产及运作上根据环境变化的快速反应能力，大批量的食醋在极短的时间内生产出来并及时运达广东。

在全球化背景下的知识经济时代，企业外部环境变化尤为剧烈，突发事件大幅增加，企业对环境的分析和研究将变得更为重要。

资料来源：wenku.baidu.com/link？u.2011-06-22.

案例讨论题：

1. 莱曼赫斯公司和恒顺醋业两个案例可以给企业什么启示？
2. 试以威露士为例，对"知识经济时代"下企业外部环境变化趋势进行分析。

【思考题】

1. 企业经营环境研究有何重要意义？
2. 影响企业经营的政治、法律环境主要由哪些具体要素构成？
3. 社会文化环境因素如何影响企业的经营管理行为？
4. 企业具体经营环境包括哪些要素？
5. 如何认识企业内部经营环境？
6. 如何认识企业经营机会与风险，管理者对经营机会和风险如何进行分析？
7. 企业经营环境研究包括哪些具体程序？
8. 简述企业经营环境的 SWOT 分析法的内容和程序。

学习目标

1. 掌握：决策的概念、原则和决策制定过程；定性和定量决策的主要方法，包括经营单位组合分析、决策树法的理论与应用。
2. 熟悉：决策的主要类型及影响因素，区分确定型、风险型和不确定型决策。
3. 了解：决策在管理中的地位和作用；完全理性决策与有限理性决策的区别。

案例导读

格力电器的成功决策

珠海格力电器股份有限公司是目前中国最大的集研发、生产、销售、服务于一体的专业化空调企业。从一个年产量不到 2 万台的不知名的空调小厂，发展成为拥有员工 4 万人，家用空调年产 2500 万台，商用空调年产值 50 亿元的知名跨国企业。从 1995 年至今，格力空调连续多年产销量、市场占有率均居中国空调行业第一名。

1. 打造精品空调 格力公司自成立以来，紧紧围绕"专业化"的核心发展，品牌深入人心，以"精品空调，格力创造"和"买品质，选格力"著称国内空调市场。先后多次获得"中国驰名商标""中国名牌产品""国家免检产品""杰出成就和商业声誉国际质量最高奖"等荣誉。2006年被国家质检总局授予"中国世界名牌"称号，成为中国空调行业第一个也是唯一的世界名牌。2006 年格力电器获得中国质量领域的顶级荣誉"全国质量奖"，2006 年被巴西民意调查局授予"巴西人最满意品牌"称号。

为提升格力空调在国际舞台的综合竞争力，2004 年 9 月，格力电器成功收购了珠海凌达压缩机有限公司、珠海格力电工有限公司、珠海格力新元电子有限公司和珠海格力小家电有限公司四家企业。2006 年，格力电器再次成功收购珠海凯邦电机有限公司，开始整合上游资源，完善空调产业链，充实营销网络。

2. 技术持续创新 格力电器长期立于不败之地的关键在于：企业持续进行技术创新，培育自己的核心竞争能力。至今已开发出包括家用空调、商用空调在内的 20 大类、400 个系列、7000多个品种规格的产品，取得多项国内外技术专利。1992 年，格力电器公司创建时，只有一条落后了十年的空调生产线，年生产能力不足 2 万台。因此，公司制定了"通过技术创新形成自己的核心竞争力"的战略。

第一，格力电器每年拿出 3000 万～5000 万元资金投入新产品的研制开发，每年都有新产品投放市场。公司创建 5 年，开发出 6 大系列 130 多种空调新产品，拥有 68 项专利，格力率先推出一度热销的"小霸王"电扇、"空调王"和"冷静王"空调，一年后市场才出现类似的产品。技术创新使格力成为空调领域的工业巨人。

第二，格力空调有精确的定位，走专业化的技术创新之路。格力专攻家用空调，不涉足其他领域，集中力量专攻一业，大大缩短了新产品开发周期。正是这种专业化技术创新策略，使格力每年都有新产品推向市场。

3. 以客户需求为导向　以客户为导向，满足消费者的需求是格力技术创新的出发点。1992年在空调市场供不应求的情况下，格力开始研制节能的分体机"空调王"。其目标是生产世界上制冷效果最好的空调器，能效比要超过 3.3，而国家规定的能效比是 2.8。经过艰苦努力，"空调王"研制成功，投放市场后，立即引起轰动，非常畅销。为满足消费者需要，1996 年，格力推出"能效高、噪声低、更冷、更静、更省电"的分体空调"冷静王"。产品的关键指标位居世界前列，投放市场后，供不应求，还打进国际市场。在欧洲市场的销售价格与日本持平，一改过去中国电器销售价低、难上大商场的局面，为民族工业争了一口气。后来，根据中国大城市住房特点以及商家需要，又推出了小巧玲珑、噪声低的"家庭中央空调"、大功率的分体吊顶空调和四面出风的分体天井空调等，满足了不同消费者的需求。

资料来源：张春霞，徐秀玉. 管理学基础与实务［M］. 北京：清华大学出版社，2017.

第一节　经营决策及其影响因素

一、经营决策的概念

决策是指管理者为了实现既定目标，从两个以上备选方案中选择一个合理方案的分析判断过程。经营决策是管理者为了保证组织经营和战略目标的实现，做出正确选择的过程。决策的概念包括以下含义：①决策具有一个明确的目标。②决策需要有两个以上的备选方案。③决策的本质是一个分析判断的过程，管理者通过逻辑分析对备选方案进行选择。决策是管理者分析问题、解决问题和利用机会的过程。

"运筹帷幄之中，决胜千里之外"体现了决策的作用。决策是管理者最重要的一项工作，也是成功管理的关键。决策在管理活动中有着至关重要的地位和作用。

1. 决策作为计划工作的重要组成部分，是管理中各项职能的基础　管理者履行计划、组织、领导和控制各项职能过程中，需要不断做出决策，以提高组织的绩效。如管理者需要决定制定何种战略计划，如何合理配置资源，如何调动员工的积极性，以及控制各项工作成果，这些都离不开决策。决策是管理工作的核心，著名管理学家赫伯特·西蒙认为："管理就是决策，决策贯穿管理的全过程，它决定了管理活动的成败。"

2. 决策正确与否决定了组织的生存与发展　一项研究表明，世界上每 100 家大公司的倒闭，其中 85% 都是因决策失误造成的。"一招失误，全盘皆输"的例子在中外历史上并不罕见。无论是世界上著名的百年老店，还是迅速发展的新兴企业，如果在以往成功的基础上没有及时审时度势，没有做出正确的决策都可能导致企业发展的危机。由此可见，正确的决策可以事半功倍，扭亏为盈；错误的决策使企业濒临绝境，甚至倒闭。

3. 决策是管理者必须具备的重要技能　组织中任何层次的管理者，都必须在自己的职责范围内做出决策并付诸实施，层次越高的管理者，需要的决策能力越强。因此，决策是管理者应该具备的基本能力，成功的管理者总是密切关注环境变化，未雨绸缪，预测未来发展，做出审慎的决策。

二、经营决策的特点

经营决策的内容一般包括产品决策、生产技术决策、销售决策、财务决策、价格决策、目标市场决策等。组织经营决策具有目标性、可行性、选择性、过程性和科学性的特点。

1. 目标性 目标为管理者经营决策指明方向，是衡量实际工作绩效的标准。经营决策的目的是为了实现组织的目标。决策者应该根据组织的目标，拟定未来的行动方案，比较分析备选方案，并以目标为依据检查决策方案实施的效果。

2. 可行性 一个制订再完美的方案，如果不能付诸实施，只能是空中楼阁。任何组织活动的开展都需要一定的人力、物力、财力和信息等资源。没有必要的资源，决策无法实施。同时由于资源的有限性，以及决策追求效率、效益的目标，因此，决策方案的选择不仅要考虑其必要性，还要考察实施的可行性。组织决策应适应内部和外部环境的变化，具有可操作性和可行性。

3. 选择性 决策是对两个以上的备选方案进行选择。如果只有一个方案就不需要选择，也就谈不上决策。不同方案实施过程中所需的资源、可能出现的结果，以及风险的程度会不同，决策者需对不同方案进行逻辑判断，从而选择出最佳方案。无论选择何种方案都可能存在一定的风险，使得目标在实施过程中发生偏差。

4. 过程性 决策不能够简单地理解为选择某一方案一刹那的行动，而是一个完整的过程。这个过程包括发现问题，确定目标；拟定实施目标的各种可行方案；对备选方案进行评估和选择、实施方案和追踪检查。这个连续不断循环往复的过程是决策形成的基础，没有这个过程就没有决策。

5. 科学性 决策虽然是决策者的一项主观活动，但是也有一定的规律可循。数理统计学和计算机技术的发展为定量决策提供了现代化的方法和手段。只要掌握充足、可靠的信息，使用科学的决策程序和方法，就可以使主观判断最大限度地符合客观实际，提高决策的科学性。决策的目的是为了用于实践，实践是检验决策的唯一标准。

三、经营决策的原则

决策的前提是基于"有限理性"，而不是"完全理性"，因而经营决策的原则是满意原则，而非最优原则。人要做到完全理性的最优决策必须符合三个条件，且缺一不可：①获得与经营决策有关的全部信息。②拟定所有可能备选方案。③准确预测每种方案未来的实施结果。

事实上，由于组织所处的环境复杂多变，加之人的认识受到主客观条件的限制，且人的知识和能力是有限的，难以完全达到以上条件，其结果：①只能收集到与决策相关的有限信息。②只能拟定数量有限的决策方案。③由于环境的不确定性，不可能对未来出现的所有结果进行准确预测。这使得经营决策难以做到最优决策，只能做出相对满意的选择。

如何判断合理、有效的决策，决策的标准是什么，在管理学历史上存在 3 种不同的观点。

1. 泰罗的"最优"标准 泰罗认为，管理工作具有技术性，可以像技术工作那样通过研究使之标准化，形成最佳工作方式，因此，决策应追求"最优"标准。该观点是基于"经济人"的假设，从经济的角度出发，认为决策者是完全理性的，决策的目的是为组织获得最大的经济利益，从而形成了决策"最优"标准。"最优"标准的前提是完全理性决策，要求决策者能够掌握全部的详细决策信息；发现所有决策方案，准确预测其实施结果；并且正确选择方案，使组织利益最大化。

2. 西蒙的"满意"标准 决策理论代表人、诺贝尔经济学奖获得者西蒙反对决策的"最优"

标准，基于"有限理性"的假设，西蒙教授提出了决策的"满意"标准，以代替"最佳"标准。他认为，"无论是个人还是组织，大部分的决策都是探索和选择满意化的手段，只是在例外的场合才探索和选择最佳的手段。"

3.孔茨的"合理性"标准　孔茨认为，管理工作中决策一定要合理，必须以合理的方式做事。决策者必须充分了解现有环境下如何能够实现目标；决策者必须具备分析和评估备选方案的能力，并能选出解决问题的最佳途径。由于未来环境具有不确定性，决策者只能做到有限合理，难以做到完全合理。

这3种决策标准中，"最优"标准代表一种理想化的决策，其前提条件是决策者按照完全理性和逻辑思考，能够准确、全面了解各方案实施情况及后果，并从组织利益最大化出发，做出最优选择以得到最佳结果。这种要求过高，现实中决策者难以达到。"满意"标准和"合理性"标准是建立在有限理性的基础上，克服了"最优"决策的缺陷。"满意"标准更多地强调决策者的主观性，为现实的决策提供了实用的模型。

企业经营中通常运用"满意"标准进行决策。比如，某企业目标是扩大40%的生产能力，现在收购另一家工厂只能提高25%的生产能力，显然这不是最佳选择，但如果放弃收购，需要花费更多时间等待和寻找新的信息。为了尽快提高企业的生产能力，可以先收购该工厂扩大25%的生产能力，再通过其他方法提高另外15%的生产能力。这就是一个相对满意的决策。

四、经营决策的依据

决策的"满意"原则并不是随意的"满意"，而是强调决策工作的现实规律。科学的决策离不开信息的支持。管理者应当尽可能广泛收集信息为决策提供基础，决策者拥有的信息的数量和质量，对经营决策产生重要影响。在21世纪科技迅猛发展的今天，在浩瀚的信息海洋中，管理者应该围绕决策问题选择高质量、准确和及时有效的信息。

有效的信息是决策的依据。管理者需要对信息进行成本—效益分析，选取收益大于成本的有价值的信息，为科学决策提供基础。随着现代科技的发展，大数据在决策中发挥着积极的作用。比如，在疫情防控中，充分利用大数据技术精准识别潜在感染区和感染人群，为疫情防控决策提供了参考。"谷歌流感趋势"是利用大数据预测流行病趋势的尝试和创新。

五、经营决策的影响因素

任何组织都不是孤立存在的，组织与外部环境互相影响，互为作用，使组织得以生存和发展。组织的决策系统包括决策主体、决策客体和决策工具。决策主体是组织中决策的参与者和制定者。决策客体是决策实施的范围和目标群体，是受到决策影响的客体系统。决策工具指决策的手段和方法，以及决策中必要的信息。经营决策受到多种因素的影响，这些影响来自决策者因素、环境因素、组织文化和决策问题的性质等。

（一）决策者因素

1.决策者对风险的态度　任何决策都存在一定的风险，组织及其管理者对待风险的不同态度必然会影响决策方案的选择。在企业经营中，高收益的经营活动常常伴随高风险，决策者对待风险是采取"不入虎穴，焉得虎子"迎头而上，还是"君子不立于危墙之下"的躲避风险的态度都会影响决策者的选择。面对风险，既不能优柔寡断，也不能草率鲁莽，决策者应准确判断决策时机，果断抓住机遇，同时敏锐洞察隐藏的风险，制定好应急措施，一旦发现问题，及时化险为夷,使风险减到最小。决策既是科学也是艺术,决策者应该掌握充分的信息,进行科学的决策。

2. 决策者知识和业务能力 成功的决策者应该具有"π型"知识结构,不但有宽广的知识面、深厚的专业理论基础,还需要掌握科学的决策方法。具有渊博的知识并不意味着就能做出正确的决策,管理者还需具备运用决策知识解决各种问题的能力,包括观察能力、分析判断能力、创造能力和预测能力,决策者需要识别问题,预测未来发展趋势,把握环境变化,从而透过问题看本质,从多种可行方案中判断选择,做出正确决策。

3. 决策者掌握信息的程度 决策者掌握信息量的大小、正确与否,直接影响决策质量。要想在决策上不失误,必须有丰富可靠、迅速准确的情报资料,这是决策科学化的重要物质基础。信息是决策、计划等职能的基础,是控制管理各项活动的手段,是联系组织内部各项活动和各环节的纽带。决策者应尽可能获得大量数据和资料,为科学决策提供物质基础。

用数字说话

决策要考虑风险

2004 年 TCL 决定收购法国汤姆逊彩电和阿尔卡特手机,董事长凭借直觉、经验和雄心壮志做出了该决定。但是这种带有冒险的决策直接导致 TCL 2004 年和 2005 年国际化经营的巨大风险,公司一度曾亏损达到 19 亿元。此后的几年,董事长李东生带领 TCL 进行企业再造、升级,经过 3 年努力,终于使得企业成功扭亏为盈。

资料来源:决策要考虑风险.当代经理人,2009,2

(二)环境因素

环境是影响决策的重要因素,它包括组织外部一切要素。组织的外部环境包括宏观环境和具体经营环境。

1. 环境影响组织对决策的选择 在一个相对稳定的市场环境中,决策面临的突发因素少,企业的决策相对简单,大多数决策只是在过去基础上的延伸,是对例行问题的决策。而在剧烈变化的市场环境中,企业会面临许多复杂的、之前没有遇到过的问题,这类问题的解决没有先例可循,需要根据环境变化随时调整经营决策。比如 20 世纪 70 年代前 IBM 公司主营产品是大型主机电脑,当时市场相对稳定,到 70 年代末由于个人电脑风靡全球,市场环境发生急剧变化,主机电脑销路陡然下降,IBM 公司不得不减少大型主机电脑的生产,同时为迎合市场需求转而生产个人电脑。

2. 环境影响组织决策的内容 当面临激烈的市场竞争,企业重点关注外部环境变化,密切注意行业动向和经济环境的变化,采取措施保持竞争优势。比如海尔集团在海外发展中,面对众多的竞争对手,海尔通过不断推出新的研发产品,如小小神童洗衣机、减排节能空调等提高顾客响应度,同时建立海外生产研发基地,扩大销售网络,使产品获得了各国顾客的青睐。

对于在市场上处于垄断地位的企业,决策的重点通常放在组织内部,如提高组织生产绩效、降低生产成本、扩大生产规模、改善员工生活条件等。

（三）组织文化

组织文化不仅影响员工的行为，还会影响组织各项工作的运转。组织文化的本质核心是全体员工所接受和认同的价值观念和行为准则，这些共有的价值观很大程度上决定员工的看法和对周围世界的反应，对管理者决策也会产生重要影响。

1. 组织文化影响决策者的思想和行为　组织文化制约决策的制定和实施。平等、和谐的组织文化激励员工积极参与组织决策，而等级森严、压抑的组织文化会使人们对组织的事情漠不关心，不利于调动员工参与决策的积极性。当管理者制定和选择决策方案时，必须考虑组织文化对方案实施带来的影响。创新型组织文化有利于新决策的实施，比如，华为公司开放创新的理念，促使管理者和员工不断探索新的方向，创造新的价值，拥有专利超过11万件，持续推出质量、性能领先的服务，并融合全球技术创新实现了产业链的突破。

2. 组织文化影响员工的行为与态度　组织文化犹如一个人的个性，它会影响组织成员的行为方式。保守型组织文化中，管理者制定的决策倾向于维持现状，很少有巨大变革。通常是循序渐进，在原有的基础上进行改良。开拓创新的组织文化，人们以发展的眼光分析决策的合理性，欢迎创新思维和变革的方案。当一个组织发生重大变革时，组织文化需进行相应调整。组织文化只有与组织发展相协调，才能促进组织的成长。

（四）决策问题的性质

决策问题的时间性和重要性影响决策的制定和实施。根据决策问题的性质可分为时间敏感型决策和知识敏感型决策。

1. 时间敏感型决策　时间敏感型决策要求迅速、准确地做出反应。比如，面临重大突发事件的处理，机会稍纵即逝，组织需迅速做出应对措施。战场上的指挥决策，时间胜于金钱，对于时间紧迫急需解决的问题，决策的速度往往比决策质量更为重要。

2. 知识敏感型决策　知识敏感型决策要求人们深思熟虑，在全面分析问题的基础上做出慎重的决策。这类决策，决策者通常有充裕的时间充分利用各种信息。比如战略决策，要求决策者掌握充足的信息，经过科学分析和综合判断，做出高质量的决策。这类决策的效果取决于决策的质量。对于重大问题的决策，一般应通过群体决策，集思广益，全面认识决策问题，提高决策的有效性。但是一旦外部环境发生难以预料的重大变化，对组织构成重大威胁时，组织需及时做出反应，调整战略决策。

小故事

如何抢救卢浮宫的艺术品

巴黎一家杂志曾刊登了一个有趣的竞答题："如果有一天卢浮宫突然失火，而当时的条件只允许从众多的艺术品中抢救出1件，请问你选哪1件？"

在数以万计的读者来信中，一位年轻人的答案被认为是最好的——选择离门最近的那1件。

这个答案令人拍案叫绝。因为卢浮宫的每件艺术品都是举世无双的珍宝，与其浪费时间去选择，还不如抢救一件是一件。

经营决策中，与其苦苦思索，瞻前顾后，不如早下决断，矢志前行。积极的行动才是最好的选择。

六、经营决策的类型

（一）战略决策与战术决策

根据决策的作用范围，可分为战略决策和战术决策。

1. 战略决策 战略决策是一般由高层管理者做出的关系到组织生存和长远发展的全局性决策。这类决策事关全局，涵盖组织未来较长时间的活动，对组织影响较为深远。其主要解决"做什么"的问题。例如，确定企业的经营目标、开发新产品、进行多样化经营、技术引进和技术改造、组织结构改革等。

2. 战术决策 战术决策是由中基层管理者做出的，涉及具体实施和执行战略决策的方案，是解决"如何做"的问题。通常涉及组织的局部问题，涵盖时间较短。战术决策又分为管理决策和业务决策。

（1）管理决策 管理决策是指执行组织战略过程中的具体决策，在组织结构、组织管理上合理选择和使用人力、物力、财力等方面的决策。其目的是解决组织具体部门、领域的问题，达到各部门和各环节高度协调，资源合理配置，提高组织管理的效率。例如，企业生产和销售计划的制定、产品开发方案的设计、机器设备的更新、流动资金的筹措等。管理决策通常由企业的中层管理者做出，虽不直接决定企业的命运，但决策质量会影响组织的效率和目标的实现。

（2）作业决策 作业决策是指组织的基层管理者处理日常事务的决策，如工作任务的分配、车间生产进度的安排、生产工序的制定与改进、企业的库存控制等。决策目的是提高部门内的生产效率。作业决策是组织运行的基础，是所有决策中范围最小的决策。

3. 战略决策与战术决策的区别

（1）从时间范围看 战略决策是关于组织未来较长时期的整体活动，战术决策是关于组织内具体部门未来较短时间内局部的行动方案。组织的战略目标需要依靠战术目标实现，因此，战略决策是战术决策的依据，战术决策是战略决策的落实。

（2）从调整内容看 战略决策是关于"做什么"，战术决策是回答"如何做"。战略决策是决定组织目标、未来活动方向和内容，战术决策是选择活动的方式。前者是根本决策，后者是执行决策。

（3）从作用效果看 战略决策影响组织的效益与发展，战术决策影响组织的生产与效率（表5-1）。

表 5-1 战略决策与战术决策的区别

项 目	战略决策	战术决策
范 围	涉及整个组织	局限于特定的部门或活动
特 点	全局性、指导性、长远性	局部性、具体性、时期性
目 的	提高组织效益	提高部门效率
侧重点	确立组织宗旨、目标、战略等重大问题	明确实现战略决策的具体目标、措施和方法

战略决策与战术决策二者互为依存，相互补充。战略决策是战术决策的前提，没有战略决策，战术决策失去意义；没有战术决策，战略决策只能是一纸空文。

（二）程序型决策与非程序型决策

根据问题的重复程度，决策可分为程序型决策和非程序型决策。

1. 程序型决策   程序型决策是指管理活动中重复出现的、例行问题的决策。例如，当企业中出现产品质量问题时质量控制人员及时纠正偏差、遇到设备故障时维修工人及时检修都属于程序型决策。由于问题通常重复出现，这类决策往往有章可循。决策人可按照事先制定的程序或规则解决问题。程序型决策虽然在一定程度上限制了决策者的自由度，但却可以为管理者节省时间和精力，用于处理其他更重要的问题。为了有效进行决策，组织通常事先对处理程序化问题的政策、程序或规则做出详细规定。

2. 非程序型决策   非程序型决策是指管理活动中重大的、偶然出现的例外问题的决策。例如，组织结构的重大调整、开发新产品、进入新市场、重大投资决定等。处理这类非常规性问题，通常没有先例可循，也没有固定模式，需要决策者根据自己的经验和分析判断，发挥创造性思维决策。

这种临机决断能力与"拍脑瓜"决策有天壤之别，需要长期的实践积累和对全局的准确认知。决策效果取决于决策者的气魄、开拓精神和决策方法的科学性。研究表明，高层管理者的决策大部分是非程序型决策，基层管理者的决策主要是程序型决策。战略决策大多是非程序型决策。作为管理者，应该更加重视非程序型决策，让下级完成程序型决策。非程序性决策尤其是处理突发事件具有很大的风险性，可以考验管理者的决策水平和能力。

程序型决策与非程序型决策具有对立、统一的关系，两者相互联系，构成一个连续统一体。图 5-1 显示，统一体的左侧为高度程序化决策，右侧为高度非程序化决策。在这个连续统一体中间，可以找到各种不同程度的决策。从决策问题看，程序型决策更多的是关于例行问题的决策，非程序性决策倾向于例外问题的决策；从组织层次看，高层管理者所做的决策倾向于非程序型决策，基层管理者所做出的决策更多的是程序型决策。

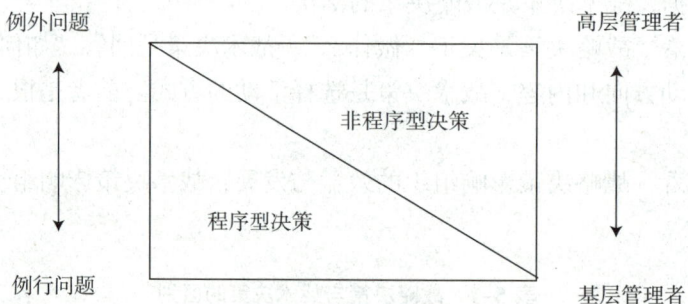

图 5-1   决策类型与管理层次关系图

（三）确定型、风险型、不确定型决策

根据环境的可控程度，决策可分为确定型决策、风险型决策和不确定型决策。

1. 确定型决策   确定型决策是指决策的条件明确，每种备选方案有确定的结果。决策者只需择优选择，做出有利于自己的决策。例如，某企业现有一笔资金需要存入银行，有 3 种选择，第 1 种活期储蓄，年利率 0.6%；第 2 种存期 1 年，年利率 2%；第 3 种存期 3 年，年利率 5%。3 种方案条件、结果明确，决策者根据情况择优选择。

2. 风险型决策   风险型决策是指决策方案实施后有几种可能的结果，这些结果出现的概率是可估计的，但不确定最终哪种方案会发生。因此，无论选择何种方案都具有一定的风险。比如，诸葛亮发现司马懿兵临城下，于是坐在城楼上摇着鹅毛扇唱起了"空城计"。诸葛亮的这个计谋是存在一定风险的。面对这种情况，司马懿有两种可能，或者攻入城内，或者退兵。诸葛亮之所以唱"空城计"，是考虑到司马懿生性多疑，不敢轻易攻城，结果司马懿果然退兵。这是风险型决策很典型的一个例子。

再比如，在低碳节能的社会环境下，汽车制造商决定研发电动小汽车，需要投入大量资金研发，结果有两种可能：一种情况是新产品投入市场后购买力旺盛，制造商几年后即可回收成本，获取大量利润；另一种可能是市场不景气，汽车造价太高，市场销路差，导致制造商亏本。

3. 非确定型决策 非确定型决策是指决策方案实施后可能出现的结果的概率无法确定。这种情况下，由于缺乏历史资料和统计数据，无法推断各种自然状态出现的可能性，只能凭决策者的知识、经验和直觉做出决策。例如，某企业有一笔资金用于投资扩大生产规模，既可以投资扩建生产线，也可以选择另建新的生产线。生产的产品未来市场销路面临畅销、一般和滞销3种情况，但每种市场状态发生的概率并不清晰。这是一种不确定型决策。

大多数工商企业海外发展属于不确定型决策。由于国际环境的不确定性因素，无论企业选择何种方式，出口经营或者海外投资，都可能面临目标国存在政治、法律的变化，国际金融环境的变化，出口国民族、文化背景差异造成顾客对商品的喜好不同。这些概率无从估计，其决策既有成功的希望，也存在失败的可能。需要决策者根据掌握的信息和个人经验直觉进行决策。所以不同决策者对同一决策问题可能做出不同的选择。

不确定型决策与风险型决策的区别在于是否得知各种自然状态发生的概率，不确定型决策下各种自然状态的概率无法确定，风险型决策中各种自然状态概率是可以估算的。

（四）个人决策与群体决策

根据决策主体的不同，可分为群体决策和个人决策。

1. 群体决策 群体决策是指两个以上的人组成的群体参与决策。例如，董事会决策、职工代表大会决策是群体决策。群体决策适用于解决复杂的决策问题。

（1）群体决策的优点

1）能集中不同领域专家的智慧，集思广益，提高决策质量。

2）汇集更多信息，形成更多可行方案。

3）有利于提高决策的科学性，决策方案的接受性比较强。

（2）群体决策的缺点

1）群体决策比个人决策需花费更多的时间，通常决策速度、效率较低。

2）群体决策中成员往往屈从于社会压力，导致群体思维。群体思维会严重削弱群体中的批判和创造性思维，最终可能做出折中的决策，因此会大为降低决策的质量。

3）可能出现风险转移，或责任不清，没有人对决策的结果负责。

2. 个人决策 个人决策是指由单个人做出的决策。例如，厂长负责制企业中，决策一般由厂长拍板，虽然有委员会参与决策，但最终还是厂长说了算。个人决策比较适用对例行问题的决策，以及需要快速果断决策的场合。为提高决策效率，预先需设计好解决例行问题的规章、制度。

（1）个人决策的优点

决策速度快，效率高，避免浪费时间。

（2）个人决策的缺点

1）缺乏集思广益，难以形成科学决策。

2）决策质量受到决策者素质影响，有时决策方案不易被接受。

小故事

通用电气公司的"全员决策"

杰克·韦尔奇接任总裁后，认为公司管理太多，领导得太少。"工人对自己的工作比老板清楚得多，经理们最好不要横加干涉。"为此，他实行了"全员决策"制度，让那些平时没有机会交流的职工、中层管理人员都能出席讨论会。"全员决策"的开展有力打击了公司的官僚主义，减少了许多烦琐程序，极大地调动了员工的积极性，使公司在不景气的情况下取得了很大进展，他本人也被誉为最优秀的企业家之一。

资料来源：方华明.世界500强管理绝招.［M］.北京：中国经济出版社，2012.

现代组织一般采用个人决策与群体决策相结合，重大问题可采用群体决策，提高决策质量；日常管理决策可采用个人决策，提高决策效率。

第二节　经营决策过程

经营决策是一个连续不断的循环过程，不是拍板定案瞬间的行动。为保证决策的有效性，需要按照科学的程序决策。尽管决策过程不尽相同，但决策通常包括六个步骤，从识别问题开始，然后确立目标，拟定备选方案，选择方案，实施方案，最后是追踪检查。

一、识别问题

问题是经营决策的起点，是指现实状况与应达到水平之间的差距。决策目标通常建立在解决问题的基础上，有些问题比较明显，有些问题则比较隐蔽。发现问题需先深入调查研究，弄清问题的性质和根源，方能采取对应措施，为决策提供基础。这就犹如医生诊病，如果不能弄清病因，就无法对症下药。因此，决策可以看作是发现问题、分析问题和解决问题的过程。

管理者需注意尽可能精确地识别问题，这就需要尽可能掌握全面的、高质量的信息，提高决策的科学性。低质量、不精确的信息只能浪费时间，使管理者无从发现问题的真正根源，从而延误决策时机。

二、确立目标

目标是组织一定时期内预期达到的成果，对企业经营活动起着导向作用。决策的目的是为了解决问题，决策目标的确定是建立在解决问题的基础之上的。决策目标制定需注意几点：

1. 目标有不同层次结构体系　不同层次的目标在实现总体目标上需注意保持一致性。组织目标有多种，除了总体目标，还有很多分目标，如生产质量目标、销售目标、利润目标、员工福利目标等，但是目标并非越多越好，要区分主次目标，集中力量达到主要目标。

2. 目标要明确而具体　制定目标应尽可能将指标量化。含糊其词的目标不利于成果的检查和控制。比如"大幅度提高劳动效率"这样的目标过于抽象，不利于实际工作的考核，可以转化为生产质量、数量和利润等具体指标来衡量。如年生产产品100万件、生产质量合格率达99%以上、次品率低于 1%、成本降低 7%、利润达到 100 万元等。

3. 目标应具有可行性 目标设想得再好，如果不能付诸实施，只能是一纸空文，因此目标应该是可实现的。对初步设想的目标要充分论证，估计实施目标的条件。目标的制定犹如摘桃子，应"跳一跳，够得着"。如果目标定得太高无法实现，只能让管理者和员工丧失信心；如果目标定得过低，不加努力就能达到，就失去了激励作用。

4. 目标要有时间期限 规定目标的时间性既可以避免达成目标的急躁情绪，同时又能对组织成员起到激励作用。目标可分为长期目标、中期目标和短期目标。长期目标是为了实现组织的战略决策，中期目标体现组织的战略决策，短期目标用以指导组织的业务决策。

三、拟定备选方案

识别问题后，管理者需提出解决问题、达到目标的各种方案。拟订方案的步骤包括首先分析影响目标实现的外部环境和内部条件，分析外部环境带来的机会、威胁和组织内部的优势、劣势，然后拟定实现目标的可能方案。决策者应广泛收集相关数据资料，将数据进行加工处理生成信息，完整、准确的信息是决策科学化的基础。拟订方案时，既要注意科学性，又要注意艺术性。方案应符合以下条件：①能保证决策目标的实现。②方案实施具有可行性。③方案之间具有差异性。

备选方案应有多层次不同的选择，以避免漏掉最好的方案。方案的设想通常结合经验与创新，既可以是标准化方案，也可以是独特的新方案。管理者可以通过德尔菲法、头脑风暴法和名义小组技术等方法提出富有创造性的方案。方案拟定时并非越多越好，应集中在主要的几个方案上。

四、选择方案

1. 方案评价 在评价和选择方案过程中，决策者需进行以下标准评价。

（1）合法性 方案是否符合法律法规的要求。

（2）合乎企业道德标准 方案是否合乎伦理道德要求，是否对利益相关者带来损害。

（3）经济性 方案的实施成本与收益比较，能带来较好的经济效益。

（4）可行性 有充足的资源条件确保方案的实施，同时风险和不确定性较小。

2. 选择方案的方法 对方案的选择需充分考虑外部环境的变化和实施中可能出现的各种问题，分析方案实施的成本和效益、风险和可行性。决策者需回答几个问题：实施该方案能否达到预期目标？实施的成本是多少？不确定性和风险有多大？最后通过权衡利弊，选择方案。 选择方案的方法有经验判断法、数学模型法和试点法。

（1）经验判断法 决策者根据以往知识和经验，进行判断，做出方案选择。

（2）数学模型法 通过建立数理模型，对变量之间的关系进行定量分析，选择投入产出比最佳的方案。

（3）试点法 通过试点实验，获得第一手资料，选取效果最好的方法。

这 3 种方法各有优缺点，需要根据实际情况，灵活运用。

五、实施方案

方案只有付诸实施，才能检验决策是否合理有效。一个方案的设计有赖于实践的验证，议而不决只会使决策失去作用。方案实施是决策过程一个重要的步骤，通过实施方案，可以发现新的问题，从而对方案进行修订。为确保方案的实施，管理者需将决策目标分解到各个部门，赋予部门负责人和员工相应的权利和义务，做到责权对等，分配他们足够的资源，充分调动员工的积极性，支持组织目标的实现。

方案实施的效果还取决于管理者的技巧和能力，管理者要做好协调工作，消除员工顾虑，达到个人目标和组织目标的一致，从而减少方案实施过程中的阻力。

六、追踪检查

追踪检查是指决策执行后，还需对实施效果进行评价，考察该决策是否解决了实际问题，达到了决策目标。企业需建立良好的信息反馈系统，不断将实际工作与预期目标进行比较，及时发现问题，纠正偏差，改善绩效。如果决策方案的实施达到了既定目标，解决了决策问题，便进入新一轮决策。如果目标没有达到，需分析偏差产生的原因，采取相应措施进行纠正。

问题产生的情况：①实施过程中没有认真落实，需要加强工作责任制。②原定方案考虑不周或不够完善，需要重新修订。管理者需根据反馈情况采取相应的后续措施，以防止问题再度发生，确保预期目标的实现。

小故事

海尔"小小神童洗衣机"

20世纪90年代中期，海尔建立了"每日信息网"收集市场反馈信息，有一位顾客在网上抱怨洗衣机容量过大，存在耗水耗电、占用空间大的缺点。这条信息引起了海尔的重视，海尔经过市场调研发现，每年夏天洗衣机销量都很低，原因是夏天人们洗的衣服量少，而市场上的洗衣机容量大，洗涤小物品不方便并且浪费水电，因此夏季人们几乎不用洗衣机。经过大量调研，结合用户需求及企业的技术能力，海尔决定开发小容量、快速洗涤的迷你洗衣机。海尔投入几千万元开发费用，首先缩小洗衣机的体积，同时解决由于体积小导致的位移、震动等问题，历时4个月研发成功。首批新产品投放市场半小时内一抢而空，创造了洗衣机销售的"淡季神话"。

资料来源：王凤彬，李东.管理学.[M].北京：中国人民大学出版社，2022.

第三节　经营决策方法

"工欲善其事，必先利其器"，正确的决策方法对管理工作至关重要。决策过程中，需根据决策对象和内容的不同，采用不同的决策方法。经营决策方法通常分为定性决策和定量决策两大类。定性决策注重决策者本人的经验和直觉，定量决策注重决策问题各因素之间的客观数量与依存关系。二者相辅相成，为现代经营决策的重要手段。

一、定性决策方法

定性决策是一种直接利用决策者本人或有关专家的智慧进行决策的方法。定性决策中，决策者根据个人或者集体的经验、知识和判断能力，掌握决策对象的本质特征，寻找事物的内在联系和发展规律，并根据经营目标，拟定决策方案，做出选择和实施。该方法较多地用于影响较大、因素错综复杂的综合性战略问题。主要方法有集体决策和经营活动方向组合决策。

（一）集体决策

集体决策较常见的有头脑风暴法和德尔菲法。随着现代科技的发展，还出现了电子头脑风暴法，即与会者不需要聚集在同一地点，可以同时间在全球各地通过网络进行头脑风暴法。此外，还有名义小组技术法、电子会议法和5W1H强制联想法等方法。

1. 名义小组技术法 名义小组技术法适用于有争议性的决策问题，如果开讨论会，与会成员彼此争执不下，则达不到预期目的。名义小组技术法的步骤：

（1）选择对决策问题有经验者为决策小组成员。

（2）管理者向小组成员提供决策相关信息。

（3）小组成员独立思考，各自提出建议或意见，并可整理成文字材料。

（4）管理者召集会议，让小组成员逐个陈述方案。

（5）投票选取最佳方案，为决策提供参考。

2. 电子会议法 电子会议法是将尖端计算机技术与专家会议相结合的新的定性方法。与会者围坐在一张U形桌旁，桌上有一排计算机终端与会议室大屏幕相连。问题通过大屏幕显示给与会者，与会者通过计算机输入自己的观点，大屏幕上会显示每个与会者的观点和票数统计。

电子会议法的优点是匿名、快速。决策者可以匿名表达自己的观点，使所有人都能看到。它消除了闲聊和跑题，可以不必担心打断别人的谈话，或受到任何批评和指责。电子会议法大大节省了会议时间，提高了会议效率。

缺点是打字快的人会使打字慢的人相形见绌，并且缺乏口头交流所带来的丰富信息。

3. 5W1H强制联想法 该方法要求对任何问题的决策都要分析6项因素，即什么人（who）、在何时（when）何地（where）、做何事（what）、做的原因是什么（why）和如何去做（how）。

（二）经营活动方向组合决策

企业管理中，当管理者面临企业经营活动方向或未来投资业务重点的选择时，可采用经营单位组合分析和政策指导矩阵两种决策方法。

1. 经营单位组合分析 经营单位组合分析也称为波士顿矩阵法，是美国波士顿咨询公司提出的。该方法认为，确定企业经营单位活动方向时，应该从产品市场相对竞争地位和未来业务增长率两个维度考虑。其中，产品相对竞争地位主要体现在市场占有率上。该指标反映了企业获取现金的能力和数量。业务增长率反映企业业务增长速度。高增长业务一般指平均市场销售增长率在10%以上，10%以下为低增长业务。

企业的经营单位可分为明星、金牛、幼童和瘦狗4种类型（图5-2）。

（1）明星 该经营单位的特点是高市场份额和高业务增长率，能带来高利润增长，同时未来市场发展前景好，是投资发展的良机。企业应不失时机地投入必要的资金，扩大生产规模，以获取更多利润。当利润增长减缓后会逐步成为金牛。

（2）金牛 该经营单位的特点是高市场份额，低增长率。金牛能利用目前的高市场占有率，为企业赚得大量现金，但由于未来发展前景有限，因此不需要投入大

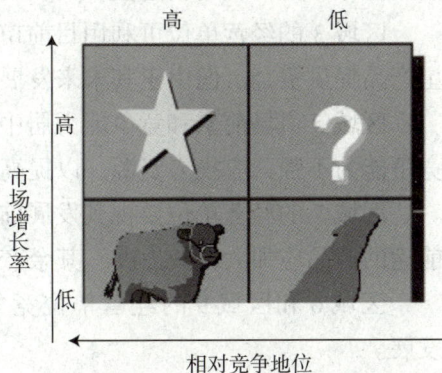

图5-2 企业经营单位组合分析图

量资金。企业可利用金牛获得的利润投资更多的明星业务。

（3）幼童　该经营单位的特点是目前市场份额低，但未来业务增长率高，通常是企业刚开发的新领域，发展前景好，但开发存在风险。管理者需要识别真正有发展前景的经营单位，进行大量投资，促使其向明星领域转变；对于风险较大、没有发展前途的领域，应及时放弃，避免资金浪费。

（4）瘦狗　该经营单位的特点是低市场份额和低增长率，属于竞争中处于劣势的领域，应及时放弃，如收缩或清算，避免拖企业的后腿。

理想的经营单位业务组合是企业拥有较多的明星和金牛，其可为企业获得更多利润，同时有一定的幼童产品，有利于未来的长远发展。只有极少量的瘦狗，避免拖企业后腿。该方法偏重于将利润作为衡量指标，不足之处是对于单一产品的企业无法进行活动分析。

该决策方法是企业进行产品组合决策较好的分析工具。通过分析掌握企业经营中存在的主要问题，确定未来经营发展方向和战略。管理者可以清楚了解什么样的产品是明日黄花，什么领域是明星产品。决策者可以根据企业业务组合情况，保护金牛业务作为资金的主要来源，但不需要作为投资重点；把重点资金投入到明星产品和有发展前景的幼童业务；同时抛弃瘦狗和没有前途的幼童业务。

2. 政策指导矩阵　政策指导矩阵是荷兰壳牌公司创立的。该方法从经营单位的市场发展前景和相对竞争能力两个维度分析，以确立未来发展和投资的重点领域。每个维度分为强、中和弱 3 种情况，组合成 9 种类型（图 5-3）。

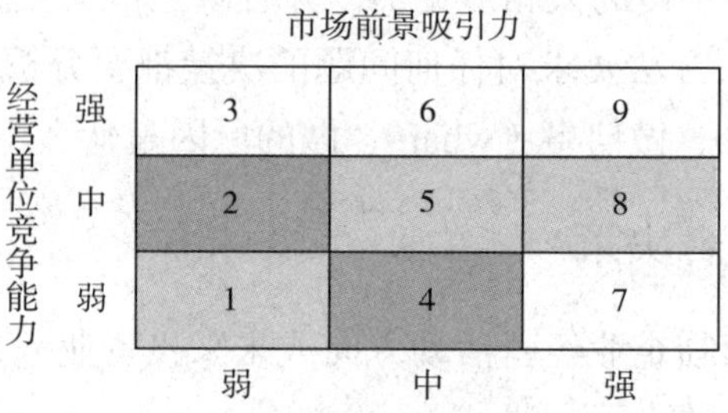

图 5-3　政策指导矩阵图

区域 1 的经营单位特点是低市场竞争能力，未来发展前景黯淡，相当于波士顿矩阵法中的瘦狗，应该及早放弃。

区域 2 市场前景差，竞争力不强；区域 4 市场吸引力不强且竞争能力弱，应该选择时机放弃这些业务，把回收的资金投入到获利颇丰的明星业务。

区域 3 的经营单位可利用目前市场较强的竞争实力，获取利润，为其他快速发展的部门或明星产品提供资金。但由于其未来发展前景差，该部门没有必要继续投入资金发展。

区域 5 市场前景和竞争能力居中，要分配足够资源，推动其发展；区域 8 市场前景虽好，但竞争能力不强，应投入资源，以提高竞争能力。

区域 7 的经营单位要视其发展前景，采取不同的决策。由于企业资金有限，对于部分有发展前途的产品应加大投资力度，其余产品可逐步放弃。

区域 6 和区域 9 的经营单位竞争能力强，市场前景也不错，应该确保足够的资源，优先发展。

二、定量决策方法

定量决策主要是采用数学模型进行量化分析，以帮助管理者寻求最优决策。其特点是将变量与变量之间，以及变量与目标之间的关系用数学模型加以表示。优点是可增强决策的科学性，减少人为因素对决策的影响。

定量决策广泛用于组织管理。比如，线形规划用于生产计划的制定，以解决生产中资源的最佳配置问题；运筹学用于材料库存管理；决策论用于对不同投资策略的分析等。定量决策有助于改进管理的决策方式。

根据问题的性质和未来环境的可控程度，可将决策面临的状态分为确定性环境、风险性环境和不确定性环境3种，常用的定量决策有确定型决策、风险型决策和非确定型决策。

（一）确定型决策

确定型决策常用的方法有线性规划法、盈亏平衡分析法和资本预算等。

1.线性规划法　线形规划法主要用于解决有限资源的最佳配置，即如何对有限的资源做出合理配置和充分利用，以便获得最佳的经济效益。通过建立数学模型，列出目标函数方程，得到最优解。这种数理学方法广泛用于企业的产品制造、原材料分配、人员配置等，目的是利用有限资源获得最大产出。

运用线性规划法建立数学模型的步骤：①确定影响目标的变量。②列出目标函数方程。③找出实现目标的约束条件。④求出线性规划最优解，可通过图解法或代数计算法找出最优值。

【例】红星家具厂生产的产品包括书架和书桌。这两种家具不同生产工序所花时间、每周可利用时间及单位产品利润见表5-2。该公司家具目前在市场销路良好。

试问：如何进行产品组合生产，企业才能获取最大利润。

表5-2　红星家具厂生产情况统计

产品	制造工序时间（h）	装配工序时间（h）	单位产品利润（元）
书架	8	4	100
书桌	4	6	80
各工序可利用时间（h）	64	48	—

解：（1）确定影响目标的决策变量。本题中目标是获得最大利润，影响利润的变量是书架的数量X、书桌的数量Y。

（2）目标函数方程：$Z=100X+80Y$

（3）找出约束条件：

制造工序中：$8X+4Y \leq 64$

装配工序中：$4X+6Y \leq 48$

产品数量不得小于0，即$X, Y \geq 0$

（4）求出最优产品组合：$X=6, Y=4$

也可以用图解法得到结果（图5-4）。

最大利润$Z(X, Y)=100X+80Y=920$元

即每周生产6个书架和4张书桌时企业获得利润最多。

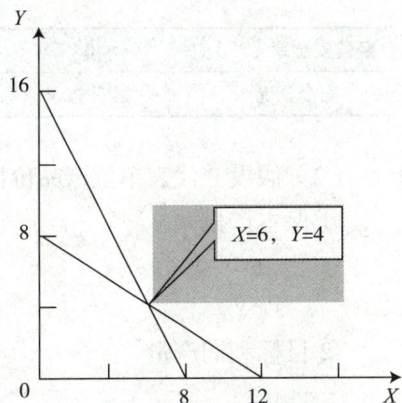

图5-4　线性规划图解法

线性规划图解法简单直观，适用于两变量的线性规划问题求解。对于三个或三个以上变量的问题求解，可通过计算机软件计算结果。

2. 盈亏平衡分析法　盈亏平衡分析法，也称保本分析法，或量本利分析法，在企业的经营管理中广泛使用。通过考察产品生产量（或销售量）、成本和利润的关系，找出盈亏平衡点及其变化规律，为决策提供参考。

盈亏平衡分析法的基本原理：企业在生产经营过程中，面临着盈利与亏损两种结果。在盈利与亏损的临界点，即盈亏平衡点上，产品的成本与收益达到平衡，这时企业利润为零，所对应的生产量或销售量就是保本产量或保本销售量。企业可根据外部环境变化，控制保本产量，避免不必要的损失。该方法的关键是找出企业的盈亏平衡产量，即保本产量，指导企业以最小的成本生产最多产品，以获得最大的经济效益。

（1）盈亏平衡分析的基本模型见图5-5。

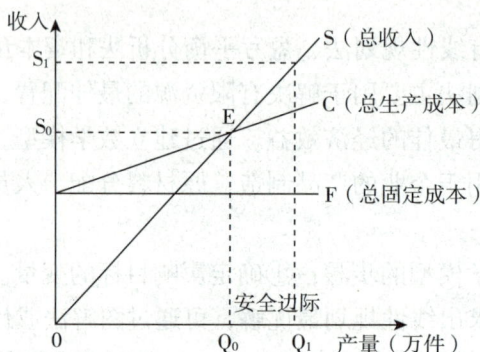

图 5-5　盈亏平衡分析图

图中总收入 S 与总成本线 C 的相交点 E，代表企业的盈亏平衡点，横轴上与 E 相对应的 Q_0 为保本产量，纵轴上与 E 对应的 S_0 为保本收入。这里生产总成本包括产品固定成本和变动成本。

以 E 作为临界点，当产量为 Q_0 时，成本利润持平，当生产量低于保本产量 Q_0 时，则发生亏损；超过 Q_0，企业则盈利。安全边际用于评价企业业务经营的安全程度，安全边际数值越大，企业发生亏损可能性越小，说明企业越安全，经营状况越好；若安全边际越接近于 0，说明企业经营状况越差，发生亏损可能性越大。安全边际率低于 10%，表明经营处于危险状态，应引起决策者足够的重视。此时企业应采取措施，如开辟新的市场、调整产品结构、降低变动成本，以提高经营安全率。经营安全率是一个相对值，可用于不同企业、行业间经营状况比较（表5-3）。

表 5-3　经营安全检验标准

经营安全率（%）	>40	30 ~ 40	20 ~ 30	10 ~ 20	<10
安全状况	很安全	安全	较安全	值得注意	危险

（2）假设 P 代表单位产品价格，Q 代表产量或销售量，F 代表总固定成本，V 代表单位变动成本。

① 保本产量

$$Q_0 = \frac{F}{P-V}$$

② 目标利润产量

假设目标利润为 B 时，目标利润产量：$Q_1 = \dfrac{F+B}{P-V}$

③安全边际

安全边际 = 实际产量 - 保本产量 = $Q_1 - Q_0$

④安全边际率

$$安全边际率 = \frac{安全边际}{实际产量} = \frac{Q_1 - Q_0}{Q_1} \times 100\%$$

【例】某厂生产一种产品，总固定成本为 80 万元，单位产品变动成本为 10 元，产品销售单价为 15 元。试确定该企业的保本产量。如果该厂希望实现 5 万元利润时，其产量应是多少？

解：该企业的保本产量为

$$Q_0 = \frac{F}{P-V} = \frac{80}{15-10} = 16（万件）$$

如果该厂希望实现 5 万元利润，产量为

$$Q_1 = \frac{80+5}{15-10} = 17（万件）$$

该厂需要在保本产量基础上再生产 1 万件产品就可获利 5 万元。

【例】某企业生产某种产品总固定成本为 80000 元，单位变动成本为 2.6 元，产品的价格每件 4.6 元。若该企业预测下年度市场需求为 70000 件。

试问：（1）该生产方案是否可行？（2）该方案若可行，计算安全边际和安全边际率。

解：（1）由盈亏平衡法可知，保本产量为

$$Q_0 = \frac{F}{P-V} = \frac{80000}{4.6-2.6} = 40000（件）$$

由于保本产量 40000 < 市场需求 70000，故该方案可行。

（2）安全边际 = 70000 - 40000 = 30000 件

$$安全边际率 = \frac{30000}{70000} \times 100\% = 43\%$$

由于安全边际率大于 40%，说明企业经营很安全。

（二）风险型决策

风险型决策是在目标明确的情况下，通过预测不同自然状态下的收益值及其发生概率而做出的决策。由于自然状态的发生非人为所能控制，决策结果往往存在一定风险，故称风险型决策，又称随机型决策。风险型决策常用的方法有期望值法、决策树法和矩阵汇总法。

1. 期望值法 期望值法比较简单、直观，是通过计算各方案的期望值，选取最大期望值所对应的方案。

期望值计算公式：期望值 = 概率 × 损益值

【例】某企业决定生产电风扇，需要确定生产的批量。根据市场预测，电风扇市场销售概率分别为畅销 0.6；一般 0.2；滞销 0.2。各种产品方案在不同自然状态下的损益值见表 5-4。生产方案有大、中、小批量 3 种选择，怎样决策才能获得最大经济效益？

表 5-4 各方案收益值表（万元）

自然状态 \ 方案	大批量	中批量	小批量
畅销 P=0.6	100	80	55
一般 P=0.2	50	35	20
滞销 P=0.2	-10	-8	-5

（1）计算各方案期望值

大批量生产收益值：$0.6 \times 100 + 0.2 \times 50 + 0.2 \times (-10) = 68$

中批量生产收益值：$0.6 \times 80 + 0.2 \times 35 + 0.2 \times (-8) = 53.4$

小批量生产收益值：$0.6 \times 55 + 0.2 \times 20 + 0.2 \times (-5) = 36$

（2）决策　根据计算结果，选择大批量生产收益最大。

2. 决策树法　风险性决策最常用的方法是决策树法。决策树法将决策有关问题列成决策树图，图上标出不同自然状态的概率和损益值，计算出不同方案的期望值，通过比较期望值选择决策方案。

（1）决策树的构成　决策树由节点和分支构成，从左向右展开形成树状图。决策树中的节点有 3 种。

①决策点：用"□"表示，指决策起点，由决策点引出方案分支。

②状态节点：用"○"表示，代表各方案的期望值，由状态节点引出的分枝称为概率分支。

③结局节点：用"△"表示，将每个方案在不同自然状态下的损益值标于该节点的右侧。

决策树中的分枝有方案分枝和概率分枝两类。

①方案分枝：自决策节点引出若干树枝，每个分枝代表一个备选方案。

②概率分枝：由状态节点引出若干树枝，每个分枝代表一种自然状态。

（2）利用决策树进行决策的步骤　①绘制决策树。②计算各方案的期望值。③比较各方案损益期望值大小，选择期望值最大的方案为最优方案。

【例】某企业为了生产新产品，决定对生产线进行技术改造，现有两种方案供选择，即全部改造和部分改造。两种方案投资分别为 200 万元和 50 万元，使用期为 10 年。对产品销路的预测是产品销路好时概率为 0.7，销路差时概率为 0.3，两种情况损益值如表 5-5。试选择最佳方案。

表 5-5　不同方案损益值表

方案	投　资（万元）	销路好收益 $P=0.7$（万元）	销路差收益 $P=0.3$（万元）	使用期（年）
全部改造	200	100	−20	10
部分改造	50	40	30	10

解：（1）绘制决策树

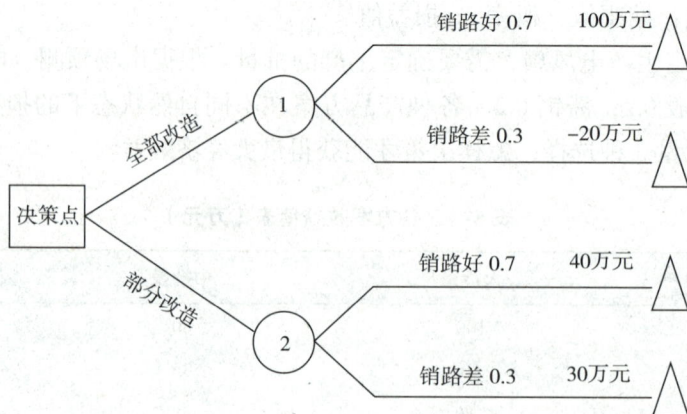

（2）计算各方案的期望收益值：

$E_1 = [0.7 \times 100 + 0.3 \times (-20)] \times 10 - 200 = 440$ 万元

$E_2 = [0.7 \times 40 + 0.3 \times 30] \times 10 - 50 = 320$ 万元

比较 E_1、E_2，决策结果选择方案 1 进行全部技术改造收益较好。

3. 矩阵汇总法 矩阵汇总法是将决策中考虑的各种因素汇总，然后根据重要程度给各因素一个权数，通盘考虑，帮助决策者抉择。

【例】 现某公司有 4 种产品，明年预计利润和市场占有率各不相同。见表 5-6。

表 5-6　产品情况表

项目产品	A	B	C	D
利润（万元）	80	200	100	150
市场占有率（%）	8	2	4	12

公司因资金有限，只能全力投资其中一种产品。公司希望均衡发展，既不打算只重短期利润而忽视长远利益，也不打算过分重视市场份额，而忽略眼前利润。公司的财务报表需要让董事会满意。因此，赋予利润重要性权数为 0.6，而将市场占有率的重要性权数定为 0.4。

矩阵汇总表计算步骤：①计算利润指数和市场占有率指数。②将二者分别与权数相乘，计算利润加权数、市场占有率加权数。③将计算的加权数相加，计算总分。④根据总分，选择重点投资产品。

将利润和市场占有率进行标化，得出利润指数。以利润最大值 B 产品 200 万元作为指数 100，按照比例计算其他产品利润指数。A 为 40，C 为 50，D 为 75；同样市场占有率以最高值 D 产品 12% 作为标化指数 100，按比例计算其他产品市场占有率指数。各指数与权数分别相乘得到加权值，根据综合加权值选择最终方案，见表 5-7。

表 5-7　矩阵汇总计算表

产品\项目	利润指数	利润指数×0.6	市场占有率指数	市场占有率指数×0.4	总分
A	40	24	67	27	51
B	100	60	17	7	67
C	50	30	33	13	43
D	75	45	100	40	85

根据计算结果，选择 D 产品重点发展。如果对权重系数进行调整，计算的结果会发生改变。

（三）非确定型决策

非确定型决策指所处环境是不确定的，未来出现何种自然状态及其发生概率均不知晓。因有些因素无法确定，当决策者比较不同方案时，只能根据主观经验和认知能力进行选择。非确定型决策的方法有乐观决策法、悲观决策法、乐观系数决策法、等概率决策法和后悔值决策法。

【例】 彩虹公司有 3 种新产品待选，估计销路和损益情况如表 5-8。

表 5-8 产品损益表（万元）

自然状态 \ 产品	甲产品	乙产品	丙产品
销路好	50	80	40
销路一般	30	50	30
销路差	−20	−40	−3

1. 乐观决策法　乐观决策法也称大中取大法，指决策者对未来事件持乐观态度，认为会出现最好的自然状态。决策者会选取收益最大的方案作为最佳方案。

该例中，首先从 3 种产品中选取最大收益值，然后进行比较选取其中最大值。甲、乙、丙最大收益值分别是 50、80、40，故选取乙产品为最佳方案。

2. 悲观决策法　决策者对未来形势估计非常悲观，故从最坏的结果中选择损失最小的方案，也称为小中取大法。具体做法是先从各方案中选取一个最小收益值，然后从这些最小收益值中选出最大方案作为决策方案。从表 5-8 中 3 种产品最小收益值分别是 −20、−40、−3，显然丙产品为最优方案。

3. 乐观系数决策法　决策者对未来的估计既不过于乐观，也不过于悲观，而是选择一个折中的方案。决策者根据对市场的预测，确定一个乐观系数 a，悲观系数 1−a，乐观系数代表乐观状况出现的概率，悲观系数代表悲观状况出现的可能。将各方案中最好收益值乘以乐观系数 a，最差收益值乘以悲观系数 1−a，将两者相加，得出各方案的期望值。然后从中选出期望收益最大的方案。

本题中假设乐观系数 a=0.7，悲观系数 1−a=0.3

甲产品损益值 =50×0.7+（−20）×0.3=29 万元

乙产品损益值 =80×0.7+（−40）×0.3=44 万元

丙产品损益值 =40×0.7+（−3）×0.3=27.1 万元

根据计算结果，选择乙方案为最佳方案。

4. 等概率决策法　当决策者无法确切知道各自然状态出现的概率，也不能断定哪种情况最有可能发生时，可以假设各自然状态发生的概率是相同的，若有 n 种自然状态，每种情况发生的可能性为 1/n，以此为权数计算各种方案的损益值，然后再选择最大损益值所对应的方案则为最佳方案。

以表 5-8 为例。

甲产品期望收益值 =（50+30−20）/3=20 万元

乙产品期望收益值 =（80+50−40）/3=30 万元

丙产品期望收益值 =（40+30−3）/3=22.3 万元

由计算结果，选择乙方案为最佳方案。

5. 后悔值法　当决策者选择某一方案实施后，却发生了另外一种自然状态，决策者必然会后悔当初没有选择最大收益方案。为使后悔最小，决策者先计算出每个方案的最大后悔值，从中选择后悔值最小的方案。因此，也称为大中取小后悔值法（表 5-9）。

第一步计算各种自然状态下的后悔值：

后悔值 = 该自然状态下最大收益值 − 该自然状态下其他方案的收益值。

表 5-9　后悔值表

状　态	甲产品	乙产品	丙产品
销路好	30	0	40
销路一般	20	0	20
销路差	17	37	0
最大后悔值	30	37	40

第二步从每个方案后悔值中选最大值，甲、乙、丙 3 种产品最大后悔值分别是 30、37、40；第三步从 3 种方案中选取后悔值最小的，选取甲方案。

【案例分析】

迪加饮料厂的决策

迪加饮料厂的厂王长回顾 8 年的创业历程，真可谓是艰苦创业、上下求索。全厂上下齐心协力，同心同德，为饮料厂的发展共献计策。但是最令大家佩服的还是四年前王厂长决定购买二手设备的举措，饮料厂也因此令同类企业刮目相看。今天王厂长又通知各部门主管及负责人晚上在厂部会议室开会。

晚上 8 点会议准时开始，王厂长郑重地讲道："我将大家召集到这里是想听听大家的意见和想法。我们厂比起 4 年前已经发展了很多，可是，比起国外同类行业的生产技术还差得很远。我们不能满足于现状，必须从硬件条件入手——引进世界一流的先进设备，这样就会带动我们的人员、技术等一起进步。我想这也并非不可能，4 年前我们不就是这样做的吗？我想听听大家的意见，然后再做决定。"

会场十分安静，大家都清楚地记得，4 年前王厂长宣布引进二手设备的决定时，有近 70% 的成员反对，即使后来王厂长谈了自己近 3 个月对厂内外环境的一系列调查研究结果后，仍有半数以上的人持反对意见，10% 的人持保留意见。但是在这种情况下，王厂长仍采取了引进二手设备的措施。事实表明，这一举措使迪加饮料厂摆脱了设备落后、资金短缺的困境。饮料厂也由此走上了发展的道路。

王厂长见大家心有余悸的样子，便说道："大家不必顾虑，今天这项决定完全由大家做出，我想这也是民主决策的体现。如果大部分人同意，我们就宣布实施这一决定；如果大部分人反对，我们就取消这一决定。现在大家举手表决吧。"

资料来源：陈丽新 . 管理学习题与案例集 . 成都：西南财经大学出版社，2021.

案例讨论题：

1. 王厂长的两次决策过程合理吗？为什么？
2. 如果你是王厂长，在两次决策过程中你应该做哪些工作？
3. 影响决策的主要因素是什么？

【思考题】

1. 什么是决策？决策有哪些类型？
2. 简述决策的原则和过程。

3. 决策的常用方法有哪些？根据你的所见所闻，说说各种方法的应用。

4. 怎样区分确定型决策、风险型决策和非确定型决策？依据是什么？

5. 某企业年固定成本 400 万元，产品销售单价为 10 万元 / 台，单位变动成本为 8 万元，试用盈亏平衡分析法求：

（1）该企业保本产量。

（2）如果计划完成 300 台，该企业能否盈利？盈利额是多大？

6. 某电器公司开发新产品，现有 3 种投资方案供选择。A 方案需投资 1000 万元，B 方案投资 800 万元，C 方案需投资 500 万元。3 种方案的使用期均为 5 年。根据市场需求预测，新产品未来市场销路需求量高概率为 0.5，需求量一般概率为 0.3，需求量低的概率为 0.2。各方案损益值见表 5–10。根据决策树法，应如何选择投资方案？

表 5–10　产品损益值表（万元）

	A 方案	B 方案	C 方案
销路好（$P=0.5$）	800	600	300
销路一般（$P=0.3$）	400	250	100
销路差（$P=0.2$）	80	50	30

扫一扫，查阅本章数字资源，含PPT、音视频、图片等

学习目标

1. 掌握：产品竞争战略，产品生命周期评价方法，价格决策的影响因素。
2. 熟悉：技术改造决策的概念、原则和内容，促销决策和分销决策的概念及分类。
3. 了解：产品决策的任务，技术改造决策的评价方法，财务决策、筹资决策、投资决策、股利分配决策的概念及分类。

案例导读

万全药业的经营决策

郭夏，万全药业集团首席执行官，他创办的万全科技是中国首家从事综合医药服务的研发驱动型上市公司。截至2013年年底，万全药业拥有两家上市公司，完成了400多个国家级新药临床前研究，申报了国内外发明专利100余项，开展了6个创新药物的临床前研究，拥有278项国家级新药证书和生产批号，连续11年位列中国新药申报第1名。郭夏被美国《财富》杂志评为"中国未来最具潜力的商人"。

美国著名管理学家赫伯特·西蒙认为："管理就是决策。"在郭夏看来，万全药业今日的成功，正是源于他创立初期正确的经营决策。他选择了并不高明却十分适合的"仿创"模式，即"仿制＋创新"。药品分为专利药和仿制药，专利药指原创性的新药，需要经过对成千上万种化合物层层筛选和严格的临床试验才得以获准上市，它需要花费15年左右的研发时间和数亿美元，但具有有效性和安全性的完全保证。仿制药是在专利药物过期后，其他企业生产的同种药品，仿制药的最大好处是成本低，价格低。郭夏基于我国国情，对国内市场进行了准确判断，即中国才是远比美国更庞大的仿制药市场。他利用国内外新药研发水平上的巨大差距，以仿创的合法形式将这种差距转化为企业的利润，仿创模式的制定成为万全药业发展战略取得成功的第一步。

在此之后，郭夏凭借其敏锐的洞察力，做出了一个又一个关乎企业发展的决策。2002年，JP摩根投资人"三顾茅庐"，愿意投资1000万美元，为防止失去公司的控制权，郭夏婉言拒绝。2003年，万全下属基地被政府指定生产预防SARS中药，为避免盲目采购中药导致亏损，郭夏顶着骂声，将项目外包。2003年，郭夏又力排众议，坚持万全在香港上市。JP摩根、Vertex等公司的资深投行家们认为，对于万全这样成长型的企业而言，上市意味着技术信息的公开披露、管理的规范化和投资者的挑剔眼光，意味着公司发展速度可能会变慢。但郭夏并不这样认为，他说："上市的主要目的不是融资，而是通过这个资本的平台，获得一个国际的公众形象。你想，如果你是一个经过投资者认可的上市公司，是在监管体制下的一个公司，你会给你的合作伙伴一

种不一样的感觉。当然，成为公众公司，从少数监督成为公众监督，你的决策风险会有所降低。上市是一把双刃剑，关键看你怎么去舞了。"

资料来源：据 http：//www.dginfo.com/xinwen-111099/ 改编

第一节 产品决策

产品决策是企业通过对目标市场的需求分析，根据现有的资源及能力，对未来的产品市场进行宏观判断，并确定企业未来生产什么产品或产品组合的过程。医药产品决策即医药生产企业根据医药产业市场供需情况，结合企业自身条件，确定在未来一段时间里生产什么样的产品（产品组合）的过程。

媒体掠影

AI 大模型如何支撑生物医药研发

作为药物开发的源头环节，药物外包服务商 CRO 领域最先迎来变化，"AI+CRO"的模式正在全球迅速普及。思特尔近期与全球制药巨头 GSK 签署协议，思特尔副总裁兼亚太区总经理杨静萍向第一财经记者介绍称："现在借助人工智能软件，已经能节省10% ～ 20% 的临床试验的成本，缩短临床试验的周期，加快新药的上市速度。我们希望更多中国的新药研发企业可以从软件技术中获益。"

杨静萍告诉第一财经记者，团队也在研究近期 ChatGPT 这类大模型的发展对于生物医药行业的影响。"我们认为 ChatGPT 的准确性还有待提高，但这一新技术一定会深刻影响生物统计学行业，ChatGPT 的潜力有待进一步挖掘。"她说道。

在深势科技 CEO 孙伟杰看来，包括生物医药在内的整个世界的底层逻辑是由一系列科学规律所支配的。深势科技也在通过 AI 算法大幅加速分子动力学等物理模型的求解，并结合高性能计算等前沿手段进一步提升物理模型的求解效率。2022 年底，该公司与北京科学智能研究院、北京应用物理与计算数学研究所共同研发的预训练模型DPA-1 发布，将可模拟原子数量的上限提升至 100 亿数量级。2022 年 10 月，深势科技还发布了药物计算设计平台 Hermite，赋能包括生物技术和制药公司以及 CRO 在内的早期药物研发机构。

资料来源：钱童心. 第一财经日报.2023-02-28

一、产品决策的任务

（一）如何确定产品的性质

产品性质的确定即确定生产何种产品，应考虑市场需要、自身能力和产品的营利性等因素。医药产品是用于预防、治疗、诊断人的疾病，调节人的生理机能，并规定有适应证或者功能主治、用法和用量的物质。因此，医药产品的生产除了市场需求和营利性考量外，还应以尽可能地保护和增进人民健康为目的。

（二）如何确定产品的质量

在确定产品质量时，应尽量满足消费者的功能需求，考虑消费者对质量的辨析能力，考虑达成质量的成本因素。医药产品具有有效性、安全性、稳定性、均一性和经济性五个特性，消费者对医药产品质量的辨析能力较低，医药企业在生产时应主动提升产品质量。

（三）如何进行产品生产

如何进行产品生产，即要考虑是开发新产品还是改造老产品。开发新产品的方式包括独创、引进、改进和结合。对于医药产品而言，独创开发的药品指专利药，只有大中型制药企业才有能力研制。新药开发还可采用仿制方式。仿制药是与被仿制药具有相同活性成分、剂型、给药途径和治疗作用的替代药品，具有降低医疗支出、提高药品可及性的优势。医药企业应根据企业自身条件，选择适合的产品开发方式。

在进行开发新产品或改造老产品的经营决策时需考虑的因素：

（1）不论是新产品还是老产品，都应向市场投放适销对路的产品。

（2）在选择新产品开发时应考虑：①产品的性质和用途（应充分考察同类产品和替代产品的技术含量和性能用途，增强新产品的市场竞争力）。②价格、销量和成本。③消费者的需求和偏好。④产品的创新性以及满足市场需求的能力。⑤企业技术力量储备和产品开发团队的建设水平。

（3）控制产品淘汰计划，有效利用企业资源，减少产品的库存量，提高利润。

二、产品竞争战略

媒体掠影

葛兰素公司的产品竞争战略

企业可通过战略并购以获取产品竞争的长期优势。战略性并购是以战略为导向的并购，分为三大类型：以扩大某一市场或细分市场的市场份额为目标的产业整合型并购、以整合产业链或高度相关的产业群为目标的产业扩展型并购和以获得核心技术并由此发展新的产品或者相关产业为目标的新产业构建型并购。新产业构建型战略在医药产业中被广泛应用，部分原因是医药企业往往更多地依赖其核心产品，新药研发的偶然性和高风险使得企业更多地采取收购有核心产品或者专利的目标来实现其对新产业的培育。葛兰素公司就是新产业构建型并购的一个典型案例。

葛兰素公司在1980～1995年高度依赖于其专利产品Zantac。该药曾一度是世界上销售量最大的药品。但公司很快意识到，这种资源面临着两方面的威胁。一是专利将于1997年失效，公司的边际利润会随之降低。二是另一种新的竞争性药物Losec将会对Zantac造成直接威胁。于是葛兰素公司利用当时的王牌产品（Zantac）的盈利能力，收购了两家制药公司。1995年公司以135亿美元收购了威康（英国）公司，这使葛兰素公司的产品组合新增了一系列专利产品，包括抵抗艾滋病的Ret rovir和防过滤性毒菌的Zovirax。另外，公司以5.33亿美元收购了英国Affymix公司，该公司生产一系列的基因产品。通过1995年的收购策略，葛兰素·威康成为当时世界上最大的制药公司。

资料来源：产经网.中国医药报，2003-04-22.

（一）产品竞争战略的概念与特点

1.产品竞争战略的概念 产品竞争战略是指企业在激烈的市场竞争中，通过对市场环境、企业的优势与劣势进行分析，制定产品经营战略目标，以及为达成上述目标所选择的最佳手段和途径。

2.产品竞争战略的特点 产品竞争战略是产品竞争的核心，具有目的性、对抗性和稳定性的特点。

（1）目的性 产品竞争战略是产品长远发展的纲要，是相当一段时间内的总体目标。目标的确定是产品竞争战略的重要组成部分，是构成产品竞争战略的要素。

（2）对抗性 产品竞争战略是为了占领市场、击败竞争对手而制订的。

（3）稳定性 产品竞争战略不同于一般的策略、手段和方法，产品竞争战略具有长期性、稳定性。

（二）产品竞争战略的类型

20世纪90年代末，美国著名战略学家迈克尔·波特提出了产品竞争战略理论。该理论包括总成本领先战略、差别化战略和专一化战略（图6-1）。

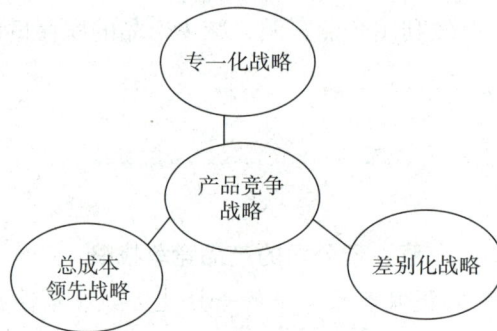

图 6-1 产品竞争战略的类型

1.总成本领先战略 总成本领先战略是通过规模化生产，降低每单位的产品成本，从而获取高额总利润的目的。该战略的优点是市场份额大，产品具有价格优势；缺点是产品生产的规模总是有限的，总会到达生产的极限。

实行总成本领先战略的生产者在产品生产的初期阶段基于学习效应，不断积累生产经验，单位产品成本迅速降低，但当产量达到临界点后，单位产品成本递减的幅度会逐步减少（图6-2）。

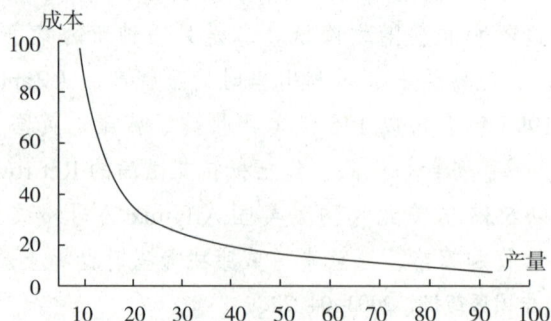

图 6-2 波士顿经验曲线

这样降低极少单位的成本都需要极大地提高产量，这给总成本领先战略者提出了新的课题和考验。

2. 差别化战略　差别化战略又称产品差异化战略，是企业通过生产区别于其他企业的产品（如产品具有独特功能）或提供差别化的特殊服务，吸引特定消费群体以获取高额利润。差别化战略的优点是产品的生产或经营较少受到成本限制，可以直接获取较高的收益，同时可以避开价格竞争和替代产品的威胁；缺点是市场份额低，产品成本高。

3. 专一化战略　专一化战略又称市场差异化战略、集聚战略，是企业基于市场细分理论，将某一细分市场作为企业的目标市场，并针对这一目标市场生产产品或提供服务以获取超额利润。专一化战略的优点是竞争者较少，市场稳定，单位产品的盈利率较高；缺点是市场份额低，不利于大规模生产。

三、产品生命周期评价法

（一）产品生命周期的概念与分期

1. 产品生命周期的概念　产品生命周期即产品的市场寿命，是新产品从开始进入市场到被市场淘汰的整个过程。产品生命周期评价法是运用产品生命周期理论，依据销售增长率指标确定产品所处的市场寿命阶段，并据此做出开发、生产和销售等策略的方法。

2. 产品生命周期的分期　产品生命周期分为引入期、成长期、成熟期和衰退期四个阶段（图6-3）。

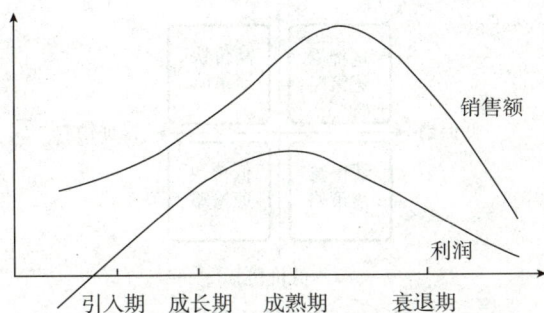

图 6-3　产品生命周期图

（1）引入期　引入期是产品开发成功后的市场试销阶段（通常销售增长率小于10%，且呈现销售不稳定的特征）。

（2）成长期　成长期是产品试销成功，销售增长逐步稳定，市场呈现需求旺盛态势的阶段（通常销售增长率大于10%）。

（3）成熟期　成熟期呈现的特征是生产和销售数量处于高位稳定，但销售增长日渐趋缓，市场需求趋于饱和（通常销售增长率大于0，但小于10%）。

（4）衰退期　衰退期是指产品上市时间较长，产品服务和功能已不能满足消费者的需求，或市场已出现新的替代产品，产品转入淘汰或更新换代的阶段（通常销售增长率小于0）。

（二）产品生命周期各阶段特征与策略

1. 产品生命周期各阶段特征（表6-1）。

表 6-1   产品生命周期各阶段特征

产品生命周期	特征
引入期	1. 生产不稳定，生产批量小 2. 成本比较高，利润较低，甚至亏损 3. 消费者对产品的接受度较低，销售增长不稳定 4. 市场竞争少，产品品种少
成长期	1. 大批量生产，生产成本大幅度下降，企业利润迅速增加 2. 需求增长，销售额迅速上升 3. 竞争者看到有利可图，纷纷进入市场 4. 随着供给量的增加，价格随之下降
成熟期	1. 产量维持高位，但增长率日趋下降 2. 成本低，利润保持在较高区位 3. 由于需求增长减缓，生产能力过剩，竞争激烈 4. 产品差异化加剧，市场更加细分，顾客对品牌的忠诚度开始建立
衰退期	1. 产品不能适应市场需求，市场上已经有其他性能更好、价格更低的替代产品 2. 随着销售量和利润持续下降，产品更新换代或逐渐退出市场

2. 产品生命周期各阶段的策略

（1）引入期策略   关注产品投入市场的风险性，将营销的重点集中于促销和价格方面。

1）可供选择的市场策略：在引入期，一般有 4 种可供选择的市场策略（图 6-4）。

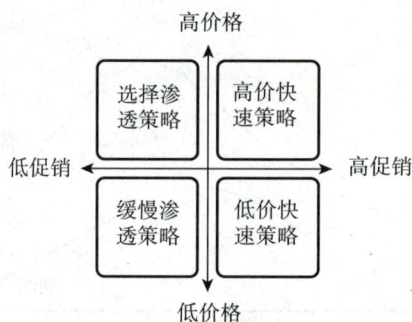

图 6-4   引入期的产品策略

①高价快速策略：采取高价格、高促销的方式。其目的是在竞争产品未大量出现之前收回成本，获取利润。运用该策略的市场环境包括潜在的市场需求量较大；产品具有高品质，独特功效，无替代产品；面临潜在的竞争对手，需要快速建立良好的品牌形象。

②选择渗透策略：采用高价格、低促销的方式。高价格的目的在于及时收回投资，获取利润；低促销的目的在于减少销售成本。运用该策略的市场环境包括产品市场比较固定、明确；潜在消费者已经熟悉产品；产品的生产和经营具有相当的难度和要求，潜在的竞争者较少。

③低价快速策略：采用低价格、高促销的方式。其目的在于迅速拓展市场占有率，有效限制竞争对手的出现，并获取长期利润。运用该策略的市场环境包括产品有很大的市场容量，产品成本随销售数量的上升而下降，适合规模化生产；消费者对产品了解度低，且对价格十分敏感；潜在的竞争比较激烈。

④缓慢渗透策略：采用低价格、低促销的方式。低价格旨在迅速拓展市场占有率，低促销旨在降低成本，弥补低价格造成的损失。运用该策略的市场环境包括产品的市场容量较大；消费者

对产品有所了解，且对价格又十分敏感；竞争者较少。

2）医药产品可采取的策略：对于引入期的医药产品，可采取相应的新产品促销策略。

①把主要精力放在提升消费者对产品的认知度上，如告诉医生和患者某个新产品的信息，通过产品宣传，建立产品信誉。

②利用现有产品辅助发展的办法，用名牌产品提携新产品。

③采取试用的办法，快速建立销售通路进入医院及药店。

④采用折扣方式，刺激中间商积极推销，扩大知名度。

在引入期，国外药厂多采用先推出或创造概念，然后利用专家的影响、学术的支持、媒体的广告、医药代表的推广，让大家先接受这一概念，进而接受与这一概念相配套的产品。比如，杨森公司的广告："胃动力不足，请吗丁啉帮忙。"将药品吗丁啉与胃动力概念相联系。诺华公司的产品那普利推出了高血压的"肾保护"概念。上述企业通过建立产品与概念的必然联系，使医生和病人在接受概念的同时也接受了产品。

（2）成长期策略　关注市场需求的增长速度，将营销重点集中于保持并扩大市场份额，提升销售额。

1）可供选择的市场策略：在成长期，一般有4种可供选择的市场策略。

①改善品质：增加产品特色，在商标、包装、款式、规格方面做出改进。

②市场扩张：进一步细分市场，创造新的用户。

③改变广告宣传重点：可从介绍产品转为树立形象，以便提高产品声誉。

④适当降价。

2）医药产品可采取的策略

①改进产品，如改变产品包装与剂型，开发新的用途，增加侧翼产品。

②建立良好的分销渠道。

③进入新的细分市场，如"尼莫地平注射液"由原来的"原发性蛛网膜下腔出血"的细分市场拓展到"外伤性蛛网膜下腔出血"这一细分市场，延长了产品的生命周期。

④改变促销策略，可从产品的知名度、概念的广告推销方式转变到通过让利与价格调整以吸引更多的使用者和低端客户。

（3）成熟期策略　关注消费者需求和产品改进的可能性，应将营销重点集中于产品和市场的改良或修正。

1）可供选择的市场策略：在成熟期，一般有3种可供选择的市场策略。

①市场改良策略：通过市场细分，占领新的市场；对原有市场进行深度挖掘，将潜在消费者变为真实消费者；通过宣传推广，促使消费者频繁使用。

②产品改良策略：改良产品特征（品质、特性、式样）以满足消费需求，进而提高销量。

③营销组合改良策略：调整营销组合中的某一因素或者多个因素以提高销售量。

2）医药产品可采取的策略

①通过加强与医院和患者的联系，培养顾客忠诚度，保持现有市场的稳定。

②推出系列产品，使产品多样化，尽量扩大市场。如硝苯地平由普通片剂1日3～4次，到缓释剂1日2次，再到控释片1日1次；又如阿斯特拉公司的特布他林由片剂到喷雾剂型；我国的中药由原来的汤剂到目前的胶囊剂、微丸剂；某公司的风湿液由100mL装改为10mL×6支礼品装。

③改进产品特性与用途。如百年老药阿司匹林，发明时作为解热镇痛药。随着市场竞争的加

剧，阿司匹林的市场份额逐渐缩减。后来研究者发现，小剂量阿司匹林可以抑制血小板凝集，可以用来预防冠心病与心肌梗死，从而成功进入这一新的细分市场。目前，小剂量的阿司匹林又成功进入癌症预防药市场，使阿司匹林的生命周期又一次得到延长。又如，钙离子拮抗剂硝苯地平，1968 年发明时是作为治疗冠心病的药物，销售了 16 年后研究者发现，它治疗高血压的效果明显，从而进入高血压治疗这一巨大市场，产品的生命得到延续。

（4）衰退期策略　关注市场需求的下降幅度及用户对新产品的需求情况，需研究产品在市场上的真实地位，决定采取维持、缩减还是撤退策略。

1）可供选择的市场策略

①维持策略：在目标市场、价格、销售渠道、促销等方面维持现状，直到这种产品完全退出市场为止。企业采取延长产品寿命的方式有：A.降低产品成本和价格。B.增加产品功能，开辟新的用途。C.加强市场调研，开拓新的市场。D.改进产品设计，提高产品性能、质量、包装、外观等。

②缩减策略：保持原有目标，根据市场变动的情况和行业退出障碍水平适当缩减产品规模。如舍弃无利润的消费群体，将营销力量集中到一个或者少数几个细分市场，通过大幅度降低市场营销费用以增加利润。

③撤退策略：对于衰退比较迅速的产品，应该当机立断撤出目标市场。可以采取完全放弃的形式，如把产品完全转移出去或立即停止生产；也可采取逐步放弃的方式，将其所占用的资源逐步转向其他产品。

2）医药产品可采取的策略

①降低价格，增加销售量，延长产品生命周期。如国产环丙沙星注射液将零售价从 40 元降到 15 元，直接促进了销售额的上升。

②开发新的市场，向未开发地区进军以延长产品生命周期。如治疗高血压的第一代 ACEI 类药托普利在国外已经走向萎缩，此时该公司决定将这一产品打入中国等未开发的其他市场，从而给了这一产品第二次生命。

第二节　技术改造决策

一、技术改造决策的概念

（一）相关概念

1. 技术改造　技术改造是企业采用新技术、新工艺、新设备、新材料对现有设施、工艺条件及生产服务等进行改造提升，淘汰落后产能，实现内涵式发展的投资活动，是实现技术进步、提高生产效率、推进节能减排、促进安全生产的重要途径。促进企业技术改造，对优化投资结构、培育消费需求、推动自主创新、加快结构调整、促进产业升级具有重要意义，是推进产业转变发展方式，实现科学发展的重要举措。

2. 技术改造决策　技术改造决策是指企业通过对现有技术资源的先进性、适宜性、经济性、环保性进行综合判断，从而做出是否对现有技术、工艺和设备予以改造或淘汰的过程。

（二）医药行业的技术改造决策

国家鼓励医药行业的技术创新与技术改造，重视对医药研发的投入（对具有我国自主知识产权的新药研制，在科研立项、经费补助、新药审批、进入医保目录和技术改造投资上给予支持）。支持符合结构调整方向、对医药产业升级有重大带动作用的企业技术改造项目，重点支持创新药物产业化、基本药物上水平、药品生产质量保证体系升级、中药现代化、医疗器械国产化。

二、技术改造决策的原则

促进企业技术改造，要坚持市场主导与政府引导相结合，技术创新与技术改造相结合，改造传统产业与发展新兴产业相结合，突出重点与全面提升相结合。

1.坚持以技术进步为前提，以内涵扩大再生产为主；依靠生产技术进步，提高劳动效率，改善生产要素质量，以扩大生产规模。

2.从实际出发，采用既适合企业实际情况，又能带来良好经济效益的技术方案。

3.在提高经济效益的前提下，实行技术改造，扩大生产能力。

4.资金节约原则。针对企业的薄弱环节改造，把有限的资金用在最急需的地方。

5.优化产业结构，促进绿色发展。加快产品升级换代，提高产品技术含量和附加值；推广国内外先进节能、节水、节材技术和工艺，提高资源利用效率。

6.全员参与原则。调动各方面的积极性，参与到企业的技术改造当中。

媒体掠影

MAH 制度擎动全要素创新链

2022 年 11 月 29 日，国家药监局综合司公开征求《药品上市许可持有人落实药品质量主体责任监督管理规定（征求意见稿）》。征求意见旨在按照 GMP、GSP 和 GVP 等要求建立健全药品质量管理体系，依法对药品研制、生产、经营、使用全过程的安全性、有效性、质量可控性负责，进一步加强药品全生命周期质量监管。为全面落实药品上市许可持有人主体责任，对持有人企业负责人、生产管理负责人、质量管理负责人、质量受权人、药物警戒负责人等关键岗位人员的职责和资质等均提出了更为细化的要求。

随着 MAH 制度实施逐步深入，产业链资源配置不断优化，上市许可持有权转让市场被快速激活。目前已有不少研发型企业或科研机构，医药商业代理公司、连锁药店等药品经营企业陆续申请获批《药品生产许可证（B 证）》，落实持有人药品主体责任变得更为多元。与此同时，药品生产关系、市场结构及供应链创新要素融合全速重塑。

资料来源：马飞.医药经济报.2022-12-05

三、技术改造决策的内容

技术改造决策的内容包括：产品改造，生产设备、生产工具的改造，生产工艺和操作方法的改造，原材料的改造，劳动条件和生产环境的改造。

（一）产品改造

企业需不断开发新产品和改进老产品，以适应市场需求；应改良现有产品设计，促进产品更新换代；发展先进产能，增加产品品种；加强品牌建设，培育国际知名品牌。

（二）生产设备、生产工具的改造

淘汰落后设备，对性能和精度已不能满足工艺要求、质量差、能源消耗高、污染严重、技术经济效果差的设备，应优先予以更新改造。应推广应用自动化、数字化、网络化、智能化等先进制造系统、智能制造设备及大型成套技术装备。

（三）生产工艺和操作方法的改造

工艺是否先进往往是影响产品质量、生产效率、能源和原材料消耗、成本高低的重要原因，应推进精益制造，改进工艺流程，加强过程控制，提高制造水平，完善检验检测手段，推行先进质量管理，提高产品质量。

（四）原材料的改造

原材料的改造主要包括改造高能耗的落后设备，节约和综合利用原材料、能源，采用新型材料、新能源和代用品等。

（五）劳动条件和生产环境的改造

劳动条件和生产环境的改造主要包括厂房、基础设施的改造，应改善劳动条件，优化生产环境，保障安全生产，提高劳动效率。促进安全生产，对高风险工业产品、生产工艺和装备进行技术改造，加强工业控制系统安全保障。加快安全生产管理与监测预警系统、应急处理系统、危险品生产储运设备设施等技术装备的升级换代，提高工业企业的安全水平。

四、技术改造决策的评价方法

技术改造决策的评价方法包括现金流量贴现法、净现值法、现值指数法和内部投资回收率法。

（一）现金流量贴现法

现金流量贴现法是将企业未来特定期间内的预期现金流量还原为当前现值。现值是指对未来现金流量以恰当的折现率进行折现后的价值，它考虑了货币的时间价值。货币的时间价值是指货币经过一定时间的投资和再投资所增加的价值，即当前拥有的1块钱比未来获得的1块钱具有更大的价值。也就是说，未来收回的现金价值低于投资时同等金额的现金价值。

现金流量贴现法的公式：

$$P=\sum_{t=1}^{n}\frac{CF_t}{(1+r)^t}$$

P——企业（项目）的评估值，即预期现金流量的现值。

n——企业（项目）的寿命。

CF_t——企业（项目）在 t 时刻产生的现金流入量。

r——预期现金流的折现率。

【例 6-1】某医药企业准备进行技术改造，预计初始投资年份后（1～4 年）的现金流入量分别为 200 万元、300 万元、300 万元、200 万元；第 5 年该项目终结。如果不考虑货币的时间价值，则该技术改造项目的预计现金总流入量为 1000 万元。如果考虑货币的时间价值，则该技术改造项目的预计现金流量现值应小于 1000 万元（假设某医药企业的折现率为 10%，则运用现金流量贴现法所计算的预期现金流量的现值为 791.74 万元）。

$$P=200/（1+10\%）+300/（1+10\%）^2+300/（1+10\%）^3+200/（1+10\%）^4$$
$$=181.82+247.93+225.39+136.60=791.74$$

使用现金流量贴现法前，要先对现金流入量做出合理预测，评估时要全面考虑影响企业未来获利能力的各种因素，客观、公正地对企业未来现金流入量做出合理预测。同时，要选择合适的折现率。折现率的选择主要根据评估人员对企业未来风险的判断。由于企业经营的不确定性是客观存在的，因此对企业未来收益风险的判断至关重要。当企业未来收益的风险较高时，折现率也应较高；当未来收益的风险较低时，折现率也应较低。

现金流量贴现法的优缺点：作为评估企业内在价值的科学方法，现金流量贴现法很好地体现了企业价值的本质，但该方法的正确使用取决于对未来现金流量及折现率的正确判断。如果企业未来现金流量很不稳定的话，则不适于该方法。

（二）净现值法

净现值是一项投资所产生的未来现金流的折现值与项目投资成本之间的差值。

净现值 = 未来报酬总现值 − 项目投资成本（如果项目后期没有投入成本，则项目投资成本等于初始投资）。

运用净现值指标进行决策的标准：如果投资项目的净现值大于零，接受该项目；如果投资项目的净现值小于零，放弃该项目；如果有多个互斥的投资项目相互竞争，选取净现值最大的投资项目。

净现值法的优点是考虑了投资项目资金流量的时间价值，较合理地反映了投资项目的真正经济价值。缺点是虽然说明了投资项目的盈亏总额，但没能说明每单位投资的效益。这样会造成在技术改造的决策时偏向选择投资大和收益大的项目而忽视投资小，收益小，但实际投资报酬率高的项目。

【例 6-2】接例 6-1 资料，运用现金流量贴现法所计算的预期现金流量的现值为 791.74 万元；假设该医药企业的初始投资额为 600 万元，运用净现值法计算的净现值 =791.74−600=191.74 万元 >0，则该技术改造方案可行。

（三）现值指数法

现值指数法又称盈利指数法，是投资项目未来现金净流量现值与原始投资额现值的比值。

现值指数（PI）= 未来现金流入量现值之和 / 累计现金流出量现值 = 未来现金流入量现值之和 / 初始投资（如果项目后期没有投入成本，则累计现金流出量现值等于初始投资）。

运用现值指数法的决策标准：现值指数 >1，则项目可行；现值指数 <1，则项目不可行。如果有多个互斥的投资项目相互竞争，则选取现值指数最高的投资项目。

现值指数法的优缺点：现值指数法考虑了货币的时间价值和整个项目期内的全部现金流入量和流出量。净现值是一个绝对指标，而现值指数是一个相对指标，反映了投资效率，但它依然无法确定项目本身的实际报酬率。

【例 6-3】接例 6-1、例 6-2 资料，运用现值指数法计算的现值指数 = 未来现金流入量现值之和 / 初始投资 =791.74÷600=1.32 > 1，则该技术改造方案可行。

（四）内部投资回收率法

内部投资回收率又称内部收益率法、内部报酬率法，是根据投资报酬率的高低评判投资项目是否可行的方法。内部收益率是项目流入资金的现值总额与流出资金的现值总额相等时的利率，也就是使净现值（NPV）等于零时的折现率。内部收益率本身不受资本市场利息率的影响，完全取决于企业的现金流量，反映了项目本身的收益率。

第三节　销售决策

一、价格决策

（一）概念

价格决策是企业为实现其定价目标，基于影响价格的内部和外部因素，科学、合理地对产品定价方案进行决策和优化的过程。产品价格影响企业的销售收入和利润，在很大程度上决定着产品能否迅速进入市场，是构成企业竞争力的重要因素。价格决策的直接目的是寻求最合适、最合理的价格，而非最高价格。

（二）合理的价格

合理价格是指在对比类似产品的成本、利润、质量、性能等因素后确定的对买卖双方都合理的价格。合理价格的标准包括定价既要保证企业的生存与发展，又要对市场有足够的吸引力；既能保证消费者的权益，又能正确反映产品的质量及价值。

合理的价格受多方面因素的影响，包括供求关系、成本、商品的品质、区域差异、政策干扰、季节变化、支付条件和汇率变动等。

（三）价格决策的影响因素

1. 价格决策的内部影响因素（图 6-5）

（1）定价目标　企业获取利润的目标可分为获取预期收益、获取合理利润和获取最大利润。

获取预期收益是企业在一定时期内实现收回投资并获取预期投资报酬的一种定价目标。获取合理利润是企业为避免过度竞争，以适中、稳定的价格获得长期利润的一种目标。获取最大利润并非所有产品都要制定最高价格，企业可利用组合定价策略（一些产品定价低，用于招揽顾客；一些产品定价高，用于牟取高利润），也可采用先低后高（用低价换取高市场份额，再通过高价牟取高利润）或先高后低（在无竞争产品时用高价牟取高利润，当替代产品出现时，再通过降价以

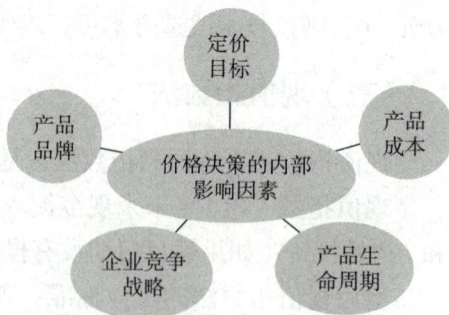

图 6-5　价格决策的内部影响因素

获取合理利润）的价格策略以谋取整体利润最大化（表6-2）。

表6-2 企业定价目标

定价目标	定价目标的细化
以获取利润为目标	获取预期收益率 获取合理利润 获取最大利润
以稳定市场占有率为目标	保持市场占有率 提高市场占有率
以应付和防止竞争为目标	稳定价格目标 追随定价目标 挑战定价目标

稳定市场占有率的目标是将保持和提高市场份额作为一定时期的定价目标。该目标假设产品销量越高，单位成本越低，企业利润越高。因此，低价策略通常是获取较高市场份额的方法。

以应付和防止竞争为目标的定价策略包括稳定定价、追随定价和挑战定价。3种策略的制定与企业自身产品的竞争力，以及行业竞争的激烈程度相关。企业实力强，可以采取挑战定价策略；企业实力较弱，竞争激烈，最好采取稳定定价和追随定价策略，以避免市场竞争。

（2）产品成本　企业定价只有高于单位产品成本，产品利润才能大于0，否则就会亏损。企业制定价格时所估算的成本应包括生产成本（料、工、费等）、营销成本、财务成本、储运成本和沉没成本等。

（3）产品生命周期　产品生命周期各个阶段转折点的前后，企业的定价策略有着显著差异。例如，在产品导入期，首研成功的医药产品A（处于专利期）在市场上具有绝对的竞争力（尚无替代产品），通常采用"撇脂定价法"，即制定较高价格。产品进入成熟期后，大量替代产品（仿制药）出现，若A产品仍保持高价，则消费者肯定会购买价格较低的替代产品。因此，同样的产品在导入期可以制定高价，但为了维持或扩大市场份额，在成熟期也可能会改变价格策略。

（4）企业竞争战略　当一个企业采取成本领先战略，在战略上追求市场份额，则会在定价上采取进攻性策略，即低价策略；当企业采取差异化战略，提供专业化的服务时，则会提升产品价格。如英国航空公司曾经在20世纪90年代采取总成本领先战略，通过减少公务舱和头等舱座位、增加经济舱座位、减少免费提供的饮食和其他服务等，而降低了机票的价格。近几年，他们则采取差别化策略，通过减少经济舱座位、增加公务舱和头等舱座位、增加有别于其他航空公司的差异化、个性化的服务内容，而提高了票价。

（5）产品品牌　产品品牌对定价有很大的指导和限制作用。同样质量的产品，消费者感知的品牌价值越高，产品的价格越高。如品牌为LV的皮包比普通皮包的价格高很多。名牌产品采用"优质高价"策略，既增加了利润，又让消费者在心理上得到了满足。

2.价格决策的外部影响因素（图6-6）

（1）市场需求的价格弹性　产品价格受供需关系的影响，当产品供小于求时，定价可以偏高；当产品供大于求时，定价应该偏低。反过来，价格变动也影响产品销售量，反映这种影响程度的指标就是需求的价格弹性。

一般而言，生活必需品和医药用品的需求价格弹性较小，非生活必需品的需求价格弹性较大。对价格弹性较大的产品，可以采取降价策略以扩大销售，并增加销售总额。

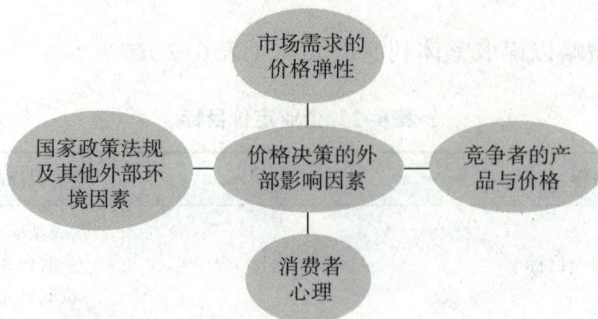

图 6-6　价格决策的外部影响因素

（2）竞争者的产品与价格　竞争的程度决定了价格对抗的程度。竞争程度越强，产品价格越低；垄断市场的价格很高，因而垄断市场通常受到政府的价格管制。如果竞争产品的质量高于本企业产品的质量，则产品的定价应低于竞争产品的价格。

（3）消费者心理　消费者购买产品的心理流程一般是先接触商品，引起注意；然后经过了解和比较产生兴趣，产生购买欲望；条件成熟，做出购买决定；买回商品，通过使用，形成实际感受，考虑今后是否再次购买。

药品零售环节的定价应考虑消费者的心理因素，如对于适应高收入阶层的保健药品、新特药品、进口药品可以采取"炫耀定价法"，将价格定得高一点，符合"价格高即质量高"的消费者心理。价格偏高的药品，可采用"最小单位定价法"，即以产品的最小单位报价，如药品定价为每 1 粒药片或每 1 天的用量的药品价格，让消费者产生价格便宜的心理错觉，进而增加销量。对于一些消费者熟知的产品，价格已在消费者心目中形成定式，对于这些产品就不能轻易变动价格。对于普药，由于消费者已经非常熟悉就不能轻易调价，除非改变配方或剂型，才可重新定价。可采用"声誉定价法"，即根据产品声誉制定与之相适应的价格，如进口药的价格比较贵，国产药的价格比较便宜；知名产品不宜采用低价策略，而不知名的产品定价较低。

（4）国家政策法规及其他外部环境因素　国家为达到一定的宏观目标，对不同的产品采取不同的价格政策。例如，对一些关系国计民生的重要商品，如电力、石油、军需品等，以及一些存在明显的市场"失灵"的公共产品和准公共产品，如国防、邮电、交通、自来水、医药产品等实施管制性政策。管制性政策实施的方法包括：①通过直接限定价格（政府定价、保护价、最高限价等）或价格补贴控制产品价格。②通过调节供需平衡达到调节价格的目的，如限产、储备和投放等。

对于一些鼓励或限制生产的产品，可采取调节性的政策，如通过税收优惠政策，刺激民间投资、支持西部大开发；对医药行业实施市场准入政策，限制没有获取资质的企业或个人进入医药行业等。

除国家政策法规外，还有其他外部环境因素影响着价格决策。这些因素包括经济周期、通货膨胀、汇率等。

媒体掠影

政策护航短缺药保供稳价

2022 年 8 月 9 日，工信部办公厅、国家卫健委办公厅、国家医保局办公室、国家药监局综合司联合发布《关于加强短缺药品和国家组织药品集中采购中选药品生产储备监测工作的通知》，部署加强短缺药品和集采中选药品的生产储备监测工作，以提升相关药品生产供应保障能力。而不久前开展的第七批国家集采，也制定了备供地区新规，以规避过去几轮集采曾出现的中选药品"断供"事件。

根据《通知》，四部门将对 1236 个短缺药品及其生产企业、783 个国家组织集采中选品种及其生产企业进行监测，同时公布了重点短缺药品储备企业，包括中国医药集团有限公司、九州通医药集团股份有限公司等 10 家企业。其中，1236 个短缺药分为制剂和原料药，包括"短缺药品监测品种及生产企业（制剂）"名单的 980 个产品、"短缺药品监测品种及生产企业（原料药）"名单涉及 256 个产品；"国家组织集采中选品种及生产企业"名单的 783 个产品囊括了前六批国采的绝大多数产品。

资料来源：慕欣. 医药经济报，2022-08-15

二、促销决策

（一）促销决策的概念

促销是营销者向消费者传递企业及产品信息，说服或吸引消费者购买产品，达到扩大销售量的目的。促销的实质是营销者与消费者之间的信息沟通。促销决策是管理者关于运用能够引发消费者购买行为的手段与策略的决策活动。

医药促销是指医药企业将医药产品或服务与潜在顾客进行信息沟通，引发并刺激潜在顾客对医药企业、医药产品或所提供的服务产生兴趣、好感与信任，进而做出购买决策的一系列活动的总称。医药促销具有传递药品信息、刺激消费需求、扩大销售、建立产品形象、增强产品竞争力的作用。

（二）促销的形式

促销的形式主要包括人员促销、广告、公共关系和营业推广。

1. 人员促销　人员促销又称直接促销，包括上门推销、柜台推销、会议推销、电话推销等。优点是信息传播的反馈异常迅速，缺点是成本大。

2. 广告　广告的优点是容易吸引消费者；缺点是信息反馈速度慢，广告费用高。

3. 公共关系　公共关系促销是企业通过正确处理与社会公众的关系，树立企业良好形象，从而促进产品销售的一种活动。优点是成本低，信任度高，可提高企业知名度和声誉；缺点是促销速度较慢，效果难以控制。

4. 营业推广　营业推广又称销售促进，是企业为刺激消费者购买产品和服务所采取的除人员推销、广告、公关之外的所有营销活动的总称，如陈列、展出与展览表演等。它是一种适宜于短期推销的、非常规的、非经常性的促销方式。优点是成效快，销售量增长快；缺点是不能单独或长期使用。

企业可根据实际情况及市场、产品等因素选择一种或多种促销手段的组合。

（三）促销策略类型

1. 推式策略　推式策略是以中间商为主要促销对象，运用人员促销手段将产品推向市场。促销过程为推销员把产品或服务推荐给批发商，再由批发商推荐给零售商，最后零售商推荐给最终消费者。如医药企业派出营销代表直接与中间商、现实或潜在顾客进行面对面的接触、洽谈，通过双向的信息沟通和交流，发现和满足顾客需求，达到促进产品和服务销售的目的。

该策略适用于：①企业经营规模小，或无足够资金用以执行完善的广告计划。②市场较集中，分销渠道短，销售队伍大。③产品具有很高的单位价值，如特殊品，选购品等。④产品的使用、维修、保养方法需要进行示范。

2. 拉式策略 拉式策略是采取非人员促销的间接方式，其以最终消费者为主要促销对象。促销过程为企业将消费者引向零售商，将零售商引向批发商，将批发商引向生产企业。如医药企业通过一定的媒介（广告、公共关系和营业推广等）传递产品或服务的有关信息，促进潜在顾客对医药产品或服务的购买欲望与行为。

该策略适用于：①市场广大，产品多属便利品。②商品信息必须以最快速度告知广大消费者。③对产品的初始需求已呈现出有利的趋势，市场需求日渐上升。④产品具有独特性能，与其他产品的区别显而易见。⑤能引起消费者某种特殊情感的产品。⑥有充分资金用于广告。

三、分销决策

（一）分销渠道与分销决策的概念

1. 分销渠道 分销渠道是某种产品或劳务从生产者向消费者移动时，直接或间接转移所有权所经过的途径。药品分销渠道是药品从生产者向消费者转移过程中所经过的一切取得所有权（或协议转移所有权）的商业组织和个人。

产品或劳务从生产者向消费者移动时，包含两种运动：一是商品价值形式的运动（商品所有权的转移，即商流）；二是商品实体的运动（即物流）。商流和物流围绕产品价值的最终实现，形成从生产到消费者的一定路线或通道，这些通道从营销的角度来看，就是分销渠道。

分销渠道包括中间商（转移过程中取得所有权）和代理商（帮助转移所有权），也包括生产者和消费者（所有权的起点和终点），但不包括供应商（如生产原料供应商）和辅助商（如运输企业）。分销渠道的主体是中间商和代理商。

2. 分销决策 分销决策是在分销点确定的情况下决定采取何种途径将产品或劳务转移给消费者的问题，包括直接或间接分销渠道决策、长渠道或短渠道决策、宽渠道或窄渠道决策、单渠道或多渠道决策等。

（二）分销渠道的类型与实施

1. 分销渠道的类型 根据不同的标准，分销渠道可分为不同类型（表6-3）。

表6-3 分销渠道的类型

渠道类型	分类标准	分销渠道	
直接分销和间接分销	根据有无中间商参与交换活动	1. 直接分销 2. 间接分销	没有中间商介入，生产者直接将产品销售给消费者 有中间商介入，销售环节包括生产者－批发商－零售商－消费者
长渠道和短渠道	根据流通环节的多少	1. 零级渠道 2. 一级渠道 3. 二级渠道 4. 三级渠道	生产者－消费者 生产者－零售商－消费者 生产者－批发商或代理商－零售商－消费者 生产者－代理商－批发商－零售商－消费者
宽渠道和窄渠道	根据分销渠道中同类型中间商数目的多少	1. 宽渠道 2. 窄渠道	生产者－众多批发商－众多零售商－消费者 生产者－少数代理商－少数经销商－消费者

续表

渠道类型	分类标准	分销渠道
单渠道和多渠道	对某产品采取单一渠道策略还是组合渠道策略	1.单渠道 如所有产品都采取门市销售，或全部交由批发商经销为单渠道；对所有市场都采取长渠道或短渠道为单渠道 2.多渠道 在当地采取直接渠道，外地采取间接渠道为多渠道；在某些地区独家经销，其他地区采取多家分销为多渠道

2. 药品分销渠道的特点

（1）对渠道成员都有严格的资格限制。

（2）选择渠道类型的自由度相对较小。

（3）对一些特殊药品实行垄断经营。

3. 医药企业进行分销渠道决策需考虑的问题

（1）确定分销渠道的基本模式 是采取零售药店销售或医疗单位销售的单渠道模式，还是采取多渠道模式，在医疗单位和零售药店同时销售。由于处方药必须凭执业医师或执业助理医师处方才可调配、购买和使用，因此药品生产企业不能直接向消费者推荐和销售，大多由医疗单位销售给消费者。OTC药品（非处方药）则不需要凭医师处方即可自行判断、购买和使用，药品生产企业的推广策略和促销活动可以直接针对零售药店和普通消费者。

（2）确定中间商的级数 是采取长渠道还是短渠道。长渠道是企业将药品销售给中间商（代理商、批发商、零售商），中间商再销售给消费者；短渠道是企业直接将药品销售给零售药店或医院。

（3）确定中间商的宽度 是采取宽渠道还是窄渠道。即确定每一级别中中间商的数量，数量越多，渠道越宽。中间商数量的确定一方面取决于中间商的销售能力、支付能力、经营管理能力和信誉；另一方面取决于医药产品本身的特点、市场容量的大小以及企业经营目标等。

（4）对医药分销渠道进行评估 评估指标包括渠道的经济效益（经济性）、控制力和适应性等。

第四节 财务决策

一、财务决策概述

（一）财务决策的概念

财务决策是企业为获取利益最大化而对财务预测结果进行分析与选择的过程。通常，管理人员在进行财务决策前必须对备选方案进行分析与比较，列出各备选方案的正反效果（包括定量和定性因素），比较各个备选方案的净效益，选择一个效益最好的方案实施。

财务决策是一种多标准的综合决策，往往是多种因素综合平衡的结果，其目的是实现企业利润的最大化。财务决策是企业财务活动的依据，能使企业加强预见性、计划性，减少盲目性，并达到优化配置企业资源的目的。

（二）财务决策的分类

1. 根据是否重复出现、是否具有独特性分 根据是否重复出现、是否具有独特性可分为程序化财务决策和非程序化财务决策。对重复出现的事项进行决策为程序化财务决策。对于具有独特性、不经常出现的事项进行的决策为非程序化财务决策。

2. 根据决策涉及的时间长短分　根据决策涉及的时间长短可分为长期财务决策和短期财务决策。

3. 根据财务决策所处的条件分　根据财务决策所处的条件可分为确定型财务决策、风险型财务决策和非确定型财务决策。确定型财务决策指对未来情况完全掌握、每种方案只有一种结果的事项进行的决策。风险型财务决策指对未来情况不完全掌握、每种方案会出现几种结果，但可按概率确定的事项进行的决策。非确定型财务决策指对未来情况完全不掌握，每种方案会出现几种结果，且其结果不能确定的事项进行的决策。

4. 根据财务决策涉及的内容分　根据财务决策涉及的内容可分为投资决策、筹资决策和股利分配决策。投资决策是对资金使用进行决策，包括对外投资和内部资金的配置使用决策。筹资决策是有关资金筹措的决策。股利分配决策是有关利润分配的决策。

财务决策的分类标准与名称见表6-4。

表6-4　财务决策的分类标准与名称

分类标准	分类名称
根据是否重复出现、是否具有独特性	程序化财务决策和非程序化财务决策
根据决策涉及的时间长短	长期财务决策和短期财务决策
根据财务决策所处的条件	确定型财务决策、风险型财务决策和非确定型财务决策
根据财务决策涉及的内容	投资决策、筹资决策和股利分配决策

（三）财务决策的依据

1. 财务信息　财务信息是指以货币形式的数据资料为主，结合其他资料，用来表明企业资金运动的状况及其特征的经济信息。财务信息通常指财务报表（资产负债表、利润表、现金流量表）上反映的信息。财务决策关注的主要是定量化或能用货币计量的因素，用货币计量的效益最大或成本最低的方案就是最佳方案。

2. 非财务信息　非财务信息是以非财务资料形式出现的与企业生产经营活动有着直接或间接关系的各种信息资料，主要包括企业背景信息（如企业经营总体规划和战略目标）、经营业绩说明（如经营活动指标、关键资源数量与质量指标）、管理部门的分析讨论、前瞻性信息（如企业面临的机会与风险）、社会责任指标（如企业经营对当地社会的影响）等。

（四）财务决策的步骤

（1）**确定决策目标**　指确定决策所要解决的问题和达到的目的。

（2）**进行财务预测**　通过财务预测，取得财务决策所需的经过科学处理的预测结果。

（3）**方案评价与选优**　指依据预测结果建立若干备选方案，并运用决策方法，根据决策标准对各方案进行分析论证，做出综合评价，选取其中最为满意的方案。

（4）**决策过程的实施与反馈**　需要进行具体的计划安排，组织实施，并对计划执行过程进行控制和搜集执行结果的信息反馈，以便判断决策的正误，及时修正方案，确保决策目标的实现。

二、筹资决策

筹资决策——复星医药赴港筹资 10 亿美元

国内最大医药分销商国药控股的主要股东之一复星医药发布公告称，经 2011 年第 1 次临时股东大会审议通过赴港上市计划。据道琼斯消息，复星医药最快将第 3 季度赴香港 IPO（首次公开募股），筹资约 10 亿美元。公司称，其募集资金主要将用于境内外并购、国际研发平台和研发体系建设。

资料来源：http://pharm.ocn.com.cn/Info/201103/yiyao181009.html

（一）筹资决策的概念与分类

1. 筹资决策的概念 筹资决策是为满足企业创建、发展、日常经营和优化资本结构（如调整股权资本与债权资本的构成及比例）等资金需求，对筹资的途径、数量、筹资的时间、成本、风险和筹资方案进行评价和选择的过程。

2. 筹资决策的分类

（1）根据资金来源渠道分 筹资决策根据资金来源渠道可分为内部筹资和外部筹资。

内部筹资是从企业内部开辟资金来源，主要包括企业自有资金、企业应付股息、企业未使用或未分配的专项基金等。外部筹资是企业从外部开辟的资金来源，主要包括专业银行信贷资金、非银行金融机构资金、其他企业资金、民间资金和外资等。

（2）根据资金使用期限长短分 根据资金使用期限长短可分为短期筹资（1 年内偿还）和中长期筹资（1 年后偿还）。

（3）根据所筹资金的权益性质不同分 根据所筹资金的权益性质不同可分为股权筹资和债务筹资（表 6-5）。

表 6-5 筹资决策的分类

分类标准	分类名称
根据资金来源渠道	内部筹资和外部筹资
根据资金使用期限长短	短期筹资（1 年内偿还）和中长期筹资（1 年后偿还）
根据所筹资金的权益性质不同	股权筹资和债务筹资

（二）筹资决策的目标

筹资决策的目标是运用多种渠道、多种方式筹集到资金成本最低且风险最低的资金，实现资金来源的最佳结构。筹资决策的本质是企业根据决策时的自身条件和外部环境，选择成本最低，且风险可控的筹资方案。

一般而言，内部筹资保密性好，企业不必向外支付借款成本（股利支付不具有强制性，企业根据盈利状况自行决定支付标准），因而风险很小；外部筹资具有速度快、弹性大、资金量大的优点，但是保密性差，企业需要负担高额成本（如利息必须按照合同支付），因此风险较大。由于借款利息及债券利息可以作为财务费用在税前冲抵利润，减少所得税税基；而股息分配是在企业完税后进行，股利支付没有费用冲减问题，相对增加了纳税成本，股权筹资所承受的税负重于债务筹资所承受的税负，因此，债务筹资的成本较高。

（三）筹资决策的内容

1. 确定筹资的数量。
2. 确定筹资的方式，债务筹资或股权筹资。
3. 确定债务或股权的种类。股权筹资主要包括吸收直接投资、发行股票、转增留存收益等；负债筹资主要包括发行债券、银行借款、融资租赁、商业信用等。
4. 确定债务或股权的价值。

（四）筹资决策的程序

1. 明确投资需要，制定筹资计划。
2. 分析寻找筹资渠道，明确可筹资金的来源。
3. 计算各个筹资渠道的筹资成本。
4. 分析企业现有负债结构，明确还债风险时期。
5. 分析企业未来现金流量，明确未来不同时期的还债能力。
6. 对照计算还债风险时期，在优化负债结构的基础上，选择安排新负债。
7. 权衡还债风险和筹资成本，拟定筹资方案。
8. 选择筹资方案，在还债风险可承担的限度内，尽可能选择筹资成本低的筹资渠道。

三、投资决策

媒体掠影

投资决策——复星医药收购禅城医院

2013 年 10 月，上海复星医药宣布购买佛山禅城医院的 60% 股权，以巩固其在广东省及华南地区医疗业务的发展，总价不超过 6.93 亿元。

复星医药表示，禅城医院有望成为集团在广东省的区域医疗中心和华南地区未来综合性医疗集团的母体，并成为集团成员医院提升医疗管理、医疗技术和医疗服务水平的培训基地，并购事项有利于进一步强化集团的医疗服务业务。

资料来源：王霞.医药经济报.2014-01-22

（一）投资决策的概念

投资决策是投资者为了实现预期的投资目标，运用一定的科学理论、方法和手段，通过一定的程序，对若干个可行性的投资方案进行研究论证（主要包括投资的必要性、投资目标、投资规模、投资方向、投资结构、投资成本与收益等重大问题），从中选出最满意的投资方案的过程。

（二）投资决策的类别

根据不同的划分标准，投资决策分为不同的类别。

1. 根据投资活动与企业生产经营活动的关系分　根据投资活动与企业生产经营活动的关系可

分为直接投资和间接投资。

（1）直接投资 直接投资是将资金直接投放于实体性资产，直接谋取经营利润的企业投资。

（2）间接投资 间接投资是将资金投放于股票、债券等权益性资产上的企业投资。

2. 根据投资回收期限的长短分 根据投资回收期限的长短可分为短期投资和长期投资。

（1）短期投资 短期投资是指回收期在 1 年以内的投资，主要包括现金、应收款项、存货、短期有价证券等投资。

（2）长期投资 长期投资是指回收期在 1 年以上的投资，主要包括固定资产、无形资产、对外长期投资等。

3. 根据投资活动资金投出的方向分 根据投资活动资金投出的方向可分为对内投资和对外投资。

（1）对内投资 对内投资是指在本企业范围内部的资金投放，用于购买和配置各种生产经营所需的经营性资产。

（2）对外投资 对外投资是指向本企业范围以外的其他单位的资金投放（表6-6）。

表 6-6 投资决策的类别

分类标准	名称	定义
根据投资活动与企业生产经营活动的关系	直接投资、间接投资	1.直接投资 是将资金直接投放于实体性资产，直接谋取经营利润的企业投资 2.间接投资 是将资金投放于股票、债券等权益性资产上的企业投资
根据投资回收期限的长短	短期投资、长期投资	1.短期投资 是指回收期在 1 年以内的投资，主要包括现金、应收款项、存货、短期有价证券等投资 2.长期投资 是指回收期在 1 年以上的投资，主要包括固定资产、无形资产、对外长期投资等
根据投资活动资金投出的方向	对内投资、对外投资	1.对内投资 是指在本企业范围内部的资金投放，用于购买和配置各种生产经营所需的经营性资产 2.对外投资 是指向本企业范围以外的其他单位的资金投放

（三）投资决策的特点

投资决策具有针对性、现实性、择优性和风险性的特点。

1. 针对性 投资决策要有明确的目标。

2. 现实性 投资决策是投资经营行动的基础，投资经营管理就是决策—执行—再决策—再执行的反复循环的过程。

3. 择优性 投资决策是对投资方案进行评判择优选择的过程，优选方案应是最满意的方案，但不一定是最优方案。

4. 风险性 投资环境瞬息万变，风险的发生具有偶然性和客观性，是无法避免的。

（四）投资决策的方法

投资决策方法分为贴现法和非贴现法。

1. 贴现法 贴现法考虑货币的时间价值，即把企业未来特定期间内的预期现金流量还原为当前现值的动态分析法，主要包括净现值、现值指数、内含报酬率等（见本章第二节）。

2. 非贴现法 非贴现法不考虑货币的时间价值因素，是将不同时间的货币收支看成是等效的，主要包括回收期法和会计收益率法。

（1）回收期法 回收期法亦称偿还期法，或还本期法。回收期是指通过投资项目所带来的年现金净流入量回收该项目初始投资所需的时间。初始投资是指投资项目筹建时所发生的投资支出，亦称净投资额或现金净流出量。年现金净流入量是指年税后净利与年折旧费之和。

投资回收期 = 累计净现金流量开始出现正值的年份数 −1+ 上 1 年累计净现金流量的绝对值 / 出现正值年份的净现金流量

当原始投资为 1 次支出且每年现金净流量相等时：投资回收期 = 原始投资额 / 每年现金净流入量

【例 6-4】某医药投资项目投资额为 5000 万元，第 1 ～ 3 年现金净流入量分别为 1000 万元、2500 万元、3000 万元。求该项目的投资回收期？

解：第 3 年累计净现金流量 1000+2500+3000−5000＝1500>0，上 1 年累计净现金流量（第 2 年净现金流量）＝1000+2500−5000＝−1500<0；则累计净现金流量开始出现正值的年份数为 3；出现正值年份的净现金流量为 3000 万元；则上 1 年累计净现金流量的绝对值为 1500。

投资回收期 =（3−1）+|−1500|/3000＝2.5 年

（2）会计收益率法 会计收益率是指项目的原始投资所获得的年平均净收益率。会计收益率法是将投资项目的会计收益率与该项投资的资金成本加以比较，判断投资是否可取，并在可取投资方案中选择会计收益率较大的投资方案的一种投资决策方法。

会计收益率 = 年平均净收益 / 原始投资额 ×100%

【例 6-5】接例 6-4 资料，求该医药投资项目的会计收益率？

解：会计收益率 =［（1000+2500+3000）/3］/5000×100%＝43.33%

四、股利分配决策

媒体掠影

复星医药的股利分配决策

复星医药 2012 年 3 月 24 日披露该公司 2011 年度的分配预案：以公司总股本 190439.2364 万股为基数，每 10 股派发现金红利 1.00 元（含税，扣税后实际每 10 股派发现金红利 0.90 元）。

复星医药 2013 年 3 月 27 日披露该公司 2012 年度的分配预案：以公司总股本 224046.2364 万股为基数，每 10 股派发现金红利 2.1 元（含税，扣税后每 10 股派发现金红利 1.995 元）。

复星医药 2014 年 3 月 25 日披露该公司 2013 年度的分配预案：以 2013 年度利润分配方案实施股权登记日（2014 年 8 月 18 日）本公司总股本 231161.1364 万股为基数，每 10 股派发现金红利 2.70 元（含税，扣税后每 10 股派发现金红利 2.565 元）。

资料来源：http://stock.quote.stockstar.com/dividend/plan_600196.shtml

股利分配决策是企业对有关股利分配事项的决策。企业取得的利润按照国家规定作相应的调整，依法交纳所得税后，才能对税后净利润进行分配。

（一）股利分配决策的程序

1. 计算可供分配的利润　可供分配利润 = 当年实现的净利润 + 年初未分配利润（或减年初未弥补亏损）+ 其他转入；当年实现的净利润为利润总额减去所得税。

2. 计提法定盈余公积金　根据公司法规定，公司制企业应当按照净利润（减弥补以前年度亏损）的 10% 提取法定盈余公积金；非公司制企业提取比例可超过净利润的 10%。法定盈余公积累计额已达到注册资本的 50% 时可不再提取。

3. 计提任意盈余公积金　《公司法》第 177 条第 3 款规定："公司从税后利润中提取法定公积金后，经股东会决议，可以提取任意公积金。"任意公积金的提取与否及提取比例由股东会根据公司发展的需要和盈余情况决定，法律不做强制规定。企业提取的盈余公积可用于弥补亏损、扩大生产经营、转增资本或派送新股等。

4. 向股东（投资者）支付股利（分配利润）　优先股股利的支付在提取任意盈余公积金之前，计提任意盈余公积金后再支付普通股股利。

（二）股利分配决策的类型

股利分配决策一般包括剩余股利政策、固定或持续增长的股利政策、固定股利支付率政策和低正常股利加额外股利政策。不同的股利分配方案具有不同的优缺点（表 6-7），一般由企业根据相应的影响因素决定采取何种分配政策。

表 6-7　股利分配决策的类型

类型	概念	优缺点
剩余股利政策	根据一定的目标资本结构，测算出投资所需的权益资本，先从盈余当中留用，然后将剩余的盈余作为股利予以分配	保持理想的资本结构，使加权平均资本成本最低
固定或持续增长的股利政策	将每年发放的股利固定在一个固定的水平上并在较长的时期内不变，只有当公司认为未来盈余将会显著地、不可逆转地增长时，才提高年度的股利发放额	优点：稳定的股利向市场传递公司正常发展的信息，有利于树立公司良好的形象；缺点：股利支付与盈余脱节
固定股利支付率政策	公司确定一个股利占盈余的比率，长期按此比率支付股利	优点：股利与公司盈余紧密结合；缺点：各年股利变动较大，对稳定股票价格不利
低正常股利加额外股利政策	一般情况下，公司每年只支付一个固定的、数额较低的股利；只是在盈余较多的年份向股东发放额外股利	优点：具有较大灵活性

（三）股利分配决策的影响因素

1. 法律因素　股利分配政策必须符合法律规范的要求。如法律有资本保全的限制，公司不能用资本（包括股本和资本公积）发放股利；法律有偿债能力的约束，基于对债权人的利益保护，如果一个公司已经无力偿付负债，或股利支付会导致公司失去偿债能力，则不能支付股利。

2. 公司因素　股利分配政策的制定应根据公司的经营现状，影响股利分配的公司因素包括盈利能力、盈利的稳定性、现金流动性、举债能力、投资机会和资本成本等。

3. 股东因素　股东出于自身利益的考虑，影响公司的股利分配决策，且股权比重越大的股东对公司股利分配决策产生的影响越大。如某些股东的收入主要来源于股利，因此他们期望获取稳定的股利；有的股东注重对公司股权的控制，他们希望执行较低的股利分配政策；一些股东收入较多的股东则处于避税的考虑，往往反对公司发放较多的股利。

【案例分析】

药品流通企业的经营决策分析

据商务部发布的《2013 年药品流通行业运行统计分析报告》：2013 年，药品流通市场整体规模稳步提高，全年行业销售总额 13036 亿元，扣除不可比因素较上年同比增长 12%，增幅回落 4 个百分点。2013 年，全国药品流通直报企业主营业务收入 9873 亿元，同比增长 17%，增幅回落 3 个百分点；实现利润总额 202 亿元，同比增长 16%，增幅回落 0.5 个百分点；行业平均利润率 1.7%，同比下降 0.2 个百分点。药品流通行业发展的特点及趋势如下：

（1）药品流通市场规模增速趋于稳定，行业集中度进一步提高　新版 GSP 的颁布推动了大型医药批发和零售连锁企业对中小企业的兼并重组，药品流通领域中散、小、乱等现象将得到一定的遏制。

（2）大型药品批发企业主营业务收入增长较快　从增长速度来看，前 100 位药品批发企业主营业务收入同比增长 20.1%，其中前 10 位企业主营业务收入同比增长 22.9%，均超过行业增长的平均水平。从行业市场占有率来看，前 100 位药品批发企业主营业务收入占同期全国医药市场总规模为 64.3%，比上年提高 0.3 个百分点，其中前三位药品批发企业占 29.7%，比上年提高 0.9 个百分点。

（3）药品零售市场结构调整缓慢，零售企业面临新的市场机遇和挑战　由于药品零加成政策、医院药房社会化低于预期、医药电商快速增长挤压市场空间等原因，药店传统业务增长空间收窄，零售市场规模扩张放缓。为在激烈的医药市场竞争中求得生存和发展，医药零售连锁企业加大品牌产品营销力度，不断创新服务内涵，着力加强个性化药学服务和高值药品直送服务，提高顾客满意度。同时，围绕大健康产业开展多元化经营与服务也为今后零售企业的发展提供了空间。

（4）现代医药物流建设投入持续扩大　随着医药物流的行业标准和新版 GSP 的颁布，2013 年大型药品流通企业继续加大在物流建设上的投入，加快发展现代物流和第三方物流业务，逐步建立起全国医药物流分销配送网络；一批区域性龙头企业也拥有了区域物流中心枢纽及区域配送中心网络。

（5）互联网药品电子商务呈现快速发展态势　各大药品流通企业普遍构建或整合集分销、物流、电子商务集成服务模式以及数据处理的现代化智能化服务平台，成为推动药品流通增值服务的新载体。截至 2013 年底，全国具有互联网交易资质的企业共有 202 家，与上年末相比增加 85 家，其中 B2B 53 家、B2C 138 家，第三方平台 11 家。2013 年网上交易额超过千亿元，其中 B2B 交易额占比超过 90%。

案例讨论题：

1. 行业的生命周期指行业从出现到完全退出社会经济活动所经历的时间，与产品生命周期类似，行业生命周期也分为幼稚期、成长期、成熟期和衰退期四个发展阶段。结合产品生命周期理论，思考 2013 年我国医药流通行业正处于行业生命周期的哪个阶段？

2. 产品竞争战略通常分为总成本领先战略、专一化战略和差别化战略三类。思考大型药品批发企业和药品零售企业应分别采取哪些竞争战略？

3. 结合分销渠道的类型，谈谈电子商务对医药分销渠道的影响？

【思考题】

1. 阐述产品竞争战略的三大类型？这三大战略各有什么优点？

2. 产品生命周期分为哪四个阶段？各阶段的特征是什么？

3. 试述技术改造的原则与内容？

4. 价格决策的内部影响因素有哪些？

5. 什么是分销？试述分销渠道的类型与分类标准？

6. 试述财务决策的分类及分类标准？

第七章
经营计划

扫一扫,查阅本章数字资源,含PPT、音视频、图片等

【学习目标】

1. 掌握:经营计划的编制方法,为今后的实际工作打下基础。

2. 熟悉:经营计划执行过程的构成,针对不同情况进行经营计划调整;熟悉经营计划类型的划分和各类型间的关系。

3. 了解:经营计划的基本概念,了解制定经营计划对企业经营的重要性所在。

案例导读

江中药业的经营计划

江中药业股份有限公司于 1996 年 9 月 23 日在中国证券 A 股上市（证券代码：600750）。注册资本 6.2958 亿元,注册地为江西省南昌市高新区火炬大街 788 号。

经营范围:中成药、化学药的生产和销售;糖类、巧克力、糖果、饮料等普通食品的生产和销售;保健食品、特殊医学用途食品等特殊食品的生产和销售;医疗器械的生产和销售;卫生湿巾等卫生用品的生产和销售;农副产品收购（粮食收购除外）;国内贸易及生产加工,国际贸易;研发服务、技术转让服务、技术咨询服务。

主营业务:从事药品和大健康产品的生产、研发与销售。公司主营中成药、中药制剂、抗生素原料药、抗生素制剂等。以生产 OTC 类药品为主,主导产品有江中复方草珊瑚含片、江中健胃消食片、江中亮嗓等,市场竞争力极强,江中亮嗓更荣膺"中国药品市场消费者喜爱的品牌"。

主营构成（表 7-1）。（截止日期为 2022 年 6 月 30 日）。

表 7-1 江中药业主营构成

项目名	营业收入（万元）	收入比例（%）	营业利润（万元）	毛利率（%）	占主营业务收入比例（%）
医药工业	185288	97.47	124141	67.00	98.07
酒类	510.5007	0.27	460.298	90.17	0.36
其他业务	4289.2059	2.26	988.1014	46.35	1.57
合计（行业）	190087	100.00	126590	66.60	100.00
非处方药类	133558	70.26	95539	71.53	75.47
处方药	34380	18.09	22725	66.1	17.95

续表

项目名	营业收入（万元）	收入比例（%）	营业利润（万元）	毛利率（%）	占主营业务收入比例（%）
大健康产品及其他	17861	9.40	6337.9853	35.49	5.01
其他业务	4289.2059	2.26	1988.1014	46.35	1.57
合计（产品）	190087	100	126590	66.60	100

2022年半年报显示报告期内，公司实现营业收入19.01亿元，较上年同期增加6.35亿元，同比增长50.12%；归属于母公司所有者净利润3.92亿元，较上年同期增加0.86亿元，同比增长27.96%。

经营策略：聚焦主业，内涵增长稳步发力。非处方药类业务以夯实胃肠品类领导地位，拓展咽喉、补益等优势版图。处方药业务以挖掘产品潜力，强化学术推广为要，处方药业务覆盖心脑血管、妇科、泌尿系统、胃肠、抗真菌等领域。推动新品布局，拓宽消费群体，做强大健康产品及其他类别产品。渠道方面，针对年轻人群消费习惯发展趋势，公司加大线上业务布局，在天猫、京东、拼多多开设自营旗舰店，在电商平台建设直播矩阵，强化消费者互动，深耕自营流量池。管理赋能，组织变革创新发展。公司以"科改示范行动"为抓手，全面推动科技创新管理机制改革，持续完善公司的国家平台规则体系，促进平台科技成果转化走深走实，入选国务院"科改示范企业"扩围名单。

经营计划：立足中医药行业，走品牌创新驱动之路，成为大众百姓信赖与尊重的企业，并致力成为"中医药传承与创新的引领者""家中常备药的践行者"。围绕"聚焦OTC、发展大健康、补强处方药"三大业务重点，通过"内生发展、外延并购"双轮驱动，以"内涵增长、外延并购、创新研发、精益生产、智数赋能"五大核心举措，力争"十四五"末实现"再造一个江中"的目标。

资料来源：2023年上海证券网站.

第一节 计划的类型与作用

我们谁也不知将来会怎样，但明天肯定会与今天不同。计划并不能保证你成功，但能让你为将来做好准备。

《孙子兵法·虚实》篇中说："策之而知得失之计，作之而知动静之理，行之而知死生之地，角之而知有余不足之处。"管理学家法约尔认为，计划是管理的五大职能之一，并是其首要职能。

计划是对未来的行动或活动，以及未来资源供给与使用的筹划，是指某组织根据其组织内外部条件的分析，结合组织宗旨和使命提出的未来一定时期内要达到的目标，以及实现目标的方案，包括计划工作和计划形式。计划工作是计划制定的途径（计划的名词性含义）；计划形式是对不同组织部门和成员在未来一定时期内行动方向、内容和方式安排的管理事件体现（计划的动词性含义）。由于计划是对未来行动的安排，故可减少不确定性对组织的冲击。

一、计划的类型

计划的种类很多，根据不同的标准，计划可分为不同的类型，常见的有根据计划的时间跨度、计划的明确性程度、计划的宽度大小、计划的使用频率等进行分类。各类型间关系密切，并非相互独立，如战略计划通常是指导性的、长期的、一次性的，作业计划通常是具体的、短期的、持续性的。

（一）根据计划的时间跨度分

根据计划的时间跨度可分为长期计划、中期计划和短期计划。

1. 长期计划　长期计划是指时间长度超过 3 年的计划方案。

2. 中期计划　中期计划是指时间跨度在 1 ～ 3 年的计划方案。

3. 短期计划　短期计划是指为期 1 年或更短时间的计划方案。

这种划分方式比较普遍，也可根据组织自身情况选择相应的经营计划时间划分长度。

（二）根据计划的宽度大小分

根据计划所涉及的宽度大小，可将计划分为战略计划和作业计划。

1. 战略计划　战略计划是指应用于整体组织，并为该组织设立总体目标的计划。

2. 作业计划　作业计划是指组织中的某个特定运营领域的细节方案。

3. 战略计划与作业计划的关系　战略计划和作业计划在覆盖范围上有明显差异。战略计划是指包含整个组织在内的、较广泛的计划。作业计划的覆盖范围较窄，是某个部门或岗位的计划。战略计划一个重要的任务是设立组织的目标，作业计划则是在计划目标的前提下，为实现目标所做的方案。

（三）根据计划内容的明确性分

根据计划内容的明确性，可分为具体计划和指导性计划。

1. 具体计划　具体计划是定义明晰的，不存在模棱两可的计划方案。具体方案清晰、明确地阐述计划目标，以免模糊和误解的产生。例如，某医药批发企业的销售部经理希望其负责的部门销售额在未来 1 年中增长 10%，他会制定具体的程序、预算配给和工作进度来实现其目标。

2. 指导性计划　指导性计划只规定某些一般的方针和行动原则，以给予行动者较大的自由处置权，给行动者留有弹性。例如，上述销售部经理的具体方案规定未来 1 年销售额要增加 10%，指导性计划则可只规定未来 1 年内销售额要增加 6% ～ 14%。当环境不确定性程度很高时，管理者必须制定具有一定弹性的计划方案，这时指导性方案就更适合组织目标的实现。

（四）根据计划的使用频率分

根据计划使用的频率可分为一次性计划和持续性计划。

1. 一次性计划　一个组织中的众多计划中有些是可以持续使用的，有些计划只能使用 1 次。一次性计划是为满足某个特定的情况需要而设计的。例如，马航 MH370 次航班的搜救计划，是依据所获相关信息而确定的搜救地区、搜救范围等，这就是一次性使用的搜救计划。

2. 持续性计划　持续性计划是指可以反复使用的计划，包括政策、规定和程序就属于持续性计划。例如，医院早上进行的每日交班制、手术前的风险告知制等。

计划各类型之间的关系（图 7-1）。

二、计划的作用

在管理实践中，计划是管理职能的首要职能，并渗透于其他管理职能之中，是管理过程的中

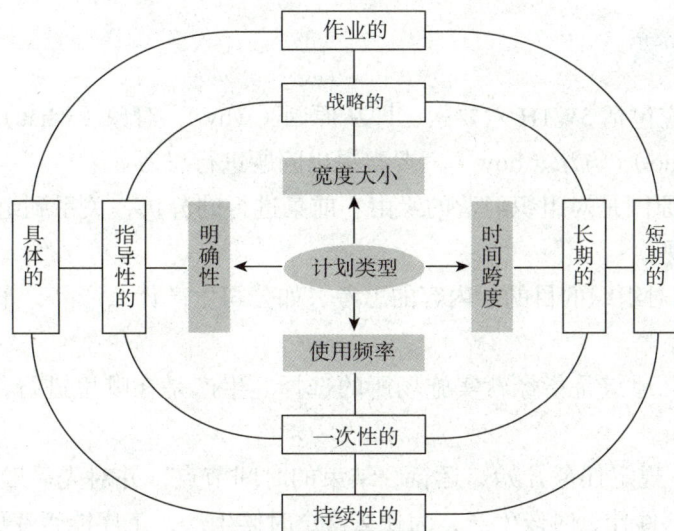

图 7-1　计划类型

心环节，因此，计划在管理活动中有着特殊的地位，起着重要的作用。

1. 计划能提供工作指导　计划的实质是确定目标，以及规定达到目标的途径和方法，无论是管理者还是被管理者，计划都是必要的。计划让管理者和被管理者明白自己工作的目标、内容、时间安排、资源拥有情况等，指导不同空间、不同时间、不同岗位上的人们，围绕一个总目标，秩序井然地去实现各自的分目标，计划为目标的实现提供了指导。

2. 计划是组织协调的前提　组织内部的各个组成部分之间分工越来越精细，过程越来越复杂，协调关系更趋严密。计划不仅是对个人的工作起到规定作用，也为组织的目标实现起到了协调各部门、个人之间的工作关系的作用。

3. 计划能有效配置资源　实现目标的途径有多条，每条途径所需资源存在差异，事先的分析有助于对组织有限资源的合理分配，从而减少不必要的资源浪费活动，促进组织资源的高效利用。

4. 计划能提高效率　计划可以减少盲目和不必要的浪费，计划外的工作活动会明显易见，可以及时得到纠正和消除，从而提高实现组织目标的效率。

5. 计划是控制的依据　有了计划，控制就能设定好目标和标准，使控制能有的放矢。计划为各种复杂的管理活动确定数据、尺度和标准，不仅为控制指明方向，而且还为控制活动提供依据，并为个人工作努力程度提供衡量的基础数据。

6. 计划能降低风险　当今社会经济、政治、技术、社会发展变化迅速，变革与发展既给人们带来了机遇，也给人们带来了风险，计划能倒逼管理者展望未来，预测变化，通观全局，制定策略，以减少不确定性对组织带来的不利影响。

第二节　计划的编制

计划的类型多种多样，计划编制遵循一定的编制程序，以使之在运作过程中可靠和有效。要编制一份计划，必须掌握计划编制的要素、编制步骤和编制方法。

一、计划编制要素

一项完整的计划应包括 5W1H 六要素，即从原因（why）、对象（what）、地点（where）、时间（when）、人员（who）、方法（how）六要素提出问题进行思考。

1. 原因（why） 原因是对组织经营的缘由、前景进行的分析，关系到组织生存问题的提出，是组织生存法则的体现。

2. 对象（what） 对组织的目的、内容的思考，如公司生产什么产品，车间生产什么零配件，为什么要生产这个产品等。

3. 地点（where） 地点是指经营实施场所的选择。生产是在哪里进行，为什么选择这个地方等。

4. 时间（when） 规定任务开始、运行、结束的时间节点，并对先后顺序做好安排。例如，现在这个工序或者零部件什么时候生产，为什么这个时候生产，工序能否变更等。

5. 人员（who） 人员是指对相关人员的工作安排、调整等，人员安排和调整的原因何在，为什么这样安排等。

6. 方法（how） 方法是指经营的方法和运转实施，对生产手段来说也就是工艺方法。

二、计划编制过程

计划编制首先要确定目标，目标确定后需分析影响目标的条件，在此基础上拟定备选行动方案，需注重计划方案实施需要的人选和责任，并给出时间进度；分析计划实施所需要的资源，给出资源分配方案；并考虑环境因素的变化而制定应变措施，这一过程就是计划编制过程。

（一）明确任务或目标

任何计划的制定必须先明确所要达到的目标或任务，以使计划有方向。目标和任务明确是计划的核心。每项计划最好只针对一个目标，以使计划实施时不会出现与其他目标冲突。计划中的目标和任务必须是具体，且可衡量，同时应尽量简明扼要，易懂易记。

（二）辨识与计划相关的条件

计划需在辨识与之相关各种条件的基础上编制，这样计划才能指导行动。计划的编制不仅需了解和分析对计划目标有利的内外部条件，还必须对限制计划目标实现的内外部条件进行收集和分析，对计划前对相关条件了解得越细、越透彻，计划制订后工作才能越协调。

（三）拟定行动备选方案

确定目标和明确前提条件后，寻求、拟定、选择可行的行动方案就是接下来需要解决的问题或需要开展的工作。明确目标，并对其进行分解，确定要进行的各项工作。明确了各项工作后，分析各项工作之间的关系、次序，给出行动路线图。

（四）落实人选和明确责任

明确了各项工作任务后，必须落实每项工作的负责人、执行者、协调员、检查员等。同时要明确制定工作和检验的标准，并制定相应的奖惩措施，让计划中的每项工作能无障碍地落实到各个部门和相应的个人，并有清楚的标准和可行的保障措施。

（五）制定进度表

各项活动所需时间取决于其所需客观持续时间长短，以及所涉及的资源的供应状况、可以花费的资金的多少。从以上各方面进行考量，制定相应的进度计划，以期更符合实际。

（六）资源分配

计划方案中针对何种资源应该在何时投入、投入多少、先后次序等相关问题必须明确，可根据计划所涉及的工作要求确定。资源分配中要留有余地，为了更好地适应环境的变化，从而保证计划的顺利实施。

（七）制定应变措施

应变措施的制订是必不可少的，没有应变措施的方案是风险非常大的决策。一旦内外环境发生变化，计划条件随之变化，那按原先的计划方案实施的结果就不会指向目标，有了应变方案可在变化来临时减少损失。

实训项目

某医院义诊计划

某综合医院要举行 1 次大型义诊活动，本医院有执业医师资格的各科医生共 500 人，这次参加义诊的只是医生，结合我国相关执业医师法规策划 1 次大型义诊活动，写出"义诊计划书"。

三、计划制定方法

计划制定的效率高低和质量好坏，主要取决于计划制定方法，计划制定的方法多种多样，针对不同的环境，计划制定方法有所不同。常见的计划制定方法有目标管理法、滚动计划法、网络计划技术法。

（一）目标管理法

目标管理是彼得·德鲁克 1954 年在其著作《管理实践》中首先提出的。他用系统的方法使许多关键管理活动能够产生联系，将组织的整体目标进行层层分解，转换成组织单位和个人的目标，并同时制定保证措施，使目标的实现不仅有效，并且高效。概括地说，目标管理是以工作为中心和以人为中心相结合的管理方法。

德鲁克认为，在一个组织中，组织目标设定在先，每个人的工作是依据组织目标来制定的，即将每一种工作的目标导向整个组织的目标。首先由组织中的上级管理人员与下级管理人员、员工一道制定组织目标，对其进行有效分解，转变成各个部门以及各个人的目标，管理者根据这些目标来进行管理、评价和奖惩。

每位管理者都必须给自己所负责的单位设定明确的目标，而且必须在目标中给出单位应该达成的绩效，并要说明自身及其单位所应有的贡献，目的是为了协助好其他单位达成组织的共同目标。

目标管理适用于不同规模的组织，适用于不同层次、不同职能的每一位管理者，目标管理是将组织的客观需求转变成部门的目标、个人的目标，从而确保组织经营绩效的达成。

1. 目标管理的特点

（1）参与决策　组织目标是共同商定的，不是上级给下级下达的指标，也不是下级给上级的保证，是上下级之间经过商讨的结果。这种目标转化过程既是"自上而下"的，又是"自下而上"的。

（2）目标明确　美国马里兰大学的早期研究发现，明确的目标要比只要求人们尽力去做有更高的业绩，而且高水平的业绩是与高的目标相联系的。目标管理是根据组织的总目标决定每个部门的分目标和个人担负的任务和责任，各层级、每个人的目标都是明确、可衡量的。

（3）工作依据　总目标和分目标是组织部门和个人活动的依据，所有活动都是围绕这些目标展开的，部门和个人的责任履行与目标实现紧密结合在一起。

（4）考核依据　目标管理寻求不断地将实现目标的进展情况反馈给个人，以便他们能够调整自己的行动。对个人和部门的考核以目标实现的具体情况为依据。

2. 目标管理的程序　目标管理的程序可以分为确立目标体系、实施目标、评价所取得的成绩。

（1）确立目标体系　目标确立是实施目标管理的第一阶段，也是最重要的阶段，因为目标设置的合理、明确能使后面两个阶段容易实施。目标设置可分为4步：最高层管理人员预订目标、重新审议组织结构和职责分工、共同确立下级目标、上下级进行协商并达成协议。

（2）实施目标　目标管理中的实施阶段强调的是自主和自我的管理方式，但是并不表示达成协议后管理人员就不对个人进行管理，而是在双方接触的机会中，以及信息反馈渠道中对工作进行检查。同时对下级的指导和帮助是管理者的重点，并制定相应的、必要的规章制度等。

（3）评价所取得的成绩　到了预定的期限，下级要提出书面报告，上下级在一起对目标完成情况进行考核，依据考核的具体事实进行相应的奖惩。目标管理的起点是制定目标，终点是考核目标完成情况。成果是目标管理考核的对象，是评价工作好坏与优劣的唯一标准。考核以目标为依据，考核的标准、过程、结果应当公开，应能起到促进宣传、鼓励先进、鞭策和帮助落后的效果。设置考核意见申诉渠道，并认真处理申诉。

（二）滚动计划法

滚动计划法是按照"近细远粗"的原则制定在一定时期内的计划，然后按照计划的执行情况和环境变化，调整和修订未来的计划，并逐期向后移动，把短期计划和中期计划结合起来的一种计划方法。

由于在计划工作中很难准确地预测将来影响组织生存与发展的经济、政治、文化、技术、产业和顾客等各种变化因素，而且随着计划期的延长，这种不确定性越来越大。因此，如机械地按几年以前编制的计划实施，或机械地、静态地执行战略性计划，则可能导致巨大的错误和损失，滚动计划法则可避免这种不确定性带来的不良后果。

1. 滚动计划法的制定方法　在制定计划时，同时制定未来若干期的计划，但计划的内容需"近细远粗"。在一个计划期结束时，根据该阶段计划执行情况和内外环境变化情况对原计划进行修订，并将整个计划向前滚动一个阶段，以后用同样的原则逐期滚动（图7-2）。

2. 滚动计划的特点　滚动计划适用于任何类型的计划，其特点有：

（1）计划切合实际　计划随着内外环境的变化而不断修正，缩短了计划时期，加大了对未来情况的估计准确度，提高了计划的质量。

2014年	2015年	2016年
具体	较粗	粗

环境变化	2015年	2016年	2017年
	具体	较粗	粗

环境变化	2016年	2017年	2018年
	具体	较粗	粗

环境变化	2017年	2018年	2019年
	具体	较粗	粗

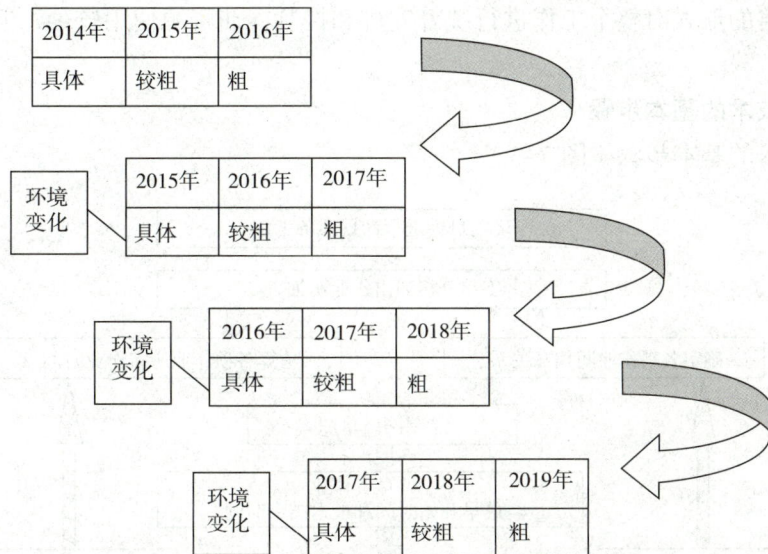

图 7-2　滚动计划法示意图

（2）计划有机结合　滚动计划是将短期、中期和长期计划有机结合的保证，能及时根据环境变化做出调整。

（3）计划有弹性　滚动计划采取的是"近细远粗"方法，给下次计划的调整预留了较大的弹性空间，从而提高了组织的应变能力。

小测试

滚动计划法的运用

假设你是刚进大学校门的大一新生，你打算本科毕业继续深造读硕士研究生，请用滚动计划法做考研计划书，并实施到大四的研究生考试。

（三）网络计划技术

随着科学技术的飞速发展，现代化生产体现在由众多的劳动者使用众多复杂的技术装备来完成各项工作，其中有复杂的生产过程、精细的劳动分工，要有科学的组织和严密的计划，从而保证生产的连续进行和充分有效地利用现有的资源，取得预计的经济效益。但在日常生产中，经常会发生各个生产环节之间的不协调，如停工待料，将拖延工期。为了适应现代化生产发展的需要，自 20 世纪 50 年代以来，许多发达国家进行了大量的调查研究，先后发明了一些新的科学管理方法。其中，网络计划技术就是一种。

1956 年，美国杜邦公司研究创立了网络计划技术的关键路径方法（缩写为 CPM），并试用于一个化学工程上，取得了良好的经济效果。1958 年美国海军武器部在研制"北极星"导弹计划时，应用了计划评审技术（缩写为 PERT）进行项目的计划安排、评价、审查和控制，获得了巨大成功。20 世纪 60 年代初期，网络计划技术在美国得到推广，一切新建工程全面采用这种计划管理新方法，该方法并被引入日本和西欧其他国家。随着现代科学技术的迅猛发展和管理水平的不断提高，网络计划技术在不断完善。目前，它已广泛用于世界各国的工业、国防、建筑、运输和科研等领域，已成为发达国家盛行的一种现代生产管理的科学方法。

网络计划技术的基本原理是将一项工作或项目分解成各种作业，然后根据作业的先后顺序进行排列，通过网络的形式对整个工作进行统筹安排和控制，使资源使用较少，但又能在最短时间完成工作。

1. 网络计划技术的基本步骤

网络计划技术的基本步骤（图7-3）。

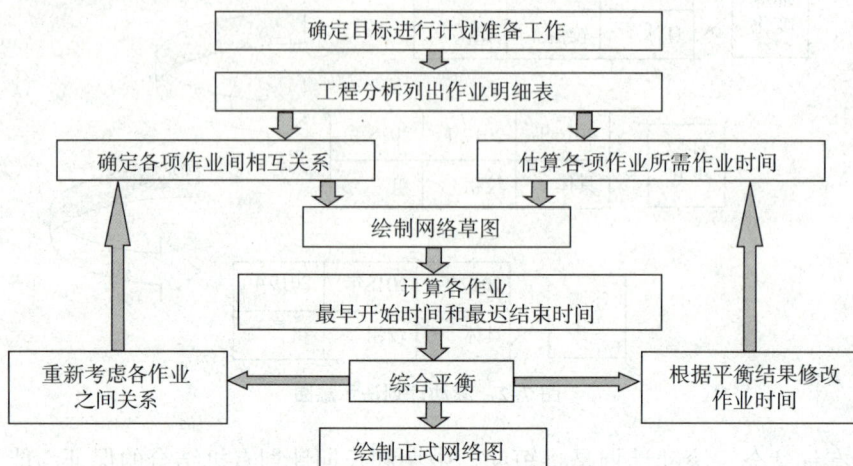

图7-3 网络计划技术步骤图

2. 网络图的绘制

（1）网络图要素 网络图由箭线、节点、虚箭线和路线组成。

①箭线：代表一项活动、工作、作业。箭线由箭头和箭尾组成。箭尾表示活动的开始，箭头表示活动的结束。活动是要消耗时间和资源的，活动时间一般写在箭线的下方，活动名称用文字或代号、编号等表示，写在箭线的上方。箭线不是矢量，其长短与消耗时间多少无关。它可长可短可弯曲，但不能中断。在网络图中，它将各个节点连接起来，标明的是各个工序间的先后顺序和相互关系。

②节点：用圆圈表示，代表某项活动的开始或结束。节点不消耗时间，也不消耗资源，表示某项活动开始或结束的符号。网络图中的第一个节点称为起始点，最后一个节点为整个计划最终作业的结束，它们之间的为中间节点，绘制网络图时，将节点按先后次序进行统一编号。

③虚箭线：用带箭头的虚线表示，表示的是一个符号，不占用时间，不消耗资源，作用是将两个节点之间的多项作业分开，以明确表示各项作业或工序之间的逻辑关系，以有利于计算机识别。

④路线：是指网络图中从始点开始，沿着箭头方向到达网络图终点为止，中间是一系列首尾相连的节点和箭线组成的一条通道。一个网络图中可能有多条从始点到终点的通道，其时间长短不一，其中各项作业时间之和最大的路线，为关键路线，它直接影响整个计划的时间跨度。网络图中关键路线一般用粗线或红线标识。

（2）绘图步骤 任何一项任务都可分解成许多工作，根据这些工作在时间上的衔接关系，用箭线表示它们的先后顺序，画出一个由各项工作相互联系、并注明所需时间的箭线图，这个箭线图称作网络图。

①分析：首先是对计划任务进行分析，明确各项活动间的关系，明确计划的各种要求，即进行任务分解。

②绘草图：根据任务分解、作业时间和先后逻辑关系，用网络图表示出草图。

③绘制正式网络图：在上述基础上，根据各作业在计划任务中的先后关系进行规范化。

（3）网络图绘制的规则 各项活动之间的衔接必须按次序进行。只有当所有的紧前活动全部结束后，后续活动才能开始。

图中不能出现循环路线，图中的箭线方向只能从左到右，不能反方向，以免形成回路。

两个节点之间只能有一条箭线。如果在两个节点之间存在多项平行的作业活动，除保留一项作业活动节点外，其余活动要通过增加节点的方法，用虚箭线相连接。

一个网络图中只允许有一个始点和一个终点。若有多项始点活动，可以从一个始点引出，最后多项活动的终点汇集到一个终点上，中间不允许有始点和终点。

图中节点编号。按从小到大的原则对图中的所有节点进行统一编号，以便于识别、检查和计算。顺序是从始点到终点，不能重复使用编号，箭头节点的号码要大于箭尾号码，号码数字要写在节点的圆圈内，避免与作业时间混淆。

例题：某工程由八道工序组成，分别用A、B、C、D、E、F、G、H表示各项作业的代号，其所花时间分别是4天、2天、6天、8天、4天、4天、10天、4天。各项作业之间的关系是:C、D的紧前工序是A，E的紧前工序是B，F的紧前工序是C，G的紧前工序是C、D、E，H的紧前工序是F、G。图7-4是其网络图。

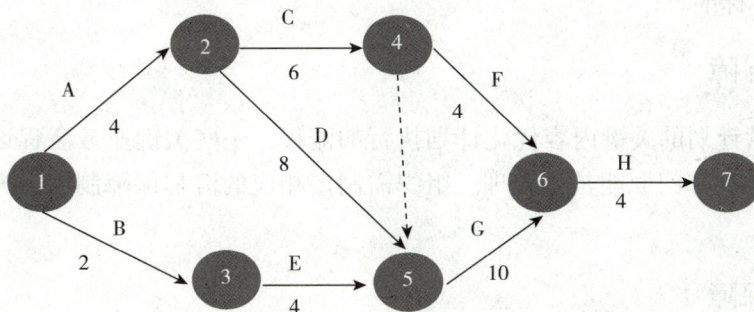

图7-4　某工程网络计划图

3. 网络计划技术的特点

（1）能清晰表明整个计划各个节点的时间顺序和相互关系，并指出完成任务的关键环节和路线。

（2）可对计划的时间进度与资源利用实施优化，充分利用资源。

（3）可事先评价达到目标的可能性，根据资源掌握情况，对计划的目标达成做出评价。

（4）便于组织与控制，有了计划就可以按计划的安排进行组织实施，实施过程中可根据计划要求进行控制。也就是说，控制的标准是计划。

（5）易于操作。有了计划安排，一切行动有了指引，计划的执行就是明白易行。

第三节　计划的执行与调整

计划是为达成组织目标而做的。只有按计划执行，才能够高效地达成组织目标。但是在计划执行过程中会面临种种限制，使计划执行受阻。为了使计划顺利实施，必须提供计划实施的保障，并根据环境因素的变化，适时调整计划，使目标能够达成。

一、计划执行的保障

对于一个组织来说，要使各层级、所有成员按计划执行各项工作，必须建立保证计划有效执行的保障体系。该体系包括制度、资源、权限和流程等。

（一）制度保障

规章制度是组织能正常运转的基础。为使计划得以实施，必须建立完整的制度体系，包括基础性管理制度和职能性管理制度。

1. 基础性管理制度

（1）绩效考核制度　将经营计划要达到的目标与员工的绩效考核联系起来，以此规范员工行为，使其围绕经营目标展开，促使计划落到实处。

（2）部门协作制度　围绕计划重点解决好各部门间的协作关系，在部门间确立合作关系，明确责权利；还可采取项目小组形式，提高计划的运作效率。

2. 职能性管理制度

职能性管理制度是针对计划执行的具体、可操作规范，不仅是员工的操作规范，还为衡量员工工作成效提供了标准。

（二）流程保障

紧紧围绕经营计划的关键内容优化计划执行的流程，一些关键业务流程运作效率的高低反映了整个组织结构和部门职能是否合理。组织需制定相应的流程保障制度，为计划的执行保驾护航。

（三）权限保障

为了保障计划的有效实施，需规定各层级、各部门和各员工在计划实施过程中的权限，使计划执行过程中的决策及时、有效，同时又能整体配合。

（四）资源保障

为达成计划目标必需配备各种资源，有些计划项目分配到的资源往往不能保障目标的实现。尤其是在计划与现实存在较大差异时，往往会放弃原计划，使计划的执行受到阻碍。组织在计划执行中，一定要通过制度对关键项目进行确定，并结合绩效考核，通过政策给资源以保障。

小故事

广安门医院人才计划

中国中医科学院广安门医院，是集医疗、教学、科研和预防保健为一体的三级甲等中医医院。医院拥有国医大师 3 名、中国科学院院士 1 名、全国名中医 3 名、首都国医名师 18 名、国家高层次人才特殊支持计划领军人才专家 1 名、国家百千万工程有突出贡献中青年专家 3 名、岐黄学者 5 名、国家卫生健康突出贡献中青年专家 11 名、中国中医科学院荣誉首席研究员 16 名、第五届中央保健会诊专家 13 名，55 位专家享受政府特殊津贴。

多年来，医院将培养中医药事业传承发展人才摆在重要位置，形成名医传承、人才国际化培养、研究生教育、继续教育、西医学习中医班等多层级人才培养体系；依托医院名老中医优势资源，连续数年举办国医大师学术思想研讨会、广安论坛等一系列学术活动，极大地发挥了在全国范围内的学术引领和辐射作用；医院承担四所高等中医药大学的临床带教任务，形成了"校院"联合、多层次覆盖、研究生为主的医学高等人才教育新模式。医院自1991年开始承担师承工作，现有师承导师98人，其中国家级师承导师45人；自1956年起已开办西医学习中医班第22期；自2007年起建立全国老中医药专家学术经验继承工作室，目前设有国家级工作室20个；自2010年起，医院先后与美国梅奥医学中心、日本米盛医院等国际著名医疗机构建立了合作关系，"梅奥计划"9年间持续派遣中青年医务人员64人赴国外学习。

回归中医经典的同时，兼容并蓄国外先进理念，建立立体化、复合型人才培养模式，不断强化中医药特色人才建设，打造以中医为主、中西医结合及中医国际化相结合的高水平中医队伍。

资料来源：广安门医院官网．

二、计划的执行

（一）明确目标

1. 明确组织的整体目标 组织要通过一定的方式将其整体目标告知各部门和各员工，让员工和各部门各司其职，这样能减少盲目性，有利于站在全局的角度考虑计划实施过程中的问题。

2. 部门目标要协调和沟通 只有良好的协调和沟通才能更高效地执行计划，才能使员工从多部门、多角度的视角来思考和执行计划。

将组织的整体目标层层展开，并确定下属的工作目标，便形成了组织的目标体系。

（二）做好准备

在组织中，为实现目标需做的准备工作包括对组织所有资源的分配、标准制定、组织措施和调整预案等。高层管理者必须了解各部门和下属完成目标所需的资源情况，组织并协调各种资源的需要量，将组织可支配的各种资源与组织目标联系起来。

（三）全面执行

计划的执行要做到按计划要求，不折不扣地进行，包括按时间进度要求、生产或服务标准要求，以及目标达成度的要求等。

由于组织面对的环境复杂多变，各项资源在计划实施过程中也存在变化的可能，这时就必须对计划进行调整。

（四）计划执行中的跟踪检查

对计划的执行情况进行跟踪检查是计划执行信息的主要来源，是计划执行情况分析和调整的依据，是执行控制的关键步骤。跟踪检查的主要工作是定期收集反映计划执行的有关数据。数据收集需全面、真实、可靠，不完整或不正确的数据会使判断不准确，从而引致决策失误。跟踪检查可获得计划执行过程的第一手资料，将跟踪检查情况及时反馈给上级管理层，可为计划的执行和调整提供依据。

三、计划的调整

在计划的执行过程中，无论是外部环境发生变化，还是组织内部的环境发生改变都可影响计划目标的达成。此时，必须重新审视内外环境因素，遵循计划的原则，对原先的计划进行分析，提出适应当前状况的新计划，这就是计划的调整。

（一）计划执行数据的收集和加工处理

如想了解某项工程进展状况，有必要对工程的实际进度进行数据采集。采集到的数据有可能是不规范的、杂乱的，必须对其进行加工处理，形成与计划进度具有可比性的数据。如对检查时段实际完成工作量的进度数据进行整理、统计和分析，以确定本期累计完成的工作量、本期已完成的工作量等。

（二）执行情况与计划情况对比分析

某工程执行情况的数据整理好后，可将其与计划进行比较分析，即将实际进度数据与计划进度数据进行比较，以确定该工程实际执行状况与计划目标之间的差距。为了能更加直观反映实际进度和计划进度间的偏差，通常采用表格或图形等进行实际进度与计划进度的对比分析，从而一目了然地看出计划进度是超前、滞后还是一致。

管理学家甘特在20世纪初提出的一种条状图表，其实质是通过对各项活动完成情况的了解，调整工作程序和时间以便完成该项任务。甘特图的优点主要是形象，直观，简明，易懂，易掌握，对计划进度的控制、管理工作的改进都有很大帮助，至今乃在很多领域广泛运用。

甘特图（图7-5）的不足是难以给管理者提供全面的情况，通常只适用于小型活动，大型活动要借助网络图来控制。

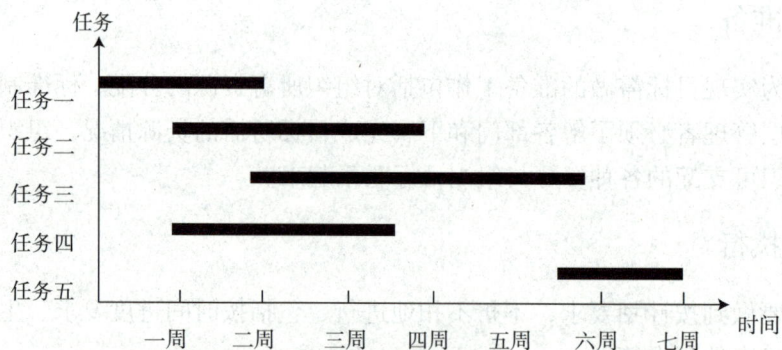

图7-5　甘特图

（三）环境分析

环境变化包括内外部环境的变化，管理者必须时刻警惕。通过分析环境因素，企业可了解行业发展趋势，把握自身组织发展方向，结合组织的目标和计划，为修正组织的计划提供可靠依据。

（四）计划的调整

结合计划执行情况分析和环境变化分析，重新调整计划，以便于目标的实现。

计划调整要注意部门计划与整体计划之间、各部门计划之间的协调性，个人计划与部门计划，以及与整体计划间的协调。

计划的调整是为了组织目标的达成，调整后的计划也不是一成不变的，还需根据内外环境的变化进行适时调整。

【案例分析】

同仁堂的经营变化

北京同仁堂股份有限公司是中药行业著名的老字号，公司以制造、加工、销售中成药为主业，已形成位于大兴、亦庄、刘家窑、通州、昌平五个生产基地组成的生产制剂群，年产中成药约 21 个剂型、400 余种，主要产品有牛黄清心丸、安宫牛黄丸、大活络丸、国公酒等中成药。公司连锁门店、各地分店以及遍布各大商场的店中店 600 余家，海外合资公司、门店 20 家。2004 年同仁堂投资 1.5 亿港元设立的境外生产基地——同仁堂国药有限公司于 2005 年底通过了 GMP 认证，2007 年，同仁堂则开始在马来西亚、越南等地开启了海外开店计划。

同仁堂主营业务构成（表 7-2）。

表 7-2 同仁堂主营业务构成

项目名	营业收入（亿元）	收入比例（%）	营业利润（亿元）	毛利率（%）
医药工业	47.8972	63.80	23.9761	50.06
医药商业	45.7984	61.01	13.7456	30.01
合计（行业）	75.0701	100	37.3417	49.74
生产制造分部	48.0478	64.00	24.0853	50.13
商业销售分部	46.118	61.43	14.0171	30.39
其他	0.37672082	0.50	0.04962815	13.17
分部间抵销	-19.4724	-25.94	-0.8102939	4.16
合计（产品）	75.0701	100	37.3417	49.74
中国内地	70.0788	93.35		
除中国内地以外	4.6411	6.18		
其他（补充）	0.35020981	0.47		
合计（地区）	75.0701	100		

注：截至 2022 年 6 月 30 日。

公司发展战略："十四五"期间，公司将筑牢"党建、质量、诚信"三大基石，聚焦主责主业，坚持做精、做优、做强、做长，实现高质量发展。工业制药板块将以打造中药产业集群为目标，优化业务布局及产品规划，筛选临床价值和保健功能凸显、发展潜力大的品种进行重点推广和培育；有计划的研发新品种和引进新品种，进一步增强同仁堂品种群的资源优势，打造差异化竞争力；加强供应链管理，提升检测能力并推动建立全面药品追溯体系、种养殖基地药材追溯体系，实现中药全程质量可追溯；推动工业制造转型升级，加强中药工业智能化、信息化、数字化建设，实现精益化生产管理；积极推动营销改革，加大工商协同，提升商业营销竞争力，打造多品种全渠道的营销体系。

商业零售板块将坚持发展"名店、名药、名医"相结合的综合性药店及配套医疗机构，培育发展物流配送业务，拓展医药电商领域；统筹全国零售网络布局，通过各种合作方式实现资源整合，做大零售终端规模；推动服务标准化、经营智慧化，围绕客户需求与体验加快核心能力的构建。海外业务板块将进一步优化完善产业布局，加强品种群建设，统筹线上线下渠道联动，完善创新业务模式（表7-3）。

经营计划：公司以更坚决的步伐全面落实"十四五"规划，坚定不移狠抓核心竞争力，筑牢发展根基；坚定不移提升经营质量，夯实风控体系；坚定不移推进营销改革，打造名牌名品；坚定不移推进大品种战略落地，做强产业支撑；坚定不移加快投资并购，增强发展后劲；坚定不移推进数字化建设，创新驱动发展；坚定不移推进精细管理，提升工作质效。公司将在公司董事会的坚强领导及全体干部职工的努力下，抢抓新时代高质量发展的重大战略机遇，实现高质量发展。

表7-3   关联企业经营状况

关联企业名称	营业收入（亿元）	净利润（亿元）	总资产（亿元）
同仁堂科技	30.1469	4.5221	123.5319
同仁堂商业	43.6525	1.8397	60.0851
同仁堂国药	5.2131	1.9788	32.7854

注：截至2022年6月30日。

案例讨论题：

1. 对同仁堂现阶段经营计划进行评述。
2. 试分析同仁堂是如何做到继承与创新发展，保持业内第一位置的。

【思考题】

1. 为什么组织要做经营计划?
2. 计划的种类很多，介绍常见的计划类型。
3. 目标管理的作用是什么?
4. 如何通过经营计划实现医院经营目的?
5. 组织经营计划什么时候需要调整?
6. 组织经营计划调整的依据是什么?

第三篇

组　织

扫一扫，查阅本章数字资源，含PPT、音视频、图片等

学习目标

1.掌握：组织职能的含义及任务；组织设计的原则；组织设计的影响因素；职权的类型；授权的基本原则。

2.熟悉：组织设计的过程；组织结构的基本形式及其优缺点；授权的过程。

3.了解：组织结构设计的含义与意义；部门划分的方法；管理幅度的含义及影响因素；影响集权与分权的主要因素。

案例导读

互联网医院打破传统医院围墙

医疗资源分布不均衡一直是我国医疗卫生事业面临的突出问题，也是老百姓"看病难"的重要原因。

2011年左右，我国提出试点构建"医联体"模式，推动医疗资源下沉，但并未从根本上改变优质医疗资源向大城市、大医院集中的现状，一段时期，基层诊疗人次占比持续下降。大医院虹吸，"挂号如春运，看病如打仗"的患者就医体验，亟待缓解。

"互联网＋"的兴起带来了新的机会，互联网技术能够促进医疗资源去中心化，提高医疗资源流动性和医疗服务效率，能够有效推进医疗资源下沉。此前，行业已经开始利用互联网技术进行了一些实验性的探索，如2010年，微医的前身"挂号网"便是从预约挂号切入，通过技术帮助医疗机构将挂号窗口外移。

随着监管政策的松动以及技术、理念的成熟，2015年12月，全国首个互联网医院——乌镇互联网医院正式建立，开创了在线处方、在线复诊、远程会诊等诸多先河，标志着"互联网＋医疗健康"业态的形成。互联网医院的出现，真正打破了传统医疗机构间的围墙，实现了从网络化医院到智慧医院的一次跃迁，是数字医疗发展进程中的一个巨大进步。

以乌镇为起点，互联网医院开始在全国遍地开花，以银川为代表的多个省市成为建设互联网医院较为活跃的区域。2020年后，互联网医院建设达到高峰。据国家卫健委数据，目前全国互联网医院数量已经达到1700家，在满足人民群众就医需求方面起到了积极作用。

（资料改编自：微医三度入选福布斯：互联网医院、药械交易平台、数字健共体三项创新引领行业升级 https://www.163.com/news/article/HFSI7RAB00019UD6.html）

第一节　组织与组织结构设计

在现实生活中，人们总是在一定的组织中生活和从事各种活动，组织工作和组织现象存在于社会生产和生活的各个方面，因此，做好组织工作具有十分重要的意义。

一、组织的含义

组织可以分为静态的组织实体和动态的组织工作。静态组织是指作为实体本身的组织，泛指各种各样的社会组织，如学校、医院、政府机关、部队、企业等。动态组织是指管理工作中的组织职能。组织职能是指为有效实现组织目标，设计出合理的组织结构，配备相应人员，分工授权，使组织协调运行的一系列活动。

组织职能的基本任务包括组织结构的设计、职权的分配和协调、人员配备和使用三个方面。

1. 组织结构的设计　根据组织目标，将实现组织目标所必须进行的各项活动加以分类和归并，建立起分工合理、协作关系明确的组织运行模式。这是组织保证组织目标得以实现所要解决的基础问题。

2. 职权的分配和协调　组织要完成的工作被分工之后，为了使员工能履行其职责，就要赋予其完成该项工作所必需的职权。同时，为了保证各部门之间、各项工作之间的协调，还要对各项工作的责任和相互之间的职权关系进行协调。因此，组织工作还包括职权的分配和协调。

3. 人员配备和使用　组织目标的实现除了要明确分工、协作关系，还要充分发挥组织中每一个成员的才能。只有获得专业化的优势，才能最大限度地发挥群体的力量。因此，人员的合理配置和使用也是一项重要的组织工作。

组织工作一般由高层管理队伍完成。比如，他们将确定从组织的顶端到底端需要多少层级，各层级的管理者拥有什么样的职权，完成他们工作的流程是怎样的等。

二、组织结构设计的含义与意义

不管规模大小、性质如何，每个组织都有自己的结构框架。有些公司，如"丰田"和"联想"有较为正式的组织结构，也有很多创业型企业，组织结构不正规，较为简单。

1. 组织结构设计的含义　组织结构是指在工作分工和权责划分基础上形成的有横向和纵向的部门、层次、职位等要素构成的网络关系体系。就像人类由骨骼确定体形一样，组织由其结构决定其形状。

组织结构设计是指将组织的目标或任务进行专业分工，并建立起使这些分工能够有机协调配合的系统结构的过程。组织结构设计的目的是协调组织中人与事、人与人之间的关系，最大限度地发挥人的积极性，提高工作绩效，更好地实现组织目标。组织结构设计的结果是形成组织结构图、部门职能说明书和岗位职责说明书。

（1）组织结构图　组织结构图是通过图示表明组织中的部门、岗位设置情况和权力层次结构，可直观反映组织内部的分工和各部门上下隶属关系（图8-1）。

（2）部门职能说明书　是关于该组织中各部门职能划分情况的书面说明，一般包括部门名称、上下隶属关系、协作部门、部门职责、部门宗旨、岗位设置等。

（3）岗位职责说明书　是说明组织中每一个岗位的具体职责和对上岗人员的素质要求。岗位职责说明书一般包括岗位名称、上下级关系、岗位主要工作、岗位权力、岗位素质要求等。

```
                    ┌──────────┐
                    │  总经理   │
                    └────┬─────┘
                         │     ┌──────────┐
                         ├─────│ 总经理助理 │
                         │     └──────────┘
    ┌────┬────┬────┬────┬────┬────┐
 ┌──┴┐┌─┴─┐┌─┴─┐┌─┴─┐┌─┴──┐┌─┴──┐
 │办 ││人 ││财 ││销 ││售  ││生  │
 │公 ││力 ││务 ││售 ││后  ││产  │
 │室 ││资 ││部 ││部 ││服  ││运  │
 │   ││源 ││   ││   ││务  ││行  │
 │   ││部 ││   ││   ││部  ││部  │
 └───┘└───┘└───┘└───┘└────┘└────┘
```

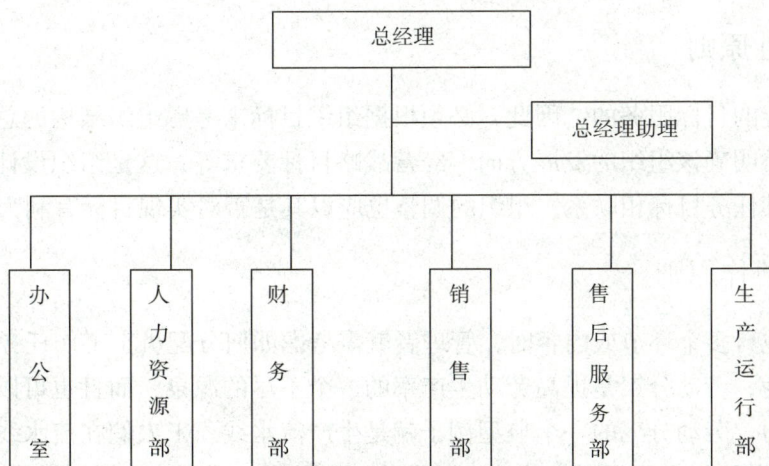

图 8-1　组织结构示意图

2. 组织结构设计的意义　设计适合组织发展的组织结构，有助于清楚地界定每个部门及组织成员的权责角色；在此基础上进行恰当的协调和控制，有助于提高部门和个人的工作效率，提高组织的整体表现。如果组织结构与组织需要不相适应，将会导致一系列问题，如决策延误、发生冲突、应变能力差、行政管理成本高及士气低落等。

名家观点

组织和组织结构

哈德罗·孔茨指出："为了使人们能为实现目标有效地工作，就必须设计和维持一种职务结构，这就是组织管理职能的目的。"

资料来源：哈德罗·孔茨，海因茨·韦里克.管理学［M］.10 版.北京：经济科学出版社，1995.

"好的管理结构不会自动产生良好的绩效，就好像一部好《宪法》并不能保证一定会出现好总统或好法律、有道德的社会一样。但是在不健全的组织结构下，无论管理者是多么优秀，企业一定不可能展现出色的绩效。"

"健全的组织结构不是灵丹妙药，也不像某些组织理论家所说的那样，是管理'管理者'最重要的工作。毕竟解剖学并不能代表生物学的全部。但是，正确的组织结构是必要的基础。如果没有健全的组织结构，其他管理领域也无法有效达成良好的绩效。"

资料来源：彼得·德鲁克.管理的实践［M］.齐若兰译.北京：机械工业出版社，2006.

一般有 3 种情况需要进行组织设计。新设立的企业、原有组织出现较大的问题、企业的目标发生变化。例如，当环境发生重大变化后，对原有企业组织需重新设计，组织需进行局部的调整和完善。再例如，人员的变化或局部目标的变化需要对组织结构进行局部的调整。

三、组织结构设计的原则

不同的组织会根据自己的目标和资源状况采用不同的组织结构形式，但无论管理者决定采用何种结构，都应遵循组织结构设计的基本原则。

（一）目标性原则

组织是为一定的目标服务的，因此，必须根据组织目标来考虑组织结构的总体框架。在设计组织结构时，先要明确该组织的发展方向、经营战略目标要求等，这是组织设计的前提。组织中每一部分都应与其任务目标相联系，组织的调整也应以其是否对实现目标有利为衡量标准。

（二）分工协作原则

当一项工作包含多个环节或内容时，管理者就需考虑如何分配员工工作任务。

传统观点认为，劳动分工是提高劳动生产率的一个不尽的源泉，而且也可以提高管理者对工作任务的控制能力。劳动分工的一个典型例子就是生产流水线。工人们在流水线上重复完成标准化的任务。在 20 世纪初和更早时期，这一结论毫无疑问是正确的，因为当时专业化还没有得到普遍推广。但随着劳动分工越来越细，在某一点上劳动分工所带来的非经济性开始超过专业化的经济优势。这种非经济性表现为员工精神和生理上的厌倦、疲劳、压力，从而导致经常性旷工，甚至较高的离职流动率，导致低生产率、劣质品率上升等。另一个问题是，劳动分工势必增强管理协调的难度，对协调众多员工的工作活动提出更高要求，尤其是对于独立性和专业性很强的工作。

现代的观点主张在计算专业化的最优程度时，不仅要考虑经济成本和效益，也要考虑员工心理上的成本和效益，强调通过扩大而不是缩小工作活动的范围来提高生产率。例如，给予员工多种工作去做，允许他们完成一项完整而全面的任务，或者将他们组合到一个工作团队中。现代的观点虽然与劳动分工的思想相违背，但从总体上说，劳动分工思想仍在当今许多组织中具有生命力，并且具有较好的效果。我们应认识到它为某些类型工作所提供的经济性，与此同时，我们也要看到它的不足之处。

（三）有效幅度原则

管理幅度表明一位管理者能直接、有效地管理员工的数量。有效管理幅度原则产生的原因在于管理人员知识、经验和精力是有限的，因而能够有效领导的下级人数也是有限的，如果超过了这个限度，就不可能进行有效的领导。这一问题之所以重要，是因为它决定了组织的层次和管理人员的数目。

古典学者主张窄小的幅度（通常不超过 6 人），以便管理者能够对下属保持紧密的控制。也有一些学者认识到，组织层次是一个权变因素。随着管理者在组织中职位的提高，需要处理许多非结构性问题，这样高层管理者的管理幅度要比中层管理者的小，中层管理者的管理幅度又比基层监督人员的小。现在越来越多的组织正努力扩大管理幅度。管理幅度日益根据权变因素的变化向上调整，从而导致组织结构的扁平化趋势。

（四）统一指挥原则

指挥链是从组织高层持续延伸到基层的一条职权线，它界定了谁向谁汇报工作，并帮助员工回答"我遇到问题时向谁请示""我对谁负责"之类的问题。一位员工如果对两位或更多上级汇报工作，就会引起命令冲突和优先级混乱的问题。因此，早期的理论家主张每个下属应当而且只能向一个上级主管直接负责，这就是统一指挥原则。但实际上统一指挥原则经常被违背。如药厂行政人员（或是财务人员、人事部人员等）经常在自己的专业分工领域内对不在自己直接领导下的员工（如销售人员）进行指挥。解决的办法是在确保专业分工和岗位划分的基础上，通过紧密的协作，进行合理的指挥。

（五）权责对等原则

职责是组织中每一个部门或岗位应该完成的工作任务，达到的工作要求。职权是为履行岗位职责所拥有的开展活动或指挥他人的权力。权责对等原则也就是权责一致原则，即组织中的每个部门和每位员工都有责任按照工作目标的要求保质保量地完成工作任务，同时，组织也必须委之以自主完成任务所必须的权力。职权是履行职责的必要保证，如果有职无权，则无从谈起履行职责；有权无责，则易导致滥用权力。

（六）经济高效原则

组织拥有的资源是有限的，所以组织结构的设计要讲求经济效益，既要减少不必要的管理层次和部门，又要为组织将来的发展做好人员储备，并有利于各种资源的有效利用。另外，组织是人们为了实现共同目标而采用的一种手段，因此，组织结构在保持一定稳定性的同时，还要能够根据组织内外环境的变化进行调整。

四、组织结构设计的影响因素

现代的组织是一个与外部环境有着密切联系的开放式组织系统。采取何种类型的组织结构都会受到组织内外部环境中各种要素的影响，包括组织所处的环境、组织战略、技术因素、组织规模和发展阶段等。

（一）外部环境因素

任何一个组织的运作都不可能脱离一定的外部环境，有效的组织往往拥有与外部环境相适应的结构。外部环境对组织结构设计的影响主要表现在三个方面。

1. 对部门和岗位设计的影响　任何一个组织都是社会经济大系统中的一个组成部分，社会化分工程度和市场化发展情况决定了组织职能外部化的程度，从而影响组织需要独立开展的工作内容、所需设立的部门和岗位。例如，在我国，随着经济体制的改革，国家逐步把企业推向市场，这就要求企业必须相应地强化资源筹措和产品销售的部门。再如，当社会上出现大量的保洁公司时，企业可以将这一部分职能社会化，企业内部无须设立专门的清洁工岗位。

2. 对各部门关系的影响　环境变化使组织中各项工作完成的难易程度，以及对组织目标实现的影响程度发生变化。在供小于需的市场环境中，企业主要关心的是如何增加产量，扩大生产规模，因此生产部门会显得非常重要。一旦供大于需，从卖方市场转变到买方市场，营销活动则会显得更重要，进而成为组织的中心。

3. 对组织整体结构特征的影响　汤姆·伯恩斯（Tom Burns）和斯托克（G.M.Stalker）经过研究发现，环境一般可分为相对稳定环境和不稳定环境。与此相对应有两种不同的组织结构，即机械式结构和有机式结构。处于相对稳定环境中的组织宜采用机械式的结构，处于不稳定环境中的组织宜采用有机式的结构。机械式结构是设有严格的等级层次，决策高度程序化、权力高度集中化和操作高度标准化的组织结构；有机式结构是一种相对分散、分权化的、具有灵活性和适应性的组织结构。

（二）组织战略因素

由于经营理念、所拥有的资源和所处的发展阶段不同，组织会在不同时期提出不同的发展战略。战略的变化也要求组织做出相应调整，重新确立关键性职能及其承担机构的地位，调整各职能部门的分工协作关系，甚至改变组织成员工作的方式方法等，因此组织结构也要做出相应的调整。

钱德勒曾对美国一些著名大公司的组织结构演化进行案例研究。在《战略与结构》（1962年）一书中他认为，大部分纵向一体化和横向一体化的企业组织结构，是根据其管理人员所制定的战略发展而来的。反过来，这些战略又是企业的经理们针对市场和技术环境的变化而提出的。简言之，钱德勒的理论可以概括为"结构跟随战略"理论，钱德勒被公认为研究环境－战略－结构之间关系的第一位管理学家。

（三）技术因素

技术及技术设备的水平不仅影响组织活动的效果和效率，而且会作用于组织活动的内容划分、职务的设置和工作人员的素质要求。例如，现代化加工设备的大范围应用，势必会改变工人传统的生产方式，以及对工人素质的要求。

英国工业社会学家琼·伍德沃德（Joan Woodward）最早对工业生产技术与组织结构的关系进行了研究。她根据人力或机器在工作中的相对贡献将技术分成 3 种类型：小批量生产技术（用以生产或提供定制化产品，并以在小组中共同工作的员工的技能为基础）、大批量生产技术（基本上依靠使用自动化及其重复进行同一个程序化生产过程，用以生产标准化产品或提供标准化服务）和连续生产技术（产品有自动化及其按照既定流程生产出来，并且整个过程由中央监控室控制，连续进行），并据此对其组织结构进行了分析和比较（表 8-1）。

表 8-1　技术与组织结构的关系

项目	小批量生产技术	大批量生产技术	连续生产技术
结构特征	低规范化	高规范化、高集权化	高度的纵向分化
	低集权化	以纵向、书面沟通为主	低度的横向分化
	以横向沟通为主		低规范化
有效的结构形式	有机式结构	机械式结构	有机式结构

伍德沃德在研究中发现，经营成功的企业组织结构，与其所属的技术类型有着相互对应的关系；而经营不成功的企业，通常其组织结构特征偏离了其相应的技术类型。成功的小批量生产技术和连续生产技术企业宜采用具有柔性的结构，而大批量生产技术企业宜采用刚性的组织结构。例如，咨询公司通常为客户提供个性化服务，工作成效在很大程度上依赖于咨询顾问的技能、知识和能力，因此，适合采用灵活的组织机构形式。

（四）组织规模因素

组织规模也是影响组织结构设计的一个重要变量。通常组织规模越大，在管理幅度约束的情况下不可避免地需要分层，形成多层次的组织结构；组织规模越大，组织的关系越复杂，协作也越困难，因此需要对员工进行部门划分，形成多部门结构。随着组织年龄的增长和组织规模的扩大，组织越倾向于重复以前的行为，这就使得该组织越来越倾向于规范化、分权化和专业化。

1. 规范化 规范化是指以规章、程序和书面文件规定各部门和岗位的权利与义务，并依据组织规章实现工作的标准化，以及对各部门和岗位的规范协调与预控的程度。一般而言，组织规模扩大会对组织的规范化程度提出更高要求，越来越多地倾向于组织的规范而不是员工的自觉。

2. 分权化 分权化是指组织中各种问题的决策由下级组织做出的程度。当组织规模较小时，组织中的绝大多数问题通常都由高层管理者决定；随着组织规模的扩大，高层管理者很难做到事事亲力亲为，不得不将决策权下放给下级组织，从而使组织的分权化程度不断提高。

3. 专业化 专业化是指由专业的人员来履行专门的职责的程度。随着组织规模的扩大，许多大部门会被进一步细分为几个独立的部门，同时也会衍生出很多新部门来解决组织发展所带来的新问题。部门的不断细化就使得专职管理或专门化的管理部门逐步增加。

（五）发展阶段因素

组织的结构框架犹如人体的骨骼框架，随着组织从创业期逐渐向成熟期过渡，组织的结构框架也要随着组织的发展及时调整，否则会出现畸形，影响组织的正常发展。

美国学者坎农（Thomas J.Cannon）提出了组织发展五阶段的理论，并指出在发展的各阶段要有与之适用的组织结构形态。

1. 创业阶段 一般采用灵活的非正规化的组织形式，决策主要由高层管理者个人做出，结构比较简单，信息沟通网络主要建立在非正式的基础上。

2. 职能发展阶段 随着业务的增多，组织内部开始形成权力线，组织结构建立在职能专业化的基础上，决策越来越多地由其他管理人员做出，各职能部门间的协调需要增加，信息沟通变得更重要，也更困难。

3. 分权阶段 组织采用分权的方法来应对职能专业化引起的各种问题，组织机构以产品或地区事业部为基础来建立，目的是通过在组织内部划分小的经营单位，以使各部门按创业阶段的特点进行管理。

4. 参谋激增阶段 划分小经营单位使各部门成了组织内部的不同利益集团，本位主义严重。为了加强对各部门的控制，组织内部增设了许多参谋和高级助手。

5. 再集权阶段 参谋激增又导致了直线与参谋之间的矛盾，为了解决分权与参谋激增阶段所产生的问题，高层管理者会再度集中决策权力。

（六）人员结构和素质因素

在现代社会环境中，人力资源被认为是"第一资源"，组织的各项活动都必须依靠人来运行，人员结构和素质情况在很大程度上影响着组织的结构。人员素质对组织结构设计的影响主要体现在部门设置、岗位设置和职权分配几个方面。

1. 部门设置 如果管理人员的专业水平、领导经验、组织能力较强，就可以适当扩大管理幅度，减少部门设置和层级。反之，则应缩小管理幅度，细化部门，以保证组织机构与管理者的能力相匹配。例如，只有当组织拥有素质比较全面和有领导能力的中层管理者时，实行事业部制才有可能；要实行矩阵结构，就要求拥有威信较高、人际关系良好的多个项目经理人选。

2. 岗位设置 若组织成员素质较高，可以设计综合性岗位，以最大限度地发挥员工的才能。如果组织成员素质较低，可多设计专业性岗位，将复杂的工作分解。

3. 职权分配 如果组织成员专业水平高、知识全面、经验丰富，具有优良的职业道德，则职权可较多地下放给基层人员。反之，决策权应尽可能地集中在上层。

通常而言，组织所拥有的人力资源素质越高，越需要采用一种弹性的分权式的有机式结构。当现有人力资源素质较低时，采用容易控制的机械式组织结构能更好地满足组织的需要。

第二节　组织结构设计过程

尽管每一个组织的目标不同，结构形式也可能不同，但一个组织的设计过程基本是相同的。在进行组织结构框架设计的过程中，首先需从战略角度出发考虑需要开展哪些活动，设立哪些业务岗位。其次，将岗位按照一定的方法划分成不同的部门。再次，根据各业务特点、组织经营理念和组织人员特点确定职权分配方式，并由此决定组织的层次。最后，还要根据组织发展过程中可能出现或已经出现的问题，及时调整组织的结构框架，以适应不断变化的环境。

一、岗位设计

组织结构设计的第一步是将实现组织目标必须进行的活动划分成最小的有机相连的部分，以形成相应的工作岗位。活动划分的基础是工作的专门化，即按工作性质的不同进行划分。通过工作的专门化，使每一个组织成员或若干个成员能执行一组有限的工作。

二、部门设计

明确工作岗位后，第二步是将这些岗位按照某种逻辑合并成一些组织单元，这就是部门化的过程。部门划分的目的是按照分工合作原则，将整个组织划分成若干管理单元，明确其各自的权力与责任，并建立不同部门间的协调方式。

一个组织的各项岗位可按多种原则进行归并，常见的部门划分方法是根据职能、产品、顾客、区域、工艺或设备、时间和人数等进行划分。

（一）根据职能划分部门

部门划分最常用的一种方式就是根据所履行的职能进行划分，即职能部门化。常见的职能部门有财务、销售、产品、市场和人力资源等。几乎所有类型的组织都会用到职能部门化方法，只是所用到的职能所反映的组织之间的目标和活动的不同而已。如医院的部门可能包括门诊部、住院部、科技处、财务部门、人力资源等。制药企业的部门可能包括研发、生产、质检、销售、售后服务、财务、人力资源等。

1. 优势

（1）遵循了分工和专业化原则，有利于提高组织的专业化程度。如财务人员在财务部门负责处理收益和支出等数据，工程师在研发部门负责产品的设计并使之便于生产。

（2）有利于提高各部门的工作效率。因同一部门内的个体具有相似的工作经验，对部门管理者而言，沟通和协作不会成为问题。

2. 不足

（1）跨部门协作十分困难，管理者和员工更关注于部门而非整个组织。

（2）随着组织的成长，职能部门化将导致决策缓慢并使得管理者和员工具有狭窄的知识面。

（二）根据产品划分部门

这种方法是按产品或产品系列来组织业务活动、划分部门。它是随着科学技术的发展，为了适应新产品的生产销售而产生的。例如，我国很多家电企业都分冰箱事业部、空调事业部、多媒体事业部等。

1. 优势

（1）与职能部门化类似，它使管理者和员工能够专门从事特定的工作。但与职能部门化会导致员工狭窄的知识面不同，它可以使管理者和员工能够积累与特定产品线相关的一组知识，同时还能使工作单元整体绩效的评估成为可能。

（2）由于管理者和员工负责的是整个产品线而非相互分割的功能部门，相关的决策也能够很快做出，决策中的内部矛盾会大大减少。

2. 不足

（1）突出的是重复，重复造成成本的大量增加。

（2）不同产品部门可能无法有效协作，增大了部门间的协作成本。

（三）根据顾客划分部门

根据顾客划分部门是指将向特定顾客负责的工作和员工划入特定的单元中。例如，一家服装公司，根据其销售对象的不同可以分成童装部、女装部、男装部等。

1. 优势

（1）有利于重视顾客需要，提高顾客的满意程度。

（2）有利于形成针对特定顾客的技巧。

2. 不足 根据顾客组织起来的部门常常要求特殊对待而造成部门间协调困难，管理者必须熟悉特定顾客的情况，在有些情况下很难轻而易举地对顾客进行区分。

（四）根据区域划分部门

根据区域划分部门是将负责特定区域商业活动的工作和员工整合为特定的单元。如果组织的客户分散在一个很大的地理区域内，就可根据地理位置或区域划分组织部门。例如，某跨国公司会在其业务领域中，设立大中华区事业部、欧洲事业部等。

1. 优势

（1）能使公司满足特定区域市场的需求，这对于在不同国家和不同文化区域销售的公司尤为重要。

（2）生产的当地化有利于降低运输费用，缩短交货时间，有利于培养能力全面的管理者。

2. 不足

（1）资源重复。

（2）这种部门划分比其他部门划分更难协调，总部对地方控制的难度较大，要求管理者具有全面的管理能力。

（五）根据工艺或设备划分部门

有些组织按生产过程、生产工艺或设备组织业务活动。例如，制造企业中设立的铸造车间、焊接车间、装配车间、电镀车间，医院的放射科、CT 室等。

1. 优势　有利于充分发挥设备的能力和专业技术人员的特长，便于设备维修和材料供应。

2. 不足　容易强调局部利益而忽视整体目标。

（六）根据时间划分部门

根据时间组织业务活动是最古老的划分部门的方法之一，多见于组织的底层。在许多组织中，由于经济的、技术的或其他一些原因，正常的工作时间不能满足需求，必须采取轮班的做法，例如，医院的监护室、消防队、商场等均采用这种方法。

1. 优势

（1）有利于连续、不断地提供服务和进行生产。

（2）有利于设备、设施得到充分利用。

2. 不足

（1）夜间可能会缺乏监督。

（2）人员容易疲劳。

（3）协调和沟通有时会比较困难。

（七）根据人数划分部门

单纯地根据人数安排业务活动是一种最原始和最简单划分部门的方法，早期的部落、军队普遍采用这种方法。当最终成果只是取决于总的人数时，或者说每个人的贡献都是单纯无差别的简单劳动时，采用这种方法是有效的。在现代社会中，单纯根据人数来划分部门的方法一般局限于基层，从总体上来看，这种方法有逐渐被淘汰的趋势。当代科学技术的发展要求组织中的成员必须具备更加专业化、多样化的知识和技能，由各种专业人员构成的群体能够发挥出更大的效率。

对于很多大组织，一般他们会使用上面提到的多个部门化方法来划分部门。但是近年来组织部门设计出现了新的趋势，就是跨越传统部门界限的团队的使用，它使刚性的部门化组织结构得到了补充。

三、层级设计

部门化解决了各项工作如何进行归类以实现统一领导的问题，接下来需要解决的是组织层次问题，即要确定组织中每一个部门的职位等级数。组织层次的多少与管理幅度的大小有关。

（一）管理幅度及其影响因素

1. 管理幅度　管理幅度是指一名管理者直接管理下级的人数。一个管理者的管理幅度是有一定限制的。管理幅度过小会造成资源的浪费，管理幅度过大又难以实现有效的控制。

2. 影响管理幅度的因素　影响管理幅度的因素包括下属业务活动经验的丰富程度、下属工作任务的相似性、任务的复杂性和不确定性、下属工作地点的相近性、使用标准程序的程度、组织管理信息系统的先进程度、组织文化的凝聚力、管理者的管理能力与管理风格等。

（二）管理层次

管理层次是指组织内部从最高一级管理组织到最低一级管理组织的组织等级。管理层次的产生是由管理幅度的有限性引起的。当一个组织的最高管理者直接管理人员数量超过了管理幅度，就必须增加一个管理层次，这样就可以通过委派工作给下一级管理者而减轻上层管理者的负担，如此就形成了组织的层次结构。但上级管理者在减少部分管理下属时间的同时，也需要增加对下一层次管理者进行监督和协调的时间。因此，增加管理层次所节约的时间，一定要大于监督和协调的时间，这是衡量增加一个管理层次是否合理的重要标准。

（三）管理层次与管理幅度的关系

对于一个人员规模既定的组织，管理幅度与管理层次之间存在反比关系。即一个管理者能直接管辖的下属数越多，该组织的层次就越少，所需要的行政管理人员也越少。反之，一个管理者能直接管辖的员工数越少，所需要的管理人员就越多，相应的组织层次也越多。但管理幅度不能无限地大，根据法国管理学者格拉丘纳斯（V.A.Graicunas）的研究，当管理幅度超过 6～7 人时，其与下属之间的关系会越来越复杂，以至于最后使他无法驾驭。

用数字说话

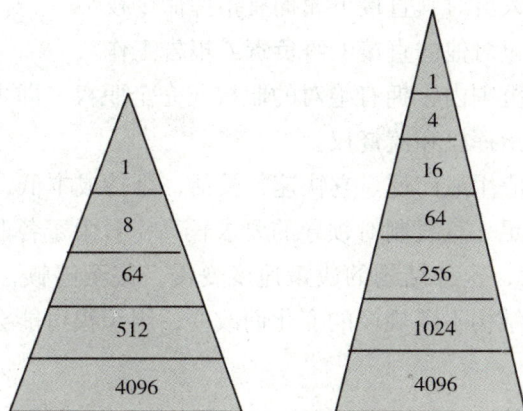

从图中我们可以看出，两个组织管理的作业人员一样多，管理幅度为 8 的用了四个管理层次，管理幅度为 4 的则用了六个管理层次。说明前者的管理效率高于后者。

资料来源：邢以群. 管理学. 北京：高等教育出版社，2007.

由于管理幅度与管理层次这两个变量的取值不同，就会形成高层结构和扁平结构两种组织结构类型。

高层结构是指组织的管理幅度较小，从而形成管理层次较多的组织结构。优点包括有利于控制，权责关系明确，有利于增强管理者权威；为下级提供晋升机会。缺点是增加管理费用，影响信息传输，不利于调动下级积极性。

扁平结构是指组织的管理幅度较大，从而形成管理层次较少的组织结构。优点是有利于发挥下级积极性和自主性，有利于培养下级管理能力，有利于信息传输，节省管理费用。缺点是不利于控制，对管理者素质要求高，横向沟通与协调难度大。

第三节　组织结构类型

组织结构形态是随着社会的发展而不断发展的，在本节中主要介绍直线制、职能制、直线职能制、事业部制、矩阵制及网络式的组织结构。

一、直线制组织结构

直线制是最早、最简单的组织结构形式。由最高管理者到基层工作人员自上而下形成垂直的领导隶属关系，没有职能机构，如同直线，所以称直线制（图8-2）。

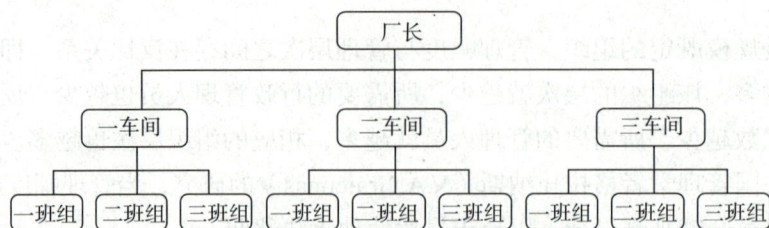

图 8-2　直线制组织结构形式

1. 直线制组织结构的特点

（1）组织中每一位主管人员对其直接下属拥有指挥命令权。

（2）组织中的每一个人只对他的直接上级负责或报告工作。

（3）主管人员在其管辖范围内，拥有绝对的职权或完全职权，即主管人员对所管辖的部门的所有业务活动行使决策权、指挥权和监督权。

直线结构在小企业中的应用最广泛。它快速，灵活，维持成本低，责任明确。

2. 直线制组织结构的不足　直线制对领导的要求较高，且由于各职位工作程序固定，容易导致僵化。随着组织规模扩大，这种结构的决策速度变慢，甚至停顿，这是因为主管一个人需要决定所有的事情。如果组织结构不随规模的变化而改变，组织很可能会失去发展动力，最后导致失败。

二、职能制组织结构

职能制组织结构是在各级直线指挥机构之下设置相应的职能机构从事专业管理，从而代替直线结构中的全能管理者。这些职能部门在自己的业务范围内，有权向下一级管理层次的部门下达命令和指示，下级既要服从上级主管人员的指挥，也要听从上级各职能部门的指挥，从而存在多条指挥线（图8-3）。

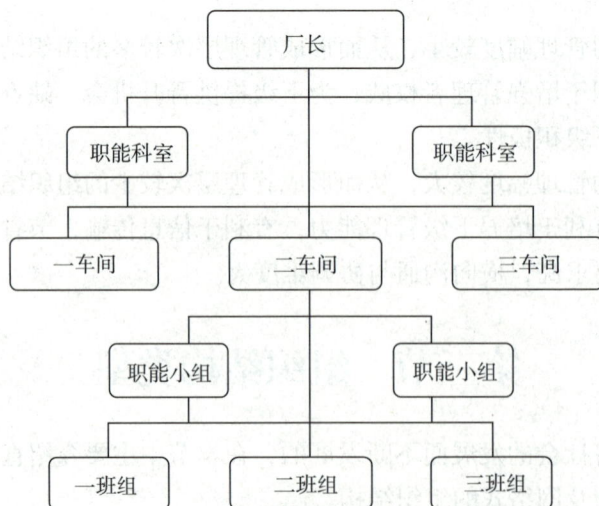

图 8-3　职能制组织结构形式

职能制结构对管理工作实行专业化分工，更好地发挥了职能管理人员的作用，但破坏了统一指挥的原则，下级部门除服从上级行政领导的指挥外，还要服从上级职能部门的指挥，这样形成了多头领导，使下属无所适从。职能制结构最早由泰罗提出，并曾在米德维尔钢铁公司以职能工长制的形式加以试行。由于职能工长制妨碍了统一指挥原则，容易造成管理的混乱，之后未得到推广。

三、直线职能制组织结构

直线职能制组织结构是各类组织中最常用的组织结构形式。它是将直线制与职能制的优点相结合，以直线领导为主体，同时发挥职能部门的指导参谋作用。该结构将管理部门和管理人员分为两类：一类是直线指挥机构和管理人员；一类是职能参谋机构和管理人员。

直线指挥人员在自己的职权范围内拥有对下级的指挥或命令权力，并对主管的工作全面负责。职能机构及其人员是直线指挥人员的参谋和助手，无权直接对下级发布命令，进行指挥，只能在业务范围内提供建议和进行业务指导。这样既能发挥职能专业化的优势，又能保证统一指挥（图8-4）。

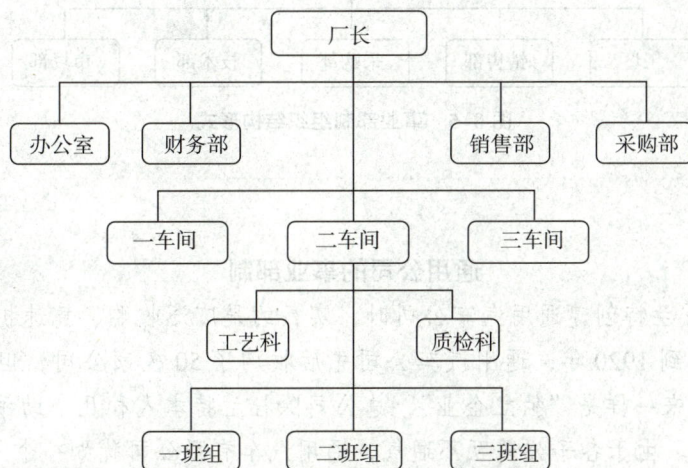

图8-4　直线职能制组织结构形式

1. 直线职能制组织结构的优点

（1）既有直线管理的统一指挥、统一命令的特点，又有发挥参谋人员作用和专业化程度高的优势。

（2）专业分工细、部门和岗位职责清楚、工作效率高。

（3）组织结构的稳定性高。

2. 直线职能制组织结构的不足

（1）因按职能划分部门，部门目标不同，相互之间的协调工作量较大。

（2）由于直线部门的全局性和职能部门的专业目标性，两者之间矛盾较多。

（3）因系统的稳定性高，当组织环境变化时，适应性较差。

直线职能制的组织结构一般适用于稳定环境中的中小企业，这类企业规模不太大，产品品种不太复杂，工艺较稳定，市场销售情况比较容易掌握。

四、事业部制组织结构

事业部制首创于 20 世纪 20 年代的美国通用汽车公司。事业部制是在总公司下面按产品、地区、业务范围划分事业部或分公司。每个事业部都是实现公司总体目标的基本经营单位，实行独立核算、自负盈亏和统一管理，事业部下设职能部门，各事业部的经理直属于公司总部，受公司总部长期计划预算的监督，负有完成利润计划的责任。总公司掌握人事决策、财务控制等大政方针及长期计划的安排（图 8-5）。

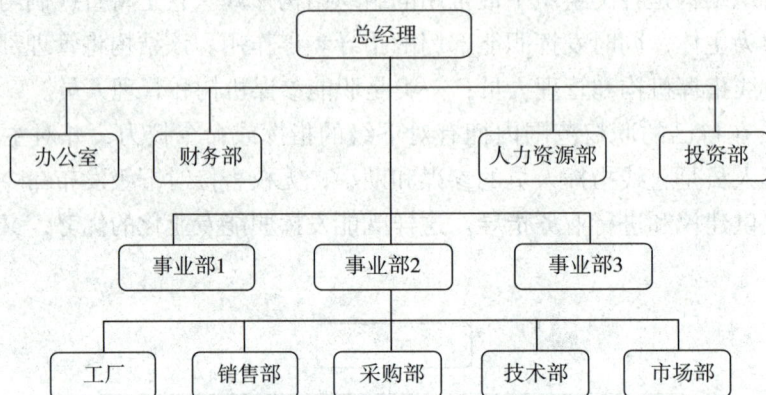

图 8-5 事业部制组织结构形式

小故事

通用公司的事业部制

1908 年，杜兰特创建通用汽车公司时，实行的是广泛收购、急速扩张的战略和独断专行的原则。到 1920 年，通用汽车公司先后收购了 50 多家公司，但被收购的公司大部分依然像原来一样是"独立企业"，总公司除杜兰特本人和几个助手外，没有专门的职能管理机构。由于各子公司互不通气，通用汽车有限公司犹如一个"大拼盘"。

这种独断专行和缺乏全面管理机构的组织使通用汽车公司险遭受到了灭顶之灾。1920 年秋，面对全美的经济恐慌，通用汽车的销售量只占高峰时的 1/4，库存则超过 2 亿美元。加上通用汽车的股票暴跌，公司陷入资金周转不灵的困境。

出于无奈，杜兰特不得不请求杜邦公司和摩根财团对通用汽车公司进行全面改组，随即杜邦公司的皮埃尔·杜邦入主通用汽车公司。其在阿尔弗雷德·斯隆（1923 年升任通用汽车公司总经理）的协助下进行改革，实行分权管理的事业部制，使通用汽车公司从杜兰特的"个人专断式的支配与管理"转变为"实行经营管理制度化的企业"。由斯隆创造的事业部制分权管理组织形式，不仅使通用汽车公司起死回生，也为现代大型企业的组织结构立下了范式。

资料来源：https://wenku.so.com/d/905db8c48347d6b8a57e631f65301c6d

1. 事业部制组织结构的优点

（1）有利于公司总部领导从烦琐的日常事务中解脱出来，着力策划组织长期发展战略。

（2）适应性强，事业部与市场联系紧密，便于掌握市场动态和适应市场变化。

（3）有利于调动各事业部的积极性和主动性，有利于公司对各事业部的绩效进行考评。

（4）有利于经理的职业化。

（5）增大了有效管理幅度。

2. 事业部制组织结构的不足

（1）由于各事业部利益的独立性，容易产生各自为政，忽视长远发展和整体利益，影响各部门间的协调。

（2）在公司总部与事业部内部都要设置职能机构，机构重叠，管理费用上升。

（3）在对事业部授权的权限上难以把握，不是过于集权就是过于松散，权限的划分可谓是各公司最复杂、最头疼的管理难题。

事业部制的组织结构主要适用于处在不稳定或不确定的经营环境中的组织、地理位置较为分散的大型企业或巨型企业、产品多元化的企业。

五、矩阵制组织结构

矩阵结构是在组织结构上既有按职能划分的垂直领导系统，又有按项目划分的横向领导系统的结构。为了完成某一项目，从各职能部门中抽调有关专业人员组成项目组，配备项目经理来领导他们的工作。这一结构中的执行人员既受纵向的各职能部门领导，又同时接受水平的、为执行某一专项任务而设立的项目小组领导（图8-6）。

1. 矩阵制组织结构的优点

（1）工作目标明确，就是为了完成某种产品或某个工作项目。

（2）人员配置灵活，需要什么样的人员因项目而定。

（3）加强了横向联系，解决了职能部门之间互通情报少的问题。

（4）使专门职能知识适用于所有项目，专业人员利用率高，能充分发挥专门人才的作用。

（5）组织协作攻关，有利于解决较难的生产、技术、产品开发及经营管理等方面的问题。

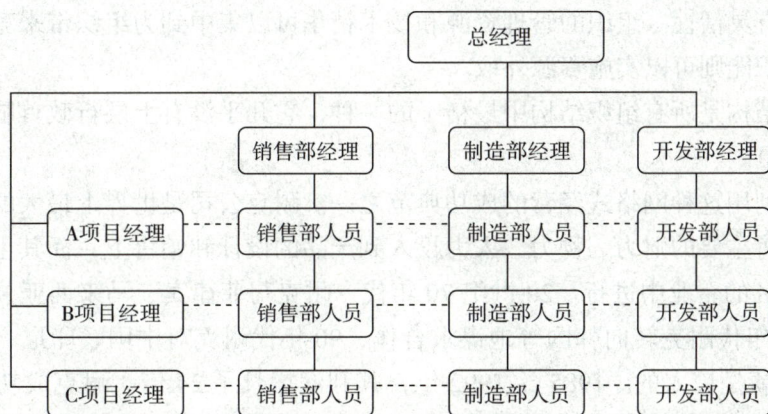

图8-6　矩阵制组织结构形式

2. 矩阵制组织结构的不足

（1）项目部经理和职能部门经理在组织中容易形成多重领导，会发布不一致的命令，从而导致无效冲突和短期管理危机。

（2）人员容易产生临时工作心理，造成工作不细致、不深入。

（3）项目与部门间的协调成本可能会大幅度上升。

（3）项目单元成员的职责不够明确。

矩阵制组织结构主要适用于组织外界环境具有较大的复杂性和不确定性的协作项目，需要组织关注于其产品和专业技能整体的项目，需要资源共享的项目。

六、网络型组织结构

网络型组织结构是企业以契约关系的建立和维持为基础，只保留精干的核心机构，依靠外部机构进行制造、销售或其他重要业务经营活动的组织结构形式。被联结在这一结构中的各经营单位之间并没有正式的资本所有关系和行政隶属关系，只是通过契约纽带，透过一种互惠互利、相互协作、相互信任和支持的机制来进行密切的合作（图8-7）。

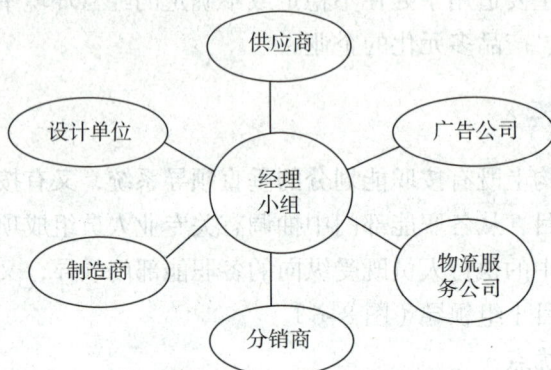

图8-7　网络型组织结构形式

1. 网络型组织结构的优点

（1）网络型组织的最大优点是全球性竞争能力。它可以在世界范围内获得资源，从而实现最优的品质和价格，并在全球范围内提供产品或服务。网络组织即使规模很小，也可以是全球性的。

（2）组织具有灵活性。组织的管理资源和技术精华可以集中到为组织带来竞争优势的关键活动上来，而其他职能则可以实施资源外取。

（3）网络型结构是所有组织结构中最精干的一种，它几乎没有上层行政首脑，且不需要大批的参谋和管理人员。

耐克公司是利用这种网络式经营的成功典范之一。耐克公司是世界上最大的运动鞋供应商和制造商。该公司将主要的财力、物力、人力投入到产品的设计和销售上，而其生产活动完全在美国以外的其他地区的企业中进行。20世纪70年代，耐克与菲律宾、马来西亚、英国、爱尔兰的制鞋厂合作，80年代耐克转向韩国等地谋求合作，90年代耐克对中国、印尼、泰国等国又信心十足。耐克的成绩是惊人的。1985～1992年，其利润增长了24倍。耐克成功的关键是恰当地组建了虚拟网络公司，并在虚拟网络公司中处于核心和领导地位，从而获得了低成本和高利润。

2. 网络型组织结构的不足

（1）不确定性较高，可控性差。组织不控制全部经营活动，必须依靠合同、合作、谈判和电子信息来运转一切。如果某位网络成员传递失误、退出或者发生意外，总部组织就可能被扰乱。由于必要的服务不在直接的管理控制之下，所以不确定性是很高的。

（2）员工忠诚度较低。由于网络型组织中的项目是临时的，员工随时都有被解雇的可能，因而员工对组织的忠诚度比较低，人员流动较频繁。为了应对变化的市场和产品，组织需要随时撤换员工以获得正确的技能组合，并努力建立起具有凝聚力的组织文化。

1. 了解所在学校的组织结构设置情况及各部门的分工情况，并评价其组织结构。

2. 选择当地比较知名的医药企业，了解该企业的组织结构设置情况及各部门分工情况，并评价其组织结构。

3. 选择当地一所三甲医院，了解该医院的组织结构设置情况和各部门分工情况，并评价其组织结构。

4. 比较上述 3 种组织结构形式，分析它们之间的不同，并说明原因。

第四节　职权的配置

在管理实践中我们常常看到，尽管组织中的绝大多数人都知道自己在组织中的职责，却常常需要就本职工作范围内的事情向上级请示汇报，很多事情也常常要在上级的协调或干预下才能得以进行，使得上级烦事缠身，下级难以尽责。

出现这种现象的主要原因是其手中缺少相应的职权。组织结构的设计和人员的配备仅仅是明确了组织中每一个人的具体职责分工，组织功能的发挥还需要通过职权的分配来明确各部门、各岗位在组织中的相互协作关系。如明确了财务部负责编制组织的预算，各部门需提供相应的数据，但如果不赋予财务部考核监督各部门配合情况的权力，则各部门就会以各种理由不配合，财务部就会以其他部门不配合而推卸责任。由此可见，在一个组织的各种关系中，职权的分布或委派是至关重要的，职权是每一个人得以履行其职责的必要条件。

一、职权的含义与类型

（一）职权的含义

职权即职务范围以内的权力，是指组织成员为了履行岗位职责所拥有的开展活动或指挥他人的权力。每一个管理职位都具有某种特定的、内在的权力，任职者可以从该职位的等级或头衔中获得这种权力。因此，职权与组织内的一定职位相关，是一种职位的权力，与担任该职位管理者的个人特性无关。

（二）职权的类型

职权分为 3 种形式，即直线职权、参谋职权和职能职权。

1. 直线职权　直线职权是指给予一位管理者指挥其下属工作的权力，也就是通常所说的指挥权。显然，每一位管理者都具有这种职权，只不过由于所处管理层次的功能不同，其职权的大小及范围不同而已。

2. 参谋职权　参谋职权是组织成员所拥有的向他人咨询或建议的权力。任何组织成员都拥有参谋权力，组织还会设立专门部门来协助管理者。例如，某公司人力资源的负责人可以建议业务部门的负责人雇佣某个应聘者，而不能直接命令他雇佣该人。

3. 职能职权　职能职权是根据高层管理者的授权而拥有的对其他部门或人员的直接指挥权。此种权力是一种有限的权力，只有在被授权的情况下才出现。例如，总部的人事部门要求下属单位的管理者执行总部统一的人事政策；计划部门向生产部门下达生产计划，要求生产部门据此安排生产等。

　　职能权力产生的原因是多方面的。当高层管理人员认为如采购、质量控制、生产计划等专门事务不需要他本人亲自处理时，就会设立采购部门、质监部门、计划部门等，将有关此方面的直线权力授予相应的职能部门，由其代为行使。当下属的管理人员由于缺乏专业知识而难以行使某些直线权力，或当上级管理人员缺乏监督过程的能力时，组织可设立专门的部门或确定某一位专家、另一部门的管理人员来行使此方面的权力。

（三）职权之间的关系

　　直线职权是命令和指挥的权力，参谋职权是协助和建议的权力。参谋的职责是提供建议而不是指挥，其建议只有被管理者采纳并通过等级链向下发布指示时才有效。职能职权是由直线职权派生的，限于特定职能范围内的直线权力。

　　直线职权、参谋职权和职能职权都不限于特定类型部门的管理人员。通常情况下，参谋职权和职能职权大多由参谋部门和职能部门的人员行使，因为这两种部门通常由专业人员组成，其专业知识是行使参谋职权和职能职权的基础。

二、授权

　　在组织层级设计中，单纯地依靠高层管理者进行决策很可能会跟不上环境的变化，从而使组织丧失发展的机会。向下授权成为组织发展的一个重要趋势。

（一）授权的定义

　　授权是指上级管理者将某些职权授予下级，使下级在一定的监督之下拥有一定的自主权而开展行动。授权者对被授权者拥有指挥、监督权，被授权者对授权者负有汇报情况及完成任务之责。

（二）授权的优缺点

　　虽然由于环境复杂性和动态性的普遍存在，授权活动的最终结果具有不确定性，授权活动所产生的绩效受到资源和环境因素的干扰，但是就组织所面临的常见情景而言，授权活动仍然具有一些显著的优点和缺点。

1. 授权的主要优点

　　（1）授权活动可使高层管理者从日常事务中解脱出来，专心处理组织战略方面的问题。

　　（2）授权活动可以为低层级的员工提供更多地参与决策活动的机会，从而激发其参与解决问题的动机，提升下属的工作满足感。

　　（3）通过授权，使下属有机会独立处理问题，在实践中提高管理能力。

　　（4）授权活动可充分发挥下属的专长，以弥补授权者自身才能的不足。

2. 授权的主要缺点

　　（1）为了使下属具备行使相应权力和履行相应职责的能力和经验，授权之前上级管理者往往要对下属进行密集且昂贵的管理训练。

　　（2）为了确保所授权力得到正确的使用，主管人员往往需要制定较复杂的报告程序，以使主管人员能够及时地获得信息，从而增加了主管人员的工作负担。

（3）当主管人员担心授权活动有可能削弱自己对组织的控制时，授权活动将增加主管人员的顾虑，授权活动可能会不充分或不恰当，难以实现预期的功能。

（三）授权的过程

授权的过程包括分配任务、授予职权、明确责任和监督检查。

1. 分配任务　授权首先要选择可以并且应该授权的任务，它可能是写一份报告或计划，也可能是担任某一职务。不管是什么样的任务，都是由组织目标分解出来的工作，是实现组织目标的客观需要。

2. 授予职权　在明确任务之后，仔细分析完成该项任务所需要拥有的职权、完成任务所需要的技能和所需要承担的责任，以便确定授予职权的具体范围、大小，并确定谁是最佳的被授权者。以上内容都明确之后，就可以将职权正式移交给被授权者。授权时要注意不要越级授权、交叉授权和重复授权。同时，要让所有相关人员获悉此项授权，以确立被授权者的地位。

3. 明确责任　授予职权之后，授权者必须向被授权者明确相关责任。被授权者的责任主要表现为向授权者承诺完成所分配的任务，保证不滥用权力，并根据任务完成情况和权力使用情况接受授权者的奖励或惩处。需注意的是，被授权者所负的只是工作责任，而不是最终责任。授权者对于被授权者的行为负有最终的责任，即授权者对组织的责任是绝对的，在失误面前，授权者应首先承担责任。

4. 监督检查　正因为授权者对组织负有最终的责任，因此，授权不等于弃权，授权者授予被授权者的只是代理权，而不是所有权。为此，在授权过程中，授权者要对被授权者的工作进行情况和职权使用情况进行监督检查，并根据检查结果调整所授权力或收回权力。

（四）授权的基本原则

授权看起来似乎很简单，但许多研究表明，管理者由于授权不当所引起的失败要比其他原因引起的失败多得多。因此，每一个管理者都要注意研究授权的方法和技巧。正确授权需注意的原则：

1. 明责原则　无论采取何种形式授权，授权者都必须向被授权者明确所授事项、目标要求、权责范围，使下属得以清楚地开展工作。

2. 权责一致原则　在授权中，要注意职务、职权、职责与利益四者之间的对等与平衡，要真正使被授权者有职、有权、有责、有利。要注意授权成功后合理报酬的激励作用。

3. 命令统一性原则　从理论上讲，一个下级同时接受两名以上上级的授权并承担相应的责任是可能的，但在实际工作中存在着较大的困难。因此，通常要求一个下级只接受一个上级的授权，并只对一个上级负责。

4. 正确选择被授权者原则　因为授权者对分派的职责负有最终的责任，因此慎重选择被授权者十分重要。要根据所要分派的任务，选择具备完成任务所需条件的被授权者，以避免出现不胜任的情况。根据所选被授权者的实际能力授予相应的权力和对等的责任。

5. 有效监督原则　授权是为了更有效地实现组织目标，授权之后，授权者必须有必要的监督控制手段，使所授之权不失控，确保组织目标的实现。但要注意不要事事干预，或要求下属保证不出任何差错。

（五）授权过程中需注意的问题

当管理者授权时，很多管理者发现放弃原有权力有时很困难。例如，史蒂夫·鲍尔默和比尔·盖茨从微软创建之初就是同事，当盖茨于 2000 年将微软 CEO 的位置让给鲍尔默，自己选择了首席软件设计师的次要岗位后，他很难放弃对公司的支配。盖茨是公司偶像，当鲍尔默试图以 CEO 的身份进行管理时，盖茨有时会危害他的权威，创造紧张局面。两人的矛盾甚至导致了商业战略决策的流产。幸运的是，盖茨逐渐意识到了放手的必要性，两人的矛盾也逐渐得到化解。

授权过程中有时还会带来一个相关问题：过细的监控。有时管理者的监控干扰了员工完成工作的方式，"你为什么这么做？这不是我的方式。"但授权意味着是员工而不是管理者去具体完成任务，好的管理者应该相信他们的下属能够完成工作。

小故事

丙吉问牛

汉代一位叫丙吉的宰相，有一次在吴国巡视的路上遇到一群乡民打架，看到有人被打死了，他竟然不予理睬，催促随从快走。走了不远，看到一头牛在路边不停地大口喘气，便立即叫人停下来向当地百姓仔细调查情况。随从们很不理解，问他为什么人命关天的大事他不去理会却关心一头牛的性命。丙吉说，路上打架杀人自有地方官吏去管，不必我过问，否则就是越俎代庖；而在温度不高的天气，牛大口喘气却是一种异常现象，可能引发瘟疫等关系民生疾苦的问题，这些问题地方官吏和一般人又不太注意，却正是我宰相要管的事情，所以我要调查清楚。

宰相丙吉的想法说明了什么问题？

资料来源：南朝宋.刘义庆.世说新语

三、集权与分权

（一）集权与分权的内涵

集权和分权是组织层级化设计中的两种相反的职权分配方式。

1. 集权的概念　集权是指决策指挥权在组织层级系统中较高层级上的集中，即决策权都由某一高层管理者或上级部门掌控，下级部门只能依据上级的决定和指示执行。任何组织为了保障共同目标的实现，必然要求保持组织行为的统一性，因此，在一定程度上集权是必需的。

2. 分权的概念　分权是指决策权在组织层级系统中较低管理层级上的分散。作为一个组织，为了充分发挥集体力量，有效地实现目标，必须要在内部进行分工，这就要求在组织内部进行分权，由组织决策层把部分决策权授予下级部门，由他们行使这些权利，自主解决某些问题，从而完成所分派的任务。分权是授权的一种形式，是一个组织向其下属组织进行系统授权的过程。

3. 绝对集权与绝对分权　现实中我们很难找到适合使用绝对集权或绝对分权的情况。绝对的集权意味着组织中的全部职权集中在一个主管手中，组织活动的所有决策均由该主管做出，主管直接面对所有的命令执行者，中间没有任何管理人员，也没有任何中层管理机构，这在现代经济组织中几乎是不可能的，除非是规模极小的组织。绝对分权则意味着将全部职权分散下放到各个管理部门中去，甚至分散至各个执行操作层，这时主管的职位就变得多余了，统一的组织也不复存在。因此，不存在绝对的集权和分权，集权与分权并不是只能二选一的概念，所反映的是一种程度。在组织设计过程中，要考虑的不是分权好还是集权好的问题，而是如何合理地确定集权与分权的程度，以及哪些应集权、哪些应分权的问题。

传统的金字塔结构中，职权都集中在组织的顶端附近。但是现代的组织越来越复杂，还需要对环境的动态变化做出及时反应。于是许多人就认为，决策应该是由最接近问题的人做出，不管他处在组织的哪个层级。今天，基层管理者和熟练工人参与到决策过程中的活跃程度比过去任何时候都要高。许多组织通过削减成本，简化组织形式来更好地回应消费者的需求，它们将决策职权一直下放到组织的最底层。这样一来，那些对问题最熟悉，也最接近问题的人，就能迅速对情况做出估计并提供解决方案。

小故事

印加效应

历史上，南美洲的印加帝国在经济、政治和生活上都在统治者高度而严格的控制之下，即便是一件小事也要请示最高当局。一天，西班牙征服者皮萨罗带领一支168人分遣队来攻打印加，强大的印加帝国虽然拥有20万军队，但必须经过层层请示才可出兵。西班牙人抓住时机，活捉了印加皇帝。印加大军赶到时，看到皇帝被捉，便群龙无首，乱成一团，被几十名西班牙骑兵追杀。最终印加帝国战败了，这一战中被杀死的印加人不下7000，而西班牙人却损失很小。

印加帝国的灭亡根本原因在于管理方式的错误，这种高成本的管理方式需要高度集权和绝对统治，一旦这个前提发生了改变，就会患上一种集体失能症，给组织带来无法预期的影响。

资料来源：门睿. 万事由来 [M]. 北京：中国经济出版社，2004.

（二）集权程度的判断

判断一个组织的集权或分权的程度有四条标准：
（1）较低的管理层级做出的决策数量越多，分权程度就越大。
（2）较低的管理层级做出的决策重要性越大，分权程度就越大。
（3）较低的管理层级做出的决策影响面越大，分权程度就越大。
（4）较低的管理层级做作的决策被审核越少，分权程度就越大。

（三）影响集权与分权的主要因素

在实际操作中，为使组织层级设计中的职权分配得更合理，我们必须综合考虑各种影响分权程度的要素。

影响集权与分权的因素可能来自主观方面，也可能来自客观方面。主观方面主要是组织管理者的个人性格、爱好、能力等。有的人喜欢职权分散点，以减轻自己的负担，也相信别人会做好工作；有的人喜欢独断专行，事必躬亲，该组织的集权程度就会高一点。但一般而言，客观因素比主观因素起着更为决定性的作用。客观因素一般包括决策问题的重要程度、组织的规模、下级管理人员的素质、组织的可控性和组织所处的成长阶段。

1. 决策问题的重要程度　所涉及的工作或决策越重要，与此相关的职权越可能集中在上层。例如，组织的战略目标、巨额的采购项目、组织层面的政策制定等，一般以集权为好。

2. 组织的规模　组织的规模越大，要解决的问题就越多，越可能将更多的决策权授予下级组织的管理人员。

3. 下级管理人员的素质　如果下级员工的数量和基本素质能够保证组织任务的完成，组织可以更多地分权；组织如果缺乏足够的受过良好训练的管理人员，其基本素质不能符合分权式管理的基本要求，分权将会受到很大的限制。

4. 组织的可控性　组织中各个部门的工作性质大多不同，有些关键的职能部门和财务会计等部门往往需要相对的集权。有些业务部门，如研发、营销等，或者是区域性部门则需要相对的分权。组织需要考虑的是围绕任务目标的实现，如何对分散的各类活动进行有效控制。

5. 组织所处的成长阶段　在组织成长的初始阶段，为了有效管理和控制组织运行，组织往往采取集权的管理方式；随着组织的成长，管理的复杂性逐渐增强，组织分权的压力也就比较大，管理者对职权的偏好就会减弱。

小测试

自我评估——你的权力倾向如何

这项测试是用来计算你的马基雅维主义分数，也就是权力倾向。为了求出你的得分，将问题 1、2、4、5、9、10 的得分加起来，对其他 4 个问题将得分反转，即 5 变成 1，4 变成 2，2 变成 4，1 变成 5。然后合计 10 个问题的全部得分。

美国的国民意见研究中心采用此法对美国成年人进行了测试，结果发现，国民的平均得分为 25 分。采用马氏测试的研究结果表明，女性比男性更具有马氏倾向；老年人的马氏测试得分低于年轻人；马氏得分高的职业多是那些强调控制和操纵个人的职业，如管理者、律师、精神病医生和行为科学家。

权力倾向评估表

	观点	不赞同		两可	赞同	
		极不赞同	基本不赞同		基本赞同	极为赞同
1	与人打交道的最好方式是告诉他们想听的话	1	2	3	4	5
2	当你要某人为你做事时，最好说明这样要求的真实理由而不是似乎更好的理由	1	2	3	4	5
3	完全信任他人的人只会自找麻烦	1	2	3	4	5
4	不在这儿、那儿走些捷径是很难到达前面的	1	2	3	4	5
5	可以万无一失地假定，所有的人都有邪恶的念头，只要其动机得当，它就会暴露出来	1	2	3	4	5
6	一个人只能采取合乎道义的行动	1	2	3	4	5
7	大多数人本质上是好的、善良的	1	2	3	4	5
8	对撒谎绝不能原谅	1	2	3	4	5
9	大多数人对父亲的死亡比对个人财产的丧失更容易忘却	1	2	3	4	5
10	一般而言，人们不强迫是不会卖力工作的	1	2	3	4	5

【案例分析】

华为的组织结构变革

华为技术有限公司创立于 1987 年，是全球领先的 ICT（信息与通信）基础设施和智能终端提供商。公司成立 30 多年来，其组织结构变革，大致上可以分为四个阶段：

1. 1987～1995 年（直线型／直线职能型组织结构）

华为成立之初只有 6 个人，还无所谓组织结构。到了 1991 年，公司也才 20 多人，尽管有组织结构，但也是非常简单的直线型组织结构。1994 年，华为的销售额突破 8 亿元，员工人数 600 多人，组织结构也开始从直线型转变为直线职能型。除了有业务流程部门，例如研发、市场销售、制造，也有了支撑流程部门，例如财经、行政管理等。这种组织结构简单，权力集中，能够迅速统一调配资源参与竞争，并对市场做出快速反应。

2. 1996～2003 年（二维矩阵式组织结构）

华为在这段时期的战略逐渐从集中化转向横向一体化，从单一产品逐渐进入到移动通信、传输等多类产品领域，成为能提供全面通信解决方案的公司，并开始进军国际市场。为适应新时期的要求，公司从划小经营单位开始，建立了事业部制与地区部相结合的二维矩阵式组织结构：事业部在公司规定的经营范围内承担开发、生产、销售和用户服务的职责；地区公司在公司规定的区域市场内有效利用公司的资源开展经营。事业部和地区公司均为利润中心，承担实际利润责任。

3. 2004～2012 年（以产品为主导的矩阵式组织结构）

这一阶段，华为采取了纵向一体化、多元化和国际化并举的战略，市场竞争采取与"合作伙伴"共赢的战略，公司也由全面通信解决方案电信设备提供商向提供端到端通信解决方案和客户或市场驱动型的电信设备服务商转型。华为组织结构从事业部与地区部相结合的组织结构，转变成以产品线为主导的组织结构。产品线形式的采用能够更有效地和顾客就产品展开广泛的交流，并及时发现和满足客户需求，从而有力增强了华为的国际市场竞争力。

4. 2013 年以来（动态的矩阵式组织结构）

目前，华为已经是一家多元化企业，形成了运营商业务、企业业务、消费者业务三大业务体系，组织结构在未来依然还会保持这样一种矩阵型的组织结构，而这个巨大的矩阵组织结构也是动态的。当企业遭遇外部环境挑战时，这个网络就会收缩并进行叠加，即进行岗位、人员的精简；而环境向好需要扩张时，这个网络就会打开，进行岗位与人员的扩张。但其基本的业务流程却是保持相对稳定的。

正所谓战略决定结构，结构也在反作用于战略，华为三十多年的发展历程，非常好地诠释了这一理念。没有最好的模式，只有最合适的模式，企业应该根据行业和自己的实际情况，探索和建立最适合自己的模式与道路。

资料来源：http://www.360doc.com/content/20/0426/15/69179134_908503222.shtml

案例讨论题：

1. 华为组织结构变革的原因是什么？
2. 组织结构设计的影响因素有哪些？

【思考题】

1. 组织职能的主要工作内容有哪些?
2. 有哪些常见的组织结构形式? 它们各自的优缺点是什么?
3. 组织结构的设计受哪些因素影响?
4. 组织结构设计的主要过程是什么?
5. 组织中的职权有哪几种类型? 它们之间有什么关系?
6. 管理者为什么要授权? 如何授权?
7. 集权与分权的优缺点是什么? 影响集权和分权的因素是什么?

学习目标

1. 掌握：内外部招聘优势、劣势，以及常用的招聘方法；不同类型的员工培训方法；薪酬的构成与管理原则。

2. 熟悉：人力资源规划的含义及过程；绩效评估的方法及各自的优缺点。

3. 了解：员工的培训过程和开发过程；薪酬的作用。

案例导读

华为企业核心价值观构建人力资源体系

从企业核心价值观出发，推动人力资源管理变革，并最终形成一套自己的任人选才模式是华为最大的成功。

华为的核心价值观主要有以下3点：

1. 以客户为中心 华为非常注重客户的感受。至于竞争对手，华为从未将其列为公司的核心内容。华为认为，将竞争对手作为工作中心，你就永远跟在别人后面，模仿别人，很难超越别人，而且自身还解决不了根本问题。将客户当作企业生存下去的核心，并以此为基础构建的人力资源管理系统，必然会培养出一批注重客户的员工，推动企业的整体发展。

2. 以奋斗者为本 华为人力资源管理的考核体系、评价体系、分配体系中，怎样让奋斗者得到应有的回报，甚至比他们想象得还多，是华为人力资源管理体系的直观体现。通俗来说，就是奋斗者期望的报酬是1万，而公司付给他2万。而这也是在华为工作压力这么大，许多人才还愿意"削尖脑袋"往里钻的主要原因。用华为总裁任正非的话来说，就是不能让"雷锋"吃亏。

3. 敢于自我批判 自我批判对于企业中、高层管理人员来说，是一件很难做到的事情，"有了钱就不愿意再艰苦奋斗"也是人类的通病。而华为却让管理层的自我批判成为常态，建立了干部能上能下机制。1996年，时任华为市场体系总负责人的孙亚芳率领自己的团队主动辞职，重新竞聘上岗。华为的这次市场部大辞职也被称作华为"再创业"运动，这也被华为人称为保持华为狼性的一次英雄壮举。

市场部集体大辞职，对构建公司今天和未来的影响是极其深刻和远大的。任何一个组织如果没有新陈代谢，生命就会停止。如果我们顾全每位功臣的历史，就会葬送公司的前途。如果没有市场部集体大辞职对华为公司文化的影响，任何先进的管理，先进的体系在华为都无法生根。

——引自《任正非华为集体辞职4周年纪念讲话》（2000年）

华为市场部集体大辞职，也标志着华为人力资源管理体系正规化建设的开始。也就是说，华为从"游击队"逐渐蜕变成"正规军",华为的人力资源管理体系真正围绕着企业的核心价值观开始构建。机会、人才、技术和产品是公司成长的主要牵引力。这四种力量之间存在着相互作用。机会牵引人才,人才牵引技术,技术牵引产品,产品牵引更多更大的机会。加大这四种力量的牵引力度,促进它们之间的良性循环,就会加快公司的成长。

——引自《华为公司基本法》

资料来源:黄志伟.华为人力资源管理[M].苏州:古吴轩出版社,2017.

一个组织的人力资源管理聚焦于人力的管理方面。组织在雇佣周期的各个阶段——挑选前、挑选中和挑选后——都必须有效地安排它的人员,人力资源管理正是由这些帮助组织完成这一任务的实践构成(图 9-1)。

挑选前阶段——设计规划。组织必须进行人力资源规划,确定空缺岗位,以及明确岗位职责与要求。

挑选中阶段——组织挑选雇员。挑选实践包括招聘求职者、评估其资格以及最终挑选出那些被认为最合格的人。

挑选后阶段——组织要有效管理已经"跨过门槛"的人员。在此阶段,组织帮助雇员提供必备岗位技能和知识的培训,创造条件激励员工愿意去努力达成组织的目标,从而使员工的绩效和满意度达到最高水平。

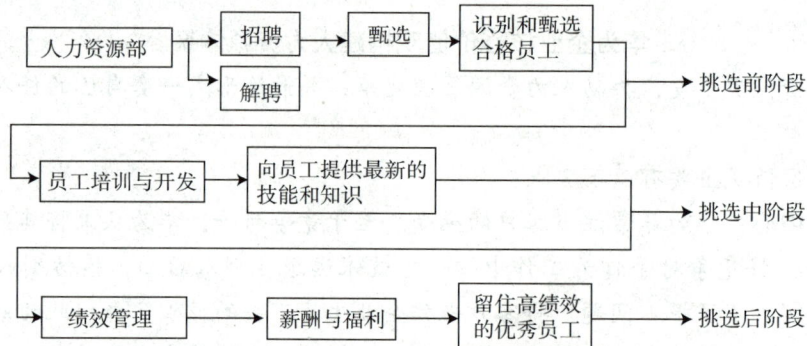

图 9-1　人力资源管理过程

第一节　人力资源规划

人力资源规划是指管理者为了确保在适当的时候,使组织能够为所需要的岗位配备所需要的人员,并使其能够有效地完成相应的岗位职责,而在事先所做的计划工作。

人力资源规划主要包括三项工作:①评价现有的人力资源配备情况。②根据组织发展战略预估将来所需要的人力资源。③制订满足未来人力资源所需要的行动方案。

一、当前评价

(一)考察现有的人力资源状况

通常可以通过开展人力资源调查的方式进行。在互联网信息时代,对于绝大多数组织来说,要形成一份人力资源调查报告并不困难。这份报告的数据来源于员工填写的调查表。调查表一般开列姓名、最高学历、所受培训、以前就业情况、语言能力、能力和专长等栏目，发给组织中的每一个员工。此项调查能帮助管理部门评价组织中现有的人才与技能。

（二）职务分析

人力资源调查主要告诉人力资源管理部门各个员工能做些什么，职务分析则具有更根本的意义。它定义了组织中的职务以及履行职务所需要的行为。职务分析的方法有观察法、面谈法、问卷调查法和举行技术讨论会等。以职务说明书和管理制度标准为考察条件。

1. 观察法　直接对员工的工作进行观察或拍成录像，以备考核、表彰等工作做好留底工作。

2. 面谈法　逐个或以小组形式与员工交谈，得到有效反馈。

3. 问卷调查法　让员工在一份有效问卷上，以员工对现有工作现状和存在问题为评议对象，将其工作中所执行的任务标出，或予以排列，着重思想状态和职业诉求。

4. 举行技术讨论会　由"专家们"（通常是对某项工作具有详尽了解的管理人员）确定职务的具体特征。

5. 其他方法　还存在工作日志法、关键事件法等多种方法。任职者按时间顺序详细记录自己的工作内容与工作过程，然后经过归纳、分析，达到工作分析目的的一种方法。例如，让员工们将其每天的活动在日记或记事本上记录下来，以供复查，并整理成职务活动说明材料。

采用以上一种或几种方法收集有关材料后，管理部门就可着手拟订职务说明书和职务规范。前者是对任职者需做些什么、怎么做和为什么要做的书面说明，它通常能反映职务的内容、环境和从业条件。职务规范则指明任职者要成功地开展某项工作必须拥有何种最低限度的资格标准，具体包括知识、技术和能力等方面。

职务说明书和职务规范是管理者开始招聘和挑选人员时应该持有的重要文件。职务说明书可作为向申请者详细描述该项职务之用。职务规范则可使管理者牢记该项职务任职者所必须具备的资格，从而帮助确定哪个候选人更为合适。

二、未来评价

未来人力资源的需要是由组织的目标和战略决定的。

人力资源需求是组织的产品或服务需求状况的一种反映。基于对总营业额的估计，管理部门可能争取为达到这一营业规模而配备相应数量和结构的人力资源。在某些情况下，这种关系也可能相反，当一些特殊的技能为必不可少而又供应紧张时，现有的符合要求的人力资源状况就会决定营业的规模。

三、制订面向未来的行动方案

在对现有能力和未来需要进行全面评估以后，管理部门可以测算出人力资源的短缺程度（在数量和结构两方面），并指出组织中将会出现超员配置的领域。然后，将这些预计与未来人力资源的供应推测结合起来，就可以拟订行动方案。人力资源规划不仅可为指导现时的人力配备需要提供指南，也可预测未来的人力资源需要。

第二节　员工的选聘

组织可以通过招聘为具体职位确定合适的员工人选，也可从内部或外部招聘候选人。当一个公司能够识别并且雇佣比较合适的候选人时，生产率就会提高，而且能够最大限度地减少甚至消除对某些培训的需要，减少培训成本。

用数字说话

医药行业招聘新趋势

依托仟寻平台调研了全国一、二线城市 33 家医药企业，总结出 2021 年医药行业招聘出现三大新趋势。

1. 员工内推凸显，逐步降低对传统渠道依赖　在评估各渠道对招聘贡献的占比时，他们反馈员工内推占比 33.82%，超过了传统渠道，包括外部招聘网站、猎头及 RPO。访谈中 HR 们表示传统的内推方式效率较低、曝光不足且数据无法追踪，而和微信招聘的结合可以有效激活传统方式。

2. 注重雇主品牌建设　雇主品牌的投入能提升企业自身社会吸引力，带来可衡量的招聘效果，包括雇主品牌量化数据的呈现。用于雇主品牌的预算，41.33% 的医药企业在 10 万以下；50% 的医药企业在 10 万～50 万；8.67% 的医药企业在 50 万～100 万。

3. 医药企业对数字化人才的需求日益增强　相比 2019 年，2020 年医药企业发布的要求具有数字化能力的职位数增长了 5.65%，这些企业大都是 1000 人以上规模。2021 年，25% 的医药企业反馈有招聘数字化人才的计划。通过调研，任务平台发现从 2019 年开始就逐渐有少量的医药企业开始招聘数字化人才，但对比互联网、快消、零售等行业，医药企业的数字化发展仍然比较滞后。

资料来源：https://www.moseeker.com

一、招聘

招聘主要包括内部招聘和外部招聘。

（一）内部招聘

1. 相对于外部招聘的优势

（1）组织内部对内部候选人的资格已充分了解。

（2）内部招聘花费较少。

（3）内部招聘能更快地填补工作空缺。

（4）内部候选人更熟悉组织的政策和实践，因此只需较少的培训。

2. 内部招聘容易产生的问题

（1）一些被否决的内部候选人可能会产生负面情绪。

（2）被提升的内部候选人必须在他们过去的同事面前扮演一个新角色，过去的朋友成为下级，困难会不断涌现。

（3）选人机制不科学，人才流动强，没有设立科学合理的选拔方案，没有周密选拔计划，目标不明确，质量不高。

3. 如何使内部招聘程序公平

（1）使用客观的选择工具　避免使用主观选择的方法，如员工的声誉和介绍信等，应当使用面试或测试的方法，尽量客观评价在职位描述中已经具体规定的所需工作能力。这样才能给员工们提供一个信息：选拔程序是公平的，并且担当某个职位的可能性是与能力直接相关的，而不是偏爱和某些政策的表现。

（2）与求职者公开沟通　告知求职者关于选择过程的工作方式和成功的求职者必须符合的标准，决策过程保证公开。例如，如果一项工作要求人际能力是决定性因素，必须将这点重点陈述出来。

（3）为落选的求职者提供反馈　告知落选的求职者选择的结果和原因，帮助咨询他们的优势和劣势，并且明确他们需要改进的地方以便他们成为今后空缺职位的可能候选人。

（二）外部招聘

能招到原来组织里没有的顶尖人才，能得到原组织中没有的新思想、新技能。也会有关于组织的信息的流出，对组织进到宣传作用，有助于树立良好口碑。外部招聘通常会在以下情形出现：快速成长的组织、需要外部人员给组织带来新的理念和创新、没有合格的内部候选人申请。

1. 相对于内部招聘的优势

（1）人员选择范围广泛　从外部找到的人员比内部招聘多得多，无论是从技术、能力还是数量方面都有很大的选择空间。

（2）外部招聘有利于带来新思想和新方法　外部招聘来的员工会给组织带来"新鲜的空气"，会把新的技能和想法带进组织。这些新思想、新观念、新技术、新方法、新价值观和新的外部关系会使企业充满活力与生机，帮助企业采用新的方法解决一直困扰组织的问题。这对于需要创新的企业来说更为关键。

（3）大大节省培训费用　从外部获得熟练技术的工人和有管理才能的人往往要比内部招聘的人员减少培训成本，特别是在组织急需这类人才时尤为重要。这种直接的"拿来主义"，不仅节约了培训经费和时间，还节约了获得实践经验所交的"学费"。

2. 外部招聘容易产生的问题

（1）外部招聘选错人的风险比较大　这是因为外部招聘虽然可以借鉴一定的测试和评估方法，但一个人的能力很难通过几次短暂的会晤或测试就得到确认。被聘者的实际工作能力与选聘时评估的能力可能存在很大差距，因此组织可能会聘到一些不符合要求的员工。即使候选人可能具备出色的技能、培训经历或经验，并且在其他组织中也干得比较成功，但是这些因素并不能保证其在新组织中得到同样的成功或有能力适应新组织的文化。

（2）需要更长的培训和适应阶段　即使是一项对组织来说很简单的工作，外来员工也需要对组织的人员、程序、政策和组织的特征加以熟悉，这是需要时间的。

（3）内部员工可能感到自己被忽视　外部招聘会影响组织内部那些认为自己可以胜任空缺职位员工的士气。

（4）外部招聘可能费时费力　与内部招聘相比，无论是引进高层人才还是中低层人才都需要相当高的招聘费用，包括招聘人员的费用、广告费、测试费、专家顾问费等。

（三）招聘方法

1. 常用的内部招聘方法

（1）员工工作技能信息存储系统　在组织的人力资源信息系统中存储有每位员工工作技能的信息，如果工作出现空缺时，计算机搜索技能文件，以便为空缺工作识别拥有所需技能的员工。

①优点：能很快找到候选人。组织也可明确较大范围的候选人，因而并不限于在空缺职位部

门工作的候选人。

②缺点：在计算机数据库中存储的技能清单一般只限于客观或实际的信息，如教育程度、资格证书、上过的训练课程及所掌握的语言，较为主观的信息（如人际技能、判断力、正直）被排除了。然而对许多工作来说，这类信息是至关重要的。

（2）主管推荐　如果雇佣部门的主管被要求提名一个或更多的人以备考虑，他们也可以识别内部候选人。主管一般提名其工作能力为他们所详知的人。

①优点：可靠性强。这种方法使他们在挑选将要向他们报告的个体时，具有全权斟酌决定的自由。而且主管一般处在一个很好的位置，可以了解潜在候选人的能力，特别是那些已为他们工作并正在寻求晋升的人。

②缺点：主管推荐通常很主观，易受偏见等个人因素的影响。一些合格的员工可能会被忽视，即主管为了提拔他们的"亲信"而越过优秀的候选人，或者他们可能仅仅是不了解某些人所具有的能力。

（3）内部公开招聘　将工作空缺以某种通知形式发布以使所有员工都能获悉，通知描述工作、薪水、工作日程和必要的工作资格。

①优点：提高了组织最合格的员工从事该工作的可能，能使员工离开一个"糟糕"的工作环境，给员工一个对自己的职业生涯开发更负责任的机会。

②缺点：某些员工由于缺乏明确的方向在不同岗位中跳来跳去，那些申请被拒绝的员工可能会疏远组织。

（4）职业生涯开发系统　组织不是鼓励所有合格的员工来竞标一项工作，而是将高潜能的员工置于职业生涯路径上，接受培养或训练以适应特定目标的工作。职业生涯开发系统实施的关键问题是如何辨认最合格的候选人。

①优点：组织的最高绩效者（即被方案选中的人）更可能被留在组织中。这种系统有助于确保在某个职位出现空缺时总有准备填补它的人。

②缺点：未被选中进行培养的员工可能会对组织不满或者离开组织，甚至他或她可能是一名优秀而稳定的员工，不满或离开的理由仅仅是由于没有升上高一级的职位。

2. 外部招聘方法

（1）员工推荐

①优点：员工举荐的求职者一般比通过其他方式招聘到的人员表现更好，而且工作的时间更长。员工会成为好的招聘者是因为他们对于空缺的职位和候选人都很了解，因而可以准确地判断出二者是否"匹配"，另外还由于举荐行动会涉及他们的声望，他们只会努力举荐那些最高质量的求职者。

②缺点：员工举荐可能会成为平等就业机会的障碍。因为员工更愿意举荐那些在种族、性别等方面最类似他们自身的人，因而平等就业机会可能会表面化。

（2）求职者自荐　拥有良好声誉的组织经常收到那些对本组织工作感兴趣的人主动提出的申请或简历。因为组织在薪酬政策、工作条件、员工关系和参加社区活动方面都是一个很好的工作场所。

①优点：既有效，成本又低。而且候选人已经花时间了解过组织，他们更容易受到激励。

②缺点：有一个时间延迟的问题。求职者的申请和简历可能要"存档"一段时间，到目标职位出现空缺时，许多求职者可能已经找到了其他工作。

（3）招聘广告　最广为人知地通知潜在求职者存在工作空缺的方法是招工广告。在适当的媒体上登载广告主要依赖于招聘的地理区域。寻求当地求职者，组织可以在地方报纸、电视或广播登广告。若组织需要覆盖较广的区域，可以选择全国发行的报纸、杂志、专业期刊或互联网。

招聘广告受众很广，如果太多的人对其做出反应，回应大量的求职者会成为管理者的噩梦。为使其有效，招工广告必须劝阻不合格的人申请，同时又必须引起合格求职者的关注并吸引他们来工作。

①优点：可使组织的信息在相对短的时间内传递给大量的受众，保证求职者数量足够。

②缺点：招工广告可能无效。研究发现，通过报纸广告被雇佣的员工未必是最合适的。招工广告低效的一个原因是因为它们不能传达到最合适的候选人——那些目前并不在寻找新工作的成功人士；其他招聘方法，如员工举荐，可能更能吸引合格的求职者——一个朋友比一份书面广告更有说服力。

（4）就业代理机构和猎头公司　公共就业代理机构通常提供文员和蓝领工作，不收取雇主的费用；私人就业代理机构拥有更广泛类型工作的资源，要向公司和求职者两方面收费；猎头公司专门针对高级人才，会向雇主收取相当高的费用。

（5）校园招聘

①优点：会吸引很多素质较高的求职者，并在学校提高组织的知名度。

②缺点：费用高，且耗时间。组织必须等学生毕业才能实际雇佣。

二、解聘

对于任何一个执行裁员任务的管理人员来说，解聘绝不是件令人愉快的事。但当许多组织不得不紧缩其劳动力队伍的规模或对其技能构成进行重组时，解聘就成为人力资源管理活动的一个日益重要的内容。

管理者采取最直接的解聘方案是解雇人。其他解聘方案（表9-1）。

表 9-1　解聘选择方案

方　案	说　明
解　雇	永久性、非自愿地终止合同
暂时解雇	临时性、非自愿地终止合同；可能持续若干天时间，也可能延续到几年
自然减员	对自愿辞职或正常退休腾出的职位空缺不予填补
调换岗位	横向或向下调换员工岗位；通常不会降低成本，但可减缓组织的劳动力供求不平衡
缩短工作周	让员工每周工作少一些时间；或者进行工作分担；或以临时工身份做这些工作
提前退休	为年龄大、资历深的员工提供激励，使其在正常退休期限前提早退离岗位

三、招聘技巧

在招聘过程中，人力资源工作人员可以使用各种甄选手段来减少错误和拒绝错误的发生。常用的手段包括应聘者申请表分析、笔试和绩效模拟测试、面谈和履历调查等。

（一）内部招聘技巧

内部招聘是一项系统工程，一般包含招聘报名阶段、招聘评价阶段、聘用决策阶段、公示与聘任公布阶段。

1. 发布招聘通知

确定需要内部招聘的岗位、人数及主要职责。

2. 招聘评价

评价阶段的流程包括从标准建立到心理测评、笔试和面试阶段。

招聘面试时间较短，很难全面了解招聘者的各项素质，因此需要借助一些测评工具帮助面试官对招聘者加深了解。在线心理测评能够根据候选人行为具有表现共性的特点应用心理测试技术间接地测量其心理方面的素质，因其标准化和客观化，使得这种测验在人员素质测评中具有独特的价值。

招聘者的逻辑思维、分析、写作等能力可通过笔试的方法来考察。一些需要实操的岗位，还可以增加技能操作实践来考察。

招聘演讲及答辩模式可以了解招聘者的历史业绩及对新岗位的认识和规划，有潜力的员工会深入分析公司的现状和机遇，对公司未来几年的发展提供思路和建议。

3. 聘用决策

在全部招聘流程结束之后，会给出得分排名建议、心理测评报告及个人综合报告，对于分数异常的人员，还会给出异常分数分析报告，供企业高层参考。

4. 招聘反馈

招聘结束后，对于招聘成功者，需要反馈其个人工作行为特征及招聘过程中的表现，帮助其本人提高自我认知，同时要沟通新岗位的计划及所需要的资源，提供支持及帮助，最后，根据新岗位所需的胜任力模型，帮助招聘成功者制定个人发展计划，以便更快提升能力，适应新的工作岗位。

招聘结果公布前需要对落选者进行真诚的反馈，这是一项特别重要而不能忽略的工作。

（二）外部招聘技巧

小故事

黄金台招贤

《战国策·燕策一》记载：燕国国君燕昭王（前311—前279年）一心想招揽人才，而当时很多人认为燕昭王仅仅是叶公好龙，不是真的求贤若渴。所以燕昭王因寻觅不到治国安邦的英才，整天闷闷不乐。

后来有个智者郭隗给燕昭王讲述了一个故事，大意是：有一国君愿意出千两黄金去购买千里马，然而时间过去了三年，始终没有买到，又过去了三个月，好不容易发现了一匹千里马，当国君派手下带着大量黄金去购买千里马的时候，马已经死了，可手下却用五百两黄金买下这匹死了的千里马。国君生气地说："我要的是活马，你怎么花这么多钱弄一匹死马来呢？"手下说："舍得花五百两黄金买死马，更何况活马呢？我们这一举动必然会引来天下人为你提供活马。"果然，没过几天，就有人送来了三匹千里马。郭隗又说："你要招揽人才，首先要从招纳我郭隗开始，像我郭隗这种才疏学浅的人都能被国君采用，那些比我本事更强的人，必然会闻风千里迢迢赶来。"

燕昭王采纳了郭隗的建议，拜郭隗为师，为他建造了宫殿，后来没多久就引发了"士争凑燕"的局面。投奔而来的有魏国的军事家乐毅，有齐国的阴阳家邹衍，还有赵国的游说家剧辛，等等，落后的燕国一下子便人才济济了。接着，燕昭王又兴兵报仇，将齐国打得只剩下两个小城。

---

1. 申请表

几乎所有的组织都要求应聘者填写一份申请表。这可能只是一份让应聘者填上姓名、地址和电话号码的简表，也有可能是一份综合性的、较复杂的个人信息表。无论是哪种，都是人力资源部门筛选应聘者的可能材料。

2. 笔试

典型的笔试包括智商、悟性、能力和兴趣等方面的内容。

3. 工作抽样法

工作抽样法是给申请者提供一项职务的缩样复制物，让他们完成该项职务的一种或多种核心任务。申请者通过实际执行这些任务，以展示其是否拥有必要的才能。管理部门借助职务分析得来的资料对工作样本进行仔细设计后，便可确定该项职务需要哪些知识、技术和能力，并将这些工作样本因素与相应的职务绩效因素进行匹配。工作抽样法会产生比悟性、个性和智商等书面测试更好的效度。

4. 绩效模拟测试

绩效模拟测试是人力资源测试的一种更为复杂的方法，特别适用于评价应聘者的管理潜能，通常称之为测评中心法。它由直线主管人员、监督人员和受过训练的心理学家组成一个测评中心，模拟性地设计实际工作中可能面对的一些现实问题，让应聘者经受 2 ～ 4 天的测试练习，从中评价其管理能力。练习活动根据实际工作者可能会遇到的一系列可以描述的活动要素进行设计，包括与人面谈、解决出现的问题、小组讨论和经营决策博弈等。这一方法的缺点是成本比较高。

5. 面谈

面谈是员工招聘中普遍使用的一种人员甄选手段。如果面谈设计和安排得很好，面谈者能坚持标准化的提问，则面谈可以成为任职绩效的有效预测器，成为既有效度又有信度的甄选工具。如果之前没有很好组织并按标准化方式进行，面谈可能潜伏着各种偏见和障碍，比如在非正式的背景下对申请者提出一些主题多变的、非常随机的问题。

6. 履历调查

履历调查有两种形式，申请资料核实和参考查询。

（1）**申请资料核实**　研究证实，对应聘者申请表中填写的"事实"进行核实十分必要。有一定比例的应聘者对其就业时间、职务头衔、薪金或离开原工作岗位的原因夸大其词或叙述不准，因此有必要就这些情况与其原来的工作单位进行核实。

（2）**参考查询**　参考查询是许多组织采用的方法，但需谨慎对待所得到的结果。应聘者原来的主管担心给自己带来法律上的麻烦，有时不愿意对其先前的下属工作表现提供评价。另外，个人的好恶也会对所做的推荐意见产生很大影响。

第三节　员工的培训与开发

一个组织对员工的培训和开发是保证员工能力提升的必要手段。人力资源培训与开发都是以员工个体为对象的一种学习性活动，两者均为员工个体的一种学习过程，由组织规划，目的是把所学知识、技能与工作的实际需求结合起来，促成员工个人与企业的共同发展。

一、员工的培训过程

（一）确定教什么

为保证培训效果，组织需系统评估员工的培训需要，然后设定培训目标。培训需要通常包括：①员工的工作行为有些不恰当。②员工的技能和知识水平低于工作要求。③这些问题能够通过培训加以纠正。

组织培训所需要的信息，由人力资源部门通过一定的方法进行收集。如，将能力清单发给员工，调查其需要培训的能力或知识项目，由此对相应的能力或知识项目进行优先排列。此外，可通过调查、与部门经理谈话等方式收集补充信息，如消费者投诉情况、员工不满和消费者满意度情况等。然后根据调查结果设定具体培训目标，制定培训方案。

（二）确定保证培训效果的关键点

为使学习效果最大化，培训方案要注意：①获得并保持被培训的专注。②向被培训者提供学会技能的实践机会。③向被培训者提供其绩效的反馈。

1. 被培训者的专注　培训者必须让被培训者认识培训的重要性和相关性，向被培训者说明培训的内容、与其工作的关系，以及参加培训的益处。培训者可采取多种方式进行培训，如小组提问，让小组成员分析案例，或让其在不同情形中扮演不同角色，以增强培训效果。培训方式灵活多样，且生动有趣，并经常运用实例，或适当采取音像等手段，会使被培训者更加专心。

2. 实践　实践是有效学习的关键。有了实践，知识和能力的学习会变得更为主动。培训者在设计课程时，须解决两个实践问题。①实践课应分散还是集中。分散式实践比较受欢迎，它能使所学内容保留的时间更长。②实践是涉及整个培训或每次部分培训的相对有效性。如果所学材料比较简单，"整体法"一般较好；如果所学内容复杂程度高，可将材料分为几个部分。

3. 反馈　培训者应及时给被培训者予积极反馈。这种反馈对被培训者能起到很大的鼓舞作用。如果被培训者的行为不正确，他们就需要纠正性反馈。培训者提供相应的反馈信息，可使被培训者了解自己做错了什么，以及如何改正这种行为。

（三）选择恰当的培训方法

培训员工的方法有多种，一般可以结合使用。

1. 定向导入培训　一旦选定了某项职务的候选人，他或她就需要被介绍到工作岗位和组织中，使之适应环境，这个过程称作定向。

定向的主要目的是减少新员工刚开始工作时常感到的焦虑，让新员工熟悉工作岗位、工作部门和整个组织，并促使新员工由"外来者"向"内部人"的角色转换。

许多组织，尤其是大型组织，制定有正式的定向方案。这一方案包括安排新员工参观办公楼或厂房、观看有关组织历史的影片、与人事部门进行短时间的座谈以了解组织的福利状况等。也有一些组织使用的是非正式定向方案。如由管理者将新员工委托给单位中资格较老的一位同事，让他将新员工介绍给周围的同事，并带他或她参观其他工作室、餐厅、咖啡部及其他设施。

2. 在职培训　列出被培训者需要学习的所有信息技能，设定学习目标，让被培训者有机会观察称职的员工执行每一项重要的工作任务。老员工需向被培训者解释执行任务的原理和方法，让被培训者有机会执行该任务，同时得到必要的反馈。

3. 工作指导培训　培训者首先讲解并演示任务，然后让被培训者一步步地执行任务，必要时给予纠正性反馈。当被培训者能够连续两次执行任务而无须提出反馈时，培训结束。

工作指导培训对被培训者如何执行相对简单并可以逐步完成的任务非常有效。它的有效性可归功于被培训者有大量的机会实践任务并接受有益的反馈。

4. 讲授法　讲授法最适合以简单地获取知识为目标的情况。缺点在于它是被动的学习方法，只注重对学习者的单向沟通，学习者没有太多的机会对材料加以澄清。讲授一般不能赢得并保持学员的专心，除非讲演人能使材料变得有内涵，并注重提问和讨论。

5. 案例方法　要求被培训者分析描述现实工作情形的案例。案例法培训的假设是：如果人们通过"受指导的发现"达到了理解，他们才最有可能记住并运用所学到的知识。培训者充当辅导员，案例一般没有正确或错误答案。案例方法的目的不在于教给被培训者"正确"答案，而是教他们如何发现潜在的问题，并提出切合实际的行动方案。

6. 角色扮演　被培训者面对面地表演出这种互动关系，培训者和小组其他成员就其表演给以反馈，这样扮演者就能了解其行为对他人的影响。

（四）保证培训所学被用在工作中

为保证被培训者能将新知识或新技能应用到工作中，需运用实例、角色扮演和计算机模拟等方式，以确保培训知识与工作环境之间建立密切联系，让被培训者明白如何将所学知识用于工作当中。

另一方面，在成功地执行了任务之后仍让被培训者继续进行练习。继续学习程度越高，此后保留和转移的程度也越高。如果被培训者所学技能在工作中不常用，比如处理紧急情况，继续学习尤为适宜。

（五）确定培训评价方案

一个公司如果不能正确地评价其培训方案，就无法知道培训是否达到了预期目标。评价可以通过被培训者的反应、测试、绩效评估和组织绩效的记录等进行。

1. 被培训者的反应　可让被培训者在培训结束或返回工作岗位时表达其对培训内容的意见（口头或书面），也可让被培训者评价培训内容与其工作是否相关，学习到了多少实用的知识。

2. 测试　提供一个良好的学习测定，测试的内容应反映培训目的。

3. 绩效评估　能够测量培训后的工作行为，并可帮助企业确定被培训者在从事其工作时是否应用了所学知识。

4. 组织绩效的记录　主要包括流动率、生产率、销售量和抱怨投诉数量的文件。这些记录可确定培训方案是否已对公司的经营产生有利影响，组织绩效记录的选择应以其与培训内容目标的关联性为基础。

二、员工的开发过程

一个公司的成长与成熟，高质量的管理人才梯队十分关键。公司必须向经理和管理候选人提供指导，帮助他们胜任目前或未来的工作。对于经理而言，员工开发也很重要，应帮助他们将目标瞄向更高层次的管理工作。

（一）管理继承规划的内容

管理继承规划是一个规定未来管理要求和识别最符合这些要求的候选人的系统过程。有效的管理继承规划的内容：

1. 将管理开发与人力资源进行连接　管理继承规划应该详细指出关键的管理职位及所应配备的人员。

2. 规定管理要求　规划下一步应该规定每个目标岗位所需要的相关人员的资格要求，这些资格应该以从工作分析中所得到的信息为依据。

3. 评估管理潜力　识别能够被提拔到各个管理层级的人员，即那些具备有关资格的人员。

4. 确定职业生涯路径　企业为每一个颇具潜力的候选人设计一条职业生涯路径。职业生涯路径一般表现为一个流程图，它标明了一连串按顺序排列好的具体职务，可以指导候选人逐步攀登组织阶梯达到职业生涯目标。

5. 开发替换图表　替换图表指明了各候选人的可使用性以及他们准备接任的各种管理岗位，标明每一管理岗位按层级次序可能有的候选人。

（二）员工开发的方法

员工的开发方法一般包括教室指导、职业生涯资源中心、工作轮换、专门辅导和特殊计划。

1. 教室指导　一般在组织内外的讨论会或大学中进行。

2. 职业生涯资源中心　这些中心通常包括一个图书馆，拥有相关的阅读资料，为感兴趣的候选人创造学习的机会。

3. 工作轮换　通过让候选人在多个部门之间轮流工作，使他们接触各种组织环境，这样候选人有机会对组织获得一个全面的了解，并且懂得各部分是如何相互关联的。另外，候选人在这些委任期间面临新的挑战，这些挑战可以促成他们发展新的技能。

4. 专门辅导　专门辅导者或导师是指能够给予候选人工作指导的主管或经理。导师通常在组织中比被培训者的职位高 2 ～ 3 级，他们通过教授、引导、建议、咨询和角色示范来指导被培训者获得知识和技能。

5. 特殊计划　有时公司分配特殊的、非常规的工作职责给候选人，让他们为未来的工作任务做准备。

第四节　员工的考评

员工的考评是对员工的工作绩效进行评价，以便形成客观、公正的人事决策的过程。员工绩效评估可用来决定谁将得到工资升级及其他奖酬。它还给员工提供反馈，使之了解组织如何看待其绩效表现。评估还可确定培训和发展的需要，指明目前员工的哪些技术和能力已不合适而迫切需要培训加以提升。绩效评估可为人力资源规划提供依据，并指导晋升、岗位轮换及解聘决策。

一、员工绩效评估系统的设计

（一）获取对该系统的支持

要获取组织各方对绩效考评的支持，先要赢得高层经理的支持。高层经理须同意将系统推广，投入充足的资源，通过考评结果向组织示范恰当的行为。同时，努力寻求员工投入，鼓励使用者（经理和员工）参与考评系统的规划和开发。

（二）选择恰当的评估工具

选择评估工具时，必须注意工具的实用性、使用成本和被评估者的工作性质。评估系统的成本包括开发成本、执行成本和使用成本。

（三）选择评定者

主管、同事和员工自己均可成为员工绩效评估的评定者。

1. 主管评分　主管通常是最熟悉员工工作的人。评估作为管理手段，为其提供了一种引导和监督员工行为的方法。

2. 同事评分　同事和主管是从不同角度看待某人绩效的。通常同事经常以不同于主管且更现实的眼光看待被考评者的工作绩效。同事评分是对主管评分的一种补充，有利于形成个人绩效的一致性意见，并有助于消除偏见，使考评结果更科学。

3. 自我评分　自我评分虽然比主管或同事评分更有利，但并不太有效。自我评分可用于员工开发，比如鼓励员工反映自己的优点和缺点，引导更有建设性的评估面谈，使员工更易于接受工作建议。

4. 使用多个评估者　通常评估经理的绩效会使用该方法。评分多采用无记名形式，以便评定者可轻松做出评价。通过评估结果，经理们能更清楚地了解自己的优点和缺点，进而提高工作绩效。

（四）确定合适的评估时间

大多数企业会每年对员工进行绩效评估。绩效评估不能太频繁，但间隔时间也不能太长，否则难以起到评价的作用。

（五）保证评估公平

为保证公平，大多数组织会要求将评估结果提交高层管理者进行审核。如果存在问题，高层管理者会要求人力资源部门给予合理说明，或重新进行评价。

如果员工对评估结果不满意，可提请申诉。申诉部门可为其提供获得公平的机会，以帮助其获得更准确的评价。没有这样的系统，易导致管理权力滥用，有失公允的评价结果无法得到纠正。

二、绩效评估的方法

（一）员工比较系统

员工比较系统方法是指员工的绩效通过与其他员工的绩效相比较进行评价。对员工进行排序可使用的方法有简单排序、配对排序和强制评分。①简单排序：要求评定者根据工作绩效将员工从最好到最差进行排序。②配对排序：是评定者将每个员工进行相互比较。③强制评分是要求评分者在每个优胜档次上都分派一定比例的员工。

（1）**优点**　员工比较系统成本低、实用，评价所花费的时间和精力非常少，可有效消除某些评价误差，使招聘或解聘决策更有依据。

（2）缺点 员工比较系统没有具体说明一个员工必须做什么才能得到好的评价。它不能充分指导或规范员工行为，无法对不同部门的员工绩效进行比较。

（二）图解式评定量表

图解式评定量表是向被评估者展示一系列被认为是成功工作绩效所必需的个人特征（例如，合作性、适应性、成熟性、动机），每一特征都有一个评定量表。量表用数字或描述性词或短语加以规定，用以指示不同的绩效水平。

（1）优点 实用且开发成本小，适用于组织中全部或大部分工作。

（2）缺点 评定量表不能清楚指明员工必须做什么才能得到某个确定的评分，员工因而对自己被期望做什么一无所知。评定量表只是描述了定义模糊的个人特征，没有体现具体行为。

（三）行为锚定式评定量表

行为锚定式评定量表要求评估者根据岗位所需的个人特征评定员工。典型的行为锚定式评定量表包括 7 ～ 8 项个人特征。这些特征被称作维度，每个维度都被一个量表加以锚定。

行为锚定式评定量表中使用的评定量表与图解式的评定量表中的量表结构并不相同。它是通过不同绩效水平的具体工作行为例子来确定每个特征的。行为锚定式评定量表是先进行工作分析，再使用关键事件技术进行分析，然后将事件或行为依据维度加以分类；最后为每一维度开发出一个评定量表，用这些行为作为"锚"来定义量表上的评分。

（1）优点 能指导和规范员工的行为，使员工知道他们被期望表现哪些类似的行为，给评估人提供以行为为基础的反馈机会。

（2）缺点 行为锚定式评定量表的开发需花费大量的时间和精力。

（四）行为观察量表

行为观察量表包含特定工作的成功绩效所要求的一系列合乎期望的行为。行为观察量表与行为锚定式评定量表相同的是收集关键事件，并按维度加以分类；区别在于行为观察量表中的每种行为都是由评估者加以评分的。

（1）优点 与图解式评定量表和行为锚定式评定量表相比，经理和下属更喜欢采用行为观察量表进行评估，以便于更有效地指导员工的行为。

（2）缺点 需花费很多时间去开发量表。因为不同的工作要求有不同的行为，从而需要不同的量表。

（五）目标管理

在管理实践中，上级往往给下属设置一些定性或定量的工作目标，这种目标常常作为组织员工绩效考核的依据和基础。

（1）优点 ①绩效考核标准是按以前的工作目标进行设定的，因而考核结果相对没有偏见，实用，且费用不高。②考核标准的开发不像制作量表那样费劲，必要的信息通常由员工填写，主管只负责审核或修改。③能促进员工更好地完成工作目标，员工和主管之间的沟通变得更好。

（2）缺点 ①目标管理使员工的注意力集中在目标上，但没有具体指出达到目标所要求的行为。②目标管理倾向聚焦于短期目标，员工可能会试图达到短期目标而牺牲长期目标。③员工不喜欢目标管理带来的绩效压力和由此产生的紧张感。

第五节　薪酬管理

媒体掠影

知名药企高管薪酬

　　各大跨国药企接连发布 2021 年财报，罗氏和诺华两大制药巨头率先在年报中披露了公司 CEO 的 2021 年薪酬。罗氏 2021 年度报告显示，CEO Severin Schwan 去年的薪酬总额为 1149 万瑞士法郎（合 1248 万美元），相较 2020 年上涨了 4%。同样，诺华 CEO Vas Narasimhan 的薪酬也有所上涨，他获得了价值 1122 万瑞士法郎（1218 万美元）的薪酬，较 2020 年的 1038 万瑞士法郎增加了 8%，Vas Narasimhan 的千万年薪中约 220 万瑞士法郎来自固定薪酬和福利，剩下的 900 万瑞士法郎来自绩效薪酬计划。

　　药企高管的奖金和企业业绩息息相关。2021 年，罗氏总收入达 628.01 亿瑞士法郎，同比增长 9.3%。其中，制药业务营收 450.41 亿瑞士法郎，同比增长 3.1%；中国区的制药业务营收 32.76 亿瑞士法郎，占罗氏全球制药业务营收的 7.3%，同比增长 4%。诺华 2021 年营收达到 516.26 亿美元，同比增长 6%，其中制药业务营收为 420 亿美元，同比增长 8%。诺华制药中国市场去年全年营收 30.52 亿美元，同比增长 18%，占到了诺华全球总收入的 6%。

薪酬管理是组织为实现其目标，制定吸引人才、留住人才、鼓舞士气的薪酬体系的过程，它是保证组织生产经营正常运行的必要条件。

一、薪酬的构成

薪酬是指员工因工作而从组织那里得到的各种直接和间接的经济收益。在现代组织管理中，薪酬大体被分为基本薪酬、激励薪酬和福利三大部分。

（一）基本薪酬

1. 基本薪酬的概念　基本薪酬是以一定的货币定期支付给员工的劳动报酬，以员工劳动的熟练程度、复杂程度、责任大小和劳动强度为基准，按照员工实际完成的劳动定额或工作时间进行支付。基本薪酬是员工劳动收入的主体部分，也是确定其他劳动报酬和福利待遇的基础。通常基本薪酬由基本工资、年功工资、职位工资和技能工资等几部分组成。

2. 基本薪酬的特点　基本薪酬具有常规性、稳定性、基准性和综合性的特点。

（1）常规性　基本薪酬是劳动者在法定工作时间内和正常条件下所完成劳动的报酬，一般情况下员工都能得到基本薪酬。

（2）稳定性　员工的基本薪酬数额以组织所确定的基本薪酬标准为依据，因为等级标准在一定时期内的相对稳定，员工的基本薪酬数额也保持相对稳定，因此，又称不变薪酬。

（3）基准性　所谓基准性具有两层含义：①基本薪酬是辅助薪酬的计算基准，辅助薪酬的数额、比例及其变动以基本薪酬为基础。②为保证员工的基本生活需要，国家对组织基本薪酬的最低限额作出强制性的规定，所以基本薪酬也称标准薪酬。

（4）综合性　与辅助薪酬相比，基本薪酬能较全面地反映薪酬的各项职能，其他薪酬形式通常侧重于某一方面职能。

（二）激励薪酬

1. 激励薪酬的概念　与基本薪酬相对应的是激励薪酬，具体分为奖金、津贴、补贴和分红等形式。激励薪酬中又以奖金、津贴为主要形式。奖金是根据员工超额完成任务或以优异的工作绩效而计付的薪酬，鼓励员工提高劳动生产率，也可称为效率薪酬。津贴是为了补偿和鼓励员工在恶劣工作环境下劳动而计付的薪酬，有利于吸引劳动者到脏、苦、险、累的岗位上工作。

2. 激励薪酬的特点

（1）在薪酬中处于辅助地位，对基本薪酬起补充作用　基本薪酬具有相对稳定性和固定性的特点，它不能及时反映劳动者的实际劳动数量及质量的变化，需要激励薪酬作为基本薪酬的补充形式发挥调节功能。

（2）形式灵活多样，数额不固定，为薪酬中的浮动部分　激励薪酬有多种形式，最主要的有奖金、津贴、补贴和加班费等。其中，奖金、津贴等和组织效益与劳动者个人的能力及付出有直接关系。不同的组织员工与组织中的不同员工之间，激励薪酬水平的差异非常大。

（三）福利

1. 福利的概念　福利是指组织为了吸引或维持骨干员工而支付的作为基本薪酬补充的若干项目，给予员工的各种形式的待遇，如住房、用车、带薪休假、节假日工资、工作午餐、医疗保健等。

2. 福利的特点

（1）福利是货币工资的重要补充，是集体激励的一种形式　组织可以通过福利与员工沟通，传达组织对员工的重视、关爱，增强凝聚力，稳定员工队伍，吸引优秀员工。

（2）福利兼有避税功能　根据经验，当工资水平提高到一定程度，组织和员工对福利的认可程度会提高，因为高薪避税的心理会使员工乐于适度接受这种形式的报酬。

（3）福利分配以员工的贡献为前提　福利一般不与个人业绩直接挂钩，而以为组织做出贡献为前提，成功的福利政策应该让员工领悟到，福利不等同大锅饭，要靠自己努力争取。

（4）福利具有选择性　福利与基本薪酬和辅助薪酬的区别在于，福利可以给员工一定选择的余地，还可以让员工参与自身福利的设计，起到充分调动员工积极性的作用。

（5）福利具有动态性　福利项目应是动态的，随着员工的需求变化不断改变，随着组织竞争策略的变化，福利政策也相应地随之调整。

二、薪酬的作用

1. 吸引人才　在目前市场经济中，薪酬无疑是吸引人才的有效工具，但并不是说薪酬越高越能吸引人才，而必须关注整个薪酬系统，薪酬系统的完备与积极性一定能吸引更多的人才。

2. 留住人才　一个优秀的薪酬系统能够为组织留住人才，使员工认识到，在该组织中工作时间越长，越有回报。

3. 激励人才　使人才为实现组织目标努力工作是薪酬系统有效运作的主要标准。优秀的薪酬系统应该使每个员工都能自觉地为组织目标努力工作。

三、薪酬管理的原则

（一）合法原则

组织薪酬制度必须符合党和政府的政策与法规，这是薪酬管理的最基本原则。例如我国《劳动法》中有许多有关薪酬方面的法律条文，它应作为组织在制定薪酬制度时的依据。

（二）竞争原则

竞争原则是指组织的薪酬标准要能确保与类似行业、类似组织的薪酬水平相比时具有一定的竞争力。因为只有这样，才能保证组织能在人才市场上招聘到优秀的人才，也才能留住现有的优秀员工。组织可根据自己的薪酬战略、财力水平、所需人才可获得性的高低、所想留住人才的市场价格等具体条件决定到底给员工何种市场水平的薪酬；但要具有竞争力，组织的薪酬水平至少不应低于市场平均水平，并与组织的发展阶段相适应。一般来说，在同行业中处于领先水平的组织，其薪酬水平也处于领先水平。

（三）激励原则

激励原则是指组织在薪酬结构的选择、薪酬水平、薪酬级差、增薪幅度的确立等方面必须要有激励性。也就是说，要根据员工的能力和贡献的大小适度拉开收入差距，让能力强、贡献大者获得较高的薪酬，体现出薪酬的激励效果，从而充分调动员工的工作热情。

（四）经济性原则

一般来说，薪酬系统要具有竞争性和激励性，使员工感到安全，但也应该接受成本控制，也就是在成本许可的范围内制定薪酬，因此，它不能不受经济性的制约。而且组织薪酬系统的各个方面都要平衡，基本工资、奖金或奖励、津贴与福利的结构都要注意经济性的原则。

（五）公平原则

公平原则是组织薪酬制度设计和管理首要考虑的因素，因为员工对薪酬的公平感将直接影响他们的工作积极性。这里的公平性包括三个层次。

1. 外部公平性 指同一行业或同一地区或同等规模的不同组织中类似职务的薪酬应基本相同。

2. 内部公平性 指同一组织中相同职位（或者价值相当的职位）上的员工所获得的薪酬应大体相当。

3. 个人公平性 即同一组织中不同职务的员工所获得的薪酬与其各自对组织所做贡献的比值应大致相当。

（六）及时原则

及时原则体现在两个方面。

1. 组织要及时付给员工薪酬，因为薪酬是员工生存发展的基础，如果不能及时兑现员工薪酬必然会影响员工的生活，进而影响到员工的工作热情。

2. 薪酬管理必须根据外界的环境变化及时做出动态调整，使薪酬管理始终保持动态的适应性。

技能训练

1. 每一位管理者都需要开发自己的面试技能，请重点阐述与该项技能有关的关键行为。

2. 精心制作你的简历，研究一下一份好的简历应该包括什么内容。

3. 利用互联网搜索 5 家你感兴趣的公司，看看它们就其员工或员工的职业生涯说了些什么。将这些信息汇总成一份项目列表形式的报告，准备在课堂上讲述你的发现。

4. 对你所选择的职业进行一番研究，如何才能在该职业中获得成功？需从教育背景、所需技能、工作经验等方面进行考察。

5. 设法解决员工因为性别不同导致的薪酬不同问题，以项目列表方式写出你的方法。

【案例分析】

北京立达医药有限公司绩效管理体系搭建

北京立达（化名）医药有限公司，是由一家国有医药企业于 2001 年转制而成的股份制公司。公司主要从事各种中西成药、化妆品、医疗器械及保健食品的研发、生产和销售。近几年，该公司借助外部市场的有利条件和公司自身的优势，发展迅速，其营业额、利润额在国内同行业中位居前列，在国内医药市场上获得了一定的知名度。

在业绩快速发展的同时，一些管理问题逐渐暴露出来，比如，员工 / 部门之间相互推卸责任、技术人员流动频繁、部分人员能力不能胜任岗位要求、营销人员工作积极性逐渐下降等。这一系列的管理问题制约了公司的进一步发展，为此公司领导聘请华恒智信，希望能优化设计原有的绩效管理体系。

华恒智信顾问团队进驻该企业后，了解到公司目前考核主要分为三个体系，即总经理对各副总经理的分管业务进行考核、副总经理对其分管部门的业务指标完成情况进行考核、各部门主管将任务细化分解到员工并对员工的工作表现和任务完成情况进行考核。考核采取年度考核。华恒智信顾问团队诊断该公司绩效管理体系方面主要存在以下三个问题：

1. 缺乏岗位分析等基础工作的支撑　岗位分析属于人力资源管理的基础性工作。但是，大多中国企业成长之初往往社会过度关注企业效益，而忽略了企业管理，在发展到一定阶段时，企业往往会在缺乏岗位分析等基础性工作的情况下，开始搭建管理体系。立达公司没有对各岗位的工作内容、性质及完成这些工作所具备的条件等进行分析，而是仅仅用通用的考核方式对公司的管理者和员工进行考核，缺乏判断岗位工作完成情况的依据，也难以确定岗位目标，无法为绩效考核提供必要的基础性支撑，也因此出现了岗位工作职责不清、人浮于事等不良现象。

2. 考核指标体系缺乏系统性　该公司的工作任务主要是按照每年的销售计划制定的。目前，公司对各部门以及员工的考核基本上是只对销售任务完成情况这一指标进行衡量，对办公室、财务部等并不承担销售任务的部门也是如此，缺乏对员工的工作能力、态度等方面的考核。再加上绩效考核周期较长，对考核对象缺乏及时的约束，更不利于绩效的及时反馈与改进。

由于缺乏系统的考核制，考核实施过程中，主要依靠主管人员的主观印象来评估员工的表现，造成了考核的随意性。在年终考核时，一般是主管人员根据自己的主观印象和记忆给员工一个大概的评价，既没有形成书面材料，也不能对所做出的评级结果提供必要的、对应的依据材料，这就容易造成考核结果的不准确，引起员工对考核制度的不满和抵触。

3. 缺乏考核结果的对接应用　目前，该公司的绩效考核结果仅用于绩效工资的发放，并没有把考核结果与员工培训、员工职业生涯发展等方面联系起来，也就是说，该公司沿用的仍是传统的精神奖励、荣誉奖励等方式，而没有充分考虑员工的自我发展需求。现有考核体系并不能全面体现员工的综合表现，也就无法与相应的薪酬制度、员工培训、岗位晋升等方面相挂钩，使得考核结果无法得到有效应用。

此外，在日常工作和考核的实施过程中，管理者与员工之间缺乏必要的沟通、反馈环节，导致工作过程中，管理者不能及时了解各项工作的进度，员工也不知道工作中需要有哪些改进，这就影响了组织绩效的提升。

资料来源：https://zhuanlan.zhihu.com/p/408289188

案例讨论题：

1. 该公司管理层岗位设立是否合理，如何进行优化？
2. 如何构建该公司绩效管理体系？

【思考题】

1. 人力资源管理如何影响管理者？
2. 描述不同类型的甄选工具，说明每种工具适用于的工作。
3. 真实工作预览有哪些优点和缺点（从组织和员工两个角度考虑）？
4. 描述不同类型的上岗培训和员工培训，以及组织如何提供每种培训。
5. 描述各种不同的绩效评估方法。
6. 列出影响员工薪酬和福利的因素。

第十章

组织力量的整合

学习目标

1. 掌握：正式组织和非正式组织的概念、形式，以及如何发挥非正式组织的作用。
2. 熟悉：直线与参谋的矛盾与解决办法。
3. 了解：委员会形式的优点。

案例导读

医院的停车场

对于医院来说，管理车辆是一件令人头疼的事。因为进出医院的人员比较复杂，而一般医院都设立在繁华路段，周边的酒店、饭店、商场等人员也常常把车辆停放在医院内，占用医院的车位，造成车位紧张。同时车辆的乱停乱放容易造成车道拥堵，给管理带来混乱，还有可能造成救护车车道、消防车道堵塞，使医院正常工作受到干扰。

拥有3000张床位的某三甲医院共有两个地下停车场，从周一到周五高峰期间常常拥挤不堪，给病人及其家属带来了诸多不便。

医院领导层要求后勤保障部门对这种情况做一调查，并提出改进意见。如果通过合理规划和管理可以缓解停车问题，医院将会设法将院内一块未开工工地用于临时停车。如果停车问题非常严重，就要考虑投资500万元建设一个立体停车场。

后勤保障部门接受任务后进行了1个月的调研和访谈，并分析了停车场的流量、车牌区域、车位设置、院内车辆行驶路线等问题，结果发现一个未曾预料到的事实：停车场之所以拥挤，除了患者流量大之外，其中一个重要的原因是拥有车辆的医院职工未按照规定将车停放在院外停车场，而是停在了院内停车场。

医院领导层决定强化已出台的医院职工停车规定，并通过办理停车证等方式落实停车管理办法。后勤保障部门也进行了停车场集中清理工作，对违规停车的职工进行劝导，并要求缴纳停车费。如此整顿1个月后，医院停车场在高峰期的交通和停车状况得到缓解，极大地提升了患者就医满意度。

从上述案例中我们看出，该三甲医院作为一个区域知名医院，以患者为中心的理念和为患者提供优质服务的措施得到了较好的展现，对其他医院和管理者来说具有极强的借鉴意义。为职工提供便利的工作条件也属于职工福利的一部分，有车的职工其实是一个非正式群体，组织的决策应重视非正式群体的意愿，当非正式群体意愿与组织目标发生冲突时，应当充分沟通，并视情况对组织目标做适当调整。从决策角度，搜集信息应当全面，方案应兼顾所有利益相关者的需求。

所有大型医院的管理者要想在医疗市场中快速发展,必须整合组织的力量,采用有效的措施。

资料来源:http://news.163.com/12/0215/10/7QA07V6F00014AED.html

第一节　正式组织与非正式组织

一、概述

(一)正式组织与非正式组织的概念

1.正式组织　组织设计的目的是为了建立合理的组织结构,规范组织成员在活动中的关系。设计的结果是形成所谓的正式组织。这种组织有明确的目标、任务、结构、职能,以及由此决定的成员间的责权关系,对个人具有某种程度的强制性。合理、健康的正式组织可为组织活动的效率提供了保证。

2.非正式组织　非正式组织是伴随正式组织的运转而形成的。在正式组织展开活动的过程中,组织成员间一定会有业务上的联系,这种工作上的接触促进成员之间的相互认识和了解,并开始工作以外的联系,频繁的非正式联系又促进了彼此之间的相互了解。久而久之,一些正式组织成员之间的私人关系从相互接受、了解逐步上升为友谊,一些无形的、与正式组织有联系但又独立于正式组织的小群体便慢慢地形成。这些小群体形成以后,其成员由于工作性质相近、社会地位相当、对一些具体问题的认识基本一致、观点基本相同,或者在性格、业余爱好及感情相投的基础上产生一些被大家所接受并遵守的行为规则,从而使原来松散、随机性的群体渐渐成为趋向固定的非正式组织。

(二)正式组织与非正式组织的区别

正式组织与非正式组织是组织类型划分的一种方法。医院中可能存在的非正式组织(图10-1)。

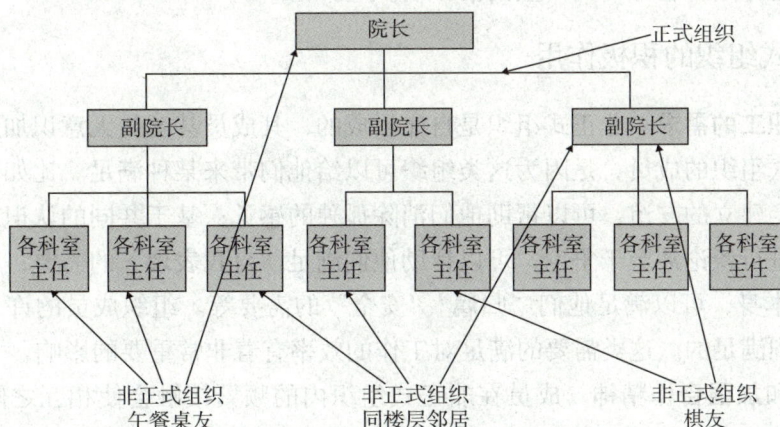

图 10-1　医院常见的正式组织和非正式组织

正式组织与非正式组织的突出区别表现为其是否是程序化的和其目的的不同。

1.正式组织的设立、运作和解散都是经过程序化过程的,非正式组织则更多地体现非程序化的特征；正式组织和非正式组织都有自己的目标，但两者的目标可能一致也可能不一致甚至相反。

2. 正式组织的活动以成本和效率为主要标准，要求组织成员为了提高活动效率和降低成本而确保形式上的合作，并通过对他们在活动过程中的表现予以正式的物质与精神的奖励或惩罚来引导他们的行为。因此，维系正式组织主要是理性原则。非正式组织则主要以感情和融洽的关系为标准，要求其成员遵守共同的、不成文的行为规则。无论这些行为规范是如何形成的，非正式组织都有能力促使其成员自觉或不自觉地遵守。对于自觉遵守和维护规范的成员，非正式组织会予以赞许、欢迎和鼓励，对不愿就范或犯规的成员，非正式组织会通过嘲笑、讥讽、孤立等手段予以惩罚。因此，维系非正式组织主要是接受与欢迎或孤立与排斥等感情上的因素。

由于正式组织与非正式组织的成员是交叉混合的，同时人们感情的影响在许多情况下要甚于理性的作用，因此，非正式组织的存在必然要对正式组织的活动及其效率产生影响。

二、正式组织与非正式组织的相互影响

小测试

你认为哪种观点正确

某校 3 位青年教师同时进校任教，同住一间集体宿舍，业余时间关系密切，引起学校一些人的议论。一次，学校定于晚上召开全校职工大会，3 位青年教师为看一场难得的音乐会分别请假。这件事使学校领导产生了不同意见。一种意见认为，学校要形成良好的教师群体，就要制止这种小集团的发展，应严肃处理这次音乐会事件。另一种意见认为，他们的交往不算反常，不能扣"小集团"的帽子，支部应通过适当方式对他们进行帮助教育。

资料来源：http://www.doc88.com/p-571468723586.html

著名的霍桑实验向人们揭示了正式组织和非正式组织都是客观存在的事实，并由此引发了管理者对非正式组织和正式组织影响的重视。非正式组织的存在及其活动既可对正式组织目标的实现起到积极的促进作用，也可对其产生消极影响。

（一）非正式组织的积极作用

1. 可以满足职工的需求　非正式组织是自愿形成的，其成员甚至是无意识加入的。他们之所以愿意成为非正式组织的成员，是因为这类组织可以给他们带来某种满足。比如，工作中的频繁接触及在此基础上建立的友谊，可以帮助他们消除孤独的感觉；基于共同的认识或兴趣，对一些共同关心的问题进行谈论甚至争论，可以帮助他们满足"自我表现"的需要；从属于某个非正式群体这个事实本身，可以满足他们"归属""安全"的需要等。组织成员的许多心理需要是在非正式组织中得到满足的。这类需要的满足对工作的效率有着非常重要的影响。

2. 易于产生和加强合作精神　成员在非正式组织内的频繁接触会使相互之间的关系更加和谐、融洽，从而易于产生和加强合作精神。这种非正式的协作关系如能带到正式组织中来，无疑有利于促进正式组织的活动协调进行。

3. 协助正式组织起到培训作用　非正式组织对其成员在正式组织中的工作情况往往也非常重视。对于那些工作困难者、技术不熟练者，非正式组织的伙伴往往会给予指导和帮助。同伴这种

自觉、善意的帮助，可以促进他们技术水平的提高，从而帮助正式组织起到一定的培训作用。

4. 规范成员的行为　非正式组织也是在某种社会环境中存在的，就像对环境的评价会影响个人的行为一样，社会的认可或拒绝也会左右非正式组织的行为。非正式组织为了群体的利益，为了在正式组织中树立良好的形象，往往会自觉或自发地帮助正式组织维护正常的活动秩序。虽然有时也会出现非正式组织成员犯了错误而互相掩饰的情况，但为了不使整个群体在公众中留下不受欢迎的印象，非正式组织对那些严重违反正式组织纪律的害群之马，通常会根据自己的规范，利用自己特殊的形式予以惩罚。

5. 正式信息通道的补充　非正式组织有十分畅通的信息渠道，这是正式组织重要的信息补充来源。当然这种信息也有两面性，错误的信息有可能形成流言蜚语的传播。

（二）非正式组织可能造成的危害

1. 目标与正式组织形成冲突　非正式组织的目标如果与正式组织冲突，则可能对正式组织的工作产生极为不利的影响，并能扩大抵触情绪。比如，正式组织力图利用员工之间的竞赛达到调动积极性、提高产量与效益的目标，非正式组织则可能认为竞赛会导致竞争，造成非正式组织成员的不和，从而会抵制竞赛，设法阻碍和破坏竞赛的展开，其结果必然影响组织竞赛的气氛。

2. 束缚成员的个人发展　非正式组织要求成员一致性的压力，往往也会束缚成员的个人发展。有些人虽然有过人的才华和能力，但非正式组织一致性的要求可能不允许他冒尖，从而使个人的才智不能得到充分发挥，对组织贡献不能增加，这样便会影响整个组织工作效率的提高。

3. 影响正式组织的变革　非正式组织的压力会影响正式组织的变革，发展组织的惰性。这并不是因为所有非正式组织成员都不希望改革，而是因为其中大部分人害怕变革会改变非正式组织赖以生存的正式组织的结构，从而威胁非正式组织的存在。

三、发挥非正式组织积极作用的措施

名人观点

松下幸之助的"派系"观

经常有人提到"消除派系"的问题。然而仔细思考一下，我认为有人的地方就有派系。制造派系是人类的本能，我认为该谈的是这派系是好还是坏……既然如此，倒不如肯定派系的存在，然后再考虑如何活用派系。换句话说，与其各个分散，倒不如分成几个较容易管理，办事也会较有效率……派系是没有办法消除的，而且有派系也许比没有派系更好。关于如何活用派系，只有靠每个人正确的认识了。

资料来源：林望道.生意人的活法：松下幸之助的大智慧 [M].上海：立信会计出版社会，2012.

不管承认与否、允许与否、愿意与否，要有效实现正式组织的目标，就要积极利用非正式组织的贡献，努力克服和消除它的不利影响。

1. 充分认识非正式组织存在的客观必然性和必要性　应允许甚至鼓励非正式组织的存在，为非正式组织的形成提供条件，并努力使之与正式组织吻合。比如，正式组织在进行人员配备工作时，可以考虑将性格相投、有共同语言和兴趣的人安排在同一部门或相邻的工作岗位上，使他们有频繁接触的机会，这样就容易使两种组织的成员基本吻合。又如，在正式组织开始运转以后，注意展开一些必要的联欢、茶话会、旅游等旨在促进组织成员感情交流的联谊活动，为他们提供

业余活动的场所，在客观上为非正式组织的形成创造条件。

促进非正式组织的形成，有利于正式组织效率的提高。按照马斯洛的需要层次理论，人通常都有社交需要，如果一个人在工作中或工作之余与他人没有接触的机会，则可能心情烦闷，感觉压抑，对工作不满，从而影响效率。相反，如果能有机会经常与他人聊聊对某些事情的看法，摆脱自己生活或工作中的障碍，甚至发发牢骚，就容易卸掉精神上的包袱，以轻松、愉快、舒畅的心理状态投身到工作中。

2. 建立和宣传正确的组织文化以影响非正式组织的行为规范　非正式组织形成以后，正式组织既不能利用行政方法或其他强硬措施干涉其活动，也不能任其自由发展。对非正式组织的活动应加以引导，这种引导可以通过借助组织文化的力量，影响非正式组织的行为规范来实现。

注意做好非正式组织领导人物的工作，充分发挥他们作用，使他们成为正式组织的重要助手。

组织通过有意识地培养、树立和宣传某种组织文化来影响成员的工作态度，使他们的个人目标与组织的共同目标尽量吻合，从而引导他们自觉地为组织目标的实现积极工作。如果说合理的结构、严格的等级关系是正式组织的专有特征的话，那么组织文化则有可能被非正式组织所接受。正确的组织文化可以帮助每一个员工树立正确的价值观念、工作与生活的态度，从而有利于产生符合正式组织要求的非正式组织的行为规范。

第二节　直线关系与参谋关系

一、概述

（一）直线关系与参谋关系的概念

1. 直线关系　由管理幅度的限制而产生的管理层次之间的关系即直线关系。从直线关系形成的过程看，低层次的主管是受高层次主管的委托进行工作的，因此必须接受其指挥和命令。

直线关系是一种命令关系，是上级指挥下级的关系。这种命令关系自上而下，从组织的最高层，经过中间层，一直延伸到最基层，形成一种等级链。链中每一个环节的管理人员都有指挥下级工作的权力，同时又必须接受上级管理人员的指挥。这种指挥和命令的关系越明确，即各管理层次直线主管的权限越清楚，就越能保证整个组织的统一指挥。

直线关系是组织中管理人员的主要关系，组织设计的重要内容便是规定和规范这种关系。

2. 参谋关系　参谋关系是伴随着直线关系而产生的。随着先进的科学技术和现代化的生产方法和手段在组织中的运用，组织的规模越来越大，活动的过程越来越复杂。组织和协调这个活动过程的管理人员，特别是高层次的主管人员越来越感到专业知识的缺乏。由于组织很难找到精通各种业务的"全才"，直线主管也很难使自己拥有本部门活动所需的各种知识，他们常借助设置一些助手，利用不同助手的专门知识补偿直线主管的知识不足，协助其工作。这些具有不同专门知识的助手通常称为参谋人员。

参谋的工作首先是为了方便直线主管的工作，减轻他们的负担。随着组织规模的扩大，参谋人员的数量会不断增加，参谋机构会逐渐规范化。为了方便这些机构工作，直线主管会授予他们部分职能权力，但其主要职责和特征仍然是直线主管的助手，主要任务仍是提供某些专门服务，进行某些专项研究，以提供某些对策建议。

（二）直线关系与参谋关系的区别

1. 直线关系与参谋关系是两类不同的职权关系　直线关系是一种指挥和命令的关系，授予直线人员的是决策和行动的权力；参谋关系则是一种服务和协助的关系，授予参谋人员的是思考、筹划和建议的权力。

2. 直线关系与参谋关系对组织目标的实现起不同的作用　对组织目标的实现负有直接责任的部门称为直线机构，为实现组织基本目标协助直线人员有效工作而设置的部门称为参谋机构。据此，企业中的生产或销售的部门被称为直线机构，招标采供、人力资源、规划财务等部门称为参谋机构。

如医院中医疗质量和护理服务等部门的主管，其主要工作是组织所辖科室的医疗和护理服务，处理部门内与直线下属的关系；规划财务、人力资源等部门及其主管的主要活动是记录医疗与护理服务中的资金流动或制定指导这些部门活动的财务、人事政策，主要是处理与这些直线部门发生的关系，为他们提供建议或服务。但是这种分类可能会引起某些混乱。为了避免这种混乱，应该主要从职权关系的角度来理解直线与参谋：直线管理人员拥有指挥和命令的权力，而参谋则是作为直线的助手来进行工作的。

二、直线关系与参谋关系的相互影响

设置参谋一职不仅可以保证直线关系的统一指挥，而且能够适应管理复杂活动需要多种专业知识的要求。在实际工作中，直线关系与参谋关系的矛盾往往是造成组织缺乏效率的原因之一。通常表现在，虽然保持了命令的统一性，但参谋作用往往不能充分发挥；或者参谋作用发挥失当，破坏了统一指挥的原则。

小故事

破坏性冲突

在《讽刺与幽默》上曾经登载了这样一则漫画：一个人不慎落水，在水中大喊救命，且做垂死挣扎。河边站着一个穿军装的人正在长篇大论，口水飞溅。旁注：上次我提出的关于学习游泳的方案你没采纳，后悔了吧，现在再提一个方案给你。后面的文字是一大堆关于如何救生的技巧，可以利用竹竿、救生圈、绳子等工具把人救上岸，然后马上做心肺复苏术等详细步骤。

河里的人最终淹死了，河边的人正在向赶来的人炫耀自己的提议如何正确。

这只是个讽刺故事，但在企业的日常经营活动中发生在直线人员和参谋人员之间的冲突也会造成类似结果。

组织中的管理人员是以直线主管或参谋两类不同身份来从事管理工作的。这两类管理人员，或更准确地说与此相应的管理人员的两种不同作用，对组织活动的展开和目标的实现都是必需的。然而在现实中，直线与参谋的矛盾经常是组织缺乏效率的重要原因。因此，正确处理直线与参谋的关系，充分发挥参谋人员的合理作用，是组织力量整合的一个重要内容。

资料来源：http://www.docin.com/p-86161441.html

直线人员需要对自己所辖部门的工作结果负责。一旦参谋人员对其工作指手画脚、进行议论

时，直线人员就会认为是对自己工作的干预，从而对其产生不满。参谋人员因为只有服务和建议的权力，对直线人员的工作没有任何约束力，因此直线人员对他们的建议完全可以不予重视，只根据自己的认识和判断行事，并以所谓的"参谋不实际""参谋不了解本部门的特点""参谋们只知纸上谈兵"等作为借口。

直线人员对参谋作用的敌视和忽视往往会导致参谋人员的不满。因从事研究和咨询的参谋人员往往比同层次的直线管理人员年轻，且接受过高水平的正规教育，组织更重视利用其专业知识达到组织的目的，他们也希望通过提出有见解、能够被采纳的建议证实自己的价值，达到提升的目的。一旦有人告诉他们决策是直线管理的职能，参谋人员的作用只是支持性、辅助性、是第二位的时候，他们便会感觉受到挫折甚至被侮辱，进而产生对直线人员的不满。为了防止低层直线管理人员的抵制，参谋人员往往会不自觉地寻求上级直线经理的支持。许多情况下，他们能够得到这种支持，并使之产生一定作用。上级主管会对直线下属施加一定压力，要求他们认真考虑参谋人员的建议。这样就有可能使直线人员与参谋人员的矛盾朝着有利于参谋的方面变化。但是有时可能会出现另外一种倾向，参谋们借助于上级直线主管的支持，不是向低层次的直线管理人员推荐自己的建议、"推销"自己的观点，而是以指挥者的姿态指手画脚，发号施令，强迫其接受自己的观点，从而可能重新激起低层直线管理人员的不满，重新激化直线人员与参谋人员之间的矛盾。这时高层次的直线主管可能会面临两难选择：是支持自己在工作中必须依赖的主要下属直线负责人，还是继续支持参谋人员。结果参谋人员往往是牺牲品，因为高层主管几乎只有选择支持直线下属的可能。

引起直线人员与参谋人员矛盾的另一个可能原因是参谋人员过高估计了自己的作用。在某些正确建议被直线经理采纳并取得积极成果后，参谋人员会沾沾自喜，认为组织活动的成绩主要应归功于自己。相反，如果建议在实施中遇到困难，没有取得预计的有利结果，有些参谋人员又会推卸责任，理由是直线人员曲解了他们的建议，或者没有完全按照他们的说法去做；建议是合理的，方案是正确的，但执行过程变了样。

三、正确发挥直线、参谋作用的应对措施

要解决直线与参谋的矛盾、综合直线与参谋的力量就要在保证统一指挥与充分利用专业人员的知识这两者之间实现某种平衡。解决这对矛盾的关键是要合理利用参谋的工作，明确直线与参谋的关系，授予参谋机构必要的职能权力。同时，直线经理为了取得参谋人员的帮助，必须先向参谋人员提供必要的信息条件。参谋的作用发挥不够或过分都有可能影响直线甚至整个组织活动的效率。

1. 明确职权关系　无论是直线主管还是参谋人员都应认识到，设置参谋职务、利用参谋人员的专业知识是管理现代组织复杂活动所必需的。只有明确直线与参谋各自的性质与职权关系的特点，才有可能防止相互之间的矛盾或以积极的态度去化解产生的矛盾。对直线经理来说，只有了解参谋工作，才有可能更好地发挥参谋的作用，利用参谋的知识，充分吸收参谋建议中合理的部分，并勇于对行动结果负责，而不是在行动出现问题后去责怪参谋人员制定了理论脱离实际的计划。对参谋人员来说，只有明确自己工作的特点，认识参谋存在的价值是协助和改善直线工作，而不是去削弱其职权，才有可能在工作中不越权争权，而是努力提供好的建议，推荐自己的主张，宣传自己的观点，以说服直线经理乐于接受自己的方案，并在方案实施并取得成绩后不居功自傲，而是认识到没有直线主管的接受，再好的方案也只能是纸上谈兵。直线主管对采纳何种方案、采取何种行动要担负一定的风险，因此活动的成绩应首先归功于直线的经营管理人员。总

之，直线与参谋，越是明确各自的工作性质，了解两者的职权关系，就越有可能重视对方的价值，从而自觉地尊重对方，处理好相互间的关系。

2. 授予必要的职权　明确了参谋人员对管理复杂活动的必要性后，直线主管会在理智上意识到必须充分利用参谋的专业知识和作用。影响人的行为还有许多非理性因素。为了确保参谋人员作用的合理发挥，授予其必要的职权是必需的。明确职权是指直线主管把属于自己的指挥和命令直线下属的某些权力授给有关的参谋部门或参谋人员行使，使其不仅具有研究、咨询和服务的责任，还具有一定的决策、监督和控制权。

3. 向参谋人员提供必要的条件　直线与参谋的矛盾往往是由参谋人员过分热心造成的，要缓和两者之间的关系，就要求参谋人员经常提醒自己"不要越权""不要篡权"。直线主管也应认识到，参谋人员所拥有的专业知识正是自己所缺乏的，必须自觉地利用其工作。要取得参谋人员的帮助，就要帮助参谋人员，为其提供必要的工作条件，特别是有关的信息情报，使其及时了解直线部门的活动进展，从而提出有价值的建议。

管理中直线职权与职能职权都是相当重要的，其关系如何必然会影响组织的运作。职能职权的本质就是提供顾问和咨询，即调查研究并给直线管理者提供建议。组织中参谋人员发挥作用的方式主要有 4 种。

（1）参谋专家向他们的直线上司提出意见或建议，由后者把建议或意见作为指示传达到下级直线机构。这是纯粹的参谋形式，参谋与低层次的直线机构不发生任何联系。

（2）直线上司授权参谋直接向自己的下级传达建议和意见，取消自己的中介作用，以减少自己不必要的时间和精力消耗，并加快信息传递的速度。

（3）参谋不仅向直线下属传达信息、提出建议，并告诉后者如何利用这些信息，应采取何种活动。这时，参谋与直线的关系仍然没有发生本质的变化。参谋仍然无权直接向直线下属下命令，只是就有关问题与他们商量，提出行动建议。如果直线下属不予理睬或不予重视，则需要由直线上司来发出行动指示。

（4）上级直线主管把某些方面的决策权和命令权直接授予参谋部门，即参谋部门不仅建议下级直线主管应该怎么做，而且要求他们在某些方面必须怎么做。这时参谋的作用发生了质的变化，参谋部门不仅要研究政策建议或行动方案，而且要布置方案的实施，组织政策的执行。这些职能权力通常涉及人事、财务等领域。

必须指出，参谋部门职能权力的增加虽然可以保证参谋人员专业知识和作用的发挥，但也有带来多头领导、破坏命令统一性的危险。这些职能上司的存在虽然是由解决复杂问题所必需的专业知识决定的，但同样不可忽视的是，多头领导往往会造成组织关系的混乱和职责不清。因此，组织中要谨慎地授予职能权力。

谨慎地使用职能权力，包括两个方面的含义：首先要认真分析授予职能权力的必要性，只在必要的领域中使用它，以避免削弱直线经理的地位；其次要明确职能权力的性质，限制职能权力的应用范围，规定职能权力主要用来指导组织中较低层次的直线经理怎么干，而不是用于决定干什么的；主要用于解决"如何""何时"等问题，而不能用于解决"什么""何地""何人"等问题。为了避免命令的多重性，组织中较高层次的直线主管还应注意，在授予某些职能权力后，要让相应的参谋人员放手展开工作，而不能仍然频繁地使用已经授予的权力。

第三节　委员会管理

一、委员会管理的概念

委员会管理是指在一个组织中，最高决策权由两个以上人员组成委员会来共同执掌，对所管辖范围内的行政事务实行集体领导、共同负责的组织形式和组织制度。委员会可以解释为从事执行某些方面管理职能的一组人。在现代社会的各种组织中，委员会正在作为一种集体管理的主要形式而被广泛地采用，在管理中，尤其是在决策方面扮演着愈来愈重要的角色。

存在于各种组织中的委员会，其形式和类型是多种多样的。它既可以是直线式的，也可以是参谋式的；既可以是组织结构的正式组成部分，有特定的职权和职责，也可以是非正式的，虽未授予职权，但常常能发挥与正式委员会职能相同的作用；此外，委员会既可以是永久性的，也可以是临时性的，达到特定目的后就予以解散。在组织的各个管理层次都可以成立委员会。

二、委员会管理的特点

（一）优点

1. 综合各种意见，提高决策的正确性　利用委员会的最重要理由，是为了取得集思广益的好处。委员会由一组人组成，其知识、经验与判断力均比某个人高。因此，通过集体讨论、集体判断可以避免仅凭主管人员个人的知识和经验所造成的判断错误。

2. 协调各种职能，加强部门间的合作　部门的划分，可能会产生"职权分裂"，即对某一问题，一个部门没有完全的决策权。只有通过几个有关部门的职权结合，才能形成完整的决策。解决此类问题当然可以通过提交给上一级主管人员解决，但也可以通过委员会把具有决策权的一些部门召集来解决。这样既可减轻上层主管人员的负担，又有利于促进部门间的合作。此外，委员会可以协调各部门间的活动，各部门的主管人员可通过委员会来了解其他部门的情况，使之自觉地把本部门的活动与其他部门的活动结合起来。

3. 代表各方利益，避免权力过于集中　委员会做出的决策一般都是对组织前途有举足轻重影响的重大决策，通过委员会做出决策，一方面可得到集体判断的好处；另一方面也可避免个人的独断专行、以权谋私等弊端，委员之间起到权力互相制约的作用。

4. 组织参与管理，调动执行者的积极性　委员会可使下级主管人员和组织成员有可能参与决策与计划的制定过程。这样做可以激发和调动下级人员的积极性，以更大的热情去接受和执行这些决策或计划。

5. 加强沟通联络，降低信息传递的失真性　委员会对传送信息有好处，受共同问题影响的各方都能同时获得信息，都有同等的机会了解所接受的决策，这样可以保证信息传递过程中的效率和准确性。

（二）局限性

委员会是由一组人来执行某项管理职能，它既有优越性，同时也有局限性。

1. 时效较差　委员会召开会议讨论问题，一般都要花费很多的时间和经费。委员会成员是平等的，所有成员都有发言和质询的机会与权力。这种组织形式决定了只有在每一个人都充分发表意见的基础上才可能形成集体决议。因此，综合大家的正确意见又常常导致决策的迟缓、时间的延误。又由于各成员的地位、经历、知识、角度均不同，许多问题争论不休、议而不决，结果有可能使最好的行动机会在争论不休和议而不决过程中悄悄丧失。

2. 决策妥协 委员会既然是不同部门、不同层次的代表，代表着各自不同的利益，委员会内部意见的争论和分歧就难以避免。当意见分歧较大时，常常为照顾各方利益，尊重各委员的意见，决策时不得不相互妥协，采用折中的方法，影响决策的质量。

3. 权责分离 委员会有一定的权限，它必须对权力使用的结果负责，这在理论上讲是没问题的。然而，在实际执行中委员会管理并不完全如此。委员会的决策是各种利益妥协的结果，因此，决策不可能反映委员会中每个人的意见，也不会反映每个人的全部意见。可以想象，任何人都不愿意对那些只体现自己部分利益的决策及其执行结果负责。不仅一般成员如此，即使委员会主任也会如此。这是委员会管理的一个重要缺陷。

三、提高委员会管理效率的措施

1. 职权和范围要科学 委员会的职权究竟是决策直线职能还是建议参谋职能，要根据目标与任务的需要来确定。职能不明确、不合理，盲目地赋予委员会过多的职能，都会给委员会管理带来混乱和低效率。

从实际执行情况看，委员会的工作消耗时间和费用较多，对那些繁杂、琐碎、具体的日常事务，不宜采用委员会的管理方式去处理，迟缓的决策常常会耽误日常工作。那些长远的、全局性的、战略性的问题，适宜用委员会的方式来决策，它对时间要求较宽松，需要运用各种专业知识详细论证，这与委员会的优点正好合拍。

2. 规模要适当 委员会的规模非常重要，人数太多，委员会开会时，每个人都难以有足够的时间和机会充分阐明自己的观点和意见，听取其他委员的观点和意见。因为人数以算术级数增加，而关系的复杂程度是以几何级数增加，委员之间的信息沟通质量与委员会的人数呈反比。成员越多，信息沟通难度越大，信息沟通质量就越差，决策也就越困难。委员会规模越小，信息沟通效果越好。但委员会人数有时也不能太少，规模过小就与委员会本身原有的优越性相违背。因此，委员会的规模要在沟通"难度"和"广泛"这两者之间取得平衡。

3. 成员要选择 委员会的组成成员要根据委员会的工作目的和工作性质来确定。比如，委员会的主要任务是提供咨询意见和建议方案，委员会成员就要尽可能选择与研究问题所涉及专业知识相关的理论研究人员和实际工作者。如果委员会的主要目的是协调各方面的利益，那么，委员会的成员就应该选择能代表各方利益的负责人。不管委员会的目的和任务有何区别，其成员一般都要求具备独立思考和综合分析的才能，有较强的理解能力和表达能力，并富有合作精神。同时还要注意成员的组织级别比较接近，这样有利于他们在委员会中畅所欲言，广开思路，相互取长补短，形成正确的结论。

4. 主任要发挥好作用 委员会的主任非常重要，他的工作才能直接影响到委员会作用的发挥。因此，委员会主任的选择一定要慎重。一个好的委员会主任，会前他会精心计划会议内容、安排会议议程、检查会议材料、控制会议进程、引导会议讨论，直至形成正确的会议决议。如果主任引导得法，决议建立在大家集思广益、不偏不倚的基础上，就易于为委员们所接受，委员会的工作效率就比较高。

5. 考核委员会的工作 要提高委员会的工作效率，必须了解委员会的工作情况，对委员会的工作效率进行考核。由于委员会主要是通过会议来进行工作的，因此考核委员会的工作必须检查它的会议效率。

【案例分析】

中国最大医院"变形记"：移植长庚模式

截至 2019 年，四川大学华西医院作为拥有 4900 余张床位、10000 多名在职人员、最高日门、急诊量 18000 余人次的国内最大单体（不计分院规模）公立医院，力图借鉴台湾长庚医院管理模式，内部打通横向经营绩效管理通道，外部谋求区域联盟发展。

2005 年，华西医院借鉴台湾长庚医院内部管理模式，在医院管理运行中引入类似企业化的经营管理理念，组建了专门的经营核算部门，即运营管理部。其中有 17 个专科助理和 50 个专科秘书，被派驻到医院每个临床科室，还有 15 名专项项目助理，负责全院性项目任务推进。

运管部的主要职能有三方面：临床科室设备购进、人力资源引进的评估和科室投入产出的经营分析；科室之间、科室与医院职能部门之间的政令传达和协调沟通；全院项目推广如信息化使用、房屋装修、水电改造等。

上述职能主要通过三类人员完成，即像科室运营官的专科经营助理、处理行政性事务文件的科室专科秘书和专项项目助理。专科经营助理和专科秘书被派驻各科室，身份仍隶属于运管部。

尽管有长庚经验可供借鉴，但真正落实到一个大型公立医院，经营核算的指标量化等具体办法仍在摸索中。经过 4 年的时间，华西医院的管理者认为，还是取得了一些成效的。一组数据显示，一般公立医院的能耗即水电气、空调等费用占医疗总收入的 5%～6%，华西医院则不到 2%。按照卫生部的规定，医院的设备维修保养费用占医疗总收入的比重是 4%～6%，华西医院只有 2% 左右。

当初王永庆将企业化管理和专科经营助理引入台湾长庚医院时也是引起了很大震动，面对的是旧有管理体制的抵抗，将其用于国内公立医院时也同样面临挑战。

按长庚模式，专科经营助理要分散科室主任的部分权力，这便引起科室主任们的警惕。为了与现行管理架构融合，华西医院对运管部的内部组织结构进行了调整。运管部成立了两个科，即院管科和经管科，院管科负责临床科室的经营分析、资料信息反馈、资源配置的相关评价，经管科负责绩效评估。

事实上，华西移植长庚管理方式的尝试，重组了现有医院组织管理架构，打破了临床科室的既有利益格局。

资料来源：http://finance.ifeng.com/roll/20090826/1145722.shtml

案例讨论题

1. 运营管理部与临床科室是什么关系？
2. 专科经营助理、科室专科秘书及专项项目助理如何发挥参谋的作用？
3. 华西医院组织变革中，如何发挥非正式组织的作用？
4. 如何发挥委员会在科室管理中的作用？

【思考题】

1. 你在学校里参加过非正式组织吗（举例说明）？若有，你喜欢吗？担任何种角色？该非正式组织对你起到了怎样的作用？
2. 正式组织和非正式组织有何区别？

3. 非正式组织的存在及其活动对组织目标的实现可能产生何种影响？如何有效地发挥非正式组织作用？

4. 直线关系与参谋关系的角色是什么？如何恰当处理直线关系与参谋关系的矛盾，有效发挥参谋人员的作用？

5. 委员会的工作方式有什么贡献和局限性？如何提高委员会的工作效率？

第四篇
领 导

第十一章
领导和领导者

扫一扫，查阅本章数字资源，含PPT、音视频、图片等

学习目标

1. 掌握：领导的本质与领导方式的主要类型；行为理论与权变理论的主要观点；理想的领导者应具备的基本素质。

2. 熟悉：领导的内涵；领导与管理、领导者与管理者的区别；领导者权力的运用。

3. 了解：领导者应具有的特质及不同领导方式适用的权变因素；领导品质理论的主要观点。

案例导读

新来的最高行政主管

F生物制药公司发展速度很快，高层管理人员与员工关系非常融洽，但也面临来自国内外大公司的激烈竞争。当财务出现困境，局面立刻发生变化，公司经营举步维艰。公司引进了一位新的最高行政主管J君。J君来自一家办事古板的老牌公司，他照章办事，十分传统，与F公司的风格相去甚远。公司里多数人的态度是要看看这家伙能在这样的公司待多久。

第一次公司冲突发生在新的最高行政主管首次召开的行政会议上。会议定于上午8点半召开，可有的人9点钟才到。西装革履的J君瞪着迟到的人对大家说："我再说一次，本公司所有的日常工作要准时开始，你们中间谁做不到，今天下午5点之前向我递交辞职报告。"结果10名行政人员中有两名辞职。此后1个月里，公司发生了一些重大变化。J君颁布了几项行政规定，改变了原有的工作程序。他告诉副总经理，一切重大事务向下传达之前必须先由他审批。

J君还命令全面复审公司的福利待遇制度，然后将全体高层管理人员的工资削减了15%，惹得他身边的一位行政人员提出辞呈。生产部经理也有不满，可他的话让人惊讶："我不能说我很喜欢J君，不过至少他给我那个部门设立的目标我能够达到。当我们圆满完成任务时，J君是第一个赞扬我们干得棒的人。"

F公司在J君的领导下很快摆脱了困境，呈现出很好的发展势头。行政管理人员不得不承认他对生物制药领域了如指掌，对各项业务的决策也无懈可击。公司里再也听不到关于J君去留的流言蜚语了，人们对他有了共识：他确实带领公司走上了正轨。

资料来源：张明玉，邹文兵.管理学习题与案例［M］.北京：科学出版社.2007.

第一节　领导的本质与作用

领导与管理是组织中时刻进行的工作，但领导与管理有着不同的内涵和作用。领导者与管理

者也有不同的含义。了解领导职能理论首先要了解领导的本质、领导方式和领导行为依托的权力基础及权力的运用。

一、领导的本质

领导是管理过程中的一项重要活动，也是管理的基本职能之一。领导的本质是促使被领导者积极主动地为实现组织的目标贡献自己的力量。

（一）领导的含义

在管理学中领导有两方面的含义：一是指组织中的首领；一是指一项管理工作、管理职能中的领导。通过领导职能的行使，领导者能够引领被领导者在努力实现个人目标的同时实现既定的组织目标。本章所述领导主要是指一种管理职能，领导职能的行使是领导者对被领导者的作用过程。

美国管理学家孔茨、奥唐奈和韦里奇给领导下的定义很具有代表性。他们认为，领导是一种影响力，是对人们施加影响的艺术或过程，从而使人们情愿地、热心地为实现组织或群体的目标而努力。

作为管理职能的领导是指在一定的组织中，为实现组织的预定目标，运用其法定权限和自身影响力影响被领导者的行为，并将其导向组织目标的过程。

1. 领导是一种影响过程　领导活动不是领导者个人的孤立行为，而是一个包含着领导者、作用对象和客观环境等多种因素在内的一种活动过程。领导者与其下属可以相互影响，但两者的影响力是不同的。在组织活动中，相对于领导者的主体地位，被领导者是领导行为的客体，领导者对其下属的影响力要远远大于其下属对领导者的影响力。正因为如此，领导行为才得以实现。

2. 领导是各要素相互作用的过程　有很多关于领导方面的论述只是讨论领导者要具备什么能力。事实上领导者个人做得再好，如果不与下属配合，不与周围的环境配合，一定会影响到其领导效力。所以我们强调领导是在"一定"的组织中，这个"一定"是指特定的内外环境和被领导者。领导的过程就是领导者、被领导者和组织环境相互作用的过程。

3. 领导是一个目标明确的影响过程　领导的基本职责是为一定的社会组织或团体确立目标、制定战略、进行决策、编制规划和组织实施等，并率领、引导、组织、指挥、协调其下属人员为实现预定目标而共同奋斗。

4. 领导的绩效取决于组织的业绩　领导的工作业绩不是由领导者个人，而是通过被领导者的群体活动的成效表现出来的。也就是说，领导的业绩取决于组织的业绩，而不是领导者的个人表现是否优秀。

（二）领导与管理

通常人们习惯将管理和领导作为同义语，似乎管理者就是领导者，领导过程就是管理过程。实际上，管理和领导是两个不同的概念，二者既有联系，又有区别。

1. 领导与管理的不同含义

（1）领导　《现代汉语词典》对领导的解释是率领和引导被领导者朝着一定方向前进。领导是一种影响下属的过程，它是领导者为了实现预定的组织目标，运用相应的理论、原则、职能、方法，影响、率领、引导组织内的成员完成预定任务的活动过程。

（2）管理　《汉语词典解释》对管理的解释是负责某项工作顺利进行；保管和料理；照管并约束。管理是一种控制行为。在传统的管理理论中，领导是管理的四大基本职能之一。管理是一个更为广义的概念，领导是从属管理的一个子概念。随着管理科学的发展，领导逐步作为一个独立的活动被研究和应用。

2. 管理和领导有不同的侧重点　管理通常是通过整合各种资源、借助各种手段以达到既定目标，更注重做事，将事情做得既有效果又有效率，也就是我们常说的又快又好。同时比较注意细节、手段和技术的应用。管理强调管理者要运用相关的法律和制度，管好自己所负责的人和事。领导是一个影响的过程，影响的是其下属。作为领导者，其目的就是与下属进行有效配合，以实现组织和个人的目标。领导强调的是通过影响他人或者群体来实现目标。管理更多地强调一种程序化和稳定性，所以管理总是围绕计划、组织、指导、监督和控制这几个要素完成。管理侧重的是技术和手段，侧重过程和方法；领导则侧重人文和目标，侧重结果和艺术。

3. 领导与管理之间的辩证关系　被誉为"领导力第一大师"的哈佛商学院教授约翰·科特说："管理者试图控制事物，甚至控制人，但领导人却努力解放人与能量。"这句话实际上道出了领导与管理之间的辩证关系。管理的工作是计划与预算、组织及配置人员、控制并解决问题，其目的是建立秩序。领导的工作是确定方向、整合相关者、激励和鼓舞员工，其目的是产生变革。管理是重视职位权力作用，而领导是重视魅力作用、重视自身影响力。

领导和管理又具有相同的一面，即两者都涉及对事情做出决定，建立一个能完成某项计划的人际关系，并尽力保证目标得以实现。任何组织都必须既有领导又有管理。只有领导而无管理，则领导的意图和目的往往比较难以实现。如果只有管理而无领导，管理的愿望和目的则难以达到。

（三）领导者与管理者

领导者和管理者究竟有什么不同呢？罗宾斯认为："从理论上讲，所有的管理者都应该是领导者。但是未必所有领导者都必须具备有效管理者应具备的能力或技能。也就是说，没有必要所有的领导者同时也是管理者。"我们在探讨领导职能时，假定一种理想状态，即把领导者界定为能够影响他人并拥有管理职权的人。

领导者与管理者的区别在于：管理者是任命的，他们拥有合法的权力进行奖励和处罚，其影响力来自他们所在的职位所赋予的正式权力。领导者可以是任命的，也可以是从一个群体中产生出来的。领导者可以不运用正式的权力来影响他人的活动，领导者必须有部下或追随者，领导者拥有影响追随者的能力或力量。

管理者与领导者的区别（表 11-1）。

表 11-1　管理者与领导者的区别

管理者	领导者
注重系统	注重人
强调控制	培养信任
运用制度	强调价值观和理念
注重短期目标	强调长远发展方向
强调方法	强调方向
接受现状	不断向现状挑战
要求员工服从标准	鼓励员工进行变革
运用职位权力	运用个人魅力
避免不确定性	勇于冒险

小测试

根据所学内容管理者与领导者的区别，阐述什么样的人是管理者而不是领导者，什么样的人是领导者而不是管理者？

二、领导者的权力

领导职能的行使是领导者运用其拥有的权力，以一定的方式对他人施加影响的过程。这种影响的基础是领导者拥有的权力，这种权力是领导者对他人施加影响的基础。

（一）权力的含义

1. 权力的概念　权力是指影响某种事件和他人行为的能力或潜力。人为了更好地生存与发展，必须有效地建立各种社会关系，并充分地利用各种价值资源。这就需要人对自己的价值资源和他人的价值资源进行有效的影响和制约，这种利用价值资源影响事件和他人行为的能力或潜力就是权力。

2. 权力的特征　权力反映了主体对于价值资源的使用方向，以及使用规模所进行的影响和制约程度。权力的基本特征表现在：

（1）主体的制约权数越大，其权力就越大。

（2）被影响和制约的主体的力量越大，影响和制约主体的权力就越大。

（3）主体所影响和制约的价值资源，一般总是朝有利于主体意愿的方向投入。

（4）被制约主体与制约主体之间通常存在一定的利益相关性或利益从属性。

领导是如何有效行使组织管理权力的过程。领导者的素质不同，对管理权力的运用及其效果也不同。领导的管理职能能否实现，很大程度上取决于领导者如何运用领导权力。

（二）领导者的权力基础

领导者的权力基础主要是法定权力和自身影响力。

1. 法定权力　法定权力是组织赋予领导者的岗位权力。它以服从为前提，具有明显的强制性。它随职务的授予而开始，以职务的免除而终止。它既受法律、规章制度的保护，又受到法律、规章制度的制约。法定权力在领导者的权力构成中居主导地位，是领导者开展领导活动的前提和基础。

领导者的法定权力包括决策权、组织权、指挥权、人事权和奖惩权。

（1）决策权　领导过程就是制定决策和实施决策的过程，决策正确与否是领导者成功的关键因素之一。这是岗位赋予它最重要的权力。

（2）组织权　主要是指设计合理的组织机构，规定必要的组织纪律，确定适宜的人员编制和配备恰当的人员等。这是领导意图得以实现的组织保证。

（3）指挥权　指挥权是指领导对下属下达命令、规定任务、分配工作的权力。这是领导者实施领导决策和计划的必要保障，如果没有这种保障，领导者便无法完成其使命。

（4）人事权　人事权是指领导者对工作人员的挑选录用、调配、任免、培训等权力。

（5）奖惩权　领导者根据下属的功过表现进行奖励或惩罚的权力。

2. 自身影响力　影响力是领导者以自身的威望影响或改变被领导者的心理和行为的力量。自身影响力不能由组织赋予，不具有法定性质。它是由领导者个人的品质、道德、学识、才能等方面的素质在被领导者心目中形成的形象与地位决定的。它取决于领导者本人的素质和修养，无法由组织赋予。

领导者的自身影响力通常包括专长权、参照权、背景权和模范权。

（1）专长权　知识就是力量，谁掌握了知识、具有了专长就有了影响他人的专长权。这种权力源于信息和专业特长。

（2）参照权　这一权力是由领导的良好素质和超凡人格形成的吸引下属的独特影响力。它是建立在超然的个人素质之上的。这种素质吸引了它的追随者，从而激起人们的忠诚和极大的热忱。一些传奇的政治领袖都具有这种魅力，有着巨大的影响力。

（3）背景权　背景权是指个体由于以往的经历而获得的权力。例如，某人是战斗英雄、劳动模范等，只要人们知道他的特殊背景和荣誉，在初次见到他的时候就倾向于听从他的意见，接受他的影响。

（4）模范权　它来自下级对上级的信任，即下级相信领导者具有其所需要的智慧和品质，具有共同的愿望和利益，从而对他钦佩，愿意模仿和跟从他。

领导权威是职务权力和个人权力的统一，或职务影响力与个人影响力的统一。用公式表示：领导者权威 = 职务权力 + 个人权力。职务权力带来的强制性影响力与个人权力（非职务权力）带来的非强制性影响力，二力合成，即构成现实的领导力。

（三）权力的使用

正确使用权力是达到组织目标的必要条件。在运用权力的过程中将会涉及各个方面利益关系，为了平衡各方利益，顺利达成组织目标，领导者会使用各种管理手段来控制组织的运行状态，使工作在可控状态下不断向目标前进。正确、有效地运用权力，要注意几个方面。

1. 权力的运用与监督　领导者在行使权力的过程中，既要保证在授权范围内领导者能够独立自主地运用自身权力达成目标，又要对权力进行全面、科学的制约，以保证正确、正当地行使权力。在管理实践中，要通过合理的权力配置、清晰的权力界定、严密的制度体系来实现独立用权与权力制衡的有机结合。

（1）要根据现阶段组织目标的整体要求，以及各部门、各人员职能、任务，科学、合理地分配权力，使各自都拥有完成任务或目标所必需的足够的权力。

（2）在权力运用过程中，上级不要越级指挥，也不要干预下级职权范围内的工作。

（3）在强调自主用权的同时，还必须有必要的权力制衡。通过科学、明确的制度规范体系来保证权力的分配和实施，订立明确的权责制度的关键在于建立必要的权力制衡体制，将权限明晰化。

（4）权力运用过程中要处理好利益关联因素。对决策可能给决策者带来潜在或现实利益的情况要实行制约或回避制度。

2. 权力的有效利用　权力的有效利用表现为领导者为了组织的整体利益，使权力发挥最大效力。权力运用的过程基本上是强制的过程。如果使下级获得认同感、参与感、满足感，下属会认同领导者的人格魅力，消除由权力强制性带来的副作用，从而更加自觉自愿地服从和配合，使权力运用取得更好的效果。领导者在运用权力的过程中要充分尊重下级，发挥他们的主动性、创造性，采用各种形式的民主管理。在实际管理工作中，职权关系或职权冲突是职权运用中的突出矛盾。如果处理不当，就会引起职权运用系统的混乱，将严重危及职权运用及其效果。

3. 合理运用奖惩　合理奖惩是运用权力的有效手段。奖励与惩罚是以权威为基础的，权威又是权力的表现形式。如果没有权力，也就没有奖惩。同时，奖惩的过程又能强化权力。因此，权力是实施奖惩的条件，奖惩又是强化权力的手段。赏罚分明就能激励更多的人追随领导者，从而产生显著的权威强化效应。有效地运用奖惩手段，是领导者增强自身权威的重要途径。

三、领导的作用

在组织中，个人目标和组织目标不可能完全相同。领导的作用是协调个人需求和组织需求，使下属人员在实现其理想的同时又完成组织的目标。领导是任何组织所不能缺少的职能，贯穿于组织管理活动的全过程。领导的作用主要表现在决策和指挥、权衡和调动、引导和激励、沟通与协调等方面。

1. 决策和指挥作用　一个组织在其存在和发展过程中，不但需要一个明确的目标，而且还需要选择通往这个目标的道路，所以对组织来说一致性是非常关键的。如果大家的目标不一致，或者每个人努力的方式、方法都互相冲突，这样的组织就没法存在和发展。所以任何一个组织都需要有人能够深谋远虑、高瞻远瞩，为组织指明方向。有人将领导者比作乐队指挥，一个乐队指挥的作用是通过演奏家的共同努力而形成一种和谐的声调和正确的节奏。乐队指挥的才能不同，乐队奏出的音乐也不同。领导者不是站在群体的后面去推动群体中的人们，而是站在群体的前列去促使人们前进，并鼓舞人们去实现目标。

2. 权衡和调动的作用　组织的资源历来是不均衡分布的。有重点才能有成果，究竟资源该如何配置，这就需要领导者去权衡，在权衡的基础上才能进行调度和安排。企业有 5 大资源：人、财、物、信息和时间，对这些资源的数量、质量，领导者要做到心中有数，并善于调动，使其发挥最大效能。

3. 引导和激励作用　组织中的每个人都有自己的理想和目标，当他们看到自己的理想在逐步实现、利益得到保障时，积极性就会很高，创造性也会充分发挥出来。领导者的作用就是创造能够满足下属需要的条件，激励下属的工作积极性和创造性，引导员工朝共同的目标努力。

4. 沟通与协调作用　有了明确的目标，最终并不一定能够达到目标。组织中的个人对目标的理解、态度、性格、能力各不相同，外部环境因素影响不同，目标的实现过程会出现很多障碍。在组织实现其既定目标的过程中，人与人之间、部门与部门之间会发生各种矛盾和冲突，且行动上出现偏离目标的情况是不可避免的。因此，领导者的任务之一就是协调各方面的关系和活动，保证各个方面都朝着既定的目标前进。

第二节　领导理论

领导理论的中心问题是研究领导的有效性，也就是说，在管理活动中什么样的领导方式是最有效的。20 世纪初，研究者开始对领导进行实证研究。领导理论也经历了从早期的领导品质理论到行为理论、再到权变理论的发展过程。

一、领导品质理论

如果选择询问职场中的任一员工，在他们心中领导者应该具有哪些特殊的品质，也许会得到很多不同的答案。

从 20 世纪初到 30 年代，人们开始侧重研究领导人的性格、素质方面的特质，目的是试图制定出一种有效领导的标准。最初是心理学家们从个人的个性心理特征出发，试图通过观察、调查等方法，找出领导者与被领导者在心理特征方面的区别。其研究主要集中在三个方面：①身体特征：主要是外貌体征。②个性特征：领导者的自信心、进取心、独立性等。③才智特征：如知识水平、判断分析能力、决策能力等。

研究者认为，只要能找出优秀领导者应具备的特点，通过考察，具备这些品质的领导者就能成为优秀的领导者。反之，就判定不是一个优秀的领导者。

领导品质理论根据其对领导品质和特性来源不同，可分为传统领导品质理论和现代领导品质理论。

传统领导品质理论认为，领导所具有的品质是天生的，由遗传因素决定。天赋是一个人能否充当领导者的根本因素。

现代领导品质理论认为，领导所具有的品质和特性是领导实践中形成的，是可以通过学习、教育、训练获得的。

心理学家吉普（J. R. Gibb）认为，天才的领导者应该具备 7 种个性特点：外表英俊潇洒、有魅力；善于言辞；智力过人；具有自信心，心理健康；控制和支配他人；性格外向；灵活敏感。

美国心理学家吉赛利（E. Echiselli）认为，领导者应具备 8 种个性特征和 5 种激励特征。8 种个性特征：才智、首创精神、监察能力、成就欲、适应性、自信心、性别和成熟程度。5 种激励特征：对工作稳定的需求、对金钱奖励的需求、对指挥他人的权力需求、对自我实现的需求和对事业成就的需求。

领导品质理论从不同角度分析了领导者应具备的品质，为我们提出了领导者的标准，对选拔领导者是有帮助的。但是研究者发现，仅仅依靠特质并不能充分解释有效的领导，完全基于特质的解释忽视了领导者与下属的相互关系。具备恰当的特质只能使个体更有可能成为有效的领导者，但没有一种特质是成功的保证。从 20 世纪 40 年代开始，特质理论已不再处于主导地位。40 年代末至 60 年代中期，有关领导的研究着重于对领导者偏好的行为风格的考察，于是出现了行为理论。

小测试

　　无论你是否具备某些天生条件，都可以成为一个有效的领导者，那么你认为领导者应该具备的特质和能力有哪些？

二、领导行为理论

正如马克思和恩格斯所说：把权威说成是绝对坏的东西，而把自治说成是绝对好的东西，这是荒谬的。权威与自治是相对的东西，它们的应用范围是随着社会发展阶段的不同而改变的。有效的领导行为取决领导者的特质，同时也受到了领导者行为及环境的影响作用。由于在特质论的矿山中未能挖到金子，研究者开始把目光转向具体的领导者表现出的行为上，希望解释有效领导者的行为是否有什么独特之处。

研究者在行为类型方面进行了大量研究，从领导者的风格和领导者应起的作用入手，将领导者的行为划分为不同的领导类型，分析各类领导行为的特点、优缺点，并进行相互比较。

（一）领导行为理论的早期研究

早期领导行为理论研究可概括为两类：俄亥俄州立大学的研究和密歇根大学的研究。

1. 俄亥俄州立大学对定规、关怀维度的研究　20 世纪 40 年代末期，俄亥俄州立大学的研究者希望确认领导者行为的独立维度。他们收集了大量下属对领导行为的描述，开始时列出了1000 多个因素，最后归纳为两大类，称之为定规维度和关怀维度。

（1）定规维度　定规维度是指领导者构建任务、规划工作和明确目标的倾向程度。为了达到组织目标，领导者为个人或工作团体确定任务，告诉下属组织期望他们做什么，决定完成工作的方式，制定工作日程、规章制度、工作关系，激励下属完成工作。具有高定规特点的领导者会向小组成员分配具体工作，要求员工保持一定的绩效标准，并强调工作的最后期限。

（2）关怀维度　关怀维度是指领导者具有信任和尊重下属看法与情感的程度。高关怀的领导者帮助下属解决个人问题，他友善而平易近人，公平对待每一个下属，并对下属的生活、健康、地位和满意度等问题十分关心。

（3）定规维度与关怀维度的关系　定规维度和关怀维度是两个相互独立的领导行为。领导者可以在两个维度上都表现出较高的程度，也可以都表现出较低的程度，或者一个程度低，一个程度高。大量研究发现，一个在定规维度和关怀维度方面均高的领导者（高–高型领导者）常常比其他 3 种类型的领导者（低定规、低关怀，或二者一高一低）更使下属达到高绩效和高满意度。其他 3 种维度组合的领导者行为，普遍与较多的缺勤、事故、抱怨及离职有关系。俄亥俄州立大学的研究显示，一般来说，高–高型风格能够产生积极效果，但同时也发现了足够的特例表明，高–高型风格并不总是产生积极的效果，这一理论还需加入情境因素。

2. 密歇根大学对员工导向、生产导向的研究　与俄亥俄州立大学的研究同期，密歇根大学调查研究中心也进行着相似性质的研究。他们试图比较群体效率如何随领导者行为变化而变化，结果发现了两种不同的领导方式。密歇根大学的研究小组也将领导行为划分为两个维度，称之为员工导向和生产导向。

（1）员工导向　员工导向的领导者被描述为重视人际关系，他们总会考虑下属的需要，重视人际关系，关心下属福利、晋级、职业生涯，并承认人与人之间的不同。

（2）生产导向　生产导向的领导者关心的是工作的过程和结果，倾向于强调工作的技术或任务事项，主要关心的是群体任务的完成情况，并把群体成员视为达到目标的工具。

密歇根大学研究者的结论对员工导向的领导者十分有利，员工导向的领导者与高群体生产率和高工作满意度呈正相关。生产导向的领导者则与低群体生产率和低工作满意度联系在一起。

（二）管理方格理论

管理方格理论是由美国管理学界罗伯特·布莱克（Robert R. Blake）和简·莫顿（Jane S. Mouton）提出的，主要用于区别各种领导形态。该理论认为，以任务为中心和以人员为中心是同一事物的两个方面，并非互不相容。在实际工作中，这两个方面可以按不同程度被融合在一起。该理论从领导者"对人的关心"和"对生产的关心"在态度和行为方面的实际表现进行衡量。以对生产的关心为横坐标，以对人的关心为纵坐标组成两维坐标图，称之为管理方格图。对生产的关心程度和对人的关心程度的不同组合可被分成 9 个等级，并归纳出 5 种最具代表性的组合（图 11-1）。

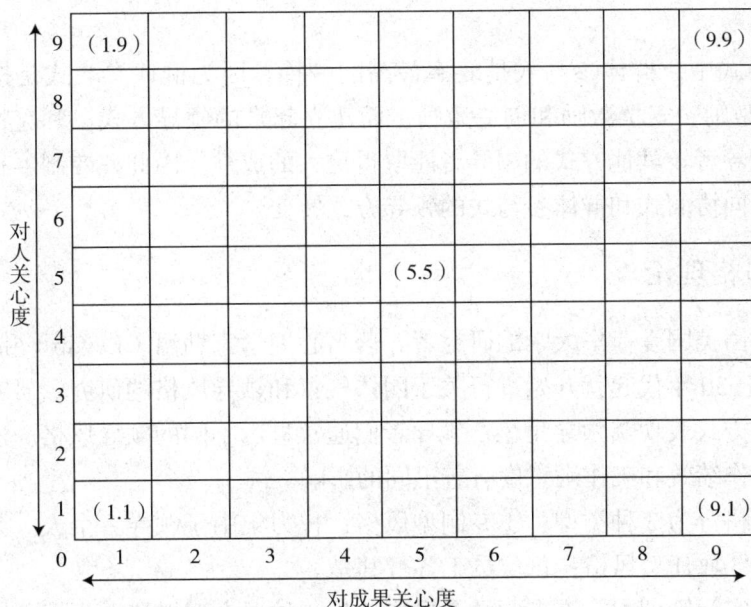

图 11–1 管理方格图

1.1 贫乏型：这种领导对人、对工作都不关心，这种以最小代价完成工作的态度只会导致失败。

9.1 任务型：领导者只重视任务效果而不重视下属的发展和下属的士气。

1.9 乡村俱乐部型：领导者只注重支持和关怀下属而不关心任务效率。

5.5 中庸之道型：领导者维持足够的任务效率和令人满意的士气。

9.9 团队型：领导者通过协调和综合工作相关活动而提高任务效率与工作士气。

布莱克和莫顿认为，只有团队式领导才是真正的"集体的主管者"。他们能够把企业的生产需要与个人的需要紧密地结合起来。20 世纪 60 年代，管理方格理论受到美国工商界的普遍推崇。后来这一理论受到批评，理由是管理方格理论只是对领导风格这一概念提出了框架，并未回答如何使管理者成为有效的领导者这一问题。

（三）管理系统理论

管理系统理论是美国心理学家利克特（Rensis Likert）与阿吉里斯（Chris Argyris）提出的以人际关系为中心的领导方式理论。他们为论证职工参与管理的重要性，将领导方式分为专制 – 权威式、开明 – 权威式、协商式和群体参与式 4 种。

（1）专制 – 权威式　采用这种领导方式的领导者非常专制，决策权仅限于最高层，对下属很少信任，激励也主要是采取惩罚的方法，沟通采取自上而下的方式。

（2）开明 – 权威式　采用这种方式的领导者对下属有一定的信任和信心，采取奖赏和惩罚并用的激励方法，有一定程度的自下而上的沟通，也向下属授予一定的决策权，但自己仍牢牢掌握着控制权。

（3）协商式　这种方式的领导者对下属抱有相当大但并不完全的信任，主要采用奖赏方式来进行激励，沟通方式是上下双向的，在制定总体决策和主要政策的同时，允许下属部门对具体问题做出决策，并在某些情况下进行协商。

（4）群体参与式　采用这种方式的领导者对下属在一切事务上都抱有充分的信心与信任，积极采纳下属的意见。领导者更多地从事上下级之间和同级之间的沟通，鼓励各级部门做出各自的决策。

这 4 种领导方式中，群体参与式是效率最高的一种。因为群体参与式是按照 4 种激励需要（经济激励、自我激励、安全激励和创造激励）而建立起来的领导方式。利克特的调查显示，采用第 4 种方式的领导者较其他方式的领导者能取得更大的成绩。因此，专制－权威式、开明－权威式的领导方式需向协商式和群体参与式的领导方式转变。

（四）领导风格理论

领导风格理论由美国爱荷华大学的研究者、著名心理学家勒温（Lewin）和他的同事们提出。勒温等人从 20 世纪 30 年代起就开始进行关于团体气氛和领导风格的研究。研究发现，团体的领导并不是以同样的方式表现其领导角色，领导者们通常显示不同的领导风格。这些不同的领导风格对团体成员的工作绩效和工作满意度有着不同的影响。

勒温将领导风格分为 3 种类型：①专制型风格：权力集中于领导者个人。②民主型风格：群体参与决策过程。③放任型风格：每位员工各行其是。

勒温认为，在实际管理中，许多领导者采取的是一种混合型风格。为了分析不同领导风格对群体成员产生的影响，勒温采用儿童模拟方法进行了有关领导风格对群体影响的实验研究。由 3 位经过专门训练、表现上述 3 种典型领导风格的成年人轮流在各儿童小组担任组长，组织儿童从事活动，使每个小组都经历专制型、民主型和放任型风格的领导过程。

通过比较发现，放任型领导风格下的工作效能最低；专制型领导风格下，虽然经过严格管理群体达到了工作目标，但群体成员的消极态度和情绪显著增强；民主型领导风格的工作效率最高，所领导的群体不但达到了工作目标，而且取得了社会目标，即儿童们表现得更为成熟、主动，并显示出创造性。基于这个结果，勒温等研究者认为民主型的领导风格可能是最有效的领导风格。但后来研究者们发现了更为复杂的情况。民主型的领导风格在有些情况下会比专制型的领导风格产生更好的工作绩效，但在另一些情况下，民主型领导风格所带来的工作绩效可能比专制型领导风格所带来的工作绩效低，或者仅仅与专制型领导风格所产生的工作绩效相当。有关群体成员工作满意度的研究结果则与之前的研究结果一致，即在民主型领导风格下，通常成员的工作满意度会比专制型领导风格下的要高。

行为理论总结出的规律十分典型，而且也有一定的指导意义。但是行为理论遇到的问题是，这些理论在确定领导行为类型与成功的绩效之间的一致性关系上很不成功，在确定领导类型与成功绩效之间的一致性关系上拿不出可靠依据。比如，理论上认为既关心工作又关心人的领导是最好的，但实际观察发现，有时候关心工作绩效则比较好。而且令人困惑的是，有些情况下只关心工作不关心人或只关心人不关心工作比两者都关心效果要好。事实上，不同的环境导致了不同的结果，因此很难做出概括性的陈述。

行为理论的不足是没有考虑影响成功与失败的情境因素，于是人们开始注重研究情景因素对领导绩效的影响。

三、权变理论

20 世纪 50 年代末期至 60 年代，有研究人员提出了权变理论。权变理论又叫情景理论，强调领导无固定模式，认为没有万能的领导方式，有效的领导方式是因工作环境的不同而变化的，不同的工作环境需要不同的领导方式。其代表有连续统一理论、有效领导权变模型、情境领导理论、不成熟－成熟理论和路径－目标理论等。

（一）连续统一体理论

连续统一体理论是美国著名企业管理学家罗伯特·坦南鲍姆（Robett Tannenbaum）和美国行为科学家沃伦·斯密特（Warren H. Schmidt）于1958年提出的。该理论认为，领导方式是一个连续变量，从"独裁式"的领导方式到极度民主化的"放任式"领导方式之间存在着多种的领导方式，坦南鲍姆和斯密特在这一领导方式连续流中列举了7种有代表性的领导模式（图11-2）。

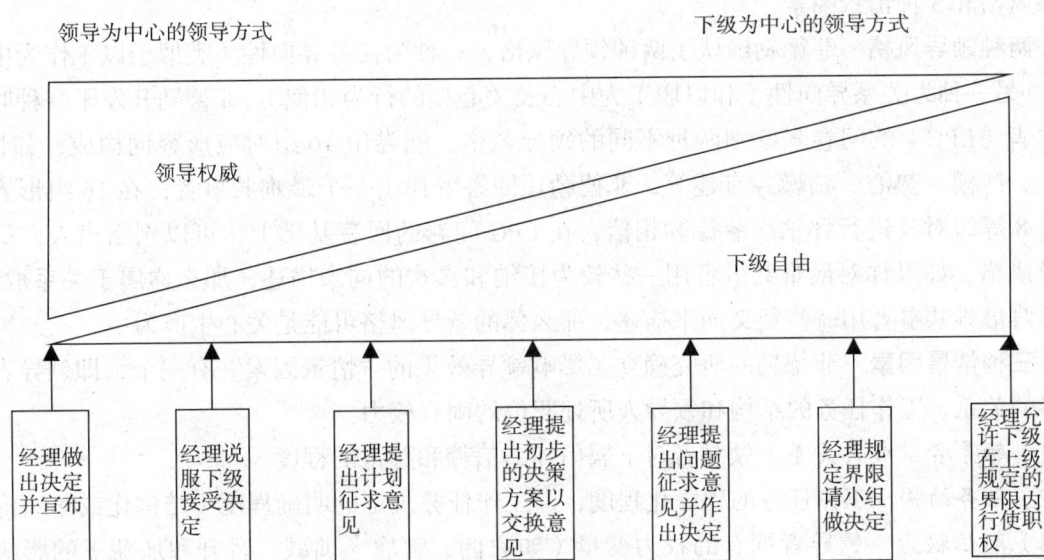

图 11-2　领导方式连续流示意图

该理论认为，从"独裁式"的领导方式到极度民主化的"放任型"领导方式之间存在7种有代表性的领导方式。

（1）经理做出决定并宣布。

（2）经理说服下级接受决定。

（3）经理提出计划，征求意见。

（4）经理提出初步的决策方案，以交换意见。

（5）经理提出问题，征求意见，做出决定。

（6）经理规定界限，请小组做决定。

（7）经理允许下级在上级规定的界限内行使职权。

该理论认为，不能抽象地讲某一种领导方式好，而另一种不好。一切领导方式都是随着环境因素的变化而变化的。有效的领导方式就是能在特定的时间和条件下选择所需要的领导行为。

判断领导方式是否适合，考虑的因素有三个方面：

领导者本人的因素。主要包括：①管理思想。②对下级的信任程度。③习惯的领导方式。④面临风险中的安全感。

员工方面的因素。主要包括：①员工的主动性。②员工的知识经验。③员工对组织目标理解和认识程度。④员工是否准备承担决策责任。

环境因素。主要包括：①组织规模、类型。②问题的复杂程度。③时间紧迫性。

坦南鲍姆等人认为，一个领导者选择领导方式时应考虑到领导者的能力和下属的能力以及环境条件，根据具体条件选择恰当的领导方式。

（二）有效领导的权变模型

弗雷德·菲德勒提出了有关领导的第一个综合的权变模型。菲德勒认为，并不存在一种普遍适用各种情景的领导模式，然而在不同的情况下可以找到一种与特定情景相适应的有效领导模式。他提出了一个"有效领导的权变模型"。

弗雷德·菲德勒通过设计"最难共事者"问卷对各类组织进行了大量调查研究，提出两种基本领导风格和3种情景因素。

1. 两种领导风格 菲德勒确认了两种领导风格，一种为任务导向性（类似于以工作为中心的行为），另一种为关系导向性（和以职工为中心及关心型的行为相似）。菲德勒开发了一种叫作最难共事者（LPC）的问卷来鉴别两种不同的领导风格。问卷由16组对应形容词构成，如快乐–不快乐、冷漠–热心、枯燥–有趣等，菲德勒让回答者找出一个最难共事者，在16组形容词中按1～8等级对其进行评估。菲德勒相信，在LPC问卷的回答基础上，可以判断出人们最基本的领导风格。如果你对最难共事者用一些较为接纳和喜欢的词来描述，那么你属于关系取向型，如果你对最难共事者用一些贬义词来描述，那么你的领导风格可能是关心生产为主。

2. 三种情景因素 菲德勒的研究确立了影响领导效果的"情景因素"有三个，即领导者与被领导者的关系、工作任务的结构和领导人所处职位的固有权力。

（1）领导者–成员关系 领导者对下属信任、信赖和尊重的程度。

（2）任务结构 工作任务的程序化程度，即工作任务规定的明确程度（结构化或非结构化）。

（3）职位权力 领导者拥有的权力变量（如雇佣、解雇、训诫、晋升和加薪）的影响程度（图11-3）。

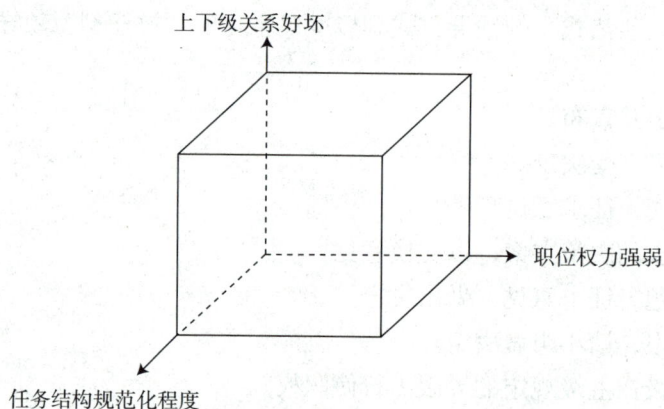

图11-3 影响领导效果的三维环境图

3. 理论模型 菲德勒模型的下一步是根据这三项权变变量来评估情境。领导者–成员关系或好或差，任务结构或高或低，职位权力或强或弱，三项权变变量总计，便得到八种不同的情境或类型，其中从三个条件齐备的最有利的情景，到三者都缺的最不利情景，每个领导者都可以从中找到自己的位置。只有领导方式与环境类型相适应，才能获得有效的领导。

菲德勒模型指出，当个体的LPC分数与三项权变因素的评估分数相匹配时，则会达到最佳的领导效果。菲德勒研究了1200个工作群体，对八种情境类型的每一种，均对比了关系取向和任务取向两种领导风格。他得出结论：任务取向的领导者在非常有利的情境和非常不利的情境下工作做得更好；关系取向的领导者则在中度有利的情境效果更好（图11-4）。

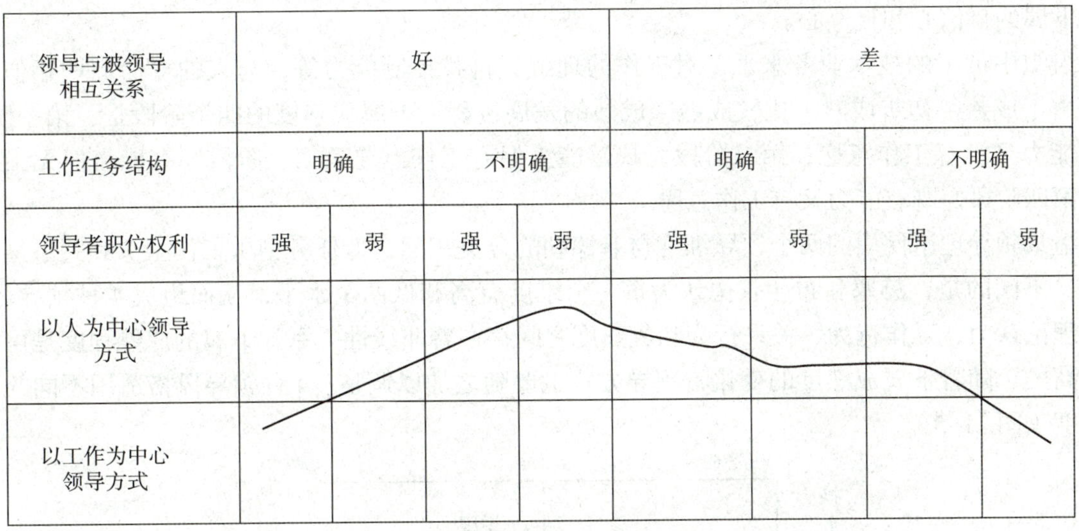

领导与被领导相互关系	好				差			
工作任务结构	明确		不明确		明确		不明确	
领导者职位权利	强	弱	强	弱	强	弱	强	弱
以人为中心领导方式								
以工作为中心领导方式								

图 11-4 菲德勒有效领导的权变模型

图中曲线表明，以工作为中心的领导类型在非常适宜的环境和非常不适宜的环境中有效性强；而以关系为主的领导类型则在中等环境中有效性强。

按照菲德勒的观点，一个人的领导风格一旦确立是不会轻易改变的。因此，要提高领导者的有效性，实际上有两种途径：一是根据环境选择合适的领导，在非常有利或非常不利的情况下都选择任务型领导；二是改变环境以适应领导者，比如可以改变领导者的职位权力，使他的职位权力增加，一旦职位权力增加，他的风格就有可能从不利转化为有利。

有大量的研究对菲德勒模型的总体效度进行了考察，有相当多的证据支持这一模型。但是该模型目前也还存在一些不足。在 LPC 量表及该模型的实际应用方面也存在一些问题。比如一些作答者的 LPC 分数并不稳定，它的可靠性尚待研究。另外，这些权变变量对于实践者来说也过于复杂和困难，在实践中很难确定领导者 – 成员关系有多好，任务的结构化有多高，以及领导者拥有的职权有多大。

角色模拟

我们需要领导者来帮助下属建立清晰的工作目标。假如你是一家企业的经理，你会发现，上级对你的要求与下级对你的要求截然不同。试讨论为了完成某一项工作任务，什么样的领导方式能够同时满足上级的要求和下级的期望？

（三）情境领导理论

情境领导理论也叫领导生命周期理论。这一模型是保罗·赫塞（Paul Hersey）和肯尼思·布兰查德（Kenneth Blanchard）开发的关注下属准备状态的权变理论。赫塞和布兰查德认为，依据下属的成熟度水平选择正确的领导风格会取得领导的成功。

领导效果取决于领导方式，而选择合适的领导方式必须考虑下属的成熟度。然而这一重要维度却被众多的领导理论所忽视或低估。领导寿命周期理论就是将被领导者的成熟度作为一个情境因素，考察领导方式是怎样因不同情景而确定领导风格。

赫塞和布兰查德认为，成熟度就是个体对自己的直接行为负责任的能力和意愿。它包括工作成熟度和心理成熟度。工作成熟度是下属完成任务时具有的相关技能和技术知识水平。心理成熟度是下属的自信心和自尊心。

组织中员工的技术业务水平、对工作的理解、自我控制能力等，与人的寿命周期相似，有一个由不成熟 – 初步成熟 – 比较成熟 – 成熟的发展过程。下属成熟度的四个阶段是：第一阶段，既无能力又没有工作意愿；第二阶段，缺乏能力但有工作意愿；第三阶段，有能力但无工作意愿；第四阶段，既有能力又有工作意愿。

情景领导理论使用的两个领导维度与菲德勒的分类相同，即任务型（工作型）和关系型领导行为。不同的是，赫塞和布兰查德认为每一个维度有高和低两个水平，从而组成4种领导风格。这一理论认为，工作行为、关系行为和成熟度之间存在着非线性关系，下属的成熟程度是可以不断提高的，随着下属成熟度的变化，领导方式也要随之加以调整。4种领导风格适用不同的下属成熟度（图 11–5）。

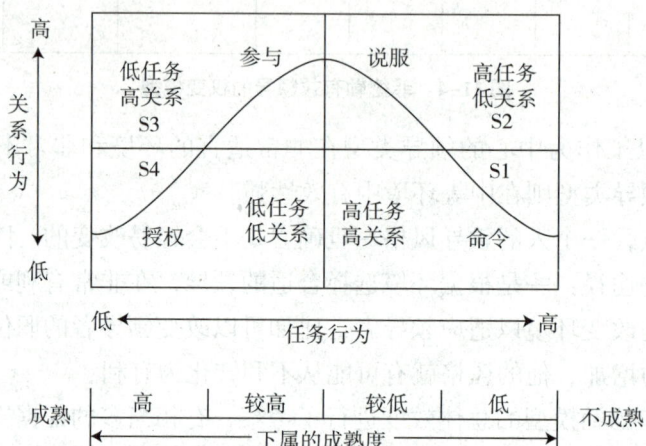

图 11–5　领导生命周期理论

（1）命令（高任务-低关系，S1）　领导者定义角色，告诉下属应该干什么、怎么干以及何时何地去干。

（2）说服（高任务-高关系，S2）　领导者同时提供指导性的行为与支持性的行为。

（3）参与（低任务-高关系，S3）　领导者与下属共同决策，领导者的主要角色是提供便利条件与沟通。

（4）授权（低任务-低关系，S4）　领导者提供极少的指导或支持。

这一理论告诉人们，随着下属成熟程度的不断提高，领导者可以不断地减少对下属活动的控制，同时还可以不断地减少同下属维持关系的行为。高任务行为弥补下属在工作能力上的不足，高关系行为则试图让下属在心理上领会领导的意图。在下属成熟程度低的阶段，需要给予明确的指导。在中成熟阶段就要采取高任务高关系，弥补下属的不足。在第三阶段要实施参与型的领导方式，运用支持性的而非指导性的领导风格进行激励。在第四阶段，领导者不需要管太多的事情，因为下属既有意愿去干也有能力去承担了。

情境领导理论承认下属的重要性，认为领导者可以用不同的领导方式弥补下属能力和动机方面的欠缺，有其合理性，但该模型只考虑了下属的特征，没有考虑影响其他领导行为的情景特征，该理论仍然存在值得商榷的地方。

管理实训

如果你的下属是刚毕业的大学生，作为领导者，如何帮助他从热情的初学者逐步成为职场的成功者。

（四）不成熟 – 成熟理论

不成熟–成熟理论是由美国哈佛大学著名学者克利斯·阿吉里斯（Chris Argyris）提出的。他认为，一个人由不成熟转变为成熟需要一个过程。这个过程会使人依次发生 7 个方面的变化，领导方式会影响人的成熟过程，要促进人从不成熟逐渐成熟，领导者应当针对不同成熟度的人进行不同的分类指导与领导。由不成熟转变为成熟 7 个方面的变化：

（1）被动状态到主动状态。

（2）依赖到独立。

（3）少量行为方式到复杂多样的行为方式。

（4）浅薄的兴趣到深刻、强烈的兴趣。

（5）时间知觉短（只包括现在）到时间知觉长（包括过去和未来）。

（6）附属地位到平等或优越地位。

（7）缺乏自我意识到具有自我意识、能控制自我。

一个人在这个不成熟 – 成熟连续发展过程中所处的位置，体现了他自我实现的程度。该理论认为，正式组织的基本性质使个人保持在不成熟阶段，并妨碍他的自我实现。其理由是：①劳动分工限制了个人的主动性，窒息了个人的自我表现。②企业领导假定效率是由于下述情况产生的，即把各个部门安排得使权力和权威处于最高层，以便最高层能够通过明确的权力等级系列来控制整个企业。这就使个人依附于领导者而处于被动状态。③指挥统一原则意味着由领导者来指挥和控制通往组织目标的道路，但当组织目标并不包含职工的个人目标时，问题就越来越多。

这种正式组织所要求的不成熟的成员特性与个体实际经历的成长过程的矛盾导致组织中的混乱，这种混乱又导致个体的短期行为和思想矛盾。如何解决个体成长和组织原则之间的矛盾是管理者长期面对的挑战，领导者的任务之一就是努力减少这种不协调。消除这种个性与组织间的不协调并使之协调起来的办法是：①扩大职工的工作范围。②采用参与式的、以职工为中心的领导方式。③使职工有从事多种工作的经验。④加重职工的责任。⑤更多地依靠职工的自我指挥和自我控制。

不成熟–成熟理论主张实行一种"以现实为中心"的领导方式，这种领导方式具有诊断的技术，对自己和对别人有所认识，在任何时候都了解个人和组织的价值。通过这种了解和改进，能在健康的组织中培养出健康的个人来，并使两者都实现自己的目标和需要。

（五）路径-目标理论

路径-目标理论是权变理论的一种，由多伦多大学的伊万斯（M. G. Fvans）1968 年提出的，后来又由组织行为学教授罗伯特·豪斯（Robert House）和华盛顿大学的管理学教授特伦斯·米切尔（Terence R. Mitchell）对这一理论进行了完善和补充。目前已经成为当今最受人们关注的领导观点之一。

路径-目标理论来源于激励理论中的期待学说。路径-目标理论认为，领导者的工作是利用结构、支持和报酬，建立有助于员工实现个人和组织目标的工作路径。该理论认为，领导者的工作是帮助下属达到他们的目标，并提供必要的指导和支持以确保各自的目标与群体或组织的总体目标相一致。有效领导者通过明确指明实现工作目标的途径来帮助下属，并为下属清理各项障碍和危险，从而使下属的工作更为容易。

路径-目标理论同其他领导理论的最大区别在于，它立足于下属，而不是立足于领导者。这样就形成了这一理论的两个基本原理：一是领导方式必须是下属乐于接受的方式，只有能够给下属带来利益和满足的方式，才能使他们乐于接受。二是领导方式必须具有激励性，激励的基本思路是以绩效为依据，同时以对下属的帮助和支持来促成绩效。

要实现这种以下属为核心的领导活动，必须考虑下属的具体情况。现实中的下属是千差万别的。员工的差异主要表现在两个方面：一是员工的个人特质，包括控制点（指个体对环境变化影响自身行为的认识程度）、经验和直觉能力；二是员工需要面对的环境因素，包括任务结构、正式权力系统和工作群体。因此，目标-目标理论强调，领导方式要有权变性。

豪斯区分了4种领导行为：

（1）指导型领导　领导者对下属需要完成的任务进行说明，包括对他们有什么希望，如何完成任务，完成任务的时间限制等等。指导性领导者能为下属制定出明确的工作标准，并将规章制度向下属讲得清清楚楚。指导不厌其详，规定不厌其细。

（2）支持型领导　领导者对下属的态度是友好的、可接近的，他们关注下属的福利和需要，平等地对待下属，尊重下属的地位，能够对下属表现出充分的关心和理解，在下属有需要时能够真诚帮助。

（3）参与型领导　领导者邀请下属一起参与决策。参与性领导者能同下属一道进行工作探讨，征求他们的想法和意见，将他们的建议融入团体或组织将要执行的那些决策中去。

（4）成就取向型领导　领导者为员工设置富有挑战性的目标，鼓励下属最大限度地发挥才能，将工作做到最好的水平。这种领导者为下属制定的工作标准很高，寻求工作的不断改进。除了对下属期望很高外，成就取向性领导者还非常信任下属有能力制定并完成具有挑战性的目标。

在现实中究竟采用哪种领导方式，要根据下属的特性、环境变量、领导活动结果的不同因素，以权变观念求得同领导方式的恰当配合。具体来说，执行结构化的任务时，也就是说任务本身比较清晰明确的时候，支持型的领导导致较高的满意度和绩效；而执行非结构化的任务，就是任务本身不明晰或压力过大的时候，指导型的领导导致较高的满意度；对知觉能力强和经验丰富的下属，指导型的领导就被认为是多余的，这时支持型的领导就会受欢迎；相反，对那些知觉能力不够和经验不足的下属，指导型的领导就会受欢迎；对于组织中的正式权力系统来讲，越是分工明确、等级清晰，领导者就越应该表现出支持型的行为，降低指导型的行为。而任务结构不清时，成就导向型的领导就会提高下属的努力水平而达到更高的绩效。

路径-目标理论注重领导者的激励作用，把领导工作的重心确定为增强下属的效率和意识，从而提高下属在实现工作目标中的行为驱动力，在一定程度上指出了领导方式同复杂的组织环境变量之间的关系。

综合上述理论，权变理论从"适应变化"的原则出发，从领导自身行为特征和下属行为特征，以及周围环境三个方面考虑领导方式的实际效果。所以这个理论是一个相对较为完整的理论，核心就是"权"和"变"这两个方面。所谓"权"就是选择相应的因素，所谓"变"就是对变化进行适应。

第三节　领导方式和领导艺术

领导方式是领导者与被领导者之间发生影响和作用的方式，是领导过程中领导者、被领导者及其作用对象相结合的具体形式。领导方式是直接影响领导效能的重要因素。了解和认识领导方式，并且善于随着时代的变化转变领导方式，是实现领导目标、做好领导工作的重要条件。

一、领导方式

领导者以何种方式开展领导活动，以何种方式对下属施加影响，以及该方式对达成组织目标有效性如何，取决于领导者对环境因素和对下属的认识。

（一）人性假说理论

人性假说就是领导者对被领导者工作目的的基本估价。对组织中人性的不同假设，将直接影响领导者对下属的认识，以及领导者的管理思想和领导方式。

1. "经济人"的假设　"经济人"假设，也称 X 理论。其起源于享乐主义的哲学观点和亚当·斯密关于劳动交换的经济理论。该假设的基本要点：

（1）人的行为在于追求本身的最大利益，工作的动机是为获得劳动报酬。多数人天生是懒惰的，都尽可能逃避工作；他们没有雄心壮志和负责精神，宁可期望别人来领导和指挥；他们对组织的要求与目标不关心，只关心个人，其个人目标与组织目标相矛盾；他们缺乏理性，不能自律，容易受他人影响；他们工作的目的在于满足基本的生理需要与安全需要。

（2）只有少数人是勤奋、有抱负、富有献身精神，他们能自己激励自己、约束自己，这些人应当负起管理的责任。

著名的泰罗制是"经济人"假设——X 理论的具体体现。泰罗以"时间－动作"分析为出发点，只考虑提高劳动生产率，无视工人的情感，主张管理者与生产工人严格分开。

2. "社会人"的假设　这种假设起源于著名的霍桑实验。霍桑实验的结论是：工人不是机械的被动的机器，而是活生生的人；不是孤立的个体，而是复杂的社会系统的成员。因此，把重视社会需要与自我尊重需要、轻视物质需要与经济利益的人称为"社会人"。

3. "自我实现人"的假设　"自我实现人"又称"自动人"或"Y 理论"。其基本观点是：人生来就是勤奋的，如果没有不良条件的限制，运用体力和脑力从事工作，如同游戏和休息一样自然；外来的控制和惩罚的威胁并不是促使人为实现组织目标而努力的唯一方法；人在达到自己所承诺的目标过程中，是能够自我约束、自我控制的；如果给以机会，职工会自愿地把他们的个人目标与组织目标结合成一体；职工在适当条件下不但能够接受责任，而且会主动担责，逃避责任、缺乏雄心和强调安全是经验的结果，而不是人的天性；许多职工都具有解决组织问题的想象力、独创性和勤奋精神，在现代工业条件下，一般职工的智慧潜能只被用了很少一部分。

4. "复杂人"的假设　"复杂人"的假设，也称超 Y 理论。这一理论强调因人而异，因时、因地制宜。基本观点是：人有着不同层次、不同水平和多种多样的需要，这些需要不仅是复杂的，而且随着人的发展和工作条件的改变而不断变化；每个人的多种需要不是并列，而是相互联系、互相影响，结合为一个统一的整体，并形成一定的结构；有的人经济上的需要居于中心位置，有的人社会性需要占主导地位，有的人最迫切的需要是施展自己的才华，于是就形成了错综复杂的动机模式；每个人的现实需要是原有需要与社会环境交互作用的结果；人的工作性质不同、社会地位不同、能力不同、与周围人的关系不同，其需要与动机模式也不同；不存在对任何时代、任何组织或任何人都普遍适用的管理模式。

X 理论强调管制，在机构上突出监工，在制度上强调重赏重罚，主张集权和控制。Y 理论强调协调，重视教育和培训，制度上突出参与，提倡给人创造机会。超 Y 理论主张二者结合，通达权变，因地制宜，灵活运用领导方式。

人性假说理论对领导者的工作有良好的启示。领导者应树立正确的人性观念，应当针对不同人的需要和素质采取不同的管理措施。领导者应当把适应和提高结合起来。一方面要适应被领导者的素质和管理环境，不能超越环境的限制采取不适应的领导方式；另一方面也要不断地改变被领导者的素质，改变环境因素，更多地运用民主式领导方式，发挥被领导者的积极性和主动性。

（二）领导方式的一般分类

在管理发展史上，人们对领导者的行为进行了大量的研究，归纳出诸多领导方式与领导风格。根据不同的标准可对领导类型进行不同划分。

1. 根据权力控制程度分　根据权力控制程度，可分为集权型领导、分权型领导和均权型领导。

（1）集权型领导　工作任务、方针、政策和方法都由领导者决定，然后布置给下属执行。这种领导类型偏重于权力的运用，不注意激发下属的积极性。

（2）分权型领导　领导者只决定目标、政策、任务和方向，将权力分散给下属，对下属完成各个阶段上的日常活动不加干预。这种类型的领导注重效果管理，不注意过程和细节，适用于成熟度较高的下属。

（3）均权型领导　领导者与下属的职责权限划分明确。下属在相当的范围内有自主权。这种类型的领导分权适中，一些决策权仍然掌握在自己手中。

2. 根据领导重心倾向分　根据领导重心倾向，可分为以事为中心的领导、以人为中心的领导和人事并重式的领导。

（1）以事为中心的领导　该类型的领导以工作为中心，强调工作效率，以最经济的手段取得最大的工作成果。其依靠的是既定的步骤、方法、组织体制。

（2）以人为中心的领导　该类型的领导者认为，只有当下属是愉快的工作者时才会产生最高的效率、最好的效果。其能清醒认识组织中人的重要性，认真考虑人群间的关系、作用与反应，致力于创造一种有安全感和心情舒畅的环境。这种领导重情感，能激发忠诚与友爱，但却常常疏于工作，在人与任务之间常常失衡。

（3）人事并重式的领导　该类型的领导者认为，既要重视人，也要重视工作，两者不可偏废。其在工作的需要与人的需要之间求得平衡，对工作、任务有明显的责任感，对下属的需要也充分了解，认为只有两者结合，才能调动下属的积极性，取得高成效。

3. 根据领导者的态度分　根据领导者的态度，可分为体谅型领导和严厉型领导。

（1）体谅型领导　该类型的领导者对下属十分体谅，关心其生活，注意建立互相依赖、互相支持的友谊，注意赞赏部属的工作成绩，提高其工作水平。其具有让人们参与决定并承担责任、激发人们积极性的知识与技能。能敏感察觉下属需求，很好地处理变化，使下属懂得为什么这样或为什么要有所改变。

（2）严厉型领导　该类型的领导者对下属十分严厉，重组织，轻个人，要求下属牺牲个人利益，服从组织利益，强调责任，执行严格的纪律，重视监督和考核。其严格要求下属全身心地投入工作，喜欢硬性驱使下属，但却常常留不住。

4. 根据决策权力大小分　根据决策权力大小，可分为专断型领导、民主型领导和自由型领导。

（1）专断型领导　该类型的领导者将决策权集于一人手中，以权力推行工作。其往往个性坚强，甚至刚愎自用，决定所有政策，发号施令，要求下属不折不扣服从，为人教条而且独断，凭借实施奖惩的权力进行领导。

（2）民主型领导　该类型的领导者与下属互相尊重，彼此信任。其认为下属是平等的人，应该受到尊重，所拟议的行动和决策与下属进行磋商，主要政策集体讨论决定，鼓励下属参与。

（3）自由型领导　该类型的领导者有意分散领导权，给下属以极大的自由度。只检查工作成果，除非下属要求，通常不主动进行工作指导。对下属处理一切事务均抱有信心，并充分信任，总是从下属那获取设想和意见，并积极加以采纳。组织群体参与确定目标和评价活动的进展，积极进行上下双向沟通，鼓励各级部门做出决策。

用数字说话

三人领导团队

事实上，究竟成功的企业是否采用了这种一人当家的方式，都很值得怀疑。每个企业成长的案例中是至少由两三个人通力合作才会有所成就。公司在创立之初往往"活在一个人的阴影之下"，但是除非一人当家的领导模式逐渐转变成团队领导模式，否则公司不可能生存和成长。通用汽车公司成长最快的时期就是由两三个人组成的集体领导团队。其中包括先担任总裁、后成为董事长的斯隆，以及先是副总裁、后担任副董事长的布朗，还包括第3位主管，实际的公司总裁。在罗森沃尔德执政时期，西尔斯公司的高层管理团队有3个人。伍德将军接掌西尔斯后，仍然由3人团队担负着经营重任。

资料来源：彼得·德鲁克.管理的实践［M］.北京：机械工业出版社.2019.

二、领导艺术

领导者的工作效率和效果在很大程度上取决于他们的领导艺术。领导艺术的内涵极为丰富，是一门博大精深的学问，需要领导者在组织管理的实践中不断学习和总结。

（一）适度授权的艺术

一个成功的领导者，并不需要事事亲为，而是通过适当的授权，让下级充分发挥积极性和创造力，从而实现自己的目标。领导者要掌握授权的艺术。

授权是否适度是领导艺术最为重要的部分。权力过度集中使领导者被琐事羁绊，没有更多时间考虑大事。过于分权或权力过于下放，会使决策失控，以至于使组织战略得不到保证。因此授权要适度，要讲究艺术。通过授权，领导者可以有效地节约时间；可以加深上下级沟通，提高决策的速度和质量。适度授权可以激发下级的工作热情和创造性，有利于人才的培养。

（二）科学用人的艺术

员工是组织的主体，激发员工的积极性和创造性，充分发掘他们的潜在能力，是增强组织活力的源泉。能否激发和挖掘员工的潜在能力与利用人的艺术尤为重要。科学用人的艺术主要表现在知人善任、量才适用、用人不疑和适度治人几个方面。

（1）知人善任　知人就是了解人，了解人的长处，用其长处，不要受其资历、名望、地位的影响。同时，不要对人才求全责备，用其长处，并不一定要其没有短处。

（2）量才适用　帮助员工找到自己的位置，要让恰当的人在恰当的位置做恰当的工作。

（3）用人不疑　对安排在与其能力相适应的岗位上的员工要放手使用，给他们恰当的权力和责任。

（4）适度治人　用人艺术也包括帮助下属克服缺点，快速成长。治人的艺术就是批评人、帮助人克服错误的艺术。要讲究批评的技巧：①要弄清需要批评的原因。②选择批评的合适时机。③注意批评的场合。④讲求批评的态度。⑤正确运用批评的方法。

（三）有效激励人的艺术

一个人工作成绩的大小，取决于他的能力和动机被激发的程度。领导者可以通过灵活多样的激励方式调动下属的积极性。

（四）正确处理人际关系的艺术

组织人际关系的好坏直接关系到员工凝聚力的强弱和活力的大小。讲究调适人际关系的艺术是强化管理和激发员工积极性的一项不可或缺的内容。作为领导者的责任之一就是需要及时调整下属的行为，以便更好地实现组织目标。在激励的内容上，坚持物质激励与精神激励并重。领导者在给予下属物质激励的同时，也要精神上给予鼓励。在激励的对象上，坚持全面激励与重点激励相结合。全面激励意味着组织中全体成员利益均沾，重点激励意味着以点带面，起到示范作用。在激励的具体方法上，领导者要注意系统性把握激励的内容、方向和范围，最大限度地调动员工的积极性。同时坚持正向激励与负向激励结合，并不能一味地赞扬，也包括适当的批评。在激励与约束的关系上，强调领导者要运用辩证的思维，平衡激励与约束的关系，做到程序公正，结果公平。

1. 注意影响人际关系的主要因素　领导者在管理过程中要注意影响人际关系的主要因素。①员工权责是否对等。②员工各方面待遇是否公平。③员工素质高低。④员工的性格、品德、气质等方面的差异。

2. 把握好行为尺度　组织人际关系的好坏很大程度上取决于领导者的行为方式。领导者要把握好自己行为的尺度。

（1）领导者要注意自我行为的示范作用　领导者的行为就是员工最好的标准，下属会不自觉地效仿领导者的行为。

（2）争取下属的信任与合作　指挥和命令是不可少的，但是信任与合作更是不可少的。领导与下属之间既是上下级关系，又是团队的同事关系，团队之间只有信任与合作，才能发挥出集体的智慧和能量。

（3）善于倾听和交流　对于下属和同事所要表达的意愿首先要认真倾听，这是了解下属需要、思想和建议的最好时机，也是给对方必要的尊重。当你做出部署的时候要让下属了解你的意愿，思想上统一了，行动上才能一致。

3. 掌握组织人际关系调试方法　领导者要掌握组织人际关系调试方法。

（1）经营目标调适法。领导者要把组织的目标与员工的个人目标结合起来，这是调动积极性的最好方法。

（2）制度规则调适法。制度、规则、标准、流程是组织中的"法规"，一旦科学地制定出来，就要用它来调整、约束员工的行为。

（3）心理冲突调适法。心理调适是制度规则调适法的必要补充。领导者要在适当的时机对下属和员工进行心理按摩，缓和员工的心理冲突。

（4）正确利用非正式组织的润滑作用。

（5）随机处事技巧法。

（6）其他方法。在繁纷复杂的工作中，领导者还要掌握很多随机处理问题的技巧，诸如转移法、不为法、换位法、缓冲法、糊涂法、模糊法等。这些方法有助于领导者正确调适领导者和被领导者、管理者和员工之间的关系。

第四节 理想的领导者

领导职能的行使是领导者与被领导者之间相互作用的过程，在这个过程中领导者是决定因素。无论是环境的改变，还是领导方式的选择，领导者始终是起着决定作用的一方。因此，领导者的素质、能力和水平对组织目标的实现、员工的发展、领导者影响力的发挥都是至关重要的。

一、员工期望的领导者

员工心目中的理想领导者大致可以归为 4 种类型。

（一）创新型领导

创新型领导为了组织的发展兴旺，敢于破除陈规旧俗，一次又一次地在组织内部进行改良或者改革，从而使组织获得了更加充足的发展动力。

（二）魅力型领导

魅力型领导者对他们的愿景充满激情和热情，并将它们清楚地传达给下属。这种领导者不论遇到什么困难、无论面对多么大的压力都会表现出对自身、对组织的自信。魅力型领导者的激情、热情和自信，有助于其鼓励下属支持他们的愿景。

（三）激励型领导

激励型领导者会与下属共享信息，商讨问题，激发下属参与公司遇到的挑战，并适当授权，激发下属的潜能。这样的领导有助于员工的价值实现，会对员工产生巨大的激励作用。

（四）关怀型领导

关怀型领导不仅要关怀下属的福利生活，更要关怀下属的发展和自身价值的实现。这种领导者不只是给予下属支持和鼓励，还为下属提供更多的发展机会，使他们能够提高自己的技能和能力，不断地完善自身，成为优秀的人才。

技能训练

按照自行模拟医院场景，学生采用演讲的方式产生该医院的领导者。演讲内容包括本医院目前存在的问题，领导者应具备的素质，拟定采用的领导方式。

二、领导角色的转变

如何让自己成为一名领导者，而不仅仅是一名管理者，这需要管理者在角色方面进行适当的转变和调整。这种转变主要体现在两个层面。

（一）从策略者到愿景者

人们对于领导者如何做事情并不感兴趣，但是如果领导者给下属展现的是一种愿景、一个宏伟蓝图，人们便愿意跟随领导者去共创这种蓝图。一名策略性的领导者都是在布置任务，都是在下达命令。愿景式的领导者会用沟通的方式代替命令，通过故事触动人心，鼓舞员工的士气，甚至让下属怀抱愿景。其实最好的故事就是为员工描述一个可实现的美好的未来。这个故事能够折射出领导者的一种思考和价值观，它是一种真实的再现和对未来愿景的一种展望。只懂得运用好的策略使公司良好运行，并不能成为好的领导者。理想的领导者必须为组织设计一个美好的愿景，这个愿景是组织的目标，也是员工的追求。

（二）从系统的构建者到变革者

相当多的证据支持变革型领导显著优于事务型领导。事务型领导通过澄清工作角色与任务要求，指导并激励下属。变革型领导者帮助下属用新视角看待老问题，从而改变下属对问题的看法。领导者要做那些他人未知领域的事情，这就要求领导者具有变革精神。从这个意义上说，领导者的重要责任之一就在于变革和创新。要扮演一个既创造又破坏的角色，破坏的目的是为了创造得更好。

媒体掠影

领导者的变革精神

我们走了非常非常多的弯路，要不然也不会试了 10 年。网络的价值是什么，就是你的用户价值。用户价值与我之间要联系起来，过去你只能说有 100 万人来买你的产品，不等于说你有 100 万个用户。100 万用户与你一定要有交互。一定要追溯到在设计阶段就要交互，设计阶段的交互是要让过去的研发人员变成设计人员，要把整个系统驱动起来。

我们希望自己成为破坏者，而不是被破坏者，就像小米做手机，一下就把手机行业颠覆了。以后不管是谁，本来他与冰箱毫无关系，可能一下冒出来，都有可能。所以我们现在要做的不是天天盯着谁可能迈进来，因为谁都可能迈进来。问题在于你自己能不能把旧体制破坏。熊彼得讲的"破坏性创造"很有道理，为什么我们提出来一定要把电器变成网器，因为老是待在电器上很难走出去。

资料来源：张瑞敏 . 中国企业家 .2014，9.

三、领导者的素质

领导者素质是指在先天禀赋的素质基础上，通过后天的实践锻炼和学习形成的，在领导工作中经常起作用的诸要素的总和。它是领导者进行领导活动的自身基础条件，是潜在的领导能力。

（一）领导者的素质要求

1. 领导者的特质　根据美国学者史蒂芬·罗宾斯在他的《管理学》中所做的描述，研究者们所发现，领导者有 6 项特质不同于非领导者。这 6 项特质是进取心、领导愿望、诚实与正直、自信、智慧和工作相关知识。

（1）进取心　领导者表现出较高的努力水平，拥有较高的成就渴望。他们进取心强，精力充沛，对自己所从事的工作坚持不懈。

（2）领导愿望　领导者有强烈的愿望去影响和领导他人。他们表现为乐于承担责任，不怕风险。

（3）诚实与正直　领导者通过真诚无欺，以及言行高度一致，在下属与自己之间建立信赖的关系。

（4）自信　领导者为了使下属相信他们的目标和决策的正确性，必须表现出高度的自信。

（5）智慧　领导者需要具备足够的智慧来收集、整理和解释大量信息，能够确立目标，并为解决问题做出正确的决策。

（6）工作相关知识　有效的领导者对于公司行业和技术事项拥有较高的知识水平。广博的知识，能够使他们做出富有远见的决策，并能够理解这些决策的意义。

2. 领导者的基本素质　从大的方面来讲，领导者基本素质包括以下几个方面：

（1）政治素质　政治素质要求领导者具有良好的政治品质和职业道德，有强烈的事业心、责任感和创新精神。

（2）知识素质　知识素质包括具有广博的科学文化知识，具有专业知识和管理知识，具备基本的业务技能。

（3）能力素质　能力素质主要包括统筹兼顾的策划能力、多谋善断的决断能力、调兵遣将的组织能力、循循善诱的协调能力、有效交流的沟通能力。

（4）心理素质　心理素质要求领导者具有宽广的胸怀、开放的心态、坚强的意志和较强的自我控制力。

（5）身体素质　健康的身体是领导者持续实施领导的必要条件。

（二）领导班子的素质要求

领导班子是指在一个最高领导统帅下具有一定结构、一定层次的领导集体。合理的领导班子应该具有合理的年龄结构、知识结构、能力结构和专业构成。

1. 年龄结构　不同年龄的人有不同的智力和能力，各有所长，一个有战斗力的领导班子应该保持年龄结构的新老结合。

2. 知识结构　知识结构是指一个领导群体中各种不同知识水平及不同知识专长的成员的配比组合。

3. 能力结构　领导能力的构成主要包括思维能力、决策能力、组织指挥能力、沟通能力、用人能力和创新能力。在领导班子中应该配比不同能力的领导者。

4. 专业构成　专业构成是领导群体中各类专长的成员的配合比例。领导群体的专业结构不只是自然科学方面各类学科的知识、技能，还包括社会科学方面各种专业知识。

【案例分析】

白药人王明辉

刚刚来到云南白药时，37 岁的王明辉看起来是一位总是带着笑容的领导，态度亲和、中庸。大家就怀疑：这样的一个领导能给内忧外患的云南白药带来什么呢？而此时的王明辉只有一个想法："面临重重困难，我要证明给大家看，特别是要证明给领导看，他选我是对的。"经过半年的考察，王明辉决定从营销部门入手进行改革，然后是由内而外进行整体上的改革：一方面，要增强新产品的研发力度，为云南白药发掘出新的增长点；另一方面，要坚持面向市场进行改革。到 2000 年底，在董事会和主管部门的支持下，王明辉用仅仅一年多的时间实现了对云南白药全面的改造与创新发展。随后在与强生集团的竞争中，"白药人"王明辉走上了舞台。

面对激烈的市场竞争，王明辉静下心来，对企业做了彻底调研，找出了云南白药在市场中存在的三方面的问题，开创性地提出了摒弃原有的"核心竞争力"，把白药秘方与现代医药技术相结合，以含药创可贴正面回击了强生的邦迪，并且与其他国际企业进行合作，不断优化产品；进行细致的市场调研，提供多样化的产品，合理利用广告和消费者本土化的认知；对企业经营管理体制进行了适应性调整。这一次与强生的交锋凭借着王明辉的冷静沉着、敢于亮剑以及不断完善自身的种种举措，云南白药最终取得了决定性的胜利。

2005 年底，云南白药管理层意识到白药的市场认知和主要能力还被固化在中医中药领域中治疗伤科血症这一领域，市场容量非常有限。基于此，云南白药制定了"稳中央，突两翼"的战略方向。"稳中央"是指强化以白药系列为主的专业治疗药物在企业的核心和主体地位，包括白药散剂、白药胶囊、气雾剂和宫血宁四大中央品牌。在"突两翼"中，一翼指的是以透皮技术为支撑的创可贴、白药膏等方向。另一翼指的是以牙膏、洗发水等日化产品为代表的健康型方向。云南白药的管理层敏锐地察觉到社会对健康产品需求的变化，并且基于国家对医疗卫生健康产业的政策的分析，提出了打造大健康产业的战略思想。最终形成了自己的中医药大健康业务平台，实现了企业从单一的制药企业到综合服务型企业的转变。

在其任内，王明辉为云南白药的大健康发展制定了短、中、长三条路线，长期是中医药创新发展，短、中期则是聚焦于医学美容、口腔护理、新零售健康服务三个业务板块，并重点发展包括口腔领域、皮肤领域、骨伤领域以及女性关怀在内的 4 个领域。

2016 年混合所有制改革之前，王明辉一直是云南白药的总经理。在王明辉任职期间，云南白药实现了从一家中医药企业向大健康企业的转型。云南白药的营收从最初的 2 亿元增长到 2021 年的 363.73 亿元。十几个春秋的陪伴，云南白药流淌着王明辉的心血和汗水，王明辉也成为真正的白药人。

资料来源：《创业中国故事》，2022.

案例讨论题：

1. 你从王明辉身上看到了领导者的哪些素质？
2. 王明辉成为一个出色的领导者关键因素是什么？

【思考题】

1. 领导者的影响力来自哪些方面？
2. 如何才能合理运用领导者的权力？

3. 用权变理论解释领导风格与情境的关系。

4. 领导生命周期理论的四个象限分别代表什么样的领导方式?

5. 如何理解"领导要做领导的事"?

学习目标

1. 掌握：激励的含义；各种激励理论，包括需要层次理论、双因素理论、ERG 理论、成就需要理论、期望理论、公平理论、强化理论、波特 – 劳勒综合激励模型的主要观点。

2. 熟悉：激励的过程及其要素；激励的方法，包括具体的物质奖励、精神奖励、工作方式激励方法。

3. 了解：激励对员工和组织的作用。

案例导读

高速成长的小米与合伙制

2010 年 4 月 6 日，雷军创办了北京小米科技有限公司，小米的业绩几乎是以"两年十倍"的速度增长的。小米集团 2022 年全年业绩公告显示，2022 年实现总收入 2800 亿元。其中，智能手机业务依旧为其中占比最大，全年收入为 1672 亿元，占到全年收入的 59.7%。小米的快速成长，与十年间其创业合伙人的选择，到员工的激励，到 AB 股的实施，以及新 10 年合伙制深化等合伙机制密不可分。

1. 美好愿景吸引优秀创始合伙人　在雷军看来，最重要的是团队，其次才是产品。小米成立第一年，雷军花了绝大部分时间找人——寻找一批成熟的、业内经验丰富的、价值观一致并且相信共同愿景的人与他一起奋斗。在联合创始人团队中，林斌是谷歌中国工程院前院长、谷歌全球技术总监，曾全权负责谷歌在中国的移动搜索与服务的团队组建与工程研发工作。黎万强是雷军在金山公司时的老部下，曾担任金山软件界面设计师。黄江吉，30 岁时就成为微软工程院的工程总监。洪峰曾是谷歌 3D 街景的高级产品经理。周广平是原摩托罗拉北京研发中心高级总监。刘德是北京科技大学工业设计系原主任，这构成了"非常 6+1"的豪华阵容。雷军将这些优秀人才聚合在一起的最重要动力就是：一个伟大的梦想，一个新型的手机公司，有机会做成一个世界级的品牌，做成一个 500 强的公司。

2. 股权、期权多种激励方式聚合人才　创业伊始，雷军就用股权的方式，把核心团队凝聚起来，不管是出资购买，还是通过业绩奖励的方式给予期权。在很短的时间内，小米就完成创业资本的筹集工作：除晨兴资本投资的 500 万美元外，创始团队一共投资 500 万美元，其中，雷军自己投资了 400 多万美元，林斌 75 万美元，黄江吉和黎万强投入部分现金，这就是小米设计的天使轮投融资方案——1000 万美元的融资额，以及 2500 万美元的估值非常快就尘埃落定。

雷军不仅对创业初期合伙人采取股权、期权激励方式，对一般员工也采取类似的激励措施。

例如，小米创业初期的 56 名员工一共投资了 1100 万元，有员工将"私房钱"、嫁妆钱都拿出来。当员工一起投资的时候，也给雷军压力和动力。同时，整个公司一起投钱，人人都有主人翁意识，热情更足。

对客户服务团队，小米开出比业内标准高 20% ～ 30% 的薪酬，给他们准备了比传统客户服务工位面积更大的办公卡位，而且只要工作半年以上，工作表现得好，就给期权等。

3. 新十年合伙制与创业者计划　下一个十年，雷军表示要重新创业，更需要强大的团队和源源不断的杰出人才，怀着强烈的主人翁意识，将小米浓厚的工程师文化、真诚热爱的价值观、"专注、极致、口碑、快"的互联网方法论薪火相传、发扬光大，带领小米勇猛开拓、一往无前。因此，小米扩大合伙人队伍，让更多具有使命感、责任心，且战功卓著、德才兼备、高度认同并践行小米文化价值观的杰出伙伴，成为小米合伙人队伍的一员，和公司共担风险、共享利益。为此，2020 年 8 月，小米扩大了合伙人队伍，新增了王翔、周受资、张峰和卢伟冰四位高管成为小米新合伙人。

除了合伙人制度，小米新十年创业者计划也已同时启动。小米将选拔百位认同小米使命、愿景、价值观，有能力、有潜力、并且在核心岗位有突出战功的年轻干部，给予类似早期创业者的回报，激励他们以创业者心态和投入度，和公司共绘未来十年的美好蓝图。

资料来源：褚亚玲，雷军. 从金山软件到小米手机［M］. 北京：中国铁道出版社 . 2013.

黎万强 . 参与感：小米口碑营销内部手册［M］. 中信出版社 . 2014.

范海涛 . 雷军述：小米热血 10 年［M］. 北京：中信出版集团 . 2020.

第一节　激励的性质

激励是用人艺术的一个重要组成部分，也是领导者必须掌握的一项主要技能。作为一名管理者或领导者要想卓有成效地激励员工，就必须了解什么是激励，激励的过程是怎样的，激励有何实质性作用，并能理论联系实际，熟练掌握各种激励理论，针对不同员工的不同需求给予与其各自的需求相适应的激励方法，这样才能从根本上成功地对下属进行激励，找到动力的源泉。

一、激励的含义

从字面上来看，"激励"乃激发、鼓励的意思。在组织的管理活动中，激励是指管理者遵循人的行为规律，运用物质、精神的手段，采取多种有效的方法，最大限度地激发成员的工作动机，充分发挥下属的积极性、主动性和创造性，以保证组织目标实现的过程。简单地讲，激励就是激发人的行为的心理过程。

二、激励的过程

心理学的研究表明，人的行为受动机的支配，动机由需要引起，行为的方向是实现目标，满足需要，以上过程周而复始，依次轮回。这个过程实质上就是激励的过程（图 12-1）。

需要、动机、行为、目标、反馈是一个完整的激励过程不可或缺的 5 个基本要素。

1. 人的行为的起点是需要　所谓需要是指个体因对某些事物感到缺失或不足而产生的希望得到满足的一种心理紧张状态。这些需要，既包括物质上的需要（如对食物、工资、奖金等的需要），也包括精神上的需要（如追求社会地位或事业成就等）。在现实生活中，人的需要往往表现出它的多样性，在不同时期人有不同的需要，即使在同一时期，一个人也会同时存在多种需要。

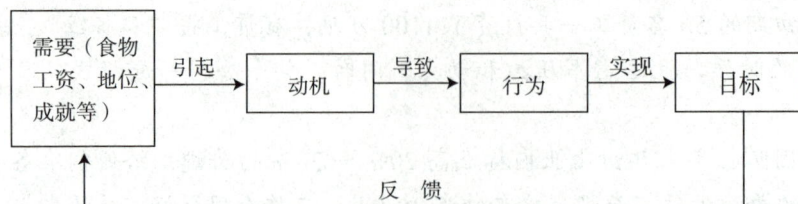

图 12-1　简单的激励过程

只是这些需要的强弱会随时发生变化。一般情况下，一个人的行为动机总是由其全部需要结构中最重要、最强烈的需要所支配、决定的。这种最重要、最强烈的需要就是优势需要。

2. 人的行为产生的直接原因是动机　所谓动机是引起、维持并指引行为去满足某种需要的一种内在驱动力。动机是由需要引发的，当人们产生的某种优势需要未能得到满足时，会产生一种紧张不安的心理状态，在遇到能够满足需要的目标时，这种紧张不安的心理就转化为动机。

3. 行为　所谓行为是指个体在一定的物质条件下，在社会文化制度、个人价值观念等环境影响下表现出来的基本特征，或对内外环境因素刺激所做出的能动反应，它是动机产生的结果。

4. 目标　目标是指个人、部门或整个组织所期望的成果，是个人努力的方向。目标分个人目标和组织目标等。

激励的过程即需要决定动机，动机产生行为，行为的结果可能使需要得到满足，进而获得奖励，紧张的心理也得到放松，个人能够获得一种满足感或成就感。这时的奖励反馈给个人的信息是此种行为是恰当的，之后应重复这种行为。行为的结果也可能是遭受挫折，引发行为的需要尚未得到满足，不能获得任何奖励，因而也会得到此种行为是不合适的，不应重复以前的行为方式的反馈。反馈的结果会影响下一周期的行为，当一个目标实现后，又会产生新的需要，接着会产生新的紧张心理，进而引发动机，开始新一轮回的激励。

三、激励的作用

激励的作用主要体现在两个方面。

1. 从员工角度看，激励具有激发潜能的作用　美国心理学家威廉·詹姆斯认为，受到激励的人，其潜能可发挥 80%～90%；未受到激励的人，其潜能只发挥 20%～30%。由此可见，激励是挖掘潜能的重要途径。索尼公司鼓励每一位员工对产品提出任何意见，由此便有了随身听的诞生，这便是挖掘潜能非常成功的一个案例。

2. 从组织角度看，激励具有提高组织绩效的作用　组织最关心的是什么？答案是绩效。组织有了好的绩效才能生存。组织要有较高的绩效水平就要求员工有较高的个人绩效水平。在组织中，我们常常可以看到一些才能较低的人被激励后绩效优于才能卓越的员工。可见，好的绩效水平不仅取决于员工的个人能力，还取决于组织卓有成效的激励手段。

第二节　激励理论

半个多世纪以来，西方管理学家、心理学家和社会学家从不同的角度研究如何激励人的问题，并提出了相应的激励理论。这种激励理论侧重于对人的共性分析，服务于管理者调动员工积极性的需要，以克服科学管理在人的激励方面存在的不足。激励理论经历了由单一的金钱刺激到满足多种需要、由激励条件泛化到激励因素明晰、由激励基础研究到激励过程探索的历史演变过程。根据研究激励角度的不同与行为的关系不同，可以将激励理论分为内容型激励理论和过程型激励理论两类。

一、内容型激励理论

内容型激励理论侧重于对激励的原因和引起激励作用因素的具体内容进行研究，即回答"是什么因素在激励员工努力工作来提高工作效率"。其中具有代表性的有马斯洛的需要层次理论、赫茨伯格的双因素理论、奥尔德弗的 ERG 理论和麦克利兰的成就需要理论。

1. 需要层次理论 美国著名心理学家和行为学家亚伯拉罕·马斯洛（Abraham Maslow）于 1943 年在其所著的《人类动机理论》一书中提出了需要层次理论。该理论认为，人的需要是分层次的，由低到高共分五层，即生理的需要、安全的需要、社交的需要、尊重的需要、自我实现的需要（图 12-2）。

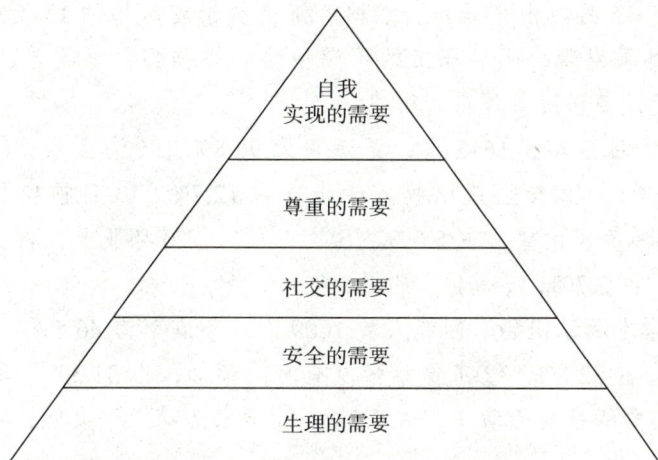

图 12-2 马斯洛的需要层次理论

（1）生理的需要 这是一个人对维持生存所需的衣、食、住、行等基本生活条件的需要，也是最低层次的需要，包括摄食、喝水、空气、住房、睡眠、求偶等需要。如果这些需要得不到满足，人类的生存就成了问题。从这个意义上来说，生理需要是推动人们行动最强大的动力。

（2）安全的需要 包括对人身安全、生活稳定，以及免遭痛苦、威胁或疾病等的需要。对许多人而言，安全需要表现为工作的稳定、安全，有医疗保险、失业保险和退休福利等。

（3）社交的需要 亦称归属与爱的需要。通常情况下，人们都希望在一种被接受或属于的情况下工作，希望被同事接受、享有友谊、能成为团体的一部分、为人所爱，这些都是社交需要的体现。这一层次的需要比前两种需要更高级，个人的生理特性、经历、受教育的程度、宗教信仰等因素均会对这一需要的程度产生影响。

（4）尊重的需要 尊重的需要可分为自尊和受人尊重。前者是驱使个人奋发向上的强大动力；后者主要表现为个人希望在组织中有一定的地位和威信，从而能够获得他人的尊重，得到他人的信赖和高度评价。马斯洛认为，尊重需要得到满足，能使人对自己充满信心，对社会充满热情，不能满足这类需求，就会使他们感到沮丧。

（5）自我实现的需要 这是最高层次的需要，它是指通过发挥个人的潜能，使自己成为自己所期望的人，从而实现个人理想、抱负的需要。

马斯洛的需要层次理论有两个基本假设，一是已经满足的需求，不再是激励因素。人们总是在力图满足某种需求，一旦一种需求得到满足，就会有另一种需要取而代之。另一个基本假设是只有在较低层次的需求得到满足之后，较高层次的需求才会对个体行为产生驱动力。

　　马斯洛的需要层次理论流行甚广，不仅为之后其他需要理论的建立提供了理论基础，而且在实践上对管理活动也产生了重要影响。许多管理者依据这个理论，制定了满足职工需要的各项措施，以调动职工的工作积极性。但马斯洛的需要层次理论也存在诸多的不足。有些人认为该理论过分强调人的生理属性，并且只注意了一个人各种需要之间存在的纵向联系，忽视了横向联系，即同一时间内一个人往往存在多种需要，这些需要相互矛盾，导致动机的斗争；有些人认为该理论带有一定的机械主义色彩等等。

用数字说话

需要与满足

　　为了解医院职工对工作和生活中一些具体不满因素及诸因素的不满程度，某医科大学在 1988 年 3～5 月对山东潍坊、淄博、济南及泰安等地的 13 所医院在岗人员进行了 1 次调查。结果发现，医院职工的不满情绪相当强烈，如收入、晋升、学习等。其中大多数可通过改革医院管理得到解决。

　　1. 对于收入　回答人数 1612 人，不满率为 96.8%。不满因素：①物价水平上涨速度太快，占 62.4%。②与企业比收入太低，占 12.7%。③目前实际收入太少，占 11.3%。④家庭经济负担太重，占 5.6%。⑤收入与工作好坏脱节，占 4.2%。⑥收入与责任大小无关联，占 2.7%。⑦其他，占 0.1%。

　　2. 对于参加学术活动机会　回答人数 1609 人，不满率为 86.5%。不满因素：①学术活动举办太少，占 32.8%。②工作紧张没有时间参加，占 31.3%。③没有机会参加，占 22.6%。④不必要的社会活动多，占 6.5%。⑤学术活动水平太低，占 4.7%。⑥其他因素，占 2.1%。

　　3. 对于在单位的重视程度　回答人数 1601 人，不满率为 63.8%。不满因素：①本科室在单位无足轻重，占 32.7%。②得不到领导应有的重视，占 26.2%。③自己的工作得不到应有的重视，占 26.2%。④得不到同事应有的尊重，占 3.8%。⑤其他因素，占 6.5%。

　　4. 工作中的成长和发展　回答人数 1605 人，不满率为 74.6%。不满因素：①工作缺乏客观考核，占 35.2%。②领导不重视职工的培养，占 30.7%。③不具备任人唯贤的环境，占 27.4%。④其他因素，占 6.7%。

　　5. 对职务职称的晋升　回答人数 1601 人，不满率为 86%。不满因素：①没有长期连贯制度，占 38.3%。②论资排辈现象严重，占 28%。③晋升过分注重学历，占 18.6%。④缺乏科学考核指标，占 12.4%。⑤其他因素，占 2.7%。

　　资料来源：杨树华，曾凡富. 实用卫生管理案例［M］. 贵阳：贵州科技出版社，1991.

---

　　2. 双因素理论　双因素理论是由美国心理学家弗雷德里克·赫茨伯格（Frederick Herzberg）于 1959 年提出来的。20 世纪 50 年代末，赫茨伯格和他的助手们在美国匹兹堡地区对 200 名工程师、会计师进行了有组织性地调查访问，考察了他们的工作满意感与生产率的关系。访问主要围绕两个问题：在工作中，哪些事项是让他们感到满意的，并估计这种积极情绪持续的时间；又有哪些事项是让他们感到不满意的，并估计这种消极情绪持续的时间。根据被调查者对这些问题的回答，赫茨伯格研究了影响这些人员工作的各种因素的资料。结果他发现，使职工感到不满的因素都是属于工作环境或工作关系方面的，如组织的政策、行政管理、工作条件、工资发放、人

际关系等；使职工感到满意的因素都是属于工作内容或工作结果方面的，如工作上的成就感、受到赏识、挑战性的工作、职务上的责任感，以及成长和发展的机会等。赫茨伯格把前者称为保健因素，后者称为激励因素，因此，双因素理论亦称保健 – 激励因素理论（表 12-1）。

表 12-1 赫兹伯格双因素理论

保健因素（外在因素）	激励因素（内在因素）
公司政策和管理	成就感
监督制度	认同感
与管理者的关系	工作本身
工作条件	责任感
工资	晋升
与同事的关系	进步
私人生活	
与下属的关系	
地位	
安全感	

（资料来源：Herzberg F.One More Time：How Do You Motivate Employees.HBS Publishing，1968.）

（1）保健因素 对职工工作效率产生的影响类似于卫生保健对身体健康所起的作用。卫生保健的存在虽起不到治疗疾病的作用，但能预防疾病。同理，保健因素的存在或改善能够减少组织内员工的不满，但不能使职工感到满意并激发职工的积极性。由于它们只带有预防性，只起维持工作现状的作用，也被称为"维持因素"。

（2）激励因素 即能带来积极态度、高度热情的因素。这些因素涉及对工作的积极感情，又与工作本身的内容有关，它们会使员工对工作感到满意。这些属于工作内容和工作结果方面的因素，赫茨伯格称之为"激励因素"。如果这些因素具备了，就能对人们产生更大的激励。

（3）激励因素与保健因素的关系 赫茨伯格认为，满意和不满意的观点并非共存于单一的连续体中，而是截然分开的。传统观点认为，满意的对立面是不满意，这一观点是不正确的。通过激励因素可以产生满足的感觉，也可能产生尚未满足的感觉，但不是"不满"。满意的对立面是没有满意，而不是不满意；同样，不满意的对立面是没有不满意，而不是满意。激励因素使人由没有满意走向满意；保健因素将不满意改变为没有不满意。这种双重的连续体意味着一个人可以同时感到满意和不满意，它还暗示着工作条件和薪金等保健因素并不能影响人们对工作的满意程度，只能影响对工作的不满意程度。

双因素理论促使组织管理人员注意工作内容方面因素的重要性，特别是它们与工作丰富化和工作满足的关系，因此是有积极意义的。该理论告诉我们，满足各种需要所引起的激励深度和效果是不一样的。物质需求的满足是必要的，没有它会导致不满，但是即使获得满足，它的作用往往是有限的、不能持久的。要调动人的积极性，不仅要注意物质利益和工作条件等外部因素，更重要的是要注意工作的安排，量才录用，各得其所，注意对人进行精神鼓励，给予表扬和认可，注意给人以成长、发展、晋升的机会。随着温饱问题的解决，这种内在激励的重要性越来越明显。

赫茨伯格的双因素理论与马斯洛的需要层次理论有相似之处。他提出的保健因素相当于马斯洛提出的生理需要、安全需要等较低级的需要；激励因素相当于受人尊敬的需要和自我实现的需要等较高级的需要。当然，他们的具体分析和解释是不同的。但是这两种理论都没有把"个人需要的满足"与"组织目标的达成"联系起来。

有些西方行为科学家对赫茨伯格的双因素理论的正确性表示怀疑。有人做了许多试验，也未能证实这个理论。赫茨伯格及其同事所做的试验被有的行为学家批评为是他们所采用方法本身的产物，认为人们总是把好的结果归结于自己的努力，而把不好的结果归罪于客观条件或他人身上，问卷没有考虑这种一般的心理状态。另外，被调查对象的代表性也不够，事实上，不同职业和不同阶层的人对激励因素和保健因素的反映是不同的。实践还证明，高度的工作满足不一定产生高度的激励。许多行为科学家认为，不论是有关工作环境的因素还是工作内容的因素都可能产生激励作用。这取决于环境和职工心理方面的许多条件，而不仅仅是使职工感到满足的因素。

3.ERG 理论   1969 年，美国耶鲁大学的克雷顿·奥尔德弗（Clayton Alderfer）在马斯洛提出的需要层次理论的基础上进行了更接近实际的研究，提出了一种新的人本主义需要理论。奥尔德弗认为，人们存在 3 种核心的需要，即生存的需要（Existence Needs）、关系的需要（Relatedness Needs）和成长的需要（Growth Needs），这一理论又被称为 ERG 理论。

（1）生存的需要   即生理和安全需要（如衣、食、住等），关系到人的存在或生存，相当于马斯洛需要层次理论中生理的需要和安全的需要。

（2）关系的需要   即在与人交往时得到尊重的需要这种需要通过工作中或工作以外与其他人的接触和交往得到满足，它与需要层次理论中社交的需要和尊重的需要中的外在部分即受人尊重相对应。

（3）成长的需要   即个人自我发展和自我完善的需要。这种需要通过创造性地发展个人潜力和才能、完成挑战性的工作得到满足，相当于需要层次理论中尊重的需要中的内在部分，即自尊需要和自我实现的需要。

除了用 3 种需要替代了 5 种需要以外，与需要层次理论不同的是，奥尔德弗的 ERG 理论还表明，人在同一时间可能有不止 1 种需要在起作用；如果较高层次需要的满足受到抑制的话，人们对较低层次需要的渴望会变得更加强烈。

马斯洛的需要层次是一种刚性的阶梯式上升结构，即认为较低层次的需要必须在较高层次的需要满足之前得到充分的满足，二者具有不可逆性。相反的是，ERG 理论并不认为各类需要层次是刚性结构，比如说，即使一个人的生存和相互关系需要尚未得到完全满足，他仍然可以为成长的需要而工作，而且这 3 种需要可以同时起作用。

此外，ERG 理论还提出了一种叫作"受挫－回归"的思想。马斯洛认为，当一个人的某一层次需要尚未得到满足时，他可能会停留在这一需要层次上，直到获得满足为止。ERG 理论则认为，当一个人在某一更高等级的需要层次受挫时，作为替代，他的某一较低层次的需要可能会有所增加。例如，如果一个人的社会交往需要得不到满足，可能会增强他对得到更多金钱或更好工作条件的愿望。与马斯洛需要层次理论类似，ERG 理论认为，较低层次的需要满足之后会引发出对更高层次需要的愿望。不同于需要层次理论的是，ERG 理论认为，多种需要可以同时作为激励因素而起作用，并且当满足较高层次需要的企图受挫时，会导致人们向较低层次需要的回归。因此，管理措施应随着人的需要结构的变化而做出相应的改变，并根据每个人不同的需要制定出相应的管理策略。

4. 成就需要理论   成就需要理论是美国哈佛大学教授戴维·麦克利兰（David McClelland）通过对人的需求和动机进行研究，于 20 世纪 50 年代提出的。麦克利兰将人的高层次需要分为 3

类，即权力需要、归属需要和成就需要。

（1）权力需要 具有较高权力欲望的人对影响和控制他人表现出很大的兴趣，这种人总是追求领导者的地位。他们常常表现出喜欢争辩、健谈、直率和头脑冷静，善于提出问题和要求，喜欢教训他人并乐于演讲。麦克利兰还将组织中管理者的权力分为两种：①个人权力：追求个人权力的人表现出来的特征是围绕个人需要行使权力，在工作中需要及时的反馈和倾向于自己亲自操作，并指出，若一个管理者把他的权力形式建立在个人需要的基础上，这样非常不利于接任者的后期管理。②职位性权力：职位性权力要求管理者与组织共同发展，自觉地接受约束，从体验行使权力的过程中得到一种满足。

（2）归属需要 麦克利兰的归属需要与马斯洛的社交需要基本相同。麦克利兰指出，注重归属需要的管理者容易因为讲究交情和义气而违背或不重视管理工作原则，从而会导致组织效率下降。

（3）成就需要 具有成就需要的人，对工作的胜任感和成功有强烈的要求，同样也担心失败。他们乐意甚至热衷于接受挑战，往往为自己树立有一定难度而又不是高不可攀的目标。他们既敢于冒风险，又能以积极的态度对待冒险，绝不会以迷信和侥幸心理对待未来，而是要通过认真的分析和估计。他们愿意承担所做工作的个人责任，并希望得到所从事工作的明确而又迅速的反馈。这类人一般休息时间短，喜欢长时间、全身心的工作，并从工作的完成中得到很大的满足，即使真正出现失败也不会过分沮丧。一般来说，他们喜欢表现自己。麦克利兰认为，一个公司如果有很多具有成就需要的人，公司就会发展很快。一个国家如果有很多这样的公司，整个国家的经济发展速度就会高于世界平均水平。

成就需要理论对于我们把握管理人员的高层次需要具有积极的参考意义。但在不同国家、不同文化背景下，成就需要的特征和表现不尽相同，对此，麦克利兰未做充分表述。

二、过程型激励理论

过程型激励理论强调的不是需求内容的满足，而是侧重于对行为的实践过程进行研究，包括动机的形成、行为目标的选择，以及行为的改变与修正等。它解答的是"如何或通过什么手段和方法去激励人的行为。"其中，具有代表性的有弗鲁姆的期望理论、亚当斯的公平理论、斯金纳的强化理论和波特－劳勒综合激励模型等。

1. 期望理论 期望理论是美国耶鲁大学教授、心理学家维克托·弗鲁姆（Victor Vroom）于1964年在《工作与激励》中首先提出的激励理论（图 12-3）。该理论认为，人们之所以采取某

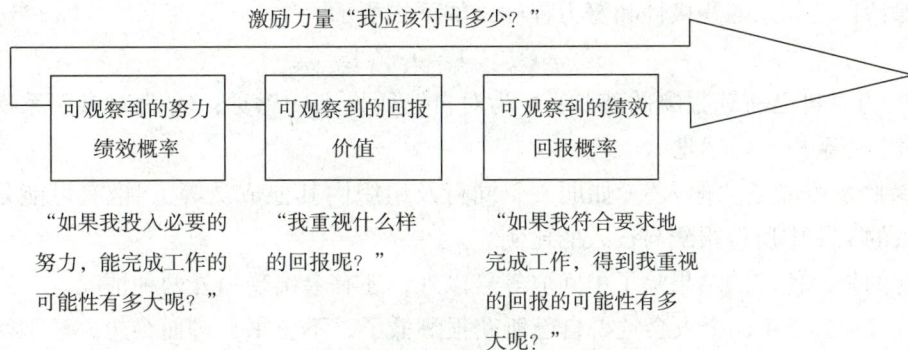

图 12-3 基本期望模式

资料来源：克瑞尼. 管理学原理［M］. 11 版. 北京：清华大学出版社，2012.

种行为，是因为他觉得这种行为能够带来既定的成果，并且这种成果对他个人而言有足够的吸引力。研究发现，员工在决定采取某种行为之前通常要进行 3 种关系的判断。

（1）努力与绩效之间的关系　即需要付出多少努力才能达到某一绩效水平，自己真的能达到这一绩效水平吗？达到这一绩效水平的可能性有多大？

（2）绩效与奖励之间的关系　即个人在达到预期成果后能够得到适当的奖励的可能性，如获得奖金、晋升、提级、表扬等。

（3）奖励与个人目标之间的关系　即个人获得的奖励会在多大程度上满足自己的需要。

期望理论认为，员工在一项工作中所受到的激励程度即激励力，取决于员工对实现目标可能性的估计（期望值）与这一目标给自己带来的价值估计（效价）两个因素。三者之间的关系可以用公式表示为：

$$M=V \times E$$

式中，M 为激励力，即个人受到激励的程度；V 为效价，即活动的结果给自己带来的价值；E 为期望值，即个人实现目标的可能性。

由于每个人对某一目标的效价和期望值不尽相同，因此效价和期望值之间就可能有各种不同的组合形式，并由此产生不同的激励力。一般说来，只有当目标效价和期望值都很高时，才会有较高的激励力；只要效价和期望值中有一项不高，则目标的激励力就不大。这对管理者而言，意味着要想提高对员工的激励力，必须注意两个问题：①目标的设置要合适，既不能太高也不宜偏低，目标设定太高，实现的期望值就会小，这会挫伤员工的自信，降低激励力，目标偏低，则会降低激励工作本身的意义。②在个人实现既定的目标后，对个人的奖赏应尽可能满足其最迫切的需要，即要使效价达到最大。

期望理论的提出，为管理过程中设计合理的目标和合理的奖励方式提供了理论依据，因而是管理实践中应用较广泛的一个理论。

2. 公平理论　公平理论又称社会比较理论，是美国心理学家亚当斯（John Stacey Adams）在 20 世纪 60 年代提出来的一种激励理论，主要研究相对报酬对员工工作积极性的影响。该理论的前提假设是员工对所得报酬是否公正、是否公平的评价是工作激励的主要影响因素。

亚当斯在研究中发现，当一个人取得成绩并获得报酬后，他不仅关心自己所得报酬的绝对量，而且关心自己所得报酬的相对量。因此，他要进行种种比较来确定自己所获报酬是否公平、公正，比较的结果将直接影响今后工作的积极性。这种比较通常是个人将自己所得的报酬（包括工资、地位、受人尊重，以及获得的赏识等）和自己的投入（包括用于工作的时间、教育程度、所作努力、负责程度等）的比值与一定的参照系做比较，只有相等时，他才会觉得报酬是公平的，进而会保持自己原来的积极性和努力程度，如下式所示。

$$O_p / I_p = O_x / I_x$$

式中，O_p 为对自己所获报酬的感觉；I_p 为对自己所投入的感觉；O_x 为对参照系所获报酬的感觉；I_x 为对参照系投入的感觉。

这里的参照系可能是"他人"（如朋友、同行及组织内其他成员等），也有可能是"自己"，即自己在过去的工作中所得报酬与投入的比例。

需要注意的是，比较的结果除了中间取等号以外，还有会出现另外两种情况。

（1）$O_p / I_p < O_x / I_x$，个人会觉得自己所获报酬低了，不公平，进而会想办法消除这种不公平，所采取的行动有可能是要求增加报酬。如果不能如愿的话，当事者会产生不满情绪，用减少投入、降低工作积极性的办法求得心理上的平衡。更有甚者，当不公平感非常强烈时，会选择辞

职，另谋高就。

（2）$O_p / I_p > O_x / I_x$，个人会觉得自己所获报酬偏高或投入过少，但一般自己不会主动要求减少报酬，而会选择适当自觉增加投入。时间一长，他就会通过重新评估的形式高估自己的投入而对高报酬感到心安理得，于是他的投入又会恢复到原先的水平。

公平理论的提出为管理者激励员工打开了新的视角，它对管理者的启示在于激励员工不仅要考虑员工所获报酬的绝对值，还要考虑报酬的相对值，应当注意实际工作绩效与报酬之间的合理性，分配公平也是一种激励力。

公平理论的不足：最主要的是公平本身是一个很复杂的问题，公不公平是一种非常主观的判断，个人判别报酬与投入的标准往往会偏于自己有利的一方，如过高估计自己的投入，过低估计自己所得到的报酬，而对参照系的估计则刚好相反。因此，管理者在运用公平理论时应充分考虑这些因素，通过对员工进行公平心理的引导，使其树立正确的公平观，以此减少因个人主观因素影响激励的效果。

3. 强化理论 强化理论是美国心理学家和行为科学家斯金纳（Burrhus Frederic Skinner）等人提出的一种激励理论，亦称行为修正理论。强化理论区别于其他理论的关键在于它不考虑诸如目标、期望、需要等因素，只关注个体采取某种行动后会带来什么后果。该理论的基本观点是当人们由于采取某种理想行为而受到奖励时，他们最可能重复这种行为。如果某种行为没有受到奖励或是受了惩罚，行为重复的可能性则非常小。

根据强化的性质和目的，可将强化分为正强化和负强化两大类型。

（1）正强化 正强化就是对已出现的积极的、符合组织需要的行为给予一定的肯定或奖励，使之巩固和保持。正强化的方法包括奖金、对成绩的认可、表扬、改善工作环境和人际关系、提升、安排担任挑战性的工作、给予学习和成长的机会等。

（2）负强化 负强化是对已出现的消极的、与组织不相容的行为给予一定的否定与惩罚，以使它们削弱直至消失。负强化的方法包括批评、处分、降级等，有时不给予奖励或少给奖励也是一种负强化。

强化理论的提出对管理者的启示在于管理者在应用强化理论时，应以正强化方式为主，慎用负强化（尤其是惩罚）。方法用得越恰当，越能引导人的行为朝有利于组织目标实现的方向发展，因而强化理论已被广泛地应用在激励和人的行为改造上。

强化理论的不足：过多地强调外部因素或环境刺激对行为的影响，忽略了人的主观能动性和内在因素对环境的反作用，具有浓厚的机械主义色彩。

4. 波特 – 劳勒综合激励模型 这是美国心理学家爱德华·劳勒（Edward Lawler）和莱曼·波特（Lyman Porter）于 1968 年在他们的《管理态度和成绩》一书中提出来的一个激励模型（图 12-4）。该理论综合考察了影响激励的各种变量，认为激励过程是一个复杂的系统，激励力量的大小取决于多方面因素的变化，涉及被激励者对该项工作的成功、所获报酬，以及相关影响的认识和评价。

图中个人努力与绩效之间、绩效与组织奖励之间、组织奖励与个人目标之间的关系反映了弗鲁姆的期望理论的基本思想；实现组织的目标就能得到奖励，进而会强化某一行为，这正好是强化理论所强调的；个人对所获报酬公平与否的评价会影响个人工作积极性的发挥，这恰恰是公平理论所关注的；绩效的取得与否或难易程度又会影响以后个人对该类工作期望值的认识。可以说，波特 – 劳勒综合激励模型是一种比较全面的激励理论，它是对弗鲁姆期望理论的发展和完善，公平理论、成就需要理论、强化理论等也都能在波特 – 劳勒综合激励模型中找到相应的

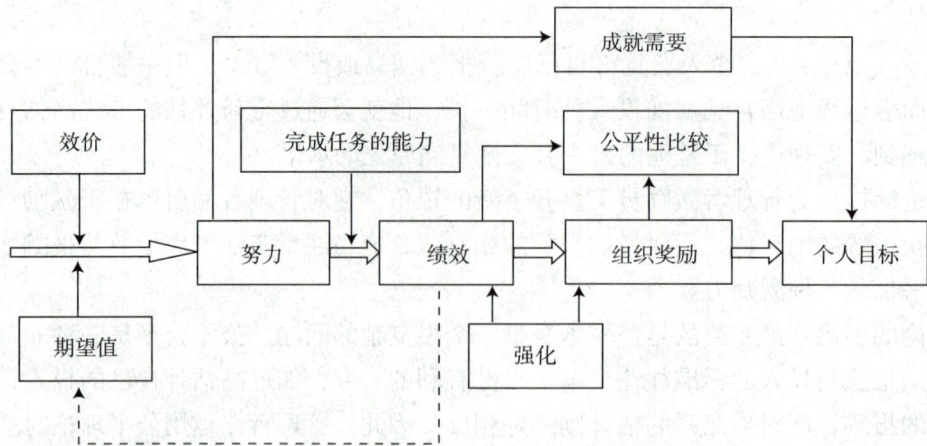

图 12-4 波特 – 劳勒综合激励模型

影子。

波特 – 劳勒综合激励模型在 20 世纪 60 ～ 70 年代是非常有影响的激励理论，在今天仍有相当的现实意义。它告诉我们，不要以为设置了激励目标、采取了激励手段就一定能获得所需的行动和努力，并使员工满意。要形成激励→努力→绩效→奖励→个人目标，并从个人目标的实现引导员工下一步的行动更加努力这样的良性循环，要考虑奖励的内容是否满足个人的需要、奖励公平与否、个人心理期望等多种综合性因素。

第三节 激励实务

一、激励的方法

在管理实践中，管理者们充分吸收激励理论的优秀成果，针对不同类型的组织和组织成员，创设了一系列激励的方法。说到激励的方法，很多人很自然地就会想到"奖金"，这固然重要，但作为管理者还必须把握其他的激励方法，尤其是无"薪"的激励更能体现管理者的领导能力和管理水平，更能提升员工满足度，增强组织的活力和凝聚力。

（一）物质激励

由于物质需要是人类的第一需要，也是基本需求，所以物质激励是激励的主要方法。物质激励是指运用物质的手段使受激励者得到物质上的满足，从而进一步调动其积极性、主动性和创造性。在我国，由于职工收入较低，所以它更是我国组织内部使用非常普遍的一种激励模式。物质激励主要是通过改善薪酬福利分配制度实现它的激励功能，常见的做法有 3 种。

1. 提高员工的直接薪酬水平 员工工作的主要目的之一就是要获取一份与自己贡献相对等的劳动报酬，即工资。薪酬的高低仍然是评价员工自身价值的标准之一，即使是高出市场平均薪酬一点点，也会对其起到很大的激励作用。然而，如果员工觉得薪酬分配不公平，他们会产生不满，私下降低投入的数量或质量，甚至选择离开。如果薪酬公平，他们会正常工作；如果他们觉得薪酬要比公平薪酬要大，他们可能会更加努力工作。因此，组织不仅要提高员工的薪酬水平，更要保证分配的公平性。公平的薪酬可以营造一个相互尊重、相互合作和积极进取的环境，这样员工才有归属感，进而提高对组织的忠诚度。

丰田的薪酬激励

丰田最早采用的是"年功制"的工资体系。该制度会让公司的平均工资迅速提升，但并未促进生产效率的提高。从1948年起，丰田开始逐步改变其工资体系，将员工的能力和业绩纳入激励机制之中，以提高工资的激励功能。20世纪90年代以后，丰田再次对工资制度进行了改革，突出的特征就是引入了"绩效主义"理念，薪酬与绩效考评结果紧密相关。在目前丰田的薪酬体系中，基本工资体现了丰田的"能力主义"，需要员工具备"改善"的能力；奖金则体现了丰田的"绩效主义"，需要员工做出"改善"的成果。丰田希望通过工资制度告诉员工，较高的薪酬主要靠能力和效益，具有解决问题的能力和取得优秀的绩效是其获益的最佳方法。丰田公司打破了原来员工每隔一定时间才有升迁机会的逐级提升制度，使能力较强的人，尤其是年轻人随时脱颖而出。

资料来源：白光林，潘鹏飞，彭剑锋.丰田的"持续改善"之道[J].中国人力资源开发，2014（22）：73.

2. 提高员工的间接薪酬水平　间接薪酬是指员工除工资以外享受的一切福利与服务。之所以被称为间接薪酬，是因为它与直接薪酬存在一个明显的不同，即福利与服务不是以员工向组织供给的工作时间来计算薪酬的组成部分。间接薪酬一般包括带薪非工作时间（年假等）、员工个人及家庭服务（工作期间的餐饮服务、儿童看护等）、健康及医疗保健、人寿保险、养老金等。

微软的员工福利

1. 健康与福利　公司为员工及其家庭购买优质的健康保险。支持员工及其家庭旅行度假，也鼓励员工参加体育锻炼，员工可以参加健身房或微软体育俱乐部的项目，公司给予一定的补贴。微软深知每个人在生活中难免会有困惑的时候，所以公司为员工和他们的家庭提供全天24小时生活辅导热线服务，在适当的时候还会提供面对面的顾问咨询。

2. 优越的设施　无论员工在微软中国的哪家分支机构工作都能够享用到最先进的设施，而且在不同的机构，这些设施配备还有所不同。公司提供的工作条件丰富而灵活，例如，符合人体工程学的工作终端、新颖的休闲、聊天、交流场所等。

3. 柔性灵活的工作安排　员工有时会面临工作与生活的冲突，因此，微软的工作安排是柔性和灵活的。利用微软的技术，员工可以通过多种途径与公司保持工作交流和联系。

4. 社群团体　微软中国为员工创造各种分享激情的机会。其可参加微软体育俱乐部的不同运动项目（从足球、羽毛球到网球不一而足）。

资料来源：微软公司官网.http://careers.microsoft.com/careers/zh-cn/cn/benefits.aspx.

3. 股权激励　在物质激励方面，薪酬和福利都是比较传统的激励方法。如今，部分上市公司为了把人才长期留在组织，又兴起了一种现代化的新的物质激励手段——股权激励。股权激励是一种职业经理人通过一定形式获取公司一部分股权，使他们能够以股东的身份参与企业决策、分享利润、承担风险，从而勤勉尽责地为公司的长期发展服务的一种激励方法。据统计，美国500强中，有90%的组织采用股权激励后，生产率提高了1/3，利润提高了50%。一般的观点认为，股权激励可以把职业经理人、股东的长远利益与公司的长期发展结合在一起，可在一定程度上防止经理人的短期经营行为，具有稳定员工的作用，可起到充分调动员工积极性的效果。

管理案例

美国联合航空公司的员工持股计划

员工持股计划自20世纪70年代起在美国和英国兴起，它的核心思想是企业职工有权分享自己的劳动成果，并有权利参与企业内部的管理。1994年7月，美国联合航空公司实施了该项计划，员工用削减工资换取公司55%的股票和12个董事会议席中的3个。18个月以后，公司超越了所有竞争对手，8.3万名员工的生产率上升，不满大大减少，公司股票价格上涨了1倍多。与此同时，公司还通过让员工参与管理，更大程度地调动了员工的积极性。1995年每个员工的营业额平均上升了10%。

美国联合航空公司实施员工持股计划的成功引得其竞争对手纷纷效仿，西北航空公司和环球航空公司随后也将30%的股份售给其员工。

资料来源：宗和.世界名企员工激励成功案例［J］.中国乡镇企业，2004（3）：27-28.

从国内外实行股权激励的企业来看，股权激励的模式不尽相同，但最常见的股权激励模式是股票期权。股票期权是指上市公司给予组织高级管理人员和技术骨干在一定期限内以一种事先约定的价格购买公司普通股的权利。只有当公司的市场价值上升的时候，享有股票期权的人方能获益。股票期权使公司经营管理者认识到自己的工作表现直接影响到股票的价值，从而与自己的利益直接挂钩。从这一点讲，股票期权是一种具有前瞻性的激励机制。

媒体掠影

让员工享受薪酬自助餐

2011年，笔者接受咨询合同：某高新科技公司由于规模不大，员工薪酬对人才没有吸引力。公司领导希望公司能在吸引人才的方式上有所创新和突破，达到留住人才的目的。

针对企业与员工的特征，笔者为公司提出了"自选薪酬"方案。核心是薪酬激励不以老板和公司为轴心，而是以人才的需求为轴心，让人才参与薪酬制定。

第一步：界定"自选全面薪酬"。

这一方案将员工可自选的薪酬界定为两部分，第一部分是基本薪酬、激励薪酬和附加薪酬；第二部分由普惠福利、弹性福利、晋升、职业发展、生活质量等组成。这是"自选薪酬"的核心。

第二步：夯实基础。

实施这一方案有几个方面的基础必须夯实：工作分析、职群划分、岗位价值评估、薪酬层级设计、人才能力评估等。

第三步："四步法"确定自选内容。

首先，获取人才的需求信息。以问卷调查或访谈等恰当的方法，了解人才的需求，然后将这些信息汇总分类，从而确定人才对全面薪酬的需求种类和需求层次。

其次，确定人才的购买力。以资格资历审查、绩效考核等方式来确定标准，找出人才的购买点数。最关键的是绩效考核必须有效。

再次，为各个需求项目定价。依照各个薪酬的现实价格，以货币/点数比折算出系数，即一个点数相当于人民币多少；不能用货币衡量的需求项目，也需根据一定标准折算成现值定价。

最后，由员工根据自己的需求项目进行选择。如果薪酬标准和薪酬项目价格确定了，员工就可以选择自己所需的项目类型。这时员工多选还是单选，要看自己的点数。对公司来说，最重要的仍是定期或不定期掌握员工的需求变化，并对薪酬做出相应调整。

该方案实施后，公司因精神、物质并重，满足了员工需求的变化，使薪酬体系更加平衡和有效；自选福利的推行，消除了平均主义和不公平现象，消除了原薪酬体系的结构性不足，强化了保健激励作用，进而吸引了大量外部优秀人才。

资料来源：常诚.让员工享受薪酬自助餐.中国劳动保障报，2014-02-08（004）.

（二）精神激励

精神激励即内在激励，是指精神方面的无形激励，它实质上就是一种无"薪"激励，强调用高尚的精神塑造人、激励人。精神激励是一项深入细致、复杂多变、应用广泛、影响深远的工作，对调动员工积极性、主动性和创造性非常有效。精神激励的形式包括目标激励、榜样激励、情感激励、奖励激励、信任激励和学习培训激励等。

1. 目标激励 所谓目标激励，就是确定适当的目标，诱发人的动机和行为，达到调动人的积极性的目的。组织中大多数人希望自己能将工作做得更好，使自己更具发展潜力。管理者应帮助他们建立不断超越自己的个人发展目标，将员工对目标的渴望有效地转化成内驱力，使员工在挑战目标的过程中得到多种满足。同时，管理者应将自己的部分精力放在帮助员工解决障碍上，而不是片面地放在实现自己制定的目标上。诺基亚 CEO 奥利拉很自信地说，自己在华能够取得成功，最关键的一点就是给员工最大的发展空间。这个空间是员工得以充分展现自己才华的空间，是独立负责完成某件事的空间，是自我想象并得以实现结果的空间，而某些组织领导者往往忽视这一点。

在目标激励的过程中，要正确处理大目标与小目标、个体目标与组织目标、理想与现实、原则性与灵活性的关系。在目标考核和评价上，要按照德、能、勤、绩标准对人才进行全面综合考察，定性、定量、定级，做到"刚性"规范，奖罚分明。

2. 榜样激励 榜样的力量是无穷的。绝大多数员工是力求上进而不甘落后的。有了榜样，员工就会有努力的方向和赶超的目标，从榜样成功的事业中得到激励，进而做出不平凡的业绩。

3. 情感激励 情感是影响人们行为最直接的因素之一。任何人都有渴望各种情感的需求，或是被尊重，或是被理解，或是互相关心等。作为管理者应注重感情投入，以赢得人心。对于下属而言，如果认为领导者、管理者真正在关心、理解、尊重自己，他就会感到这是一种莫大的激励，会忠心耿耿地为其效劳，产生的激励效果往往会比金钱激励大得多。

4. 奖励激励 管理学大师勒波夫博士曾说过，世界上最伟大的原则是奖励，受到奖励的事会做得更好，在有利可图的情况下，每个人都会干得更漂亮。奖励是对员工某种良好行为的肯定与表扬，以使员工获得新的心理上的满足，如上光荣榜、授予荣誉称号、给业绩好又有能力的职工以晋升的机会等。奖励得当，对于鼓舞士气、调动积极性、推动各项工作的深入开展大有裨益。

5. 信任激励　一个社会的运行必须以人与人的基本信任作润滑剂，否则社会就无法正常有序地运转。信任是加速人自信心爆发的催化剂，信任激励是一种基本激励方式。管理者与员工之间、上级与下级之间的相互理解和信任是一种强大的精神力量，有助于组织中人与人之间的和谐共处，有助于团队精神和凝聚力的形成。

6. 学习培训激励　给员工提供各种学习、培训的机会也是一种激励方式，包括给员工提供培训的机会、适合自身发展的工作岗位等，以满足员工发展自己能力的需求。

（三）工作方式激励

1. 制定"导师"制度　这是为新进员工量身定制的激励方法。对于新员工而言，熟悉组织各项制度、把握工作方法和认同组织文化需要经历一个较长的时期。采取"导师"制度，由 1 名老员工带 1 名新员工，可大大缩短新员工熟悉岗位职责和技能要求的时间，同时也能使其较快地在组织中找到归属感和认同感，这对满足新员工的归属与爱的需要是很有帮助的。另一方面，对老员工来说，让其做"导师"，也是一种激励，因为从心理学的角度来说，反映了组织对老员工的重视和尊敬，让老员工在心理上有一种成就感和荣誉感，满足了老员工自我实现的需要。

2. 为员工提供一份挑战性的工作　没有人喜欢平庸，按部就班的工作最能消磨斗志。尤其对年纪轻、干劲足的员工来说，富有挑战性的工作和成功的满足感比实际拿多少薪水更有激励作用。因此，要想使员工有积极表现，管理者就应结合员工的特点和工作能力，让员工参与一些更富挑战性的工作，这既是对员工的一种培养和锻炼，也可提高员工的满足度。

3. 实行灵活多样的弹性工作制　弹性工作制是指在固定工作时间长度不变的前提下，灵活选择工作的具体时间的方式。弹性工作制有两种形式。

（1）缩短每周工作天数　例如，在美国有的人每天工作 10 小时，1 周工作 4 天，而不是传统的每周 5 天工作制。这种方法可使员工有更多的休闲、娱乐时间，提高了员工的工作热情和对组织的认同度，增加了生产力和设备运转率，减少了加班，降低了旷工率。

（2）弹性工作时间　公司只规定每天工作总的时间数，但员工上下班的时间可以自己掌握。通常公司会规定一段必须在班的共同时间，以避免员工之间没有机会沟通。弹性工作时间可以降低旷工率，提高生产力，减少加班，给员工私人生活提供方便。弹性工作时间可给员工更多的自主权和责任感，顺应了员工成长的需要，符合 ERG 理论。不过统计表明，这种工作制主要被小公司采用。

激励是一门艺术，激励的方法很多，作为管理者，只有不断发挥管理创意，才能让激励方式耳目一新，让激励效果事半功倍。

二、管理实践中常见的激励误区

1. 重物质激励，轻精神激励　在管理实践中，人们用得最多也认为最有效的激励手段是物质激励。然而全球知名的麦肯锡管理咨询公司 1998 年的一项研究显示，对雇员产生激励的关键因素，从组织的角度来说，价值观念、组织文化和管理的先进性是主要的；从工作本身的角度说，自由氛围和富有挑战性的工作更能激发人的拼搏精神。实际上，精神激励的作用有时甚至比物质激励的有效期更长，更能激发员工的内在潜能。组织运用金钱激励、物质激励等手段能起到阶段性效果，但对一个具有持久性、战略性发展的组织而言，单纯的物质激励手段是远远不够的。

2. 重惩罚，轻奖励 很多管理者在管理中注重惩罚，忽视奖励，长此以往则束缚了员工的主观能动性，影响了其工作的积极主动性。如果员工必须按照规定严格遵守，循规蹈矩，不敢越雷池一步，其潜能就不能得到发挥。员工的个人发展需要与组织的发展目标不能有机结合，则组织整体就会缺乏活力，凝聚力减弱，创新力不强，不能形成争先创优的氛围和和谐发展的环境，对组织的长远发展极为不利。

【 案例分析 】

礼来公司的人力资源管理

美国的礼来公司是制药行业的领导者，在全球有 43600 多名雇员，产品行销 146 个国家。在人力资源管理方面，礼来的成就和其经营业绩一样已经得到各界的肯定，并陆续赢得多方面的荣誉。其中包括成为《财富》杂志全美 100 家"最佳雇主"的公司之一，以及在世界最受尊敬的制药类公司中名列前 15 名之内，更被《在职母亲》杂志连续两年评为美国最适合在职母亲工作的 10 家公司之一。

1. 职业发展

礼来为每一名员工提供平等的机会，无论其年龄、国籍、肤色、残疾、性别、种族、区域。绩效管理机制认可员工对企业的卓越贡献，并积极引导员工的个人发展。职能交替、岗位轮换和内部晋升机制为员工提供机会，使其在不同级别、不同领域获得更加丰富的经验。技术职业生涯体系奖励有一技之长的员工不断发展。教育辅助项目鼓励员工参加有助于职业发展的函授、远程教育和培训。优秀人才发展项目利用国际资源，例如海外任职，与 INSEAD 商学院、中欧国际商学院等国际顶级商学院合作开展"经理人管理培训项目"，与国际人力资源咨询公司合作建立"领导力评估中心"。弹性工作时间允许员工根据实际情况调整上、下班时间，力求在工作、个人生活与家庭生活方面保持平衡。

在礼来做的每一件事都保证了礼来对创新的承诺，体现了礼来"以人为本，诚信至上，追求卓越"的核心价值观，以及礼来尊重每一位客户和同事的一贯准则。所有员工都为自己的工作感到骄傲，感觉在礼来工作是一种事业，而不仅仅是一份工作。

2. 薪酬福利

礼来相信员工是其最有价值的资产。这一承诺体现在礼来提供的福利范围和质量上。礼来的福利计划包括健康、家庭、保险、退休、投资、教育和亲属照顾服务。礼来提供广泛的福利包，不断满足员工的各种需要。

礼来的薪酬福利原则基于这样的观点：一个公司优秀的业绩依赖于每个员工优秀的表现。礼来提供工资福利，旨在吸引和留住那些承诺于追求卓越的员工。礼来的福利包为员工提供选择和方案组合的机会，以适应员工的个人需要。

礼来在美国的全面薪酬是不断累积的，包括：①现金薪酬：由基本工资和根据个人贡献与公司业绩决定的红利。②公司普通股：包括员工可能参与的长期激励计划。③福利：包括健康计划、储蓄计划、退休计划及其他。这些直接或非直接的因素共同组成了礼来的全面薪酬包。

3. 平衡原则

礼来有一个用人原则，也是留住员工的有效举措——平衡原则。公司员工的工作非常辛苦，他们非常关心自己的职业发展，同时也追求全面发展，具有很高的个人期望。他们希望拥有更多的时间陪伴自己的家人；希望得到资源支持，帮助平衡忙碌的生活；希望能有更多的选择以便能更好地考虑家庭；希望拥有良好的居所和美满的生活等等。因此，公司会提供一系列的帮助，不仅包括培训，也包括家庭支援、友情资源等等。公司提供对员工来说有价值的选择和资源，使他们在工作与非工作之间找到平衡。

资料来源：https://news.12reads.cn/52378.html.

案例讨论题：

1. 礼来公司的人力资源管理有哪些激励方法？其具有什么优点？
2. 如果你是礼来公司的领导，在完善公司人力资源管理的基础上，将如何激励员工？

【思考题】

1. 什么是激励？激励的作用有哪些？
2. 简述激励的过程。
3. 举例说明激励强度和效价与期望值之间是什么关系？
4. 简述需要层次理论、双因素理论的基本内容。
5. 比较 ERG 理论与马斯洛需要层次理论的异同。
6. 阐述公平理论与强化理论的基本观点，谈谈对实际管理工作有何启发？
7. 比较波特 – 劳勒综合激励模型与其他激励理论的异同。
8. 比较各种激励理论的优点和不足。

学习目标

1. 掌握：沟通类型，包括正式沟通和非正式沟通、单向沟通和双向沟通、语言沟通和非语言沟通，以及上行沟通、下行沟通和平行沟通等形式；各类沟通的优点和缺点。

2. 熟悉：有效沟通的 7 "C" 准则；有效沟通的障碍；有效沟通的十大技巧。

3. 了解：沟通的内涵；沟通的过程；沟通在管理中的作用。

案例导读

京东的高效沟通体系

京东集团以线下业务起家，"非典"之后转战电商平台设立了京东商城，其在自营式网络零售领域处于国内领先地位。2014 年 5 月 22 日，京东集团顺利在美国 NASDAQ 证券市场挂牌上市，是中国首家在美国申请 IPO 成功的自营电商企业。2022 年全年，京东净营收为 10462 亿元同比增长 9.9%，净利润 282 亿元。

作为一个体系庞大、快速发展的电商企业，京东深谙高效沟通的重要性。为了在内部培养开放透明的企业文化，京东在《京东人事与组织效率铁律十四条》特意提出了一个内部沟通四原则：

1. 内部沟通时间分配"721 原则" 京东发现很多管理者都有一味向上沟通的问题，因此要求管理者对内部沟通的时间进行合理的分配：与下属的沟通时间要占到 70%，而与平级沟通的时间只需要占 20%，与上级沟通的时间只需要占 10% 就行。这样有助于促进管理者和团队或协同部门的沟通，有效提升了团队的执行力和协同力。

2. 汇报讲层级 京东内部按照 ABC 原则实行两级管理机制，因此要求每个员工的工作汇报也要按照 ABC 原则逐层汇报，以杜绝越级汇报或漏级汇报的现象，保证决策的谨慎性和全面性。也就是说，如果 C 越过自己的直属上级 B，直接向他的隔层上级 A 汇报工作，即使 C 得到了 A 的批准，但没有直属上级 B 的批准，A 的批准也是无效的。

3. 沟通是平的 为了打破企业内部的管理层级官僚主义，保证沟通效率及有效性，京东致力于在内部搭建一个"内部沟通是平的"的沟通机制，鼓励员工在内部沟通时（尤其是跨部门沟通时）不讲求级别对等，大胆沟通。

4. 谁牵头谁担责 为了减少团队内部的矛盾和冲突，京东在内部提出"项目谁牵头，谁就是负责人"的原则，要求项目牵头人负责项目的所有事宜：指挥、调动全公司资源，安排项目成员的工作任务，同时也承担项目出现问题或失败的最终责任。

资料来源：鲁克德.京东人力资源管理纲要［M］.北京：华文出版社，2019.

第一节　沟通概述

管理大师德鲁克曾说过："沟通不是万能的，没有沟通是万万不能的！"组织的整个管理工作都与沟通有着紧密的联系，组织内部有员工之间的相互交流、员工与团队之间的交流、工作团队间的交流；组织外部有组织与外部间交流、组织之间的交流。良好的沟通是组织与组织成员间相互了解，并更好地实现分工、协调合作的基础。作为一名组织的管理者，必须掌握沟通的艺术。

一、沟通的内涵

沟通一词源于拉丁语的动词 communis，意为"分享、传递共同的信息"。《大英百科全书》的解释为，沟通就是"用任何方法，彼此交换信息，即指一个人与另一个人之间用视觉、符号、电话、电报、收音机、电视或其他工具为媒介，所从事交换消息的方法"。《新编汉语词典》对沟通的解释是"使两方能通连"。桑德拉·黑贝尔斯（Saundra Hypes）强调沟通的行为性，认为沟通是人们分享信息、思想和情感的任何过程。孔茨把沟通解释为："信息从发送者转移到接收者那里，并使后者理解该项信息的含义。"该解释不仅关注信息的发送者、信息的传递和信息的接收者问题，而且还注意到干扰正常沟通的"噪声"和如何有助于沟通的反馈等问题。

据美国威斯康星大学丹斯教授统计，有关沟通的定义有 100 种之多。虽然专家、学者对沟通的解释不尽相同，但均涉及 3 个基本内容：①沟通的主体至少涉及两个人，即信息的发送者和信息的接收者。②沟通必须有一定的沟通客体，即沟通的信息。这里的信息可以有很多，如想法、观点、情感等。③沟通必须具有一定的信息传递渠道。因此，沟通是指信息发送者为了特定的目的，通过一定的渠道将信息、思想和情感传递给信息接收者，并获得其反应和反馈的全部过程。

如何理解沟通的定义呢？

（一）沟通首先是意义上的传递

如果信息和想法没有传递到接收者，也就没有沟通的发生。也就是说，说话者没有听众或作者没有读者都不能构成沟通。

沟通中传播的信息包罗万象。在沟通过程中，人们不仅传递信息，而且还表达着赞赏、不快之情，或者提出自己的意见和观点。沟通的信息分为语言信息和非语言信息。

1. 语言信息　语言信息包括口头语言和书面语言信息。口头语言包括开会、面谈、对话、讨论、演讲等形式。书面语言包括电子邮件、手机短信等形式。两者所表达的都是一种事实或个人态度。

2. 非语言信息　非语言信息是指沟通者所表达的情感，包括副语言和身体语言信息等。也有人将沟通信息分为事实、情感、价值观和意见观点四类。沟通过程中，发送者首先要将传送的信息"编码"成符号，接收者则进行相反的"解码"过程。如果信息接收者对信息类型的理解与发送者不一致，则可能导致沟通障碍和信息失真。许多被误解的问题，其核心都在于接收者对信息到底是意见观点的叙述还是事实的叙述混淆不清。一个良好的沟通者会谨慎区别基于推论的信息和基于事实的信息。沟通者也要完整地理解传递来的信息，既要获取事实，又要分析发送者的价值观、个人态度。这样才能达到有效的沟通。

（二）沟通双方能准确理解信息的含义

沟通成功意味着沟通的信息不仅被传递到，而且还要被接收者所理解。沟通是意义上的传递与理解。完美的沟通应是信息经传递后，接收者所感知的信息与发送者所发出的信息完全一致。但在现实生活中，由于信息是一种无形的东西，在沟通过程中所有传递于沟通者之间的只是一些符号，而不是信息本身。语言、身体动作、表情等都是一种符号。发送者要把传递的信息翻译成符号，接收者则要进行相反的翻译过程，最终获得信息。由于每个人的信息－符号存储系统各不相同，对同一符号常常存在不同的理解，由此导致了不少沟通问题。因此，在沟通中还必须注意所传递的信息能被理解，这样才能达到沟通的目的。

（三）沟通是一个双向、互动的反馈和理解过程

生活中，每个人每天都在与他人进行各种各样的沟通，但并不是每个人都是成功的沟通者，也不是每次沟通都是成功的。这是因为沟通不是一个纯粹单向的活动。有时你已经告诉对方你所要表达的信息，但这并不意味对方已经与你沟通了。实际生活和工作中经常会出现所说的与所理解的并不完全一致的情况。所以沟通的目的不是行为本身，而在于结果。如果预期结果并未出现，接收者并未对你发出的信息做出反馈，便没有达成沟通。这时就要反思沟通的方式方法了。

二、沟通的过程

沟通过程是指沟通主体对沟通客体进行有目的、有计划、有组织的思想、观念、信息交流，使沟通成为双向互动的过程。

（一）沟通过程的要素

沟通过程包括沟通主体、沟通客体、沟通介体、沟通环境和沟通渠道五个要素。

1. 沟通主体 沟通主体是指有目的地对沟通客体施加影响的个人和团体。沟通主体在沟通过程中处于主导地位，它可以选择和决定沟通客体、沟通介体、沟通环境和沟通渠道。要使沟通双方最终达到"双赢"，沟通者必须要客观认知自己，界定自身的沟通地位，依据沟通目标选择有效的沟通渠道和策略。

2. 沟通客体 沟通客体即沟通对象，包括个体沟通对象和团体沟通对象。团体的沟通对象有正式群体和非正式群体的不同。沟通对象是沟通过程的出发点和落脚点，在沟通中具有积极的能动作用。

3. 沟通介体 沟通介体即沟通主体用以影响、作用于沟通客体的中介，包括沟通内容和沟通方法。沟通主体与客体间的联系，以保证沟通过程的正常开展。

4. 沟通环境 沟通环境既包括与个体间接联系的社会整体环境（政治制度、经济制度、政治观点、道德风尚、群体结构），又包括与个体直接联系的区域环境（学习、工作、单位或家庭等），以及对个体直接施加影响的社会情境和小型的人际群落。

5. 沟通渠道 沟通渠道即沟通介体从沟通主体传达给沟通客体的途径。适当的沟通渠道不仅能使正确的思想观念尽可能全、准、快地传达给沟通客体，还能广泛、及时、准确地收集客体的思想动态和反馈的信息，因而沟通渠道是实施沟通过程、提高沟通功效的重要一环。沟通渠道很多，诸如谈心、座谈等。

（二）沟通过程的解析

当人们之间需要进行沟通时，沟通过程就开始了。人与人之间的交流是通过信息的互相传递和了解进行的，因此，人际沟通实际上就是相互之间信息的沟通。信息是发送者传递给接收者的经过编码的信号。沟通过程就是传递信息的过程，是信息经发送者发出，经过一定的渠道到达接收者的过程（图13-1）。

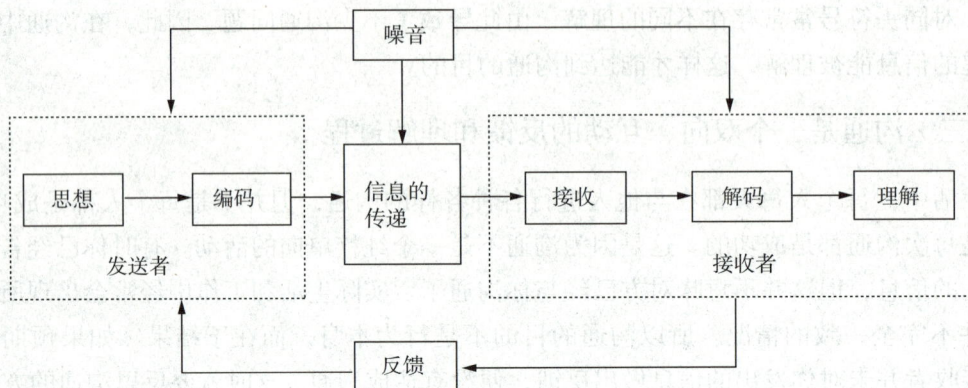

图13-1　沟通的过程

1. 编码　编码，指发送者采用某种形式来传递信息的内容。人与人之间要进行沟通，发送者需要向接收者传递信息或者需要接收者提供信息。这里的信息是一个广义的概念，它包括观点、想法、资料等内容。信息发送者需将信息转换成双方都能理解的符号，如语言、文字、手势等，才能使信息通过媒体得以传递。为了实现有效沟通，采用的符号要适应一定的媒体：若媒体是书面报告，符号形式可选择文字、图表、照片等；若媒体是讲座，则应选择口头语言、副语言、身体语言等。

2. 信息传递渠道　信息传递渠道是指信息从发送者发出，到被接收者接收中间所经过的途径。信息传递渠道有许多，如口头交谈、书面文件、计算机、电话、互联网等。选择什么样的信息传递渠道，要考虑沟通的场合、方便程度和沟通双方所处的环境等。每种信息沟通渠道都有利弊，因此，选择适当的渠道对实施有效的信息沟通极为重要。

3. 信息接收者　信息接收者先接收传递而来的"共同语言"或"信号"，然后按照相应的办法将它还原为自己的语言即"解码"，这样就理解了发送者发送的信息。如这些信息符号是通过口头传递的，接收者就要通过倾听来接收这些信息符号，否则信息就会丢失。当信息接收者需要将有关信息传递给信息发送者时，此时他自己便成为信息的发送者。在接收和解码的过程中，接收者的教育程度、技术水平和当时的心理活动均会导致其发生偏差或疏漏，从而使信息接收者产生一定的误解，导致信息失真。

4. 解码　解码是接收者接收并解释符号，把它译成具有特定含义的信息的过程。由于发送者翻译和传递能力的差异，以及接收者过去的经验、对动作语言的判断力、翻译水平及与发送者意义上的共同性等都会对解码产生影响。从总体上看，接收者的解码越是与发送者所要表达的意义一致，沟通就越有效。

5. 反馈　反馈是信息接收者发送信息给发送者的过程。反馈对于信息沟通的重要性在于它可以检查沟通效果，并迅速将检查结果传递给信息发送者，从而有利于信息发送者及时修正自己的信息发送，以便达到最好的沟通效果。

三、沟通在管理中的作用

管理的职能主要包括计划、组织、领导和控制。这四项职能的执行都与沟通密切相关。沟通是执行管理各项职能不可缺少的部分，也是组织和其他一切管理者最为重要的职责之一。

（一）收集资料与分享信息

沟通将组织与外部环境联系起来，使组织得以与时俱进。一个组织只有通过信息沟通才能成为与外部环境发生相互作用的开放系统。由于外部环境永远处于变化之中，组织为了生存必须适应这种变化，这就要求组织不断地与外界保持持续沟通，从中获得有关信息与情报，从而降低成本，实现资源的有效配置，提高组织的竞争力。

（二）建立和谐的人际关系

沟通是人们的一种重要心理需要，它可以缓解或解除人们内心的紧张与怨恨，使人感到舒畅。组织内部的沟通，可以使成员在互相沟通中产生共鸣，加深彼此了解，友好相处，形成良好的组织氛围，促使员工协调、有效地工作，彼此建立相互信任、融洽的工作关系，团结一致，共同努力达成组织目标。

（三）调动员工参与管理的积极性

沟通是组织的凝聚剂、催化剂和润滑剂，它可以改善组织内的工作关系，充分调动员工的积极性；沟通可以了解员工的愿望和需求，满足员工的需要；沟通也可以让员工了解组织，调动员工参与管理的积极性，增强主人翁责任感，增强企业的凝聚力。

（四）激发员工的创新意识，使决策更加合理与有效

随着管理民主化的发展，许多组织开展了全方位的沟通活动，如让员工进行跨部门的讨论和探索，以产生新的创意。此外，科学决策的确定与组织的沟通范围、方式、时间和渠道密不可分。

（五）沟通有助于提高决策的质量

任何决策都会涉及干什么、怎么干、何时干等问题，对此，管理者需从广泛的企业内部沟通中获取大量的信息情报，然后进行决策，或建议有关人员做出决策，以迅速解决问题。下属也可主动与上级管理人员沟通，提出自己的建议，供领导者做决策时参考，或经过沟通，取得上级领导的认可，自行决策。企业内部的沟通可为各个部门和人员进行决策提供信息，增强其判断能力。

（六）沟通是管理者激励下属、履行领导职责的基本手段

一个管理者不管他有多么高的领导艺术、有多么高的威信，都必须通过沟通将自己的意图和要求传递给下属，通过沟通了解下属的想法，从而进行有效的指导、协调和激励。

人际沟通的重要性

　　普林斯顿大学对 1 万份人事档案进行分析，结果显示："智慧""专业技术""经验"只占成功因素的 25%，其余 75% 决定于良好的人际沟通。哈佛大学调查结果显示：职场中大部分的问题出在沟通上面。在 500 名被解职的男女中，因人际沟通不良而导致工作不称职者占 82%。西方现代人际关系教育的奠基人戴尔·卡耐基说："一个人的成功，15% 来自他的专业知识和技能的影响，85% 靠他与别人相处的方式方法。"

　　　　资料来源：https://new.qq.com/rain/a/20210518A0AUXH00

第二节　沟通的类型

根据不同的划分标准，沟通可分为不同的类型。

一、根据沟通过程中是否存在反馈分

根据沟通过程中是否存在反馈可分为单向沟通和双向沟通。

（一）单向沟通

1. 单向沟通的概念　　单向沟通是指信息的发送者与接收者的地位保持不变（单向传递），一方只发送信息，一方只接收信息。在这种沟通中，不存在信息反馈，如演讲、工作报告、指示等。

2. 单向沟通的优缺点

（1）单向沟通的优点　　信息发送者不会受到信息接受者的询问，能保护信息发送者的尊严，信息沟通通常比较有秩序，速度较快。

（2）单向沟通的缺点　　信息接收者没有反馈信息的机会，不能产生平等和参与感，不利增加接收者的自信心和责任感，不利于建立双方感情。这种沟通，容易降低沟通效果。

3. 单向沟通适用的情况

（1）问题较简单，但时间较紧。

（2）下属易于接受解决问题的方案。

（3）下属没有了解问题的足够信息，在这种情况下，反馈不仅无助于澄清事实反而容易混淆视听。

（4）上级缺乏处理负反馈的能力，容易感情用事。在进行单向沟通时，应特别注意所选择的沟通渠道，同时也要特别注意接受者的接受能力，以及你是否完整地表达出了你要传达的思想。

（二）双向沟通

1. 双向沟通的概念　　由于信息的接收者容易从自己的角度来理解信息而导致误解，因此信息的发送者要注重反馈，提倡双向沟通。双向沟通中，发送者和接收者两者之间要不断换位，且发送者是以协商和讨论的姿态面对接收者，信息发出以后还需及时听取反馈意见，必要时双方可进行多次重复商谈，直到双方共同明确和满意为止，如交谈、协商等。

2. 双向沟通的优缺点

（1）优点 在沟通中存在着信息反馈，信息发送者可以及时知道信息接收者对所传递的信息的态度、理解程度，有助于加强协商和讨论，沟通准确性较高，有利于双方产生平等感和参与感，增强自信心和责任心，有助于建立双方感情。

（2）缺点 双向沟通比单项沟通耗时更多，速度较慢，易受干扰，信息发送者的心理压力较大。

3. 双向沟通适用的情况

（1）时间比较充裕，但问题比较棘手。

（2）下属对解决方案的接受程度至关重要。

（3）下属能对解决问题提供有价值的信息和建议。

（4）上级习惯于双向沟通，并能够建设性地处理负反馈。

二、根据信息载体的异同分

根据信息载体的异同，沟通可分为语言沟通和非语言沟通（图 13-2）。

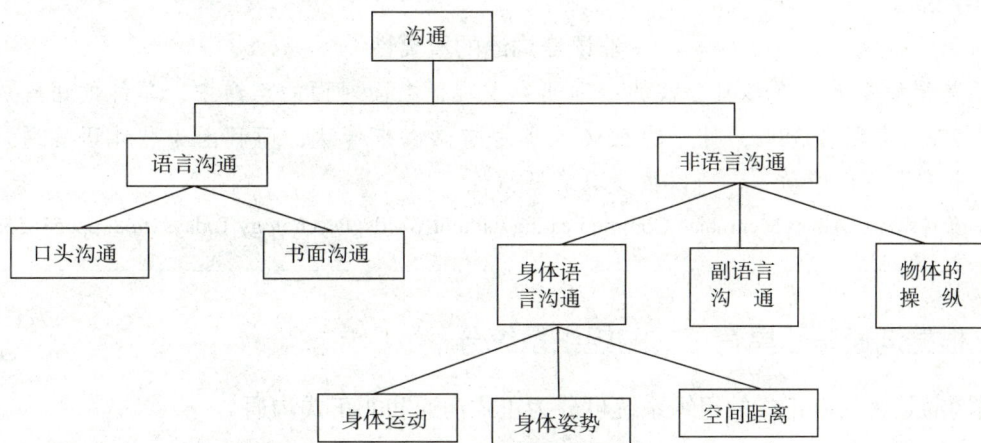

图 13-2 沟通的分类

（一）语言沟通

语言沟通是指建立在语言文字基础上的沟通，又可分为口头沟通和书面沟通两种形式。人们之间最常见的交流方式是交谈，也就是口头沟通。常见的口头沟通包括演说、正式的一对一讨论或小组讨论、非正式的讨论以及传闻或小道消息传播。

口头沟通的优点在于快速传递和快速反馈，在这种情况下，信息可以在最短的时间内传递，并在最短的时间内得到对方的回复，如果接收者对信息不确定，迅速的反馈可以使发送者及时核查其中不明确的地方，因此能使发送者及早更正错误。但在此过程中卷入的人越多，信息失真的可能性也就越大。

书面沟通包括备忘录、信件、组织内发行的期刊、布告栏及其他任何传递书面文字或符号的手段。它有形可核实，能无限期地保存下去，当对信息内容有疑问时可进行查询，因此书面沟通显得更严谨，规范性强。但书面沟通耗时较长，不能得到及时的反馈，同时缺乏口头沟通中语音、语调、表情等的辅助，较为生硬，不如口头沟通容易让人接受。

（二）非语言沟通

非语言沟通是相对于语言沟通而言的，是指通过身体动作、体态、语气语调、空间距离等而不是讲话或文字来传递信息方式、交流信息进行沟通的过程。现实中人们往往重视语言沟通，而忽视非语言沟通的重要意义。事实上，语言有时只是一种烟幕，非语言的信息往往能够非常有力地传达"真正的本质"。如聋哑人的手语、交通警的指挥手势、裁判的手势，以及人们惯用的一些表意手势，如"OK"和胜利的"V"等。美国心理学家艾伯特·梅拉比安经过研究认为，在人们沟通中所发送的全部信息中仅有 7% 是由语言表达的，93% 的信息是由非语言表达的。非语言沟通作为一种辅助的沟通方式，非常有助于加强信息的传递。非语言沟通内涵十分丰富，包括身体语言沟通、副语言沟通、物体的操纵等。非语言沟通有助于沟通主体更完整、更正确地接收相关信号。管理者除需熟练掌握语言沟通技巧之外，还需正确运用非语言工具增强自己语言的表达能力和感染力，同时敏锐捕捉、准确识别对方在沟通中通过各类非语言因素流露出来的信息，以顺利达成沟通的目的。

用数字说话

非语言沟通的重要性

美国加州大学洛杉矶分校的一项研究发现，在面对面的沟通中，单纯的语言成分只占 7%，声调占 38%，另外的 55% 由非语言形态来传达，而且因为肢体语言通常都是一个人下意识的动作，所以很少具有欺骗性。

资料来源：Albert Mehrabian,Communicating without Words, Psychology Today, 1968, pp. 53–55.

三、根据沟通是否具有正式的组织系统分

根据沟通是否具有正式的组织系统可分为正式沟通和非正式沟通。

（一）正式沟通

1. 正式沟通的概念 正式沟通是指通过正规的组织程序，根据权力等级链进行的沟通，或进行完成某项任务所必需的信息交流，如组织层次联系、横向协作关系进行的沟通。正式沟通是组织内部信息传递的主要方式。大量的信息都是通过正式沟通网络传递的。

2. 正式沟通的优缺点

（1）优点 沟通效果好，严肃可靠，约束力强，易于保密，沟通信息量大，并且具有权威性。

（2）缺点 因靠组织层次系统层层传递，沟通速度一般较慢。

3. 正式沟通的类型 行为科学家莱维特、巴维拉斯等对沟通问题做了专门研究，提出了沟通的 5 种方式：这 5 种基本沟通网络是链型、环型、Y 型、轮型（也称星型）和全通道型（图 13-3）。

（1）链型沟通 链型沟通是一个平行网络，表示信息传递是逐级进行的，其中居于两端的人只能与内侧的一个成员联系，居中的人可分别与两人沟通信息。它相当于一个纵向沟通网络，代表一个五级层次，逐渐传递，信息可自上而下，或自下而上进行传递。其特点是信息层层传递、筛选，传递速度快，但容易失真。同时，它没有横向联系，各个信息传递者所接收的信息差异很

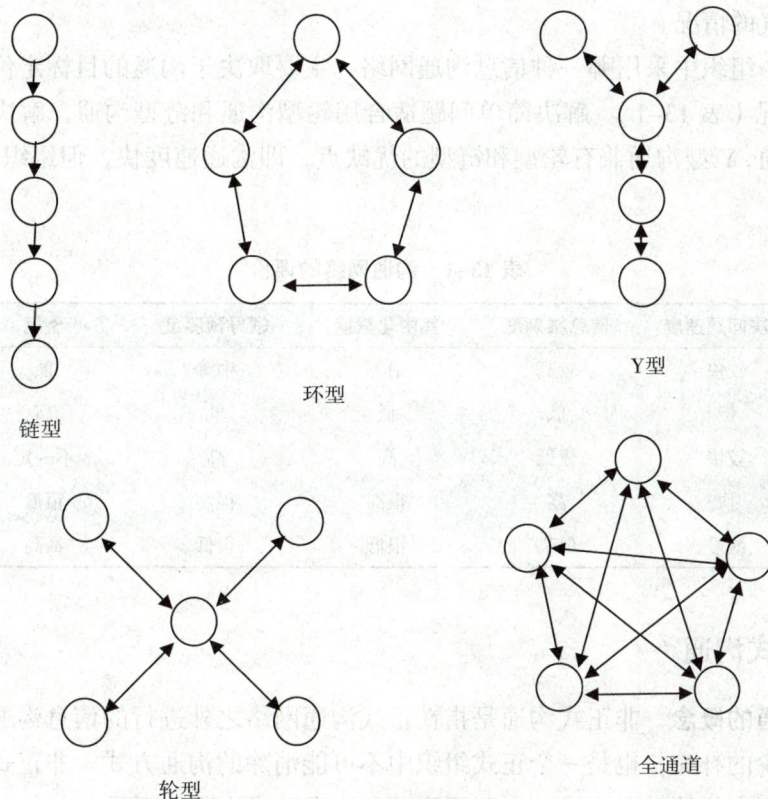

图 13-3 正式沟通的 5 种方式

大，平均满意程度有较大差距。链型沟通只适合组织庞大，需分层授权管理的企业。链型沟通属控制型结构。

（2）环型沟通 环型沟通可以看成是链式形态的一个封闭式控制结构。环形网络允许每一个成员与邻近的成员联系与沟通，但不能跨越这一层次与其他成员联系。其特点是组织的集中化程度和领导人的预测程度比较低，畅通渠道不多，组织中的成员具有群体士气高、满意度中等等特点，但是此网络信息传递慢，效率不高。

（3）Y 型沟通 Y 型沟通是一个纵向沟通网络，表示逐级传递。Y 型沟通中，只有一个成员位于沟通的中心，成为沟通的媒介。这一网络大体相当于组织领导、秘书班子再到下级管理人员或一般成员之间的纵向关系。其特点是集中化程度、领导预测度高，解决问题速度快；除中心人员外，组织成员的平均满意程度较低；易导致信息曲解或失真，组织中成员的士气一般，尤其是多头领导，要求不一，不利于下级正常开展工作。

（4）轮型沟通 轮型沟通中只有一个成员是各种信息的汇集点与传递中心，大体相当于一个主管领导几个部门的权威控制系统。其特点是该沟通网络属于控制网络，网络集中化程度高，解决问题的速度快，管理人员的预测程度高；但沟通的渠道很少，组织成员的满意程度低，士气低落。

（5）全通道型沟通 全通道型沟通是一个开放式的网络系统。其中每个成员都可以与其他成员直接地、间接地沟通，并无中心人物，所有成员都处于平等地位。此网络中组织的集中化程度和管理人员的预测程度均较低。由于沟通渠道很多，组织成员的平均满意程度高且差异小，所以士气高昂，合作气氛浓厚；但是这种网络沟通渠道太多，易造成混乱；由于缺乏中心人物，没有权威，信息传递速度也慢，且又费时，影响工作效率。此网络适合于解决复杂问题、增强组织合作精神、提高士气的情况。

　　管理者在一个组织中采用哪一种信息沟通网络，主要取决于沟通的目标定位。没有一种沟通模式适合所有情况（表13-1）。解决简单问题适合用轮型沟通和链型沟通，解决复杂问题适合环型和全通道型沟通，Y型沟通兼有轮型和链型的优缺点，即沟通速度快，但组织成员的满意度低，适合简单的任务。

表 13-1　沟通网络的评价

沟通网络形式	解决问题速度	信息精确度	集中化程度	领导预测度	士气	工作变化弹性
链型	较快	较高	中等	中等	低	慢
环型	慢	低	低	低	高	快
Y型	较快	较低	高	高	不一定	较快
轮型	快	高	很高	很高	很低	较慢
全通道型	最慢	最高	很低	很低	最高	最快

（二）非正式沟通

1. 非正式沟通的概念　非正式沟通是指在正式沟通网络之外进行的信息沟通。非正式沟通是正式沟通不可缺少的补充，也是一个正式组织中不可能消除的沟通方式。非正式沟通一方面可以满足组织成员社会交往的需要，另一方面可弥补和改进正式沟通的不足。

2. 非正式沟通的优缺点

（1）优点　沟通方便，内容广泛，方式灵活，传递信息的速度快，形式不拘一格，可用以传播一些不便正式沟通的信息。由于这种沟通比较容易将真实思想、情绪、动机表露出来，因而能提供一些正式沟通中难以获得的信息。管理者应善于利用这种沟通。

（2）缺点　传递的信息容易失真，信息不确切、被曲解；传递越广，失真就越多，容易在组织内引起矛盾；非正式沟通的控制也较困难。

媒体掠影

韦尔奇的沟通方式

　　沟通，关键是选择一个适合的渠道。在韦尔奇带领通用电气走出困境、重铸辉煌的过程中，有效沟通发挥着重要作用。

　　韦尔奇将一半的时间用在他称作的"人的问题"上。他在通用电气公司这样庞大的公司中创造了一种少有的非正式沟通和共享的感觉。他从来没有给任何人发过正式的信件、备忘，几乎所有的信息都是依靠个人便条、打电话或面对面直接沟通传递的。

　　韦尔奇每年都要为公司设置年度议程和为通用电气新诞生的英雄进行庆贺活动，为来自不同事业部来的经理和他们的同行创造交换思想的机会。这些非正式的聊天通常会持续到午夜两三点钟，每次这种会晤韦尔奇都会亲自参加。会议将结束时，他会发表一个精心策划的讲话。讲话被摄制下来，翻译成8种语言，然后传递到世界各地通用电气的分公司。在那里，通用的经理们用这段录像与自己所属的团队共同商讨通用来年所要应对的问题。

　　其他正式的沟通还有每季度召开的企业执行官理事会，会上通用公司的30名高级官员会交换意见。执行官们将这种会议誉为利益共享、人人有份，因为不管是好的还是坏的信息都是公开共享的。

韦尔奇最重要的沟通形式之一是非正式，他时刻与下属保持着高效的沟通状态。每周韦尔奇都要对工厂或办公室进行突击访问，与通用公司各个层次的人员进行交谈。他定期与经理们共进午餐，在进餐间隙，他可以吸收他们的观点和看法。韦尔奇平均每年要会见通用公司的几千名员工并与之交谈。韦尔奇的沟通技巧帮助他在通用电气这样的公司内施加了强有力的影响。

韦尔奇采取个人便条、打电话，以及面对面会议的方式与员工进行沟通，而不是给他关心的职工发送正式的信件和备忘。这种沟通方式使韦尔奇获得了真实的第一手资料，为其做出正确的决策打下了基础。

资料来源：https://www.docin.com/p-144442967.html

3. 非正式沟通的类型 非正式沟通大致有 4 种类型（图 13-4）。

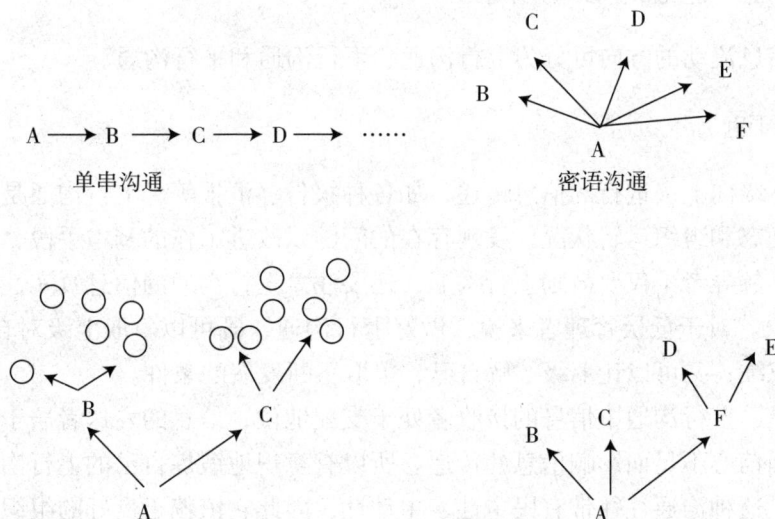

图 13-4 非正式沟通的 4 种类型

（1）单串沟通 单串沟通即小道消息，是指由 A 传给 B，由 B 传给 C，C 传给 D……是通过一长串的人际关系来传递信息。这一长串的人之间并不一定存在正规的组织关系。这是比较常见的非正式沟通网络，多用于传播与员工工作有关系的小道消息。

（2）密语沟通 密语沟通是由一个最喜欢传递小道消息的人将他所知的消息传递给他周围的人。这种沟通在新鲜事的小道消息中最常见。在同一个组织群体中，这种传播网络比较常见。

（3）随机沟通 随机沟通是由 A 将消息随机传给一部分人，再由这些人随机地传递给另一部分特定的人。传递信息时并无选择性。

（4）集群沟通 集群沟通是指在沟通过程中可能有几个中心人物，由他转告若干人，而且有一定的弹性。图 13-4 中 A 和 F 就是两个中心人物，代表两个集群的"转播站"。

管理者应该清醒地认识到非正式沟通的存在有它的客观必然性，要正视其存在，正确引导并加以利用，使其发挥重要的作用，同时也要教育员工对非正式沟通有正确的认识和处理方法。

小道消息

小道消息或办公室传闻是非正式沟通网络的重要组成部分。这是因为小道消息的传播有助于缓解员工的焦虑情绪，传达员工的愿望和期待。当组织成员无法从正式渠道获取他们渴望的信息或者由于对与自己切身利益相关的组织重大事件不知情而感到茫然时，就会求助于非正式渠道。但是若组织成员的焦虑和期望得不到及时地缓解或满足，小道消息便会失控而四处蔓延，谣言四起，从而导致组织中人心涣散，缺乏凝聚力，成员士气低落。

为减少小道消息的消极影响，管理者可采取哪些措施，你知道吗？

资料来源：http://www.doc88.com/p-970836646135.html

四、根据沟通中信息流动的方向分

根据沟通中信息流动的方向可分为上行沟通、下行沟通和平行沟通。

（一）上行沟通

上行沟通是下级向上级进行的信息传递，如各种报告、汇报等。上行沟通是领导者了解实际情况、掌握基层动态和组织运转状况、发现存在的问题以改进工作的基本手段，是掌握决策执行情况的重要途径。领导者不仅要鼓励上行沟通，还要注意上行沟通的信息真实性、全面性，防止报喜不报忧的现象。对于低层管理者来说，做好上行沟通，既可以争取上级对自己工作的支持，有利于工作取得成绩；又可以让上级了解自己，争取不断发展的条件。

需要注意的是，上行沟通中信息的接收者处于支配地位，信息的发送者居于被支配地位，信息发送者往往会因信心不足而影响信息的传递。所以有意识地锻炼自己的上行沟通能力是每个管理者都应注意的。这种沟通往往带有民主性、主动性，因此它依赖于良好的组织文化和便利的沟通渠道。

（二）下行沟通

下行沟通是指上级向下级进行的信息传递。这种形式常用于命令、指导、协调和评价下属。下行沟通是传统组织中最主要的沟通方式，可以使下级明确组织的计划、任务、工作方针、程序和步骤，使员工感到自己的主人翁地位，从而激发他们的积极性。

（三）平行沟通

平行沟通是指发生在组织内部同层级的人员、部门之间的信息传递。平行沟通是在分工基础上产生的，沟通的目的是为了谋求组织内部各单元之间的了解和工作上的协作配合。做好平行沟通工作，在规模较大、层级较多的组织中尤为重要。它有利于协调各部门之间的工作步调，减少矛盾，简化办事程序和手续，节省时间，提高工作效率；也可增加组织成员间的互谅互让，培养成员之间的友谊，使成员提高工作兴趣，改善工作态度。

第三节　沟通的障碍和技巧

组织中的信息沟通由于外界的干扰和种种原因，往往使信息被丢失或被曲解，影响信息沟通的效果。国外的一项研究显示，约有 80% 的管理人员认为，信息沟通中的问题是造成他们工作困难的原因。但必须指出，信息沟通上的问题往往是其他更深层次问题的表象。

一、有效沟通的标准

达成有效沟通须具备两个必要条件：①信息发送者清晰地表达信息的内涵，以便信息接收者能确切理解。②信息发送者重视信息接收者的反应，并根据其反应及时修正信息的传递，以免除不必要的误解。要达到有效沟通，两者缺一不可。

有效沟通对组织的成功至关重要。美国著名的公共关系专家特立普、森特提出了有效沟通的7个"C"准则：即可依赖性、一致性、内容、明确性、持续性与连贯性、渠道、被沟通者的接受能力。

1. 可依赖性　可依赖性是指沟通的发送者与接收者之间建立彼此信任的关系。沟通应该从彼此信任的气氛中开始，这种气氛应由作为沟通者的组织创造，反映他们是否具有真诚满足被沟通者愿望的要求。被沟通者应相信沟通者传递的信息，并相信沟通者在解决他们共同关心的问题上有足够的能力。

2. 一致性　一致性是指沟通的方式与组织内外环境相一致。沟通计划必须与组织的环境要求相一致，必须建立在对环境充分调查研究的基础上。

3. 内容　信息的内容必须对接收者有意义，必须与接收者原有价值观具有同质性，必须与接收者所处的环境相关。一般来说，人们只接受那些能给他们带来回赠的信息，信息的内容决定了接受者对沟通的态度。

4. 明确性　明确性是指所用语言或语词是双方共同认可的，避免模棱两可、含糊不清、容易产生歧义的语言。信息必须用简明的语言表述，所用词汇对沟通者和被沟通者都代表同一含义。复杂的内容要采用列出标题的方法，使其明确与简化。信息需要传递的环节越多，则越应简单明确。如一个组织对公众讲话的口径要保持一致，不能有多种口径。

5. 持续性与连贯性　持续性与连贯性是指通过反馈机制，重复与强化传送的内容。沟通是一个没有终点的过程，要达到渗透的目的必须对信息进行重复，但又必须在重复中不断补充新的内容，这是一个持续沟通的过程。

6. 渠道　沟通必须选择能够充分提高沟通目的和效率的渠道。沟通者应该利用现实社会生活中已经存在的信息传送渠道，并且这些渠道还应是沟通者日常使用并习惯使用的渠道。要建立新的渠道是很困难的。在信息传播过程中，对不同目标公众传播信息的作用不同，人们的社会地位及其他背景不相同，对各种渠道会有自己的评价和认识，对这一点，沟通者在选择渠道时应该牢记。

7. 被沟通者的接受能力　沟通必须考虑被沟通者的接受能力。用来沟通的材料对被沟通者能力的要求越小，也就是沟通信息最容易为被沟通者接受时，沟通成功的可能性就越大。被沟通者的接受能力包括接受信息的习惯、阅读能力与知识水平等。

管理者沟通的基本原则

1. 准确性原则　当管理沟通所用的语言和传递方式能被接收者理解时，这才是准确的信息，这个沟通才有价值。信息发送者的责任是将信息加以综合，无论是口头沟通还是书面沟通，都要用容易理解的方式表达。这要求发送者具有较高的语言和文字表达能力，并熟悉下级、同事和上级的语言。

2. 完整性原则　在进行管理沟通时，要注意沟通的完整性。根据统一指挥原则，上级主管不能越级直接发布命令进行管理，这样会使中间的管理者处于尴尬境地。在管理中，沟通是手段而不是目的，因此应充分发挥主管人员的信息交流中心的地位，遵循统一指挥原则。如确需要越级沟通，应先与下级管理者进行沟通。

3. 及时性原则　在沟通过程中，无论是上级与下级沟通，还是下级与上级沟通，都要注意沟通信息的及时性，以便及时发现问题和改正问题。

4. 非正式沟通策略性运用原则　管理人员应当使用非正式沟通对正式沟通进行补充，辅助正式组织进行组织的协调工作。对于一些涉及员工切身利益的信息，在不违背组织原则的前提下，尽可能通过正式渠道传递给员工，防止小道消息蔓延给组织带来不利影响。

资料来源：罗礼华 . 新任销售经理的 11 项修炼 [M]. 北京：中国经济出版社，2013.

二、沟通的障碍

管理学中有一个著名的双 50% 定理，即经理人在工作中有 50% 以上的时间用在沟通上，可是管理中 50% 以上的障碍是在沟通中产生的。在日常的沟通行为中，常常因为一些"意外"而使沟通无法实现，甚至出现相反的效果。这些情况都表明，沟通出现了障碍。

沟通障碍是指信息在传递和交换过程中，由于信息意图受到干扰或误解，而导致沟通失真的现象。由于沟通是信息由发送者向接收者传递的过程，人们在信息沟通中常常会受到各种因素的影响，导致沟通无法有效进行。影响沟通的因素主要有个人因素、结构因素、技术因素和人际因素。

（一）个人因素

沟通的对象是人而不是物，因此，管理上的沟通，人们更多关心的是人际沟通。人际沟通是存在于两人或多人之间的沟通方式。人际沟通中因个人因素使沟通不能正常进行的情况主要有以下几方面。

1. 缺乏准备　良好的沟通是有准备的。许多管理人员不做准备就开口做报告，未经思考就下达指示，因而很容易造成下属的不理解或不明白，甚至使下属产生抵触行为。

2. 自卫性过滤　自卫性过滤是指故意操纵信息，使信息显得对接收者更为有利。比如，管理者所告诉上司的信息都是他想听到的，这位管理者就是在过滤信息。上级在传达信息给下级时也常掺入自己主观的解释。过滤的程度与组织结构的层级和组织文化因素有关。在组织等级中，纵向层级越多，过滤的机会越多。

3. 选择性知觉　选择性知觉是指人们拒绝或片面地接受与他们的期望不一致的信息。在沟通过程中，接收者会根据自己的需要、动机、经验、背景及其他个人特点有选择地去看或去听信息。解码的时候，接收者还会将自己的兴趣和期望带进信息之中。如果一名面试主考认为女职员总是把家庭放在事业之上，则会在女性求职者中看到这种情况，无论求职者是否真有这样的想法。

4. 情绪干扰　在接收信息时，接收者的感觉会影响到他对信息的解释。不同的情绪感受会使个体对同一信息的解释截然不同。极端的情绪体验，如狂喜或抑郁都可能阻碍有效的沟通。这种状态常常使接收者无法进行客观而理性的思维活动，代之以情绪性的判断。良好的信息沟通需要一种相互信任的氛围，需要双方相互认可，没有情绪干扰才能使信息真实传递。

5. 个人的个性特征差别　在组织内部的信息沟通中，个人的性格、气质、态度、兴趣等差别都可能引起信息沟通的障碍。

6. 语言表达、交流和理解的差异　同样的词汇对不同的人来说含义是不一样的。在一个组织中，员工常常来自不同的背景，有着不同的说话方式和风格，对同样的事物有着不一样的理解，这些都造成了沟通的障碍。

沟通是发送者与接收者之间"给"与"受"的过程。信息传递并不是单方面，而是双方的事情。沟通中双方的诚意与信任相当重要。

（二）结构因素

结构因素主要包括地位差别、信息传递链、团体规模和空间约束四个方面。信息传递层次越多，它到达目的地的时间越长，信息失真率则越大，越不利于沟通。另外，组织机构庞大，层次太多也影响信息沟通的及时性和真实性。研究表明，地位的高低对沟通的方向和频率有很大的影响。地位差距越大，信息越容易从地位高的流向地位低的，地位是沟通中的一个重要障碍。

企业中的工作常常要求员工只能在某一特定的地点进行操作。这种空间约束不仅不利于员工之间的交流，而且也限制了他们的沟通。

（三）技术因素

沟通中使用的技术手段不当，也会造成沟通障碍，表现为语义曲解、非语言提示、媒介选择不当。

1. 语义曲解　大多数沟通的准确性依赖于沟通者赋予字和词的含义，同样的词汇对不同的人来说意思是不一样的。年龄、教育和文化背景是三个最明显的因素，它们影响着一个人的语言风格，以及其对词汇的界定。在一个组织中，员工常常来自不同的背景。横向的分化使得专业人员发展了各自的行话和技术用语。同样的词汇，对不同的管理层有着不同的含义。沟通时应当避免晦涩语言，避免使用专业性很强的术语，以免引起对方的误解。组织中的成员常常不知道他所接触的其他人与自己的语言风格不同，他们自认为自己的词汇或术语能够被其他人恰当地理解，但这往往是不正确的，而且导致了不少沟通问题。

2. 非语言提示　非语言沟通是信息传递的一种重要方法。非语言沟通几乎总是与口头沟通相伴，如果二者协调一致，则会彼此强化。但当非语言线索与口头信息不一致时，不但会使接收者感到迷茫，而且信息的清晰度也会受到影响。

3. 媒介选择不当　信息沟通需要一定的媒介。选择何种媒介，在很大程度上取决于信息的种类和目的，也与外界的环境和沟通双方有关。有效沟通的障碍可能由于媒介选择与信号选择不当而引起。信息传递的渠道过于狭窄、传递信息的设备过于陈旧都会直接影响信息沟通的效果。比如网络速度过慢、传真机出现故障等均会导致信息传递速度慢、频率低，影响决策效果。

（四）人际因素

人际原因主要包括沟通双方的相互信任程度和相似程度。上下级之间的猜疑只会增加抵触情绪，减少坦率交谈的机会，也就不可能进行有效的沟通。沟通的准确性与沟通双方之间的相似性也有着直接的关系。沟通双方的特征包括性别、年龄、智力、种族、社会地位、兴趣、价值观、能力等，相似性越大，沟通的效果会越好。

角色模拟

医患如何沟通

古代医学之父希波克拉底曾经说过，医生的法宝有三样：语言、药物和手术刀。医生的语言如同手术刀，可以救人，也可能伤人。医生恰当的语言能增强患者的信心，如果运用不当，则有可能导致医患关系紧张。

有一位患者被确诊为癌症晚期，假如你是该患者的主治医生，会如何与病人及其家属进行沟通？

资料来源：http://rb.hgdaily.com.cn/html/2012-05/24/content_31309.htm.div=-1

三、有效沟通的技巧

管理者注意沟通技巧，会有效改进沟通效果。

（一）发送清晰而完整的信息

只有当信息被接收者理解时，信息才是清晰的。为了确保信息的清晰和完整，管理者必须学会预测接收者将如何理解信息，并将信息调整，使信息发出时保证发出者的沟通目的能够实现，并使对方能够完全理解。

（二）表达明确

由于语言可能成为沟通障碍，因此管理者应组织信息，以使信息表达清楚，易于接受者理解。管理者不仅需要简化语言，还要考虑信息所指向的听众，以使所用的语言适合于接受者。管理者必须使用接收者能够理解的语言和符号，尽量使用常见词汇，使叙事说理言之有据，条理清晰，富于逻辑性。同时要注意措辞得当，通俗易懂，以提高接收者的理解效果。

（三）选择恰当的传递媒介

在沟通的过程中，管理者可以选择多种沟通媒介，比如面对面、书信、简报、电话、视频、电子邮件等。在选择媒介时，管理者要考虑信息的性质、时间要素、成本因素、保密性，以及信息传递的有效性。

（四）运用反馈

很多沟通问题是直接由误解或不准确造成的。如果管理者在沟通过程中使用反馈回路，则会减少这些问题的发生。有效沟通是一种动态的双向行为，而双向的沟通对信息发送者来说应得到充分的反馈，这里的反馈可以是语言的，也可以是非语言的，如绩效评估、薪金核查、晋升、讨论、测评等都是有效的反馈方法。只有沟通的主、客体双方都充分表达了对某一问题的看法，才真正具备有效沟通的意义。

（五）缩短信息传递链

信息传递链过长会减慢流通速度并造成信息失真。有效沟通应尽量减少组织层级，减少机构重叠，拓宽沟通渠道，创造有利于沟通的工作环境，对于实现有效沟通尤为重要。加强平行沟通，促进横向交流，缩短信息传递链，有利于信息的反馈，实现沟通的目的。

（六）选择恰当的沟通方式

沟通的方法很多，不同的沟通目的可选择不同的方法。如沟通重要信息时，最好选择口头和书面方式。需要及时获得反馈时宜选择面对面沟通。无论何种沟通方式，最重要的是提供及时反馈，使信息能够有效地被接收者理解，要根据具体情况选择沟通的方式。

（七）移情

当接收者试图从信息发送者的角度，而不是从自己的角度理解信息时，接收者就做到了移情，也就避免了接收者选择性知觉带来的误解。将自己置于对方的角度，就会努力理解对方想要表达的意思，从而调整自己的看法，这样就可保证所得到的信息与对方的本意相符。

（八）抑制情绪

情绪能使信息的传递严重受阻或失真。当管理者对某件事情十分失望时，很可能会对所接受的信息发生误解，并对自己所要发出的信息表达不够清晰和准确，这时管理者最好暂停沟通，待恢复平静后再进行沟通。

（九）注意非语言提示

行为往往比语言能起到更明显的效果。非语言信息在沟通中占有很大比重，有效的沟通者通常会十分注意自己的非语言提示，以保证其同样传达了所期望的信息。

（十）积极倾听

1. 积极倾听的四个基本要求

（1）专注 积极的倾听者要精力集中地进行倾听。倾听时要全神贯注，注意力集中，注意抓住关键点，并予以概括和综合，将每个新信息纳入之前的框架，并留意需反馈的信息内容。

（2）移情 要求积极的倾听者将自己置于说话者的位置，尽力理解说话者想要表达的含义，而不是自己想理解的意思。

（3）接受 积极的倾听者要客观地、耐心地倾听说话者的内容，且不可立刻进行判断。有争议或不同意对方观点时，要注意语气委婉，以避免争吵。

（4）对完整性负责的意愿 积极的倾听者要千方百计地从沟通中获得说话者所要表达的真实信息。

三个金人

曾经有个小国使者到中国来，进贡了三个一模一样的金人。皇帝看到三个金人金碧辉煌，高兴坏了。可使者给皇帝同时出了一道题："这三个金人哪个最有价值？"

皇帝请来珠宝匠，称重量，看做工，想了许多办法，但三个金人一模一样，分不出伯仲。怎么办呢？使者还等着回去汇报呢！难道一个泱泱大国，连这点小事都没有办法吗？

这时，一位退位的老大臣说他有办法。

于是皇帝将使者请到大殿，老臣则胸有成竹地拿出三根稻草。插入第一个金人的耳朵里，稻草从另一个耳朵出来。第二个金人的稻草从嘴里直接掉出来。第三个金人，稻草进去后掉进了肚子，什么响动也没有。老臣说："第三个金人最有价值！"使者默默无语，答案正确。

这个故事告诉我们，最有价值的人不一定是最能说的人。善于倾听才是成熟的人最基本的素质。

资料来源：方洲小故事大道理 [M]．北京：华语教学出版社，2007．

2. 有效倾听的技巧

（1）创造良好的倾听环境　有效倾听的管理者必须意识到环境因素的影响，尽量选择安静、平和的环境，使传递者处于身心放松状态，从而提高倾听的质量。

（2）明确倾听目的　对所要倾听的目的越明确，就越容易掌握它。

（3）使用开放性姿态　有效的倾听者往往会通过眼神、点头或摇头等肢体语言，对所接收到的信息表现出兴趣，进而鼓励信息传递者传递信息。

（4）避免分心举动　在倾听时，看表、心不在焉地翻阅文件、拿着笔乱写乱画等都是没有集中精力倾听的表现，由此很可能遗漏一些说话者想传递的信息。同时，这些举动也是对说话人的不尊重。

（5）适时适度地提问　在倾听中，恰当提出问题，往往有助于双方的沟通。

（6）复述　复述指用自己的话重述说话者所说的内容。

（7）保持耐性，避免中途打断说话者　要让讲话者将意思表达完整，不要中途打断，也不要猜测其想法。因为当你心中对某事已有了判断时，就不会再倾听他人的意见，沟通就会被迫停止。

（8）必要的沉默　沉默片刻能给双方真正思考的时间和心灵沟通的机会，保持沉默可克制自己的激动情绪，保持良好的形象。

（9）使倾听者与说话者的角色顺利转换　有效的倾听者能够使说话者顺利转换为倾听者，并使倾听者再顺利转换为说话者。

医患沟通的策略训练

医患沟通是指医务人员为了促进、维护患者健康，提高患者生活质量，在医疗服务过程中与患者及其家属不断交换信息，达成共识，制订并实施适合患者个体需要的医疗与护理方案。

医患沟通与非医疗领域的沟通有许多共性，但由于医患沟通双方的身份及沟通所处环境的特殊性，医患沟通有其特性，如信息的不平等性：相对患者而言，医务人员有多年的医学经历；关系的复杂性：医患沟通中所涉及的面非常广，除医生与患者外，还包括医生与医生、医生与护士、护士与患者等之间的沟通；场所的特殊性：医患沟通多发生在医院这个特定的场所，在医院到处是来去匆匆、面带忧伤的患者，因此，很难营造轻松愉快的氛围。

试着拟定一个医患沟通的方案，以提高医患沟通的质量。

资料来源：http://exam.ipmph.com/xzzl/zyzl/501993.shtml

【案例分析】

王岚的困惑

王岚是一个典型的北方姑娘，在她身上可以明显感受到北方人的热情和直率。她为人坦诚，有什么说什么，总是愿意把自己的想法说出来与大家一起讨论。正是因为这个特点，她上学期间就很受老师和同学的欢迎。今年，王岚从西安某大学的人力资源管理专业毕业。她认为，经过4年的学习自己不但掌握了扎实的人力资源管理专业知识，而且具备了较强的人际沟通技能，因此她对自己的未来期望很高。为了实现自己的梦想，她毅然只身去广州求职。

经过近两个月反复投简历和面试，在权衡了多种因素的情况后，王岚最终选定了东莞市一家研究与生产食品添加剂的公司。她之所以选择这家公司，是因为该公司规模适中、发展速度较快，最重要的是该公司的人力资源管理工作还处于尝试阶段，如果王岚加入，她将是人力资源部的第一个人，因此她认为自己施展能力的空间很大。

到公司不久，王岚便陷入了困惑。

原来该公司是一个典型的小型家族企业，企业中的关键职位基本由老板的亲属担任，其中充满了各种裙带关系。王岚的临时上级——王经理就是老板的大儿子。他之前主要负责公司的研发，没有管理理念，更不用说人力资源管理理念了。他眼里只有技术。公司只要能赚钱，其他的一切都无所谓。但王岚仍认为，越是这样就越有自己发挥能力的空间，因此在到公司的第5天王岚拿着自己的建议书走进了王经理的办公室。

"王经理，我到公司快1个星期了，我有些想法想跟您谈谈，您有时间吗？"王岚走到王经理的办公桌前说。

"来来来，小王，早就应该跟你谈谈了，只是最近一直扎在实验室里就把这件事忘了。"

"王经理，对于一个企业，尤其是处于上升阶段的企业来说，要使企业获得持续发展必须在管理上下功夫。我来公司快1个星期了，据我目前对公司的了解，我认为公司存在的主要问题是职责界定不清，雇员的自主权力太小，导致员工觉得公司对他们缺乏信任，且员工的薪酬结构和水平的制定随意性较大，缺乏科学、合理的基础，公平性和激励性都较低。"王岚按照自己事先准备的提纲逐条向王经理阐述着她的看法。

王经理微微皱了一下眉头说："你说的这些问题我们公司确实存在，但是你必须承认一个事实：我们公司在赢利，这就说明我们公司目前实行的体制有它的合理性。"

"可是，眼前的发展并不等于将来也可以很好地发展，许多家族企业都是败在管理上。"

"好了，那你有具体方案吗？"

"目前还没有，这些还只是我的一点想法而已，但是如果得到了您的支持，我想方案只是时间问题。"

"那你先回去做方案，把你的材料放这儿，我先看看然后给你答复。"说完王经理的注意力又回到他的研究报告上。

王岚此时感受到了不被认可的失落，她似乎已预测到自己第1次提建议的结局。

果然，王岚的建议书石沉大海，王经理好像完全不记得建议书的事。王岚陷入了困惑，她不知道自己是应该继续与上级进行沟通还是干脆放弃这份工作，另外寻找发展空间。

资料来源：http://www.doc88.com/p-990353097583.html

案例讨论题：

1.这次沟通为什么失败？

2.结合该案例，谈谈沟通的障碍有哪些？

3.结合上下级沟通中的注意事项、技巧等知识，分别给王岚和王经理提一些改进建议。

【思考题】

1.什么是沟通？沟通在管理中的作用有哪些？

2.沟通有哪些类型？简述各类沟通的优缺点。

3.什么是有效沟通？有效沟通的标准是什么？

4.积极倾听的基本要求是什么？有效倾听的技巧有哪些？

5.近年来，医患纠纷已成为社会关注的热点，医患纠纷中很多是因沟通不当引起的。你认为医患沟通的障碍有哪些？如何克服？

第五篇

控 制

学习目标

1. 掌握：控制的概念及其必要性；控制的基本原则与要求；控制的基本过程。
2. 熟悉：控制的要素和控制的类型；控制的基本原理。
3. 了解：控制的理论基础，以及有效控制的前提。

案例导读

扁鹊的医术

魏文王问名医扁鹊说："你们家兄弟三人都精于医术，到底哪一位最好呢？"扁鹊回答说："长兄最好，中兄次之，我最差。"文王又问："那为什么你最出名呢？"扁鹊回答说："我大哥治病，是治病于病情发作之前。因为一般人不知道他在疾病发病之前能祛除病因，所以他的名气无法传出去，只有我们家里人知道。我二哥治病，是治病于病情初起之时。一般人以为他只能治轻微的小病，所以他的名气只及于乡里。我治病，是治病于病情严重之时。一般人都看到我在经脉上穿针放血、在皮肤上敷药做手术，所以以为我的医术高明，名气因此响遍全国。"文王说："你说得好极了。"

启示：事后控制不如事中控制，事中控制不如事前控制，可惜大多数企业的经营者未能认识这一点，等到错误的决策造成重大损失后才寻求弥补，有时是亡羊补牢，为时已晚。

资料来源：熊勇清.管理学［M］.北京：北京交通大学出版社，2010.

第一节　控制概述

在现代组织管理系统中，人、财、物等要素的组合关系是多种多样的，组织的外部环境与内部条件也可能出现各种各样的变化，加上组织关系复杂，随机因素很多，在这样一个十分复杂的系统中，要想拟定计划的执行和既定目标的实现都需要对组织内部的管理活动及其效果进行衡量和矫正，也就是控制。

一、控制的概念及其必要性

（一）控制的概念

控制一词原意为"驾驭、支配"，最初来源于希腊语"掌舵术"，意指领航者通过发号施令将偏离航线的船只拉回到正常的轨道上来。由此说明，维持朝向目的地的航向，或者说维持达成目标的正确行动路线，是控制概念的最核心含义。简单地说，控制的一般含义是指掌握受控对象不使其任意活动或超出规定的范围。在不同的场合，控制有不同的内涵，如物价控制、宏观经济控制、质量控制等。关于控制的含义，管理学家有不同的说法。

法约尔认为，控制就是监视个人是否依照计划、命令和原则执行工作。

孔茨认为，控制就是按照计划标准，衡量计划的完成情况和纠正计划执行中的偏差，以确保计划目标的实现。

由此可见，控制按照既定目标与计划，对管理过程重要因素和评估效果进行评估和矫正的管理活动。具体地说，控制是通过制定计划或业绩的衡量标准，以及建立信息反馈系统，检查实际工作的进度及结果，及时发现偏差，分析产生偏差的原因，并采取措施纠正偏差的一系列活动过程。

作为管理职能，对控制职能的理解要点是：

（1）控制是管理的重要组成部分，是一项重要的职能。任何管理者都要对自己管理的事务进行有效的控制。控制是任何系统都必须具备的职能。

（2）控制和计划紧密联系。没有计划，谈不上控制；计划越周密，控制工作越能够有序进行。

（3）控制职能存在的目的是确保目标的实现。整个管理工作都是围绕着某个目标进行的。

（4）控制工作是一个过程，包括三个部分：①确定控制的标准，即计划设定的标准。②衡量实际工作绩效。③将实际完成的绩效与计划设定的标准进行对比，找出存在偏差，分析产生偏差的原因，并采取有效的措施进行纠正。

（二）控制的必要性

作为管理的一项重要职能，控制是管理者应当承担的职责。有效的控制可以促进管理的各项活动按照既定的组织目标方向前进。控制系统越完善，管理者实现组织的目标就越容易。亨利·西斯克指出："如果计划从来不需要修改，而且是在一个全能的领导人的指导之下，由一个完全均衡的组织完美无缺地来执行的，那就没有控制的必要了。"无论计划制订得多么周密，人们在执行计划的过程中，由于种种原因，总会或多或少地出现与计划不一致的情况。管理控制的必要性主要是由下述原因决定的。

1. 环境的变化　如果组织面对的是一个静态的环境，没有受到外界环境变化的影响，管理人员就可以年复一年、日复一日地以相同的方式组织各项活动，在这种情况下，不仅不需要控制工作，甚至管理的计划职能都成为多余。事实上，这种静态环境是很难存在的，组织计划和目标制订出来后需要经过一段时间的实施才能够实现。在实施过程中，组织的内外部环境每时每刻都发生着变化，如组织内部人员和结构的变化、新的政策和法规等，这些内外环境的变化不仅会妨碍计划的实施进程，甚至可能影响计划本身的科学性和现实性。这就要求组织对之前所制订的计划做出相应调整。因此，任何组织都需要构建有效的控制系统，以帮助管理人员预测和把握内外环境的变化，并对这些变化带来的机会和威胁做出正确、有力的反应。

2. 管理权力的分散　当组织达到一定规模时，管理者很难直接、面对面地组织和指挥全体员工的劳动。时间与精力的限制要求管理者委托一些助手代理部分管理事务。同样，这些助手也会再委托其他人帮助自己工作，这就是组织管理层级形成的原因。

为了使助手们有效完成受托的部分管理事务，高一级的管理者必然要授予他们相应的权限。

所以任何组织的管理权限都制度化或非制度化地分散在各个管理部门和层次。组织的分权程度越高，控制就越有必要。每个层次的管理者都必须定期和不定期地检查下属的工作，以确保授予他们的权力得到正确使用，同时利用这些权力组织的业务活动符合计划与组织目标的要求。如果没有控制和控制的系统，管理人员就不能检查下级的工作情况。即使出现权力滥用，或活动不符合计划要求等情况，管理人员也无法发现，更无法采取及时的纠正措施。

3. 工作能力的差异 即使组织制订了全面的计划，组织所处的环境在一定时期内也是相对稳定的，对活动的控制也仍然必要。这是由不同组织成员的认识能力和工作能力的差异可能会影响既定目标的实现。

计划的实现要求每个部门的工作要严格按计划要求进行。由于组织成员是在不同的工作环境中进行工作的，他们的认识能力不同，对计划要求的理解会有差异。即使员工完全正确地理解计划的要求，但由于工作能力的差异，实际工作结果也会存在质和量方面与计划要求不符的情况。一般来说，工作的开展都不免出现一些偏差。某个环节产生的某偏离计划的现象会对整个组织活动的正常进行带来阻碍。虽然小的偏差和失误不会马上给组织带来严重损害，但在组织运行一段时间后，随着小差错的积少成多和累积放大，最终有可能对计划目标的实现产生影响，甚至给组织酿成灾难性的后果。因此，防微杜渐，及早发现潜在的错误和问题并进行处理，将有助于确保组织按预定的轨迹运行下去。

二、控制的要素

控制的要素是指管理者要控制什么，或者说对什么进行控制。一般而言，控制的要素涉及组织中人员、财务、作业、信息和绩效等几个方面。

（一）人员

控制本质上是由人来执行而且主要是对人的行为的一种管控。组织的各项活动是由人来执行的，管理者可以通过对人的管控来实现组织的目标。在日常管理中，管理者的工作就是观察员工的工作并纠正出现的问题。同时，管理者还可以通过对员工进行系统化的评估来实现对人员的管理。通过评估，对员工的工作进行评价，并借助相应的措施规范员工行为，使其符合组织的要求。

例如，企业经营成果是通过全体员工在不同时间和空间上利用一定技术和设备对不同资源进行不同内容的加工劳动才最终得到的。企业员工的工作质量和数量是决定经营成果的重要因素，因此，管理者需要制定员工的工作规范，以及各部门和各员工在各个时期的阶段成果的标准，以便对其活动进行控制。又如企业的长期发展在很大程度上依赖于人员素质的提高。为此，需要清楚了解企业目前的活动和未来发展对员工技术、文化素质的要求，并与他们目前的实际能力相比较，以确定必要的教育和培训。要通过人员发展规划的制订和实施，为企业及时培训足够的人员，为员工提供成长和发展的机会。

（二）财务

为获取经济效益，维持组织的正常运作，管理者需进行财务控制。管理者可以通过审核各期的财务报表来保证充足的现金流量和资产的有效利用。预算是最常见的财务控制衡量标准，也是一种有效的控制工具。

例如，企业必须保证自身的获利能力。通过提供某种商品或服务取得一定的利润，这是企业从事经营的直接动因之一，也是衡量企业经营成败的综合标志，通常可用与销售额或资金占用量相比较的利润率表示。其反映了企业对某段时期内投资应获利润的要求。利润率实现情况与计划的偏离，可反映生产成本的变动或资源利用效率的变化，从而为企业采取改进方法指出方向。

（三）作业

一个组织的成功很大程度上取决于它在生产产品或提供服务能力上的效率和效果。组织提供的产品或服务的质量很大程度上由组织中的作业质量所决定。作业控制就是通过对作业过程的控制，评价并提高作业的效率和效果，从而提高组织提供的产品和服务的质量。常见的作业控制包括生产控制、质量控制、原材料采购控制和库存控制等。

（四）信息

信息是组织活动的要素，及时、准确和完整的管理信息对于企业管理十分重要。信息是控制的基础和前提，因为控制本质上是个信息反馈的过程，控制的执行依赖准确的信息。随着人类进入信息化社会，信息在组织运行中的地位越来越高，不准确、不完整、过多的或延误的信息都有可能影响组织任务的完成。管理者可通过先进的信息技术，建立组织的信息管理系统来全面、有效地管理、控制信息，使其能及时地为管理者提供充分、可靠的信息。

（五）绩效

组织绩效是反映组织运营情况和衡量管理效益，以及组织目标实现程度的重要指标，它不仅为组织内部人员所关心，也为组织的其他利益相关者所关注。组织目标的达成与否可通过绩效得到反映。管理者可根据组织目标设置的标准与完成目标的实际情况实现对组织绩效的控制。因此，为了维持或改进一个组织的整体效果，管理者必须关心控制。但是一个组织的效果很难用一个单一的指标来衡量，生产率、产量、市场占有率、员工薪酬福利、组织的成长性等都可能成为衡量指标，关键看组织的目标取向。

控制的对象覆盖组织活动的人、财、物、信息等各个方面，只有对这些要素进行有效控制，管理人员才能实现既定的管理目标，满足管理过程的要求。

三、控制的类型

控制活动可以从不同的角度进行分类，一般有五种类型。

（一）根据控制目的和对象分

根据控制目的和对象，可分为正馈控制和负馈控制。

1. 正馈控制　正馈控制指的是产生偏差的原因是控制标准不能适应环境的变化造成的，通过调整控制标准以更好地满足内外环境条件的要求。其控制作用的发生主要体现在管理循环中的计划环节，这种控制对象包括了控制标准本身，控制的目的是使控制标准和目标发生调整，使之与实际情况更接近。

2. 负馈控制　负馈控制是指产生偏差的原因是实际业绩不佳造成的，通过纠正，使实际业绩符合控制标准的要求。为此，需要将管理循环中的实施环节作为控制对象，目的是缩小实际情况与控制标准或目标的偏差，负馈控制意味着缩小偏差。

在控制实践中，正馈控制和负馈控制应并重使用，以保持组织运行的稳定和平衡，并促进被控制系统适时地做出调整、适应和变化。

（二）根据控制信息获取的时间点不同分

根据控制信息获取的时间点的不同，可分为前馈控制、现场控制和反馈控制。

1. 前馈控制 前馈控制也称为事前控制，是指在工作开始之前对工作中可能出现的偏差进行预测和估计，在其发生之前采取措施及时纠正，将可能发生的偏差消除在萌芽阶段。它反映的是防患于未然、未雨绸缪的控制。中医历来十分重视疾病的防治工作，提倡未病先防，既病防变，这就是强调前馈控制的重要性。各行政、企事业单位等组织通常都会在一个年度开始之前编制财务预算，这也是典型的前馈控制的例子。

前馈控制是组织最需要采取的控制类型，因为它能够避免预期出现的问题。采用前馈控制的关键是要在实际问题发生之前采取管理行动，而不是等问题出现后再进行补救。

2. 现场控制 现场控制又称同步控制或事中控制，是指计划执行过程中所实施的控制，即通过对计划执行过程的直接检查和监督，随时检查和纠正实际与计划的偏差。其目的是保证本次活动尽可能少发生偏差，改进活动的质量。简单地说，现场控制是发生在活动进行之中的控制。在活动进行中予以控制，可以帮助管理者在发生重大损失之前及时纠正问题。

3. 反馈控制 反馈控制又称成果控制或事后控制，是最常见的控制类型。反馈控制是从已经执行的计划或已经发生的事件中获得信息，并运用这些信息评价、指导和纠正今后的工作。控制作用发生在行动之后，如"亡羊补牢"就是一个最简单的反馈控制。又如，2003年出现的"非典"疫情得到控制之后，抗击"非典"的经验教训是我国建立起了更加完整而敏锐的疫病控制系统，并且各级政府都制定了公共卫生应急预案，这就是加强反馈控制的具体例子。

对于一个组织来说，前馈控制、现场控制和反馈控制都是十分有必要的，在不同时期、不同情况下可以有针对性的采用这3种控制（图14-1）。

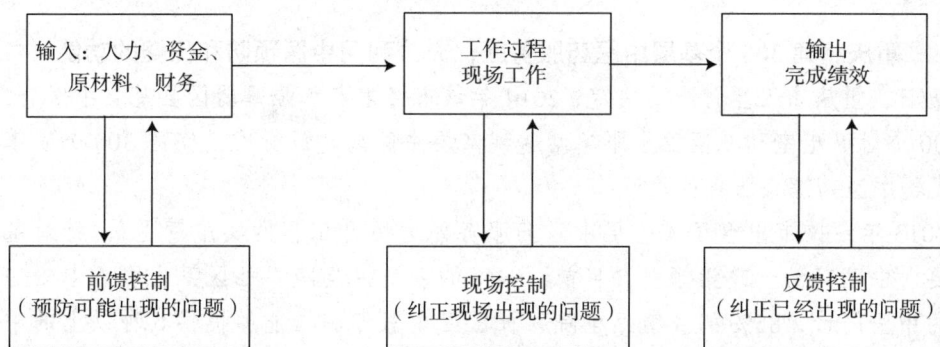

图 14-1 前馈控制、现场控制和反馈控制图

（三）根据控制权限的集聚程度分

根据控制权限的集聚程度，可分为集中控制、分散控制和分层控制。

1. 集中控制 集中控制是在组织中建立一个相对稳定的控制中心，由控制中心对组织内外部的各种信息进行统一的加工处理，发现问题，并提出解决问题的方案。例如，各省、市疾病控制中心（CDC）就是集中控制的例子。

2. 分散控制 分散控制是将组织管理系统分为若干个相对独立的子系统，每一个子系统独立实施内部直接控制。但分散控制难以取得各分散系统的相互协调，难以保证各分散子系统的目标与总体目标的一致性，从而危及整体的优化，其甚至可能会导致失控。

3. 分层控制 分层控制是一种将集中控制和分散控制结合的控制方式。其将管理组织分为不同的层级，各个层级在服从整体目标的基础上，相对独立地开展控制活动。其具有两个特点：①各子系统具有各自独立的控制能力和控制条件，从而有可能对子系统的管理实施独立处理。②整个管理系统分为若干个层次，上一层次的控制机构对下一层次各子系统的活动进行指导性、导向性的间接控制。实际上也是上层的间接控制和下层的直接控制相结合。很多公司对二级经营单位如分公司或子公司的控制就是分层控制。

每个控制类型各有其利弊和适用场合，作为管理者，不仅应正确认识每种控制类型的特点与作用，而且应能够结合组织的特点对各种控制类型进行有效的运用和协调。

（四）根据控制的手段分

根据控制的手段，可分为直接控制和间接控制。

1. 直接控制 现代经济管理活动中，人们把直接控制理解为通过行政手段进行的控制，采取行政命令是一种最直观的也是最简单的办法。然而在实际经济管理活动中，这种直接控制的办法往往不能使整个系统的效果最优。这是由于几方面的原因：①信息反馈引起时滞现象。②信息太多以至在现有的技术条件下无法全面、科学地处理。③直接控制忽略了组织中人的因素，不利于下级积极性、创造性的发挥。直接控制有其界限，超出界限，势必会起副作用。

2. 间接控制 在现代经济管理活动中，人们习惯将利用经济杠杆进行控制称为间接控制。经济杠杆主要指税收、信贷、价格等经济措施或经济政策。间接控制是相对于直接控制而言的。在组织内部将奖金与绩效挂钩的分配政策，以及运用思想工作手段形成良好的风气、高品质的价值观等都可以有效控制人们的行为，这都属于间接控制。

用数字说话

重庆将建 300 个基层中医药服务区，充分利用中医预防和保健的功能

近日，重庆市卫生计生委决定，2014 年该市将重点加强薄弱区县基层中医药工作，使 2000 个村卫生室和社区卫生服务站达到基层中医药建设标准，完成 300 个乡镇社区医疗机构中医药综合服务区建设。

2013 年，该市出台了《基层中医药服务能力提升工程的实施意见》，针对基层群众需要对中医药给予政策倾斜。目前，94% 的乡镇卫生院、社区卫生服务中心建立了独立的中医门诊，85% 的乡镇卫生院、社区卫生服务中心能够提供 6 种以上的中医药服务项目，71% 的村卫生室配备了中医药类别的乡村医生。

资料来源：中国中医药报，2014-03-14.

（五）根据控制内容分

根据控制内容，可分为库存控制、进度控制、质量控制、预算控制、人事管理控制、内部和外部审计。

1. 库存控制 库存控制主要是对量大面广的原材料、燃料、配件、在制品、半成品和产成品等存货数量的控制。

2. 进度控制 进度控制是根据产品生产或项目建设的进度计划要求，对各阶段活动开始和结束的时间所进行的控制。

3. 质量控制 质量是由产品使用目的所提出的各项适用特性的总称。质量控制是以这些技术依据为衡量标准检验产品的质量。

4. 预算控制 预算是用财务数字或非财务数字来表示预期的结果，以此为标准控制执行工作中的偏差的一种计划和控制手段。企业中的预算包括销售预算、生产预算、费用预算、投资预算，以及反映现金收支、资金融通、预计损益和资产负债情况的财务预算等。

5. 人事管理控制 诸多管理活动都是由人来进行的，因而管理者还需要注意对人事方面的管理进行控制，如做好工作分析和人力资源规划等。

6. 内部和外部审计 审计是对组织中的经营活动和财务记录的准确性和有效性进行检查、监测和审核的一种反馈控制工具。根据开展方式，审计又可分为外部审计和内部审计两种。

第二节 有效控制原则

虽然不同的组织其目标和计划各不相同，所采用的控制系统也不一样，但是要实现有效的控制，控制工作必须遵循控制基本原理和基本原则。

一、控制的基本理论基础

管理中的控制自古有之。在西方古典管理理论中，一些学者在划分管理职能时，很早就注意到了控制这一管理的基本职能。但当时所强调的控制职能只是一种凭经验的控制。现今，当我们理解管理的控制职能时，很自然地会与一些现代化的科学方法相联系，当今的控制是以科学理论为基础的。一般认为，管理控制的理论基础是现代科学中具有较强综合性的基础理论，即系统论、信息论和控制论，通常简称为 SCI 三论。

（一）系统论

系统是由事物间的相互依赖、相互作用的若干要素和部分，按照一定的规律所组织的具有特定功能的整体。第 1 次比较完整地提出系统概念的学者是路德维格·贝塔朗菲。他是一个生物学家和哲学家。1937 年在美国芝加哥大学的一次讨论会上，路德维格·贝塔朗菲首次提出"一般系统论"，其完整的系统论观点直到 1947 年才公开发表。

系统的概念具有普遍适用性。无论是自然界、人类社会，还是思维领域都有系统存在。系统论是以系统为研究对象，探索和揭示系统发生发展的基本规律，并用逻辑思维和数学语言定量地描述系统的一门科学。

管理中的控制职能吸收了系统论中三大分支学科（系统工程、系统分析和系统管理）的基本思想。如控制的目的是使计划目标得以实现，这一过程体现了最优化的要求，在控制的整个过程中也体现了系统管理的主要内容。具体而言，在进行管理控制时，想要取得良好的控制绩效，需将控制的对象视为一个系统。系统具有整体性、有序性和相关性的特征。

1. 系统的整体性 这是系统的本质特征。系统的整体性表现为系统的目标、性质、运动规律、系统功能等的整体性，强调整体功能大于部分功能之和。系统的整体性特征要求我们在处理管理问题时，要从全局观点出发，协调各部分之间的关系。

2. 系统的有序性 系统的有序性又称为系统的层次性特征。它表现为系统的结构具有层次，构成系统的各部分是依据一定的规律，而不是杂乱无章地组合而成的。不仅如此，系统的发展也是具有层次的。

3. 系统的相关性　系统的相关性是指构成系统的各子系统之间存在着相互依存、相互制约的关系，子系统与大系统之间也存在着相关性。这是因为子系统之间的关系是通过大系统整体互相关联的。系统的相关性特征告诉我们，管理社会经济系统，既要协调系统中部分与部分之间的关系，又要处理好部分与整体之间的关系。

（二）信息论

系统论中，人们在分析系统运行时总离不开信息这一概念。信息论是运用概率与数理统计的方法研究信息传输和信息处理系统中一般规律的科学，核心问题是信息传输的可靠性、有效性和二者间的关系。

信息与系统一样是一个普遍适用的概念。它存在于自然界、生物界、人类社会及思维领域中。作为科学范畴的信息首先由美国数学家申农于 1948 年正式提出。他认为，信息是可以获取、变换、传递、存贮、处理、识别和利用的一般现象。几乎与此同时，美国科学家、控制论创始人 N·维纳（Norbert Wiener）指出："信息这个名称的内容就是我们对外界进行调节，并使我们的调节为外界所了解的而与外界交换来的东西。"在日常生活中，信息就是指各种"消息"。在管理学中，人们一般将信息理解为一般的消息、情报、知识、数据和资料等。正是这些被认为是信息的东西，为管理的决策提供了参考依据，也是管理控制的基础。

一般所说的信息论是指研究信息的获取、交换、存贮、处理、利用和价值等问题的一门科学。信息论之所以与系统论、控制论一样作为管理控制的基础，这是由信息对管理的重要性来决定的。

（三）控制论

控制论的概念首先是由美国数学家维纳于 1948 年在他的著作《控制论——关于在动物和机器中控制和通讯的科学》中提出来的。维纳在描述控制论的实质时说："控制论的目的在于创造一种语言和技术，使我们有效地研究一般的控制和通信问题，同时也寻找一套恰当的思想和技术，以便通信和控制问题的各种特殊表现都能借助一定的概念加以分类。"

在控制论中，为了改善转换某个或某些受控对象的功能或发展方向，需要获取并使用信息，进而选择并施加于受控对象的作用，就叫控制。信息是控制的基础，控制有赖于信息反馈来实现，即由控制系统获取和传递信息，又将其作用结果反馈，并对过程的再输出产生影响，起到控制的作用，以达成预定的目标。基于信息反馈的控制是根据历史情况去控制和调整未来的行为。

控制论不仅为自然科学，而且为社会科学领域的研究奠定了思想和方法论的基础。控制论在现代管理中已得到广泛应用，并有效指导着管理实践。

控制论在管理领域应用的主要技术和思想是"功能模拟技术"，又称"黑箱方案"。它是以模型和原型之间的相似关系作为模拟对象，通过模型研究原型的规律性的一种实验技术。简单地说，是通过建立系统模型来模拟所考察的问题（或将考察对象视为一个系统），重点研究系统输入和输出，及其相互关系；研究在已知的输入条件下，通过系统运转，产生的各种可能输出的情况。由于功能模拟方法并不关心系统是如何将输入转为输出的，因此习惯上将此方法称为"黑箱方法"。管理意义上的控制是依据控制的这一技术，通过调整系统的输入条件而影响系统的输出，使之符合管理的目的。

二、控制的基本原理

控制的基本原理可以概括为三点。

（1）任何系统都是由因果关系链联结在一起的元素的集合，元素之间的这种关系叫耦合。控制论是研究耦合运行系统的控制和调节的。

（2）为了控制耦合系统的运行，必须确定系统的控制标准 Z。控制标准 Z 的值是某个不断变化参数集的函数，即 $Z=f(s)$。例如，为了控制飞机的航行必须确定航线。飞机在航线上的位置 s 的值是不断变化的，所以控制标准 Z 的值也必然是变化的。

（3）可以通过对系统的调节纠正系统输出与标准值 Z 之间的偏差，从而实现对系统的控制。

组织（例如企业）是一个耦合运行系统。企业生产经营活动的全过程是由严密的因果关系链联结起来的。无论是整个过程或其中的某个阶段、某个环节，为了得到一定的产出就需要有一定的投入。通过控制投入生产过程的资金、人力、物资及管理和技术信息，就可控制企业的生产经营活动的产出。

三、控制系统的构成

组织中的控制系统主要由以下四个要素构成。

（一）控制的目标体系

目的性是管理控制的基本特征，任何控制活动都有一定的目标取向。在一个组织中，控制服从于组织发展的总体目标。由总体目标派生出来的分目标也是控制的依据。控制的目标体系与组织的目标体系是相辅相成的。

（二）控制的主体

控制的主体是指由谁履行控制的职责。组织中控制的主体是各级管理者及其所属的职能部门。控制主体控制水平的高低是控制系统作用发挥程度的决定性要素。管理者所处的地位不同，控制的任务也不同。一般而言，中下层管理者主要实施例行的、程序性的控制；高层管理者主要实施非例行的、非程序性的控制。

（三）控制的客体

控制的客体即控制的对象。组织中的控制对象是整个组织的活动，横向包括各类资源，纵向包括各个层次。将组织中的活动当作一个整体实施全面控制，使整体协调一致，从而达到整体优化的结果。

（四）控制的方法与手段

管理者对控制的运用，需要借助科学的方法与手段。控制的方法和手段是多种多样的，只要控制对象确定、控制目标要求明确，可以找到相应的衡量标准与控制方法。组织应视具体情况具体采用。

四、有效控制的前提

为了保证控制职能的发挥，实现有效的控制，需要充分考虑四个基本前提。

（一）要有明确的计划和目标

1. 控制要有计划，包含两方面的内容：①控制要以计划为依据：即控制之前必须先有计划，没有计划就无从控制。计划越全面、完整，控制工作的目标就越明确，效果也会越好。②控制工作自身也应拟订计划，确定控制工作的目标、重点、要求、进度，以及各种控制形式的正确使用和各种控制手段运用上的协调一致等。控制工作如果缺乏计划，软弱无力，混乱不堪，控制工作也难以取得好的效果。同时，控制活动本身是为达到某个计划目标而采取的保证措施。

2. 目标决定控制活动的内容，没有目标，控制就没有意义。一般而言，目标越明确、越具体，控制效果越显著。

（二）要有责权分明的组织结构

一项工作常由许多部门共同合作完成的，何部门、何职位、何人来负责何种控制工作都应有明确的规定，即要有分工明确的组织结构，也就是控制职能的组织保证。所以需设立专职机构和专职人员负责控制工作，如企业产品质量的控制管理都是由专门质量管理部门和专职的质量管理人员负责的。一旦发现偏差，就能判断偏差出在哪里，由哪个部门和谁来负责，以便及时采取措施。否则就会出现失控局面，给整个组织带来损失。组织结构权责越明确，机构越完整，控制效果越明显。

（三）要有畅通的信息反馈渠道

控制工作中的一个重要环节是要将计划执行情况及时反馈给管理者，以便管理者对已达到的目标水平与预期目标进行比较分析。信息反馈的速度和准确性至关重要，直接影响控制指令的准确性和纠正偏差措施的及时性、准确性。因此，必须设计良好的信息反馈渠道，并保证信息反馈渠道的顺畅。只有这样，控制工作才能顺利进行。

（四）要有科学的控制方法和技术手段

控制的目的是使实际运行情况与计划方案相一致。而实际运行情况却需要通过一定的控制方法和技术手段确保其顺利实施。好的控制方法和技术手段是在长期的实践中总结和积累的，会起到事半功倍的效果。例如，产品的质量控制就是从产品检验的结果控制，数据分析的统计质量控制，到现在的全面质量管理的过程控制和事先控制，是一个不断发展和控制系统优化的过程。

五、控制的基本原则

（一）适时控制

1. 高效率的控制系统，要求管理者能迅速发现问题，及时掌握相关信息，确定偏差产生的原因及其影响程度，并及时采取纠偏措施，以避免偏差继续扩大，减少为组织带来的不利影响。

2. 适时控制并不是"时时"控制，要根据掌握的信息进行准确的评估。并非所有偏差都需要马上采取措施，但如果偏差会继续扩大并带来负面影响，就要及时采取适当的纠偏措施。波音公司的737 MAX8飞机就是适时控制的反面教材，2018年10至2019年3月，仅半年时间内，波音737 MAX8飞机就发生两起空难。2019年3月26日，美国西南航空一架波音737 MAX8第三次因出现"与引擎相关"的问题，折返紧急降落。此事件对波音公司在国际上造成了严重的影响，多国航空公司取消了波音公司该型号飞机的订单。如果波音公司在第一次空难事件后能够及时采取纠偏措施，正视出现的问题，就有可能避免后面的严重后果，避免带来人员伤亡和经济损失。

预测偏差的产生，虽然在实践中有许多困难，但在理论上是可行的，即可以通过建立预警系统实现。我们可以为需要控制的对象建立一条警报线，数据一旦超过警戒线，预警系统就会发出警报，提醒人们采取必要的措施，防止偏差的产生和扩大。

（二）适度控制

适度控制是指控制的范围、程度和频度要恰到好处。控制常给被控制者带来某种不愉快。有效的控制应该既能满足对组织活动监督和检查的需要，又要避免与组织成员发生强烈的冲突。适度的控制应能同时体现这两个方面的要求：一方面，过多的控制会对组织中的人造成伤害。对组织成员行为的过多限制会扼杀他们的积极性、主动性和创造性，抑制他们的首创精神，从而影响个人能力的发展和工作热情的提高，最终影响组织的效率。另一方面，过少的控制将不能使组织活动有序地进行，不能保证各部门活动进度和比例的协调，会造成资源的浪费。过少的控制还可使组织中的个人无视组织要求，我行我素，不提供组织所需的贡献，甚至利用在组织中的便利地位谋求个人利益，最终导致组织的涣散和崩溃。

控制程度受到许多因素的影响。判断控制程度或频度是否适当的标准，通常随活动性质、管理层次及下属受培训程度等而变化。一般来说，科研机构的控制程度小于生产劳动；企业中对科室人员工作的控制要小于现场的生产作业；对受过严格训练、能力较强的管理人员的控制要小于缺乏必要训练的新任管理者或单纯的执行者。企业环境也会影响控制的程度：在市场疲软期，为了共渡难关，部分职工会同意接受比较严格的行为限制；在经济繁荣期，则职工更希望工作中有较大的自由度。

（三）重点控制

任何组织都不可能对每一个部门、每一个环节的每一个人在每一个时刻的工作情况进行全面的控制。按照"次要的多数、关键的少数"原理，管理者不能也没有必要事无巨细地对组织活动的方方面面都进行控制，而是要针对重要的、关键的少数因素实施重点控制。这是因为并不是所有成员的每一项工作都具有相同的发生偏差的概率，也是所有可能发生的偏差都会对组织带来相同程度的影响。要想完全控制工作或活动的全过程几乎是不可能的，因此应抓住活动过程中的关键点和重点进行局部和重点的控制。通常，在组织中目标、薄弱环节和例外是管理者控制的重点。

重点控制要求组织在建立控制系统时，利用 ABC 分析法、二八原理和例外原理等工具，找出影响组织运营活动的关键环节和关键因素，并在相关环节上设立预警系统或控制点，进行重点控制。

知识拓展

县令买饭

南宋嘉熙年间，江西一带山民叛乱，身为吉州万安县令的黄炳，调集了大批人马，严加守备。一天黎明前，探报来说，叛军即将杀到。

黄炳立即派巡尉率兵迎敌。巡尉问道："士兵还没吃饭怎么打仗？"黄炳却胸有成竹地说："你们尽管出发，早饭随后送到。"黄炳并没有开"空头支票"，他立刻带上一些差役，抬着竹箩木桶，沿着街市挨家挨户叫道："知县老爷买饭来啦！"当时城内居民都在做早饭，听说知县亲自带人来买饭，便赶紧将刚烧好的饭端出来。

黄炳命手下付足饭钱，将热气腾腾的米饭装进木桶就走。这样，士兵们既吃饱了肚子，又不耽误进军，打了一个大胜仗。这个县令黄炳，没有亲自捋袖做饭，也没有兴师动众劳民伤财，他只是借别人家的灶，烧自己的饭。县令买饭之举，算不上高明，看来平淡无奇，却取得了很好的效果。

在这个故事中，我们得到这样一个启示：一个优秀的管理人员，不在于多么会做具体的事务，因为一个人的力量毕竟是有限的，只有发动集体的力量才能战无不胜，攻无不克。

资料来源：沧海笑.管理学故事两则［J］.决策，2016（8）：92.

（四）客观控制

控制工作应针对组织运营的实际状况，采取必要的纠偏措施，或促进企业活动沿着原先的轨道继续前进。因此，有效的控制必须是客观的、符合组织实际的。

客观的控制源于对组织运营状况及其变化的客观了解和评价。控制的客观性要求包括两个方面。

1. 控制标准需在控制活动开始之前制定　控制的标准在控制活动开始之前就客观存在，而不是控制活动进行中随意设定的。

2. 事先设定的标准应是客观的，符合组织的要求和发展规律　标准太低的目标会使工作变得简单而缺乏挑战性，不利于组织更好的发展。标准太高的不切实际、超越现实的目标，要么严重打击相关责任人的信心，使其放弃努力，要么逼着他们采用虚假方式创造完成目标的假象，进而给组织带来更大的危害。

作为企业，还必须定期检查过去规定的标准和计量规范，以使之符合现时的要求。没有客观的标准和准确的检测手段，人们对组织的实际工作就不易有一个正确的认识，从而难以制定出适宜的措施，进行客观的控制。

（五）弹性控制

组织在运作过程中经常会遇到某种突发的难以应对的变化，这些变化与组织事先制订计划时所设定的一些前提条件相悖。有效的控制系统应在这样的情况下仍能发挥作用，维持企业的运营。也就是说，应该具有灵活性或弹性。

弹性控制通常与控制的标准有关。比如说，预算控制通常规定企业经营单位的主管人员在既定规模下能够用来购买原材料或生产设备的经营额度。这个额度如果规定得绝对化，一旦实际产量或销售量与预测数发生差异，预算控制就可能失去意义。经营规模扩大，可能会使经营单位经费不足；销售量低于预测水平，则可能使经费过于充足，造成浪费。有效的预算控制应能反映经营规模的变化，应考虑到未来的企业经营可能呈现出不同的水平，从而为标志经营规模的不同参数值规定不同的经营额度，使预算在一定范围内是可以变化的。一般而言，弹性控制要求企业制定弹性的计划和弹性的衡量标准。

（六）效益控制

效益控制即控制的经济性原则。控制是一项需要投入大量人力、物力和财力的活动，其耗费之大正是今天许多应予控制的问题而没有加以控制的原因之一。是否进行控制、控制到什么程度都涉及费用问题，因此必须把控制所需的费用与控制所产生的效果进行经济比较，只有当控制效果可以为企业带来效益时才实施控制。控制是经济的，即控制所支出的费用与控制的效率和效果相比应是合理的。

控制的经济性原则要求：

1. 实行有选择的控制　全面、周详的控制不仅不必要也不可能，要正确而精心地选择控制点，太多会不经济，太少会失去控制。例如，医院中的护士长对于麻醉剂的供应控制就是经常性的且十分小心，而对于绷带、纱布的控制就较为随意。

2. 努力降低控制的各种成本，提高控制效果　费用的降低可使人们在更大的范围内实行控制。例如，通常采用抽样检验对质量进行控制，就是运用控制技术和控制方法，以最小的费用揭示造成实际偏离和可能偏离计划的原因。花费少而效率高的控制系统才是有效的控制系统，才是经济的。

管理知识卡片

"镜里乾坤"背后的故事

2017 年，吉林省博物院策划了一次展览，名为"镜里乾坤"。展览展出了一百多面玻璃镜画，展览内容丰富，在社会上引起了很大反响。这次展览虽然展出了一百余面玻璃镜画，但是博物院文保中心为这次展览一共修复了三百余面玻璃镜面，所展出的藏品都是优中选优。这样大量的修复工作是需要在 5 个月的时间内完成的，时间紧、任务重，而由于人员所限，能进行玻璃镜画这种复合类文物修复的工作人员只有 3～4 人。为了保质保量地完成这次大型的修复任务，文保中心的修复师们把管理学引入了文物修复工作中，起到了很好的效果，其中质量控制起到了重要作用。

质量控制体现在修复路线中，明确规定了每一部分需要达到的修复质量。清洁除尘，要求镜面不能有污渍和油泥，背板之下不能有任何灰尘等杂物，镜框上也不能留有任何损伤油漆的物质；镜框必须稳固，对松散的镜框施胶后，不允许再看到残留胶液，所用钉子也要全部钉入，不能在镜框外有残留；更换的新背板要大小合适，与镜框之间不能有明显的缝隙，所用钉子也不能露在镜框之外；打蜡封护要全面均匀，要覆盖到镜框的全部油漆，还要对其进行抛光，提高展览效果。由于此次修复项目是把大部分玻璃镜画的修复过程分解，所以为了保证修复质量，要求下一流程的人员检查上一流程的修复效果，最后在修复后拍照之前，由项目负责人把关，彻底检查整体的修复效果。本着对文物负责的态度，全体工作人员在这段时间里没有一丝一毫的松懈，时刻把"质"摆在"量"的前面，做到了整个修复过程"零事故"，三百余件文物，每一件都达到了标准要求。

"镜里乾坤"展览的成功，离不开文保工作者的努力。而在整个过程中，引入先进的管理方法，保证了修复项目顺利完成。更多的与其他学科的交叉、融合，这些值得我们深入思考和研究。

资料来源：田宇. "镜里乾坤"背后的故事——文物修复工作中的管理学［C］//吉林省博物馆

协会. 格物集（二）——吉林省博物馆协会第四届学术研讨会论文选编2016–2017.吉林人民出版社，2018:98–100.

第三节 控制的基本过程

控制是根据计划的要求，设立衡量绩效的标准，然后将实际工作结果与预定标准进行比较，评估组织活动中可能出现的偏差及其严重程度。在此基础上，有针对性地采取必要的纠正措施，以确保组织资源的有效利用和组织目标的实现。无论控制的对象是新技术的研究与开发，还是产品的加工制造，或是市场营销宣传；无论是企业的人力条件，还是物质要素，或是财务资源，控制的过程都包括三个基本环节的工作：①确立标准。②衡量绩效。③纠正偏差。控制过程见图14–2。

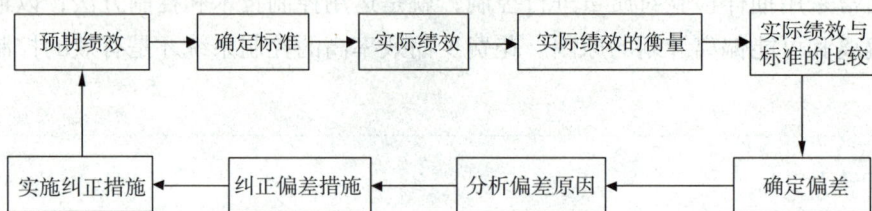

```
预期绩效 → 确定标准 → 实际绩效 → 实际绩效的衡量 → 实际绩效与标准的比较

实施纠正措施 ← 纠正偏差措施 ← 分析偏差原因 ← 确定偏差
```

图 14–2 控制过程图

一、确立标准

确定标准就是为衡量实际工作确定尺度。标准是人们检查和衡量工作及其结果（包括阶段结果与最终结果）的尺度。制定标准是进行控制的基础。没有一套完整的标准，衡量绩效或纠正偏差就失去了客观依据。

1. 常用的控制标准

（1）定量标准 定量标准便于度量与比较，是控制标准的主要形式。主要指能够以一定形式的计量单位直接计算的标准，也就是将设定的标准数值化。在一定程度上，量化的标准便于度量和比较，所以在可能的情况下，应当尽可能使用定量标准和数值化标准。例如，工程进度、费用开支、产量、销售量、销售利润、收益状况、质量等都可以数值化。

（2）定性标准 指难以用计量单位、用数值直接计算和衡量而采用实物或定性描述的标准。例如，一些物品比如服装、酒类、大米等的外观质量难以用数值表示，所以多采用实物标准，评定是采用样品比较和实物观察。再如有关卫生系统服务质量、组织形象、组织成员的工作表现（如士气、人际关系）等也难以用数值化指标衡量，通常由有经验的人通过观察、感觉和经验做出判断。

管理知识卡片

产品质量标准

在众多国际质量标准中，ISO9000系列是国际标准化组织（International Organization for Standardization，ISO）制订的最为成功的标准。它可以帮助企业组织实施并有效运行质量管理体系，是质量管理体系通用的要求或指南（Simmons 和 White，

1999；Corbett，2006）。它对企业从产品设计、制造、运输、服务和客户支持等方面的质量管理系统提出了一系列标准化的要求（Naveh 等，2004）。ISO14000 是国际标准化组织继 ISO9000 标准之后推出的另一个国际标准，它包括了环境管理体系（EMS）、环境审核（EA）、环境标志（EL）、环境行为评价（EPE）、生命周期评价（LCA）、术语和定义（T&D）等国际环境管理领域的许多焦点问题。没有这种识别的企业在国际贸易中很容易受到相应的限制，因此 ISO14000 标准的颁布同样受到了企业界的普遍重视。

资料来源：郑妍妍，李磊，庄媛媛.国际质量标准认证与企业出口行为——来自中国企业层面的经验分析［J］.世界经济研究，2015（7）:74-80，115，128-129.

2. 制定标准的方法 控制的对象不同，建立的标准和方法也不同。一般来说，企业建立标准的方法有 3 种：①利用统计学方法确定预期结果。②根据经验和判断估计预期结果。③在客观定量分析的基础上建立工程（工作）标准。

（1）统计性标准 统计性标准也叫历史性标准，是在分析企业各个历史时期经营状况的基础上所建立的标准。这些数据可能来自本企业的历史统计，也可能来自其他企业的经验。据此建立的标准，可能是历史数据的平均数，也可能是高于或低于中位数的某个数。

（2）依据评估建立标准 并非所有工作的质量和成果都能用统计数据表示，也不是所有的企业活动都保存有历史数据。对于新的企业，或统计资料缺乏的组织，可依据管理人员的经验、判断和评估而建立标准。建立标准时要注意利用各方面管理人员的知识和经验，综合大家的判断，以使标准相对科学、合理。

（3）工程标准 工程标准也是一种用统计方法制定的控制标准，它是在对工作情况进行客观定量分析的基础上建立的。比如，机器的产出标准是设计者计算的在正常情况下使用的最大产出量。工人操作标准是研究人员在对构成作业的各项动作和要素的客观描述与分析的基础上，经过消除、改进和合并而确定的。劳动时间定额是利用秒表测定的受过训练的普通工人以正常速度，按照标准操作方法对产品或零部件进行某个工序的加工所需的平均必要时间。

3. 有效标准的条件 标准作为衡量实际工作的尺度，具有判断工作成果好坏和激发人们努力工作的作用，只有具备下列条件，才能充分发挥其效能。

（1）标准应当明确、具体 如果标准含糊不清，或者只是一些原则，就失去了标准应有的作用，不仅不利于管理者对工作进展情况进行检查、分析、判断，也不能对下层人员产生积极的约束作用。能够制定定量标准的，就尽可能制定定量标准；不能制定定量标准的，定性标准也应当能够观察和衡量。

（2）标准应当公平、合理 所谓公平，就是各类标准的松紧程度应当一致，不能有的很高，有的很低。标准能够公平地衡量各部门、各单位和每个职工的成绩时，才容易被接受。所谓合理，就是标准必须是先进的，经过努力能够达到。只有这样，才能够激发职工创造出优异的成绩。

（3）标准应当系统、完整 在组织管理中，标准往往能起到杠杆作用。有效的标准应系统和完整，成为一个标准体系，各标准之间互相衔接与协调，覆盖工作的各个方面。

小测试

拉线工、电力工人等在工作中很容易发生事故，乔丹所在的工作团队要制定一个上限，作为事故发生次数的绩效标准。为了尽量减少每年发生的事故，乔丹所在的公司采取了一系列措施，这只是这一系列措施的第一步。

　　1.上述案例属于控制过程的哪一步？

　　A. 衡量绩效　　　B.设定标准　　　C.采取纠正措施　　　D.发现差距

　　2.团队收集了拉线工提交的过去两年发生的事故的次数，这些数据包括各种事故发生的原因和频率。收集完这些数据后，下一步应该做什么？

　　A. 监督　　　　　B. 发现差距　　　C.配置资源　　　　　D. 采取纠正措施

　　资料来源：路易斯·戈麦斯-梅西亚，戴维·鲍尔金，罗伯特·卡迪著，詹正茂译.管理学：人·绩效·变革［M］.北京：人民邮电出版社，2009.

二、衡量绩效

　　衡量实际工作绩效是指控制过程中将实际工作情况与预先确定的控制标准进行比较，找出实际绩效与控制标准之间的差异，以便于找出组织目标与计划在实施过程中的问题，进而对实际工作做出客观的评估。管理者在衡量工作绩效的过程中应注意以下几个问题。

（一）通过衡量绩效，检验标准的客观性和有效性

　　衡量工作成效是以预定的标准为依据的，这就出现了一个问题：偏差到底是执行中出现的还是标准本身存在的？如果是前者，需要纠正；如果是后者，则要修正和更新预定的标准。这样利用预定标准去检查各部门、各单位和每个人工作的过程同时也是对标准的客观性和有效性进行检验的过程。

　　制定的标准是否客观、有效，可通过对标准执行情况进行检验，看其是否取得了控制所需要的效果。在为控制对象确定标准时，人们有时会考虑一些次要因素，或只看重一些表面现象，因此，利用既定的标准去检查人们的工作，有时并不能达到有效控制的目的。比如，衡量职工出勤率是否达到正常水平，不足以评价劳动者的工作热情、劳动效率或劳动贡献；分析产品数量是否达到计划目标，不足以判定企业的盈利程度；计算销售人员给顾客打电话的次数和花费在推销上的时间，不足以判定销售人员的工作绩效。

　　在衡量过程中对标准本身进行检验，目的是指出能够反映被控制对象的本质特征，从而得出适宜的标准。评价员工的工作热情，可以考核他们提供有关经营或技术改造合理化建议的次数；评价他们的工作效率，可以计量他们提供的产品数量和质量；分析企业的盈利程度，可以统计和分析企业的利润额及其与资金、成本或销售额的相对百分比；衡量推销人员的工作绩效，可以检查他们的销售额是否比上年或平均水平高出一定数量；等等。衡量过程中的检验就是要辨别并剔除这些不能为有效控制提供产生误导作用的不适宜标准，以便根据控制对象的本质特征制定出科学合理的控制标准。

（二）确定适宜的衡量方式

　　1.衡量的项目　衡量什么是衡量绩效中最为重要的方面。管理者应该针对决定实际工作绩效好坏的重要特征项进行衡量。但实际中容易出现一种趋势，即侧重于衡量那些容易衡量的项目，而忽视那些不易衡量、较不明显但实际却很重要的项目。

　　2.衡量的方法　管理者可通过个人亲自观察、利用报表和报告、抽样调查等几种方法来获取实际工作绩效方面的资料与信息。应当看到，组织中常存在一些无法直接衡量的工作，衡量其好

坏有时可通过某些现象做出判断。比如，从员工的合理化建议增多或许可推断组织的民主化管理有所加强，员工工作热情下降可推断出管理工作存在有不当之处等。在衡量实际工作绩效过程中需多种方法结合使用，以确保所获取信息的质量。

3. 衡量的频度　频度即衡量绩效的次数或频率，也就是间隔多长时间衡量 1 次绩效，是每时、每日、每周，还是每月、每季度或者每年；是定期衡量，还是不定期衡量。对不同的衡量项目，衡量的频度可能不一样。有效的控制要求确定适宜的衡量频度。控制过多或不足都会影响控制的有效性。对控制对象或要素的衡量频度过高，不仅会增加控制成本，还会引起有关人员的不满，影响其工作态度，从而对组织目标的实现产生负面影响。但是衡量和检查的次数过少，则有可能造成许多重大的偏差不能被及时发现和纠正，从而影响组织目标和计划的完成。

（三）建立有效的信息反馈系统

对实际工作情况进行衡量的目的是为控制提供有用的信息，为纠正偏差提供依据。负有控制责任的管理人员及时掌握了反映实际工作与预期工作绩效之间的偏差信息，有助于快速采取及时的纠正措施。信息反馈系统将信息适时地传递给有关部门和个人，使之能比较，及时发现问题，以使他们及时知道自己的工作状况、为什么错了，以及需要怎样做才能更有效地完成工作。建立这样的信息反馈系统，不仅更有利于保证预定计划的实施，而且能防止基层工作人员把衡量和控制视作上级检查工作、进行惩罚的手段，避免产生抵触情绪。

满足要求的信息必须是全面、及时和真实的。具体要求是：信息必须能够反映工作各方面的情况；信息必须在能够采取一定措施的期限之内及时获得；信息必须能够客观反映实际情况。

三、纠正偏差

为了保证纠偏措施的针对性和有效性，在制定和实施纠偏措施时需注意几个问题。

（一）找出偏差产生的主要原因

实际情况与预期标准之间存在的差异及其造成差异的原因，是拟定纠偏措施并将其付诸行动的重要依据。如果在原因不明的情况下拟定和实施纠正措施，常常会事倍功半，或者即使纠正了还会再次重复此类偏差。偏差出现的原因可能是多方面的，需要加以分析。并非所有的偏差都可能影响企业的最终成果。有些偏差可能反映了计划制定和执行工作中的严重问题，有的偏差可能是偶然的、暂时的、区域性因素所引起，不一定会对组织活动的最终结果产生重要影响。因此，在采取纠正措施前，必须先对反映偏差的信息进行评估，先要判断偏差的严重程度，是否对组织活动的效率构成威胁，是否有必要花大气力去分析原因，进而采取纠正措施。同时，要积极寻找导致偏差产生的主要原因。

偏差的出现也有可能是计划本身的问题，常常有两种情况：一是标准定得太高，出现负偏差；二是标准定得太低，出现正偏差。属于计划本身造成的偏差，则需通过调整计划和修改标准加以纠正。

偏差的出现有的是计划执行中的问题。根据造成偏差的原因可分为两类：一类是当事人主观原因造成的，一类是客观原因造成的。主观原因造成的偏差可通过落实经济责任制，由当事人承担经济责任或其他责任等，来促使其分析具体原因和采取措施进行纠正。客观原因包括内部客观条件和外部客观环境发生了较大的变化等。这些原因对当事人来说一般都是不可控的，难以追究其责任。只能进行实事求是的分析，通过必要措施加以纠正。

（二）选择有针对性的纠偏措施

针对产生偏差的主要原因，制定可能改进工作或调整计划标准的纠正方案。

1. 使纠偏方案双重优化　纠正偏差，不仅在实施对象上可以进行选择，而且对同一对象的纠正偏差也可以采取多种不同的措施。是否采取措施，要视采取措施纠偏带来的效果是否大于不纠偏的损失而定，即考虑纠偏的经济性，有时最好的方案也许是不采取任何行动。这是纠偏方案选择过程中的第一重优化。第二重优化是在此基础上，通过对各种经济可行方案的比较，找出其中追加投入最少，解决偏差效果最好的方案来组织实施。

2. 充分考虑原先计划实施的影响　由于对客观环境的认识能力提高，或者由于客观环境本身发生了重要变化而引起的纠偏需要，可能会导致原先计划与决策的局部甚至全局的否定，从而要求组织活动的方向和内容进行重大的调整。这种调整有时被称为"追踪决策"，即"当原有决策的实施表明将危及决策目标的实现时，对目标或决策方案所进行的一种根本性修正"。

追踪决策是相对于初始决策而言的。初始决策是所选定的方案尚未付诸实施，没有投入任何资源，客观对象与环境尚未受到人为决策的影响和干扰，因此是以零为起点的决策。进行重大战略调整的追踪决策则不然，组织外部的经营环境或内部的经营条件已经由于初始决策的执行而有所改变，是"非零起点"。因此，在制定和选择追踪决策的方案时，要充分考虑到伴随着初始决策的实施已经消耗的资源，以及这种消耗对客观环境造成的种种影响。

3. 注意消除人们对纠偏措施的疑虑　纠偏措施会在不同程度上引起组织的结构、关系和活动的调整，从而涉及某些组织成员的利益。

不同的组织成员会因利益关系而对纠偏措施持不同态度，特别是纠偏措施属于对原先决策和活动进行重大调整的追踪决策时。虽然一些原先反对初始决策的人可能会夸大原先决策的失误，反对保留其中合理或不合理的成分，但更多的人对纠偏措施持怀疑和反对的态度，原先决策的制定者和支持都可能会因害怕改变决策标志着自己的失败，从而会公开或暗地里反对纠偏措施的实施；执行原决策、从事具体活动的基层工作人员则会对自己参与的已经形成的或开始形成的活动结果怀有感情，或者担心调整会使自己失去某种工作机会、影响自己的既得利益。因此控制人员要充分考虑组织成员对纠偏措施的不同态度，争取更多的人理解、赞同，尽量避免在纠偏方案的实施过程中可能出现的人为障碍。

管理知识卡片

PDCA 循环

　　PDCA 循环是美国质量管理专家戴明提出的全面质量管理的计划（plan）、实施（do）、检查（check）、处理（action）四个阶段的简称，又叫"戴明环"。其中，计划阶段相当于控制的第一步（计划并制定控制标准），实施和检查相当于控制的第二步（按照计划和标准的要求去做并对实际工作成效进行检查），处理阶段相当于控制的第三步（巩固成效或是找出偏差的原因并纠正偏差，为下一个控制过程的开始提供依据）。通过这四个阶段的反复循环，产品质量和工作质量会不断提高。

　　PDCA 循环的过程就是人们在认识问题和解决问题中不断螺旋式上升的过程，管理者要善于将 PDCA 循环应用于其他的管理工作中去。

　　资料来源：李海峰，张莹．管理学——原理与实务［M］．北京：人民邮电出版社，2010.

【案例分析】

中国优化防控举措，打的是有准备之仗

　　"火锅店和烤串店外排起了长队，顾客们坐在小塑料凳上等位""电影院预计将迎来一年中最繁忙的日子""预计中国出境游客数量将出现激增"……多家外国媒体纷纷报道，随着中国优化疫情防控措施，"流动中国"的热闹景象跃然眼前。最新监测数据显示，全国发热门诊诊疗量呈持续下降趋势，在院的新冠病毒感染者和重症患者数量也呈现连续下降趋势。北京、浙江、河南等多地宣布已平稳度过新冠病毒感染第一波高峰期。

　　因时因势主动优化调整防控举措，中国始终打的是有准备之仗。我们有精心的医疗准备。通过完善分级诊疗救治体系，加强基层医疗卫生机构能力，增设发热门诊，增加定点医院重症病床以及相关救治设备与物资，统筹实现新冠病毒感染者的救治和日常医疗服务保障。众多社区医院、村卫生室和基层医疗卫生机构分级分层、有效协同，不断织牢织密公共卫生防护网。不断扩大新冠疫苗接种覆盖面，建立起足够的免疫屏障以应对新冠病毒；我们有充足的产能储备。中国医药工业基础坚实，产业链完整。与 2022 年 12 月初相比，抗原检测试剂日产能迅速扩大，部分解热镇痛药的日产量和供应量实现提升……中国长期积累的雄厚物质基础、建立的完整产业体系、形成的强大科技实力、储备的丰富医疗资源，为疫情防控提供了坚强支撑；我们有强大的组织统筹配备。在疫情防控斗争中，中国充分发挥制度优势，展现了非凡的组织动员能力、统筹协调能力、贯彻执行能力。按照中央统一部署和指挥，各地区各部门直至最基层组织，坚持科学防治、精准施策，统一规则、分类指导、防范风险。全国医务人员全力以赴挽救生命，众多志愿者下沉一线助力基层防疫，广大人民群众以各种方式为疫情防控出力，共同构筑起生命安全和身体健康坚实防线。

　　尽管中国的人均医疗资源、医学技术水平与发达国家相比有一定差距，但从全球范围看，中国新冠病毒感染的重症率、死亡率都保持在全球最低水平。在全球人类发展指数连续两年出现下降的情况下，中国人类发展指数排名提升了 6 位。中国 3 年平均经济增速约为 4.5%，稳居世界主要经济体前列，远超一些"躺平"国家的表现。实践充分证明，中国防疫政策的优化调整既是科学防控的及时、必要之举，也是高效统筹疫情防控和经济社会发展、维护最广大人民根本利益

的战略、长远之举。正是得益于精心的医疗准备、充足的产能储备、强大的组织统筹配备，中国平稳度过了防疫政策"转段""换挡"后的适应期。

资料来源：钟声.中国优化防控举措，打的是有准备之仗.人民日报，2023-1-19.

案例讨论题：

1. 从控制的角度分析，中国对"新冠"疫情的防控属于哪种类型的控制？
2. 中国采取了哪些有效措施控制病毒的传播？
3. 中国在防控疫情期间所采取的措施和方法符合哪种控制的基本理论？

【思考题】

1. 何谓控制？为什么要进行控制？
2. 控制包括哪些要素？
3. 控制有哪些类型？不同类型的控制有何特点？
4. 一个组织的控制系统由哪几部分构成？
5. 实施有效控制的基本前提是什么？
6. 控制过程包括哪几个步骤？
7. 如何建立控制的标准？

学习目标

1. 掌握：控制包含预算控制与非预算控制；预算控制的优缺点；预算控制的步骤和编制预算的一般程序；预算控制的方法和非预算控制方法。

2. 熟悉：作业控制的内容，包括对供应品和供应商的控制、库存控制、质量控制、成本控制，并根据组织活动的具体情况，选择合适的控制的方法。

3. 了解：预算的基本作用；比率分析法：财务比率和经营比率。

案例导读

基于临床用药决策支持系统（CDSS）精细化药品费用管理实践——以 S 医院为例

S 公立医院始建于 1980 年，1996 年创建为国家"三级甲等"医院，现拥有员工 3000 多人，是一所集医疗、教学、科研、康复、预防保健和健康教育"六位一体"的现代化综合性医院。

随着公立医院改革的持续推进，控制药品成本已形成广泛共识。经过药品集中招标和带量采购，S 公立医院门诊和出院患者次均药品费用分别从 2016 年的 150.39 元和 4049.73 元，降至 2017 年的 134.07 元和 3424.53 元，降幅分别达 10.85% 和 15.44%。

大量医疗新技术和新药（包括国家谈判药品）的应用增多，患者医疗负担和医保支付负担有所增加。临床医生在遵循诊疗规范、指南和临床路径方面仍然存在不合理问题，包括超说明书用法、超剂量和超疗程用药、无适应证用药、重复用药等现象，这些问题都会严重影响次均药品费用的增长，影响医院成本管理水平。

S 公立医院药学部根据国家推行三级公立医院绩效考核要求，通过全面推行 CDSS，药师辅助医生决策并对有问题的处方医嘱进行干预措施，2018 年 6 月 S 公立医院 HIS 全面引进 CDSS，形成有效的药品成本管理模式。包括：

——事前建立健全药品审核机制。加强合理用药管理，控制药品成本，需要建立健全完善的药品审核机制，对处方进行把关和指导。对所有西药和中成药的门诊处方和住院医嘱进行系统前置审核，系统对存在问题的处方同时给医师和药师提示，药师与医师进行在线沟通和处方干预，从源头上减少不合理用药。

——事中实施药品监督管理机制。根据医院制定的重点监控药品管理制度，对所有临床科室严重和重要级别用药处方和医嘱由审方药师进行审核和干预，重点控制用药适应证不符、超剂量和超疗程等不合理用药，以达到控制药品不合理费用增长的目标；针对问题较多的重点临床科室进行监测，通过现场沟通与反馈达成管理规则共识。定期完善管理规则。

——事后加强药品管理考核机制。综合考虑绩效考核的时效性和数据稳定性，将科室药品费用管理纳入绩效考核，并根据国家药品管理政策、新业务开展和传染病疫情等因素对考核指标进行较正，避免政策因素对科室考核造成不利影响。

医院实施基于 CDSS 精细化药品费用管理成效明显，在 2018 和 2019 年度国家绩效考核中均获得较高分值，高于全国平均水平。

一是医院药品成本下降，收入结构明显优化。截至 2021 年 6 月底，在国家谈判药品大量使用的情况下，医院药品收入占医院业务收入比例从 2018 年的 23.52% 降至 18.72%。

二是患者医药费用负担没有增加，两费不合理增长势头得到明显控制。门诊次均药品费用从 2018 年的 137.71 元微升至 2021 年 6 月 145.64 元，升幅 5.76%，年均仅为 1.92%。出院患者次均药品费用从 2018 年的 3445.22 元降至 2021 年 6 月的 3236.23 元，降幅达到 6.07%，年均降幅达 2.02%。

资料来源：张庆龙，王洁，陈冲.公立医院运营管理：从知到行［M］.北京：中国时代经济出版社，2022.

第一节　预算控制

一、预算与预算控制

（一）预算

预算就是用财务数字的形式描述组织未来的活动计划。它预估组织未来的经营收入和现金流量，同时也为各部门或各项活动规定了在资金、劳动、材料、能源等方面的支出额度。制定预算的基本作用：

1. 为战略计划做进一步安排　战略计划一般在年初制定，是以当时可供使用的信息为基础并由相对较少的管理者制定的。预算是在预算年度开始前期制定的，使用的是最新的信息，而且以各层次管理者的判断为基础，是战略计划的具体细化。

2. 能协调组织中的每个责任中心　管理者都会参加预算的制定，当汇总他们的意见时，可能有不一致的地方。在预算的制定过程中，这些不一致的地方要找出来并加以解决。

3. 预算能明确每个管理者的责任　可明确各级管理人员的职权，和各自应承担的责任，做到责、权、利的落实。

4. 作为评价业绩的尺度　业绩评估的基础预算是预算人员对上级的承诺，因此它是评价业绩的尺度。这一承诺可能因为其基础的改变而改变。但无论如何，它是业绩评估的最好起点。

（二）预算控制

预算控制是根据预算规定的收入与支出标准，检查和监督各个部门的生产经营活动，以保证各种活动或各个部门在完成既定目标、实现利润的过程中实现对资源的有效利用，从而使费用支出受到严格有效的约束的过程。

预算控制通过编制预算并以此为基础，执行和控制组织经营活动并在活动过程中比较预算和实际的差距及原因，然后对差异进行处理，是管理控制中运用最广泛的一种控制方法。组织未来的几乎所有活动都可以利用预算进行控制。

二、预算控制的作用

1. 便于管理者了解和控制组织的财务状况 预算通常规划和说明了资金的来源及分配计划，掌握了预算状态，就能有效地控制组织的资金财务状态。又由于预算是用货币来表示的，这为衡量和比较各项活动的完成情况提供了一个清晰的标准，从而使管理者可通过预算的执行情况把握组织的整体财务状况。

2. 有助于合理配置资源和控制组织中各项活动的开展 组织中各项活动的开展，几乎都与资金打交道。资金作为一种重要的杠杆，调节着各项活动的轻重缓急及其规模大小。预算范围内的资金收支活动，由于得到人力物力的支持而得以进行；没有列入预算的活动，由于没有资金来源，也就难以开展活动。预算外的收支，会使管理者及时了解情况而被纳入控制。因此，管理者可通过预算，合理配置资源，保证重点项目的完成，并控制各项活动的开展。

3. 有助于对管理者和各部门的工作进行评价 由于预算为各项活动确定了投入产出标准，若能正确运用，就可以根据预算的执行情况，来评价各部门的工作绩效。同时，预算还可控制各级管理人员的职权，明确他们各自应承担的责任，做到责、权、利的落实，达到有效控制的目的。

4. 可以使管理者在财务上做到精打细算 预算控制能够杜绝铺张浪费的不良现象，从而降低成本，提高效益。

三、预算控制的优缺点

（一）预算控制的优点

1. 便于进行综合比较和评价 可以对组织中复杂纷繁的业务，采用一种共同标准——货币尺度来加以控制，便于对各种不同业务进行综合比较和评价。

2. 方法成熟 采用的报表和制度等具体的方式、方法基本是在会计上常用的方法。这些方法已长期使用，被大多数管理者熟知。

3. 目标明确 能目标集中地指向组织业务获得的效果。为各项活动确定了投入产出标准，可以根据预算的执行情况，来评价各个部门的工作成果。

4. 责任明确 能明确组织及其内部各单位的责任，有利于调动所有单位和个人的积极性。

（二）预算控制的缺点

1. 不能反映组织活动中难以计量的指标 预算控制只能帮助组织控制那些可以计量的指标，特别是可以用货币单位计量的业务活动，而不能促使企业对那些不能计量的指标如：组织文化、组织形象、组织活力的改善予以足够的重视。

2. 编制的预算和实际需要存在差别 编制预算时通常参照上期的预算项目和标准，从而会忽视本期活动的实际需要，因此会导致这样的错误：上期有的而本期不需的项目仍然沿用，而本期必需上期没有的项目会因缺乏先例而不能增设。

3. 可能忽视组织外部环境的变化 组织活动的外部环境是在不断变化的，这些变化会改变组织获取资源的支出或销售产品实现的收入，从而使预算变得不合时宜。因此，预算是非常具体的、缺乏弹性的涉及较长时期的预算可能会过度束缚决策者的行动，使组织经营缺乏灵活性和适应性。

4. 严格按照预算控制指标进行控制，可能会导致忽视组织和部门原本的目标 预算，特别是项目预算或部门预算，不仅对有关负责人提出了希望他们实现的结果，而且也为他们得到这些成果而能够开支的费用规定了限度，这种规定可能使得主管们在活动中精打细算，小心翼翼地遵守不得超过支出预算的准则，而忽视了部门活动的本来目的。

5.存在鼓励虚报、保护落后的危险　在编制费用预算时通常会参照上期已经发生过的本项目费用，这时，主管人员也知道，在预算获得最后批准的过程中，预算申请多半是要被削减的。因此他们的费用预算申报数要多于实际需要数，特别是对于那些难以观察、难以量化的费用项目，更是如此。所以，费用预算总是具有按先例递增的习惯，如果在预算编制的过程中，没有仔细地复查相应的标准和程序，预算可能成为低效的管理部门的保护伞。

四、预算控制的步骤和预算编制程序

（一）实施预算控制的步骤

预算控制包括预算编制和预算执行。实施预算控制的步骤是：编制预算－执行预算－分析预算差异－分析总结－评价和考核预算控制的绩效。其中，预算编制是预算控制的主要方面。预算编制应采取自上而下、自下而上相结合的方法。

（二）预算编制的程序

1.确定制定预算的依据　一般来说，由销售部门按预测的计划销售数量，根据已确定的目标利润编制销售预算；生产部门根据销售部门确定的销售预算及期初、期末存货量编制生产预算和制造费用预算；采购部门根据生产预算编制直接材料采购预算；人事部门根据计划期的生产任务、配备工人等编制直接人工预算；财务部门根据各部门的预算及经济活动情况，合理安排资金、编制有关费用预算、财务预算和专门决策预算。

2.制定组织总预算并下发到各有关部门　在预测与决策分析的基础上，由预算领导小组拟定组织预算的方针、政策及组织的总目标与分目标（如利润目标、销售目标、成本目标），制定组织总预算并下发到各有关部门。

3.层层分解、审议预算并上报　组织各部门按具体要求编制本部门预算草案，并报预算领导小组。由预算领导小组平衡，协商调整各部门的预算草案，并进行预算的汇总分析。

4.预算下达给各级各部门执行　确定预算方案，并将审查批准后的综合预算和各部门预算下达给各级各部门执行，组织贯彻落实。

五、预算控制的方法

（一）经营预算

经营预算是指组织日常发生的各项经营活动的预算。

1.销售预算　销售预算是最基本和最关键的预算，它是销售预测正式的、详细的说明。由于销售预算是计划的基础，加之组织例如企业主要是靠销售产品和服务所提供的收入维持经营费用的支出和获利的，因而销售预算也就成为预算控制的基础。

2.生产预算　生产预算是根据销售预算中的预计销售量，按产品品种、数量分别编制的。生产预算编好后，还应根据分季度的预计销售量，经过对生产能力的平衡排出分季度的生产进度日程表，或称为生产计划大纲，在生产预算和生产进度日程表的基础上，可以编制直接材料采购预算、直接人工预算和制造费预算。这三项预算构成对企业生产成本的统计。

3. 推销和管理费用预算 推销和管理费用预算，包括制造业务范围以外预计发生的各种费用明细项目，例如销售费用、广告费、运输费等。

（二）投资预算

投资预算指在可行性研究的基础上对企业固定资产的购置、扩建、改造、更新等编制的预算。它具体反映在何时进行投资、投资多少、资金从何处取得、何时可获得收益、每年的现金净流量为多少、投资回收期等。由于投资的资金金额较大，而对厂房和设备等固定资产的投资又往往需要很长时间才能回收，因此，投资预算应当力求和企业的战略以及长期计划紧密联系在一起。

（三）财务预算

财务预算也称"总预算"，它可以从总体上反映组织在一定时期内的财务状况和经营成果，是控制组织的资金、成本和利润的重要手段。

资产负债表预算是利用本期期初的资产负债表，根据销售、生产、资产等有关预算数据加以调整，编制预计资产负债表，预测组织在计划期的财务状况。

利润表预算是通过综合组织的各种预算，预计收入、支出和利润，编制预计利润表，反映组织在计划期的经营状况和经营成果。

总预算的编制要以组织目标和计划为依据，通过对预计资产负债表和预计利润表的分析，可以发现某些分预算中存在的问题，从而有利于及时采取调整措施。另外，通过将本期预算财务报表与上期实际发生的财务报表进行比较，可以发现组织的财务状况和经营成果有可能发生哪些不利的变化，从而及时采取控制措施。

第二节 非预算控制

一、非预算控制方法

（一）观察法

观察法是指组织的管理者亲临工作的现场，实地考察了解员工的工作内容、工作方法和工作运行情况。观察法是最直接的控制方法，其基本作用就在于获得组织第一手的信息。作业的主管人员通过亲自观察，可以判断出产量、质量的完成情况以及设备运转情况和劳动纪律的执行情况等；职能部门的主管人员通过亲自观察，可以了解到工艺文件是否得到了认真的贯彻，生产计划是否按预定进度执行，劳动保护等规章制度是否被严格遵守，以及生产过程中存在哪些偏差和隐患等；而上层主管人员通过亲自观察，可以了解到组织的方针、目标和政策是否深入人心，可以发现职能部门的情况报告是否属实以及员工的合理化建议是否得到认真对待，还可以从与员工的交谈中了解他们的情绪和士气等。所有这些，都是主管人员最需要了解的第一手信息。

从管理的角度来讲，无论管理者的经验多么丰富，管理制度多么严格，管理手段多么先进，管理者都必须经常到工作第一线进行实地考察，同员工进行面对面沟通。这样不仅能从下属的建议中获得不少启发和灵感，还有利于管理者加强计划和控制的针对性，同时也能够鼓舞和激励员工的工作热情，提高管理的效率。所以，管理者坚持经常亲临现场，有利于创造一种良好的组织气氛。观察法尽管可以获得第一手资料，毕竟时间短、内容不全面，得到的信息有时并不能够反映真实的情况。因此，在调查时不仅需要注意多方面听取意见，而且还需要综合运用各种管理控制方法，避免产生偏差。

（二）报告法

报告是执行者向上级全面地、系统地阐述计划的进展情况、存在的问题及原因、已经采取了哪些措施、收到了什么效果、预计可能出现的问题的一种重要方式。报告的主要目的是为管理控制提供一种必要的、能用作纠正措施依据的信息。

报告，尤其是专题报告，具有非例行工作的特点，使人们能够高度重视一些专门的问题，这样可以揭示出对组织运行有重大意义的关键之处。为了提高控制的针对性和效率，专题报告在分析特定问题上很有成效。据此管理者可以清晰而简洁地了解工作的状况和存在的问题，从而可以有效地把握控制的关键点，提高管理工作的效率。

随着组织规模及其经营活动规模的日益扩大，管理也日益复杂，管理者的精力和时间是有限的，因此定期的报告也就越发显得重要。通常运用报告进行控制的效果，取决于管理者对报告的要求。对报告的基本要求必须做到：适时、突出重点和尽量简明扼要。

二、比率分析法

对于组织如企业经营活动中的各种不同度量之间的比率分析，是一项非常有效的和必需的控制技术或方法。

（一）财务比率

企业的财务状况综合地反映着企业的生产经营情况。通过财务状况的分析可以迅速地、全面地了解一个企业资金来源和资金运营的情况，了解企业资金利用的效果以及企业的支付能力和清偿债务的能力。

1. 盈利能力的比率指标

（1）资本金利润率　资本金利润率是衡量一定时期企业投入资本的获利水平，是直接衡量企业经营成果的尺度。

$$资本金利润率 = \frac{利润总额}{资本金总额} \times 100\%$$

式中，利润总额指的是税前利润，资本金总额指的是企业在工商管理部门登记的注册资金。

（2）销售利润率　销售利润率，或称销售收入利润率，是衡量企业获利的能力。

$$销售利润率 = \frac{利润总额}{产品销售收入（或营业收入）} \times 100\%$$

（3）营业利税率　营业利税率是衡量企业营业净收入获取盈利的指标。

$$营业利税率 = \frac{利润总额 + 销售税金}{营业收入总额} \times 100\%$$

（4）成本费用利润率　成本费用利润率是衡量企业营业成本、各项费用获利水平的指标，表明企业在成本降低方面取得的经济效益。

$$成本费用利润率 = \frac{利润总额}{产品销售成本} \times 100\%$$

2. 偿债能力的比率指标

（1）资产负债率 资产负债率是衡量企业总体偿债能力，反映企业利用债权人提供的资金进行经营活动的能力，也就是反映债权人借出资金的安全程度。资产负债率越低，表明企业的偿债能力越强，债权人得到保障的程度越高。

$$资产负债率 = \frac{负债总额}{全部资产总额} \times 100\%$$

（2）流动比率 流动比率是衡量企业在短期内偿还债务的能力，企业流动资产在短期债务到期以前，可以变为现金用于偿还流动负债的能力。流动比率越高，则偿还短期负债的能力越强。

$$流动比率 = \frac{流动资产合计}{流动负债合计} \times 100\%$$

一般要求企业的流动资产在清偿流动负债以后，能基本满足日常生产经营中的资金需要，但并不意味着流动比率越大越好。从企业的角度看，过大的流动比率说明经营管理不善，流动资产的机会成本增加。经验表明，2:1左右的流动比率对大多数企业来说是比较适合的。但各行业生产经营方式不同、生产周期不同，对资产流动性的要求并不一致，因此，要根据不同具体情况确定标准比率，作为控制考核的尺度。

（3）速动比率 速动比率是衡量企业在很短的时间内偿还短期负债的能力，反映企业流动资产中可以立即用于偿付流动负债的能力。

$$速动比率 = \frac{速动资产}{流动负债} \times 100\%$$

具体来讲速动资产，包括流动资产中的现金、银行存款、应收票据、短期投资、应收账款、有价证券等能变现的资产。一般认为，速动比率低于0.6，说明组织运营中某些事情或某些地方可能很糟糕；低于0.4，就已经接近了破产的边缘。从经营的动态性角度来看，速动比率多少合适，还应同时结合企业在未来时期的经营情况进行分析。

3. 营运能力的比率指标

（1）应收账款周转率 应收账款周转率是衡量企业收回应收账款效率的指标，反映企业应收账款的流动程度。

$$应收账款周转率 = \frac{赊销收入净额}{平均应收账款余额} \times 100\%$$

$$平均应收账款余额 = \frac{期初应收账款 + 期末应收账款}{2}$$

在一定时期内，应收账款周转率越高，表明资产的利用效率越高。

（2）存货周转率 衡量和评价企业购入存货、投入生产、销售收回等各环节管理效率的综合性指标。

$$存货周转率 = \frac{销货成本}{平均存货余额} \times 100\%$$

$$平均存货余额 = \frac{期初存货 + 期末存货}{2}$$

在一定时期存货周转率越高，即周转次数越多，周转一次所需的时间越少，表明资产的利用效率越高。

（二）经营比率

1. 市场占有率　市场占有率又称市场份额，指企业的产品在某一区域同种或同类产品的销售总额中所占的比重。只有取得了稳定的市场占有率，企业在激烈的市场竞争中取胜，才能获得可观的利润。值得引起注意的问题是，市场占有率的降低，可能被销售额的缓慢增长所掩盖。

2. 相对市场占有率　当缺乏总的市场规模的统计资料时，可以采用相对市场占有率作为衡量的指标。常用的相对市场占有率计算方法有两种：与市场中销售最大的公司相比较，或者与市场中销售前三位公司的销售总和相比较。

3. 投入 – 产出比率　用作控制的投入与产出比率是对投入利用效能的直接测量。几乎每项销售投入都能够同任何一项的产出对应成一对比率，以衡量某一方面的经营或管理效果和效率。

投入方面的常用指标如工资及资金、实用工时、生产能力、主要原材料、能源等等。

产出方面的常见维度为如产品产量、销售量、销售收入、工业总产值等等。

三、作业控制

作业控制是对组织活动中的关键环节进行控制的方法，包括对供应商、库存、产品质量、成本等的控制。

（一）对供应品和供应商的控制

供应商供货及时与否、质量的好坏、价格的高低都对企业最终产品产生重大影响。

供应商选择的传统做法是在十余家甚至数十家供应商中选择，鼓励他们互相竞争，从中选取能够提供低价格高质量产品的供应商。现在，许多企业正在改变与供应商之间的竞争关系，试图建立一种长期、稳定、合作的双赢局面。企业一旦选定两三家供应商后，就和他们建立长远、稳定的联系，并且帮助供应商提高原材料的质量、降低成本。这时企业和供应商就形成相互依赖、相互促进的新型关系，双方都降低了风险，提高了效益，真正做到双赢。

另外一种控制供货商的方法是持有供货商一部分或全部股份，或由本企业系统内部的某个子企业供货，这常常是跨国公司为了保证货源而采用的做法。

（二）库存控制

库存控制主要是为了减少库存、提高经济效益。当企业在一定期间内总需求量或订购量一定时，每次订购的量越大，所需订购的次数越少；每次订购的量越小，所需订购的次数越多。前者订购成本较低，但保管成本较高；后者订购成本较高，但保管成本较低。通过经济订购批量模型可以计算出订购量多大时，总成本（订购成本和保管成本之和）为最小。

一般说来，企业除了最优订购批量外，为了预防万一，会保留一个额外的储存量。这个储存量被称为安全库存。

（三）质量控制

质量具有两个方面的含义：一是产品的质量，二是工作的质量。产品质量是工作质量的体现，工作质量是产品质量的保证。

在市场经济中，产品质量控制应达到两个方面的目标：一是使生产出来的产品达到产品质量标准；二是使企业以最低的成本生产出符合产品质量标准的产品。这两个方面是相辅相成的。企业生产出的产品符合质量标准是产品能为市场所接受的必要条件，而只有在低于社会平均劳动时间条件下生产出的合格产品才有竞争力。

工作质量就是企业为了保证和提高产品质量，在经营管理和生产技术方面所要达到的水平。工作质量的好坏是通过企业内各单位、各部门以及企业每一个职工的工作态度、工作绩效、产品质量等反映出来的。工作质量是产品质量的保证，在一定意义上，提高工作质量比提高产品质量更重要。

小故事

破窗理论

美国斯坦福大学心理学家詹巴斗曾做过这样一项实验：他找来两辆一模一样的汽车，把其中的一辆停在加州帕洛阿尔托的中产阶级社区，而另一辆停在相对杂乱的纽约布朗克斯区。停在布朗克斯的那辆，他把车牌摘掉，把顶棚打开，结果当天就被偷走了。而放在帕洛阿尔托的那一辆，一个星期也无人理睬。后来，詹巴斗用锤子把那辆车的玻璃敲了个大洞。结果呢，仅仅过了几个小时，它就不见了。以这项实验为基础，政治学家威尔逊和犯罪学家凯琳提出了一个"破窗效应"理论，认为：如果有人打坏了一幢建筑物的窗户玻璃，而这扇窗户又得不到及时的维修，别人就可能受到某些暗示性的纵容去打烂更多的窗户。久而久之，这些破窗户就给人造成一种无序的感觉，结果在这种公众麻木不仁的氛围中，犯罪就会滋生、猖獗。

启示："破窗理论"在社会管理和企业管理中都有着重要的借鉴意义，它给我们的启示是：必须及时修好"第一个被打碎的窗户玻璃"。我国有句成语叫"防微杜渐"，说的正是这个道理。

资料来源：熊勇清.管理学［M］.北京：北京交通大学出版社，2010.

（四）成本控制

当一个企业的经营设计、产品设计、设备装置、作业设计等已确定并按规范投入各生产要素时，成本管理的中心是成本的控制，即要使经营活动的各环节、各方面达到或低于目标成本。

（1）制定控制标准，确定目标成本　确定目标成本的方法有计划法、预算法和定额法等。

（2）根据原始记录和统计资料，进行成本核算　成本统计所用的原始记录是反映核算期人力、物力、财力等支出的全部原始记录，是进行成本核算和控制的最基本依据。进行成本控制所要进行的成本核算有：可比产品总成本、可比产品单位成本、商品产品成本、主要产品单位成本、可比产品成本降低率等。通过成本核算，了解实际成本，并为分析改进提供数据资料。

（3）差异分析　将实际成本与目标成本相比较，就会发现差异。差异分析就是通过比较，找到实际成本与目标成本差异的发展趋势，找出控制和降低成本的措施。差异分析的主要内容有直接材料费用分析、直接人工费用分析、管理费用分析、销售费用分析。

（4）采取措施，降低成本　一旦发现实际成本高于目标成本，就应积极采取措施，控制成本的上升趋势。一般来说可采用的方法有价值工程、严格投入管理、防止跑冒滴漏、改进产品设计或生产工艺、精简机构等。

【案例分析】

麦当劳公司的控制系统

1955 年，克洛克在美国创办了第一家麦当劳餐厅，其菜单上的品种不多，但食品质量高，价格廉，供应迅速，环境优美。截至 1983 年，美国国内麦当劳分店已超过 6000 家。1967 年，麦当劳在加拿大开办了首家国外分店，以后国外业务发展很快。到 1985 年，国外销售额约占其销售总额的 1/5。在 40 多个国家里，每天都有 1800 多万人光顾麦当劳。

麦当劳金色的拱门许诺：每个餐厅的菜单基本相同，而且"质量超群，服务优良，清洁卫生，货真价实"。它的产品、加工和烹制程序乃至厨房布置，都是标准化、严格控制的。

麦当劳的各分店都由当地人所有和经营管理。鉴于在快餐饮食业中维持产品质量和服务水平是其经营成功的关键，麦当劳公司在采取特许连锁经营这种战略开辟分店和实现地域扩张的同时，特别注意对各连锁店的管理控制。

麦当劳公司主要通过授予特许权的方式来开辟连锁分店。其考虑之一，就是使购买特许经营权的人在成为分店经理人员的同时也成为该分店的所有者，从而在直接分享利润的激励机制中把分店经营得更出色。特许经营使麦当劳公司在独特的激励机制中形成了对其扩展中业务的强有力控制。麦当劳公司在出售其特许经营权时非常慎重，总是通过各方面调查了解后，挑选那些具有卓越经营管理才能的人作为店主，而且事后如发现其能力不符合要求，则撤回这一授权。

麦当劳公司还通过详细的程序、规则和条例规定，使分布在世界各地的所有麦当劳分店的经营者和员工们都遵循一种标准化、规范化的作业。麦当劳公司对制作汉堡包、炸土豆条、招待顾客和清理餐桌等工作都事先进行翔实的动作研究，确定各项工作开展的最好方式，然后再编辑成册，用以指导各分店管理人员和一般员工的行为。公司在芝加哥开办了专门的培训中心——汉堡包大学，要求所有的特许经营者在开业之前都接受为期一个月的强化培训。回到工作岗位之后，他们还被要求对所有的工作人员进行培训，确保公司的规章条例得到准确的理解和贯彻执行。

为了确保所有特许经营分店都能按统一的要求开展活动，麦当劳公司总部的管理人员还经常走访、巡视世界各地的经营店，进行直接的监督和控制。例如，在一次巡视中发现某家分店自行主张，在店厅里摆放电视机和其他物品以吸引顾客，这种做法因与麦当劳的风格不一致，于是立即得到了纠正。除了直接控制外，麦当劳公司还定期对各分店的经营业绩进行考评。为此，各分店要及时提供有关营业额和经营成本、利润等方面的信息，这样总部管理人员就能把握各分店经营的动态和出现的问题，以便商讨和采取改进的对策。

麦当劳公司的另一个控制手段，是在所有经营分店中塑造公司独特的组织文化，这就是大家熟知的"质量超群，服务优良，清洁卫生，货真价实"口号所体现的文化价值观。麦当劳公司的共享价值观建设，不仅在世界各地的分店中进行，而且还将公司的一个主要利益团体—顾客也包括进这支建设队伍中。麦当劳的顾客虽然被要求自我服务，但公司特别重视满足顾客的要求，如为孩子们开设游戏场所、提供快乐餐和组织生日聚会等，以形成家庭式的氛围，这样既吸引了孩子们，也增强了成年人对公司的忠诚度。

$$Q_1 = \frac{C+B}{P-V}$$

资料来源：金新政 . 管理智典 . 武汉：华中科技大学出版社，2002.

案例讨论题：

1. 麦当劳公司所创设的管理控制系统，从案例所给的信息分析，包括哪些控制方法？
2. 分析麦当劳的控制系统是如何促进麦当劳公司全球扩张战略的实现的？

【思考题】

1. 简述各类预算控制方法。
2. 简述各类非预算控制方法。
3. 简述各类其他控制方法。
4. 对比分析预算控制方法、非预算控制方法、其他控制方法的优缺点。

主要参考书目

［1］巴纳德.管理人员的职能.北京：中国社会科学出版社，1997.

［2］陈传明，邹宜民.管理学原理.南京：南京大学出版社，2001.

［3］成中英.C理论：中国管理哲学.北京：中国人民大学出版社，2006.

［4］池丽华，伊铭.现代管理学.上海：上海财经大学出版社，2006.

［5］崔卫国.管理学故事会.北京：中华工商联合出版社，2005.

［6］戴淑芬.管理学教程.北京：北京大学出版社，2005.

［7］德鲁克.卓有成效的管理者.北京：机械工业出版社，2009.

［8］德鲁克.管理的实践.北京：机械工业出版社，2012.

［9］蒂姆·欣德尔.沟通技巧.上海：上海科学技术出版社，2001.

［10］段利忠.管理学基础.北京：中国中医药出版社，2010.

［11］方华明.世界500强管理绝招.北京：中国经济出版社，2012.

［12］冯国珍.管理学.上海：复旦大学出版社，2011.

［13］弗雷德·鲁森斯.组织行为学.北京：人民邮电出版社，2009.

［14］郭咸纲.西方管理思想史.北京：经济管理出版社，2004.

［15］高闯，王海光.管理学.北京：清华大学出版社，2006.

［16］盖勇，王怀明.管理沟通.济南：山东人民出版社，2003.

［17］哈罗德·孔茨，海因茨·韦里克.管理学.北京：经济科学出版社，1996.

［18］韩岫岚，王绪君.管理学基础.北京：经济科学出版社，2002.

［19］郝渊晓.市场营销管理学.西安：陕西人民出版社，2004.

［20］克瑞尼.管理学原理.北京：清华大学出版社，2012.

［21］李津.世界成功管理经典智慧全集.北京：地震出版社，2010.

［22］李海峰，张莹.管理学原理与实务.北京：人民邮电出版社，2010.

［23］李晓光.管理学原理.北京：中国财政经济出版社，2004.

［24］刘金锋，朱光明.中国卫生人力资源管理案例集.北京：中国传媒大学出版社，2013.

［25］路宏达.管理学基础.北京：高等教育出版社，2000.

［26］罗伯特·卢西尔.管理学基础（概念、应用与技能提高）.北京：北京大学出版社，2011.

［27］罗昌宏，喻红阳，彭斌.管理学.上海：上海财经大学出版社，2006.

［28］戈麦斯·梅西亚，鲍尔金，卡迪，等.管理学——人·绩效·变革.北京：人民邮电出版社，2009.

［29］迈克尔·波特.竞争战略.北京：华夏出版社，1997.

［30］缪兴锋，叶小明.现代管理学原理与应用.广州：华南理工大学出版社，2008.

［31］潘家荣.企业管理学：原理与实务.沈阳：辽宁大学出版社，2007.

［32］申明，郭小龙.管理沟通.北京：企业管理出版社，2002.

［33］斯蒂芬・P・罗宾斯，玛丽・库尔特.管理学.11版.北京：中国人民大学出版社，2012.

［34］苏勇，罗殿军.管理沟通.上海：复旦大学出版社，1991.

［35］孙元欣.管理学.北京：科学出版社，2011.

［36］王德中.管理学.成都：西南财经大学出版社，2008.

［37］王凤彬，李东.管理学.北京：中国人民大学出版社，2004.

［38］王筱萍，薛耀文.管理学基础教程.北京：清华大学出版社，2009.

［39］吴添祖，虞晓芬，龚建立.技术经济学概论.北京：高等教育出版社，1998.

［40］邢以群.管理学.杭州：浙江大学出版社，2011.

［41］熊勇清.管理学原理、方法与案例.北京：北京交通大学出版社，2010.

［42］杨洁.管理学.北京：中国社会科学出版社，2006.

［43］杨树华，曾凡富.实用卫生管理案例.贵阳：贵州科技出版社，1991.

［44］杨孝伟，赵应文.管理学原理、方法与案例.武汉：武汉大学出版社，2004.

［45］臧有良，暴丽艳，林冬辉.管理学原理.北京：清华大学出版社，2007.

［46］张亮，王明旭.管理学基础.北京：人民卫生出版社，2006.

［47］张军，陈昌龙.现代管理学.北京：清华大学出版社，2009.

［48］张文昌.现代管理学.济南：山东人民出版社，2003.

［49］赵丽芬.管理理论与实务.北京：清华大学出版社，2007.

［50］赵继新，吴永林.管理学.北京：清华大学出版社，北京交通大学出版社，2006.

［51］赵涛，齐二石.管理学.天津：天津大学出版社，2004.

［52］周三多，陈传明，鲁明泓.管理学原理与方法，5版.上海：复旦大学出版社，2013.

［53］朱秀文.管理学教程.天津：天津大学出版社，2004.

教材目录

注：凡标☆号者为"核心示范教材"。

（一）中医学类专业

序号	书　名	主　编		主编所在单位	
1	中国医学史	郭宏伟	徐江雁	黑龙江中医药大学	河南中医药大学
2	医古文	王育林	李亚军	北京中医药大学	陕西中医药大学
3	大学语文	黄作阵		北京中医药大学	
4	中医基础理论☆	郑洪新	杨　柱	辽宁中医药大学	贵州中医药大学
5	中医诊断学☆	李灿东	方朝义	福建中医药大学	河北中医药大学
6	中药学☆	钟赣生	杨柏灿	北京中医药大学	上海中医药大学
7	方剂学☆	李　冀	左铮云	黑龙江中医药大学	江西中医药大学
8	内经选读☆	翟双庆	黎敬波	北京中医药大学	广州中医药大学
9	伤寒论选读☆	王庆国	周春祥	北京中医药大学	南京中医药大学
10	金匮要略☆	范永升	姜德友	浙江中医药大学	黑龙江中医药大学
11	温病学☆	谷晓红	马　健	北京中医药大学	南京中医药大学
12	中医内科学☆	吴勉华	石　岩	南京中医药大学	辽宁中医药大学
13	中医外科学☆	陈红风		上海中医药大学	
14	中医妇科学☆	冯晓玲	张婷婷	黑龙江中医药大学	上海中医药大学
15	中医儿科学☆	赵　霞	李新民	南京中医药大学	天津中医药大学
16	中医骨伤科学☆	黄桂成	王拥军	南京中医药大学	上海中医药大学
17	中医眼科学	彭清华		湖南中医药大学	
18	中医耳鼻咽喉科学	刘　蓬		广州中医药大学	
19	中医急诊学☆	刘清泉	方邦江	首都医科大学	上海中医药大学
20	中医各家学说☆	尚　力	戴　铭	上海中医药大学	广西中医药大学
21	针灸学☆	梁繁荣	王　华	成都中医药大学	湖北中医药大学
22	推拿学☆	房　敏	王金贵	上海中医药大学	天津中医药大学
23	中医养生学	马烈光	章德林	成都中医药大学	江西中医药大学
24	中医药膳学	谢梦洲	朱天民	湖南中医药大学	成都中医药大学
25	中医食疗学	施洪飞	方　泓	南京中医药大学	上海中医药大学
26	中医气功学	章文春	魏玉龙	江西中医药大学	北京中医药大学
27	细胞生物学	赵宗江	高碧珍	北京中医药大学	福建中医药大学

序号	书 名	主 编		主编所在单位	
28	人体解剖学	邵水金		上海中医药大学	
29	组织学与胚胎学	周忠光	汪 涛	黑龙江中医药大学	天津中医药大学
30	生物化学	唐炳华		北京中医药大学	
31	生理学	赵铁建	朱大诚	广西中医药大学	江西中医药大学
32	病理学	刘春英	高维娟	辽宁中医药大学	河北中医药大学
33	免疫学基础与病原生物学	袁嘉丽	刘永琦	云南中医药大学	甘肃中医药大学
34	预防医学	史周华		山东中医药大学	
35	药理学	张硕峰	方晓艳	北京中医药大学	河南中医药大学
36	诊断学	詹华奎		成都中医药大学	
37	医学影像学	侯 键	许茂盛	成都中医药大学	浙江中医药大学
38	内科学	潘 涛	戴爱国	南京中医药大学	湖南中医药大学
39	外科学	谢建兴		广州中医药大学	
40	中西医文献检索	林丹红	孙 玲	福建中医药大学	湖北中医药大学
41	中医疫病学	张伯礼	吕文亮	天津中医药大学	湖北中医药大学
42	中医文化学	张其成	臧守虎	北京中医药大学	山东中医药大学
43	中医文献学	陈仁寿	宋咏梅	南京中医药大学	山东中医药大学
44	医学伦理学	崔瑞兰	赵 丽	山东中医药大学	北京中医药大学
45	医学生物学	詹秀琴	许 勇	南京中医药大学	成都中医药大学
46	中医全科医学概论	郭 栋	严小军	山东中医药大学	江西中医药大学
47	卫生统计学	魏高文	徐 刚	湖南中医药大学	江西中医药大学
48	中医老年病学	王 飞	张学智	成都中医药大学	北京大学医学部
49	医学遗传学	赵丕文	卫爱武	北京中医药大学	河南中医药大学
50	针刀医学	郭长青		北京中医药大学	
51	腧穴解剖学	邵水金		上海中医药大学	
52	神经解剖学	孙红梅	申国明	北京中医药大学	安徽中医药大学
53	医学免疫学	高永翔	刘永琦	成都中医药大学	甘肃中医药大学
54	神经定位诊断学	王东岩		黑龙江中医药大学	
55	中医运气学	苏 颖		长春中医药大学	
56	实验动物学	苗明三	王春田	河南中医药大学	辽宁中医药大学
57	中医医案学	姜德友	方祝元	黑龙江中医药大学	南京中医药大学
58	分子生物学	唐炳华	郑晓珂	北京中医药大学	河南中医药大学

（二）针灸推拿学专业

序号	书 名	主 编		主编所在单位	
59	局部解剖学	姜国华	李义凯	黑龙江中医药大学	南方医科大学
60	经络腧穴学☆	沈雪勇	刘存志	上海中医药大学	北京中医药大学
61	刺法灸法学☆	王富春	岳增辉	长春中医药大学	湖南中医药大学
62	针灸治疗学☆	高树中	冀来喜	山东中医药大学	山西中医药大学
63	各家针灸学说	高希言	王 威	河南中医药大学	辽宁中医药大学
64	针灸医籍选读	常小荣	张建斌	湖南中医药大学	南京中医药大学
65	实验针灸学	郭 义		天津中医药大学	

序号	书 名	主 编		主编所在单位	
66	推拿手法学☆	周运峰		河南中医药大学	
67	推拿功法学☆	吕立江		浙江中医药大学	
68	推拿治疗学☆	井夫杰	杨永刚	山东中医药大学	长春中医药大学
69	小儿推拿学	刘明军	邰先桃	长春中医药大学	云南中医药大学

（三）中西医临床医学专业

序号	书 名	主 编		主编所在单位	
70	中外医学史	王振国	徐建云	山东中医药大学	南京中医药大学
71	中西医结合内科学	陈志强	杨文明	河北中医药大学	安徽中医药大学
72	中西医结合外科学	何清湖		湖南中医药大学	
73	中西医结合妇产科学	杜惠兰		河北中医药大学	
74	中西医结合儿科学	王雪峰	郑 健	辽宁中医药大学	福建中医药大学
75	中西医结合骨伤科学	詹红生	刘 军	上海中医药大学	广州中医药大学
76	中西医结合眼科学	段俊国	毕宏生	成都中医药大学	山东中医药大学
77	中西医结合耳鼻咽喉科学	张勤修	陈文勇	成都中医药大学	广州中医药大学
78	中西医结合口腔科学	谭 劲		湖南中医药大学	
79	中药学	周祯祥	吴庆光	湖北中医药大学	广州中医药大学
80	中医基础理论	战丽彬	章文春	辽宁中医药大学	江西中医药大学
81	针灸推拿学	梁繁荣	刘明军	成都中医药大学	长春中医药大学
82	方剂学	李 冀	季旭明	黑龙江中医药大学	浙江中医药大学
83	医学心理学	李光英	张 斌	长春中医药大学	湖南中医药大学
84	中西医结合皮肤性病学	李 斌	陈达灿	上海中医药大学	广州中医药大学
85	诊断学	詹华奎	刘 潜	成都中医药大学	江西中医药大学
86	系统解剖学	武煜明	李新华	云南中医药大学	湖南中医药大学
87	生物化学	施 红	贾连群	福建中医药大学	辽宁中医药大学
88	中西医结合急救医学	方邦江	刘清泉	上海中医药大学	首都医科大学
89	中西医结合肛肠病学	何永恒		湖南中医药大学	
90	生理学	朱大诚	徐 颖	江西中医药大学	上海中医药大学
91	病理学	刘春英	姜希娟	辽宁中医药大学	天津中医药大学
92	中西医结合肿瘤学	程海波	贾立群	南京中医药大学	北京中医药大学
93	中西医结合传染病学	李素云	孙克伟	河南中医药大学	湖南中医药大学

（四）中药学类专业

序号	书 名	主 编		主编所在单位	
94	中医学基础	陈 晶	程海波	黑龙江中医药大学	南京中医药大学
95	高等数学	李秀昌	邵建华	长春中医药大学	上海中医药大学
96	中医药统计学	何 雁		江西中医药大学	
97	物理学	章新友	侯俊玲	江西中医药大学	北京中医药大学
98	无机化学	杨怀霞	吴培云	河南中医药大学	安徽中医药大学
99	有机化学	林 辉		广州中医药大学	
100	分析化学（上）（化学分析）	张 凌		江西中医药大学	

序号	书 名	主 编		主编所在单位	
101	分析化学（下）（仪器分析）	王淑美		广东药科大学	
102	物理化学	刘 雄	王颖莉	甘肃中医药大学	山西中医药大学
103	临床中药学☆	周祯祥	唐德才	湖北中医药大学	南京中医药大学
104	方剂学	贾 波	许二平	成都中医药大学	河南中医药大学
105	中药药剂学☆	杨 明		江西中医药大学	
106	中药鉴定学☆	康廷国	闫永红	辽宁中医药大学	北京中医药大学
107	中药药理学☆	彭 成		成都中医药大学	
108	中药拉丁语	李 峰	马 琳	山东中医药大学	天津中医药大学
109	药用植物学☆	刘春生	谷 巍	北京中医药大学	南京中医药大学
110	中药炮制学☆	钟凌云		江西中医药大学	
111	中药分析学☆	梁生旺	张 彤	广东药科大学	上海中医药大学
112	中药化学☆	匡海学	冯卫生	黑龙江中医药大学	河南中医药大学
113	中药制药工程原理与设备	周长征		山东中医药大学	
114	药事管理学☆	刘红宁		江西中医药大学	
115	本草典籍选读	彭代银	陈仁寿	安徽中医药大学	南京中医药大学
116	中药制药分离工程	朱卫丰		江西中医药大学	
117	中药制药设备与车间设计	李 正		天津中医药大学	
118	药用植物栽培学	张永清		山东中医药大学	
119	中药资源学	马云桐		成都中医药大学	
120	中药产品与开发	孟宪生		辽宁中医药大学	
121	中药加工与炮制学	王秋红		广东药科大学	
122	人体形态学	武煜明	游言文	云南中医药大学	河南中医药大学
123	生理学基础	于远望		陕西中医药大学	
124	病理学基础	王 谦		北京中医药大学	
125	解剖生理学	李新华	于远望	湖南中医药大学	陕西中医药大学
126	微生物学与免疫学	袁嘉丽	刘永琦	云南中医药大学	甘肃中医药大学
127	线性代数	李秀昌		长春中医药大学	
128	中药新药研发学	张永萍	王利胜	贵州中医药大学	广州中医药大学
129	中药安全与合理应用导论	张 冰		北京中医药大学	
130	中药商品学	闫永红	蒋桂华	北京中医药大学	成都中医药大学

（五）药学类专业

序号	书 名	主 编		主编所在单位	
131	药用高分子材料学	刘 文		贵州医科大学	
132	中成药学	张金莲	陈 军	江西中医药大学	南京中医药大学
133	制药工艺学	王 沛	赵 鹏	长春中医药大学	陕西中医药大学
134	生物药剂学与药物动力学	龚慕辛	贺福元	首都医科大学	湖南中医药大学
135	生药学	王喜军	陈随清	黑龙江中医药大学	河南中医药大学
136	药学文献检索	章新友	黄必胜	江西中医药大学	湖北中医药大学
137	天然药物化学	邱 峰	廖尚高	天津中医药大学	贵州医科大学
138	药物合成反应	李念光	方 方	南京中医药大学	安徽中医药大学

序号	书 名	主编		主编所在单位	
139	分子生药学	刘春生	袁 媛	北京中医药大学	中国中医科学院
140	药用辅料学	王世宇	关志宇	成都中医药大学	江西中医药大学
141	物理药剂学	吴 清		北京中医药大学	
142	药剂学	李范珠	冯年平	浙江中医药大学	上海中医药大学
143	药物分析	俞 捷	姚卫峰	云南中医药大学	南京中医药大学

（六）护理学专业

序号	书 名	主 编		主编所在单位	
144	中医护理学基础	徐桂华	胡 慧	南京中医药大学	湖北中医药大学
145	护理学导论	穆 欣	马小琴	黑龙江中医药大学	浙江中医药大学
146	护理学基础	杨巧菊		河南中医药大学	
147	护理专业英语	刘红霞	刘 娅	北京中医药大学	湖北中医药大学
148	护理美学	余雨枫		成都中医药大学	
149	健康评估	阚丽君	张玉芳	黑龙江中医药大学	山东中医药大学
150	护理心理学	郝玉芳		北京中医药大学	
151	护理伦理学	崔瑞兰		山东中医药大学	
152	内科护理学	陈 燕	孙志岭	湖南中医药大学	南京中医药大学
153	外科护理学	陆静波	蔡恩丽	上海中医药大学	云南中医药大学
154	妇产科护理学	冯 进	王丽芹	湖南中医药大学	黑龙江中医药大学
155	儿科护理学	肖洪玲	陈偶英	安徽中医药大学	湖南中医药大学
156	五官科护理学	喻京生		湖南中医药大学	
157	老年护理学	王 燕	高 静	天津中医药大学	成都中医药大学
158	急救护理学	吕 静	卢根娣	长春中医药大学	上海中医药大学
159	康复护理学	陈锦秀	汤继芹	福建中医药大学	山东中医药大学
160	社区护理学	沈翠珍	王诗源	浙江中医药大学	山东中医药大学
161	中医临床护理学	裘秀月	刘建军	浙江中医药大学	江西中医药大学
162	护理管理学	全小明	柏亚妹	广州中医药大学	南京中医药大学
163	医学营养学	聂 宏	李艳玲	黑龙江中医药大学	天津中医药大学
164	安宁疗护	邸淑珍	陆静波	河北中医药大学	上海中医药大学
165	护理健康教育	王 芳		成都中医药大学	
166	护理教育学	聂 宏	杨巧菊	黑龙江中医药大学	河南中医药大学

（七）公共课

序号	书 名	主 编		主编所在单位	
167	中医学概论	储全根	胡志希	安徽中医药大学	湖南中医药大学
168	传统体育	吴志坤	邵玉萍	上海中医药大学	湖北中医药大学
169	科研思路与方法	刘 涛	商洪才	南京中医药大学	北京中医药大学
170	大学生职业发展规划	石作荣	李 玮	山东中医药大学	北京中医药大学
171	大学计算机基础教程	叶 青		江西中医药大学	
172	大学生就业指导	曹世奎	张光霁	长春中医药大学	浙江中医药大学

序号	书 名	主 编		主编所在单位	
173	医患沟通技能	王自润	殷 越	大同大学	黑龙江中医药大学
174	基础医学概论	刘黎青	朱大诚	山东中医药大学	江西中医药大学
175	国学经典导读	胡 真	王明强	湖北中医药大学	南京中医药大学
176	临床医学概论	潘 涛	付 滨	南京中医药大学	天津中医药大学
177	Visual Basic 程序设计教程	闫朝升	曹 慧	黑龙江中医药大学	山东中医药大学
178	SPSS 统计分析教程	刘仁权		北京中医药大学	
179	医学图形图像处理	章新友	孟昭鹏	江西中医药大学	天津中医药大学
180	医药数据库系统原理与应用	杜建强	胡孔法	江西中医药大学	南京中医药大学
181	医药数据管理与可视化分析	马星光		北京中医药大学	
182	中医药统计学与软件应用	史周华	何 雁	山东中医药大学	江西中医药大学

（八）中医骨伤科学专业

序号	书 名	主 编		主编所在单位	
183	中医骨伤科学基础	李 楠	李 刚	福建中医药大学	山东中医药大学
184	骨伤解剖学	侯德才	姜国华	辽宁中医药大学	黑龙江中医药大学
185	骨伤影像学	栾金红	郭会利	黑龙江中医药大学	河南中医药大学洛阳平乐正骨学院
186	中医正骨学	冷向阳	马 勇	长春中医药大学	南京中医药大学
187	中医筋伤学	周红海	于 栋	广西中医药大学	北京中医药大学
188	中医骨病学	徐展望	郑福增	山东中医药大学	河南中医药大学
189	创伤急救学	毕荣修	李无阴	山东中医药大学	河南中医药大学洛阳平乐正骨学院
190	骨伤手术学	童培建	曾意荣	浙江中医药大学	广州中医药大学

（九）中医养生学专业

序号	书 名	主 编		主编所在单位	
191	中医养生文献学	蒋力生	王 平	江西中医药大学	湖北中医药大学
192	中医治未病学概论	陈涤平		南京中医药大学	
193	中医饮食养生学	方 泓		上海中医药大学	
194	中医养生方法技术学	顾一煌	王金贵	南京中医药大学	天津中医药大学
195	中医养生学导论	马烈光	樊 旭	成都中医药大学	辽宁中医药大学
196	中医运动养生学	章文春	邬建卫	江西中医药大学	成都中医药大学

（十）管理学类专业

序号	书 名	主 编		主编所在单位	
197	卫生法学	田 侃	冯秀云	南京中医药大学	山东中医药大学
198	社会医学	王素珍	杨 义	江西中医药大学	成都中医药大学
199	管理学基础	徐爱军		南京中医药大学	
200	卫生经济学	陈永成	欧阳静	江西中医药大学	陕西中医药大学
201	医院管理学	王志伟	翟理祥	北京中医药大学	广东药科大学
202	医药人力资源管理	曹世奎		长春中医药大学	
203	公共关系学	关晓光		黑龙江中医药大学	

序号	书 名	主 编	主编所在单位	
204	卫生管理学	乔学斌 王长青	南京中医药大学	南京医科大学
205	管理心理学	刘鲁蓉 曾 智	成都中医药大学	南京中医药大学
206	医药商品学	徐 晶	辽宁中医药大学	

（十一）康复医学类专业

序号	书 名	主 编	主编所在单位	
207	中医康复学	王瑞辉 冯晓东	陕西中医药大学	河南中医药大学
208	康复评定学	张 泓 陶 静	湖南中医药大学	福建中医药大学
209	临床康复学	朱路文 公维军	黑龙江中医药大学	首都医科大学
210	康复医学导论	唐 强 严兴科	黑龙江中医药大学	甘肃中医药大学
211	言语治疗学	汤继芹	山东中医药大学	
212	康复医学	张 宏 苏友新	上海中医药大学	福建中医药大学
213	运动医学	潘华山 王 艳	广东潮州卫生健康职业学院	黑龙江中医药大学
214	作业治疗学	胡 军 艾 坤	上海中医药大学	湖南中医药大学
215	物理治疗学	金荣疆 王 磊	成都中医药大学	南京中医药大学